人民文库 第二辑

法　　篇

[古希腊] 柏拉图｜著

王晓朝｜译

人民出版社

出 版 前 言

1921 年 9 月,刚刚成立的中国共产党就创办了第一家自己的出版机构——人民出版社。一百年来,在党的领导下,人民出版社大力传播马克思主义及其中国化的最新理论成果,为弘扬真理、繁荣学术、传承文明、普及文化出版了一批又一批影响深远的精品力作,引领着时代思潮与学术方向。

2009 年,在庆祝新中国成立 60 周年之际,我社从历年出版精品中,选取了一百余种图书作为《人民文库》第一辑。文库出版后,广受好评,其中不少图书一印再印。为庆祝中国共产党建党一百周年,反映当代中国学术文化大发展大繁荣的巨大成就,在建社一百周年之际,我社决定推出《人民文库》第二辑。

《人民文库》第二辑继续坚持思想性、学术性、原创性与可读性标准,重点选取 20 世纪 90 年代以来出版的哲学社会科学研究著作,按学科分为马克思主义、哲学、政治、法律、经济、历史、文化七类,陆续出版。

习近平总书记指出:"人民群众多读书,我们的民族精神就会厚重起来、深邃起来。""为人民提供更多优秀精神文化产品,善莫大焉。"这既是对广大读者的殷切期望,也是对出版工作者提出的价值要求。

文化自信是一个国家、一个民族发展中更基本、更深沉、更持久的力量,没有文化的繁荣兴盛,就没有中华民族的伟大复兴。我们要始终坚持"为人民出好书"的宗旨,不断推出更多、更好的精品力作,筑牢中华民族文化自信的根基。

人民出版社

2021 年 1 月 2 日

目　　录

中译者序言

　　《法篇》是古希腊大哲学家柏拉图（公元前 427—前 347 年）的代表作。中译者在翻译出版中文版《柏拉图全集》（2003 年）和增订版《柏拉图全集》（2017 年）的时候，已经撰有"中译者导言"，对柏拉图的生平和著述作了详细介绍。最近，人民出版社将该书列入"人民文库"第二辑出版。中译者撰此序言，为读者提供一些必要的知识。

　　柏拉图是古希腊最有代表性的大思想家、大哲学家、大文学家、大教育家。他的思想与著作（主要是对话）对西方哲学理念与整个文化的发展发挥过重要作用，有着极其深远的影响，把他在西方思想史和文化史上的地位比作中华文化传统中的孔子丝毫也不过分。

　　柏拉图的大部分著作都是对话，所涉及的内容极为广泛，哲学、伦理、自然科学问题、政治、教育、语言、艺术，等等，几乎无所不谈。所以我们可以说柏拉图的对话是希腊文化的一部百科全书。通过阅读柏拉图对话，我们可以了解希腊民族的精神世界，从中得到精神的享受和文化的熏陶。

　　柏拉图对话的真伪，是两千多年来一直有争议的学术问题。进入 20 世纪以来，学者们经过认真研究，取得了比较一致的意见，肯定现存柏拉图作品中大多数作品，特别是那些重要的著作是柏拉图真作。

　　范明生先生借鉴西方学者的研究成果，将柏拉图的对话分为三期：

　　一、早期对话：《申辩篇》、《克里托篇》、《拉凯斯篇》、《吕西斯篇》、《卡尔米德篇》、《欧绪弗洛篇》、《小希庇亚篇》、《普罗泰戈拉篇》、《高尔吉亚

篇》、《伊安篇》。这些对话属于所谓的"苏格拉底的对话"，它们的主要
论题和方法基本上属于苏格拉底，其哲学内容主要作为苏格拉底和智者
的思想资料来引用，但也包括柏拉图在写作加工中掺入的部分思想。

二、中期对话：《欧绪德谟篇》、《美涅克塞努篇》、《克拉底鲁篇》、《美
诺篇》、《斐多篇》、《会饮篇》、《国家篇》、《斐德罗篇》。这个时期柏拉图
已经摆脱苏格拉底的影响，建立起自己的哲学体系，对话所表现的哲学
内容可以视为柏拉图本人的思想。

三、后期对话：《巴门尼德篇》、《泰阿泰德篇》、《智者篇》、《政治家
篇》、《斐莱布篇》、《蒂迈欧篇》、《克里底亚篇》、《法篇》。与中期对话相
比，这个时期柏拉图的思想发生显著变化，是对中期思想的修正、发展和
更新。

中文版《柏拉图全集》收录了上述 26 篇对话，此外还将《伊庇诺米
篇》、《大希庇亚篇》、《书信》13 封收入，作为全集的附录。

《柏拉图全集》增订版考虑到研究的需要，也考虑到柏拉图的疑
伪之作至今尚无最终定论，因此借修订之机，增补翻译了柏拉图伪
作 16 种。它们是：《阿尔基比亚德上篇》（Alcibiades I）、《阿尔基比
亚德下篇》（Alcibiades II）、《希帕库斯篇》（Hipparchus）、《克利托丰
篇》（Clitophon）、《塞亚革斯篇》（Theages）、《弥诺斯篇》（Minos）、《德
谟多库篇》（Demodocus）、《西绪福斯篇》（Sisyphus）、《厄里西亚篇》
（Eryxias）、《阿西俄库篇》（Axiochus）、《情敌篇》（Rival Lovers）、《论公
正》（On Justice）、《论美德》（On Virtue）、《神翠鸟》（Halcyon）、《定义集》
（Definitions）、《诗句集》（Epigrams）。

柏拉图著作的编纂、校订、注释在西方学术界有很长的历史。最
早的拉丁文版柏拉图著作于 1483—1484 年由斐奇诺（Marsilio Ficino,
1433—1499）编纂，出版于翡冷翠（即佛罗伦萨），1491 年在威尼斯重印。
最早的希腊文版是由马努修斯（A．Manutius）1513 年在威尼斯出版的。
1578 年由斯特方（H．Stephanus）在巴黎出版的希腊文版，并附有萨尔
拉努（J．Serranus）的拉丁文译文的三卷本。斯特方所编定的分卷、页码
和分栏（A、B、C、D、E），以后为各国学者广泛采用。如：《国家篇》429

D，即指斯特方本第 429 页 D 栏，中译《柏拉图全集》亦将标准页的页码和分栏作为边码标出。迄今为止，公认为较好的柏拉图著作的希腊文版，是由英国哲学史家伯奈特 (J. Burnet, 1863—1923 年) 校订的牛津版六卷本《柏拉图著作集》(Platonis Opera, 1899—1906)。柏拉图著作标准页原版中在页边标注，考虑到中国人的阅读习惯和排版的方便，修订版改为文中用"【】"标注。

自从 20 世纪 20 年代以来，柏拉图的思想经过中国学者的介绍和研究，逐渐为中国人所了解，柏拉图的许多对话已被严群、朱光潜、陈康等著名学者翻译成中文。改革开放以来，中国大陆又有一些新译本问世。尽译柏拉图对话是许多老一辈学者的理想和毕生为之奋斗的目标。笔者所译的《柏拉图全集》于 2003 年出版。

应社会大众的阅读需要，在出版界朋友的帮助下，全集多次重印，而在此期间，中译者也在不断地听取和收集各方面的批评意见，并在教学和科研间隙对全集进行修订。2015 年前后，中译者承担的教学和研究工作相对较少，有了对全集进行全面修订的充裕时间，遂有全集增订版的问世。

上世纪末以来，中国高校大力推广人文素质教育，阅读经典著作成为素质教育的重要内容。为适应社会需要，中译者将修订版的《柏拉图全集》分为十册出版，以解决全集篇幅过大，一般学生和社会读者难以全部购买的问题。各分册出版完成以后，再视社会需要，出版完整的《柏拉图全集》(增订版)。新的合集共分三卷，各卷包含的内容是：

上卷：中文版序、中译者导言、柏拉图年表、柏拉图谱系表、柏拉图著作篇名缩略语表、申辩篇、克里托篇、斐多篇、卡尔米德篇、拉凯斯篇、吕西斯篇、欧绪弗洛篇、美涅克塞努篇、小希庇亚篇、伊安篇、高尔吉亚篇、普罗泰戈拉篇、美诺篇、欧绪德谟篇、克拉底鲁篇、斐德罗篇、会饮篇。

中卷：国家篇、泰阿泰德篇、巴门尼德篇、智者篇、政治家篇、斐莱布篇。

下卷：蒂迈欧篇、克里底亚篇、法篇、伊庇诺米篇、大希庇亚篇、阿尔基比亚德上篇、阿尔基比亚德下篇、希帕库斯篇、克利托丰篇、塞亚革斯篇、弥诺斯篇、德谟多库篇、西绪福斯篇、厄里西亚篇、阿西俄库篇、情敌篇、论公正、论美德、神翠鸟、定义集、书信、诗句集。

借《法篇》收入"人民义库"出版之机，重复中译者在原版"中译者导言"中说过的话："译作的完成之日，就是接受批评的开始。敬请读者在发现错误的时候发表批评意见，并与中译者取得联系（通信地址：100084清华大学人文学院哲学系；电子邮件：xiaochao@tsinghua.edu.cn），以便中译者在有需要再版时予以修正。"

感谢学界前辈、同行、朋友的教诲、建议和批评！

感谢人民出版社为出版中文版《柏拉图全集》所付出的巨大努力！

感谢中文版《柏拉图全集》出版以来阅读过该书的所有读者！感谢中文版《柏拉图全集》出版以来，对该书作出评价和提出批评意见的所有人！

王晓朝

2021 年 9 月 25 日

于杭州浙大城市学院

提　要

　　《法篇》是柏拉图最后一部作品，也是最长的一篇对话，译成中文约 28 万字。公元 1 世纪的塞拉绪罗在编定柏拉图作品篇目时，将本篇列为第九组四联剧的第二篇，称其性质是"政治性的"，称其主题是"论立法"。①

　　本篇的希腊文标题是"Νόμοι"。这个词是个多义词，有习惯、习俗、惯例、规范、礼仪、法律、法令、法规等含义，用于音乐，则表示"曲调"。古希腊人对这个词的理解经历了三个阶段：(1) 不区分自然和社会，把礼法和习俗也视为自然的；(2) 随着部落、城邦、国家的建立，礼法与习俗的作用凸显，人们认识到风俗习惯、传统惯例、伦理规范、成文法律、协议章程等不是自然的，而是由人自己约定的，不是普遍适用的，而是可以修改的；(3) 把礼法与自然对立起来，早期自然哲学家恩培多克勒和一些智者持这种看法。本篇涉及的内容很广泛，不能全部限定于"法律"之内，故此本篇中译标题为"法篇"。

　　参加对话的是三位老人：一位匿名的雅典人、克里特人克利尼亚、拉栖代蒙人麦吉卢。他们在克里特相遇，谈论法的好坏。本篇也像《国家篇》一样讨论了城邦国家的方方面面，包括政治、经济、教育、文化、婚姻、生活等等，实际上是柏拉图提出的一套系统完整的法律制度，是柏拉图的

---

① 参阅第欧根尼·拉尔修：《名哲言行录》3：60。

"第二理想国"。

本书共分十二卷，据说是由柏拉图的学生菲力浦（奥布斯的）划分的。各卷基本内容如下。

第一卷（624a—650b），考察公餐制，讨论立法的基本原则。和平优于战争，和谐优于纷扰，整体美德优于单一美德。法律追求的目标不是单一美德，而是整体美德。克里特和拉栖代蒙的法律通过公餐制度来提升武士们承受痛苦的勇气。法律、规章、制度对公民起着重要的教育作用。要从小对公民进行德性方面的教育，使他们长大以后成为一名完善的公民，知道如何实施正义。教育是无价之宝，世上任何地方都不应当轻视教育。法律是一根神圣的"金线"。法律的力量是卓越的，人必须与法律合作。

第二卷（652a—674c），考察酒宴，探讨音乐和体育的起源。人最初的感觉是快感和痛感，教育就是对快感和痛感进行正确的约束。动物在运动中缺乏有序的观念，没有节奏感或旋律感。而人被造为有这两种感觉，这就是众神给人类的馈赠，也是音乐和舞蹈的起源。音乐和舞蹈是一种模仿和再现，起着使人向善的道德教化作用，因此需要严格立法，加以管制。判断音乐好坏的标准不是看它能否提供快乐，而是它本身是否正确和有用。酒神把酒赐给人类不是让人丧失理智而去复仇，而是为了让酒成为一种药物，在灵魂中产生敬畏，在身体中产生健康和力量。为了让酒起到这种作用，需要给饮酒严格立法。

第三卷（676a—702e），考察政治体制的起源和发展。人类及其文明在漫长的历史中多次遭受毁灭，幸存下来的人组成共同体重新发展。最初的人生活贫乏，但习性单纯，遵循习俗和祖宗留下的法律，生活在最初的共同体中。在历史上，四种政治体制先后产生：单一家族的，处于家长的独裁统治下；多个家族的，处于贵族统治之下；多个城邦联合，各有不同的体制；诸城邦的联盟。立法者以自由、明智、和谐为目的，为城邦立法。君主制和民主制是其他各种政治体制的母体，其他体制均为这两种体制的变种。不把这两种体制的要素恰当地结合起来，就不能建构城邦。

第四卷（704a—724b），创建新殖民城邦。新城邦创建以后要为它立法。法有三个来源：自然、神灵、技艺。法律不能只包含惩罚，而应包括说服和告诫。要告诉城邦公民，一切事物的开端、中间和终结均掌握在神的手中，人必须下定决心，成为神的追随者，尽力使自己的品性像神。向众神献祭和祈祷，与神为伴，是获取幸福的最有效方式。法典有序言和正文，法律条文有简要形式和复杂形式。

第五卷（726a—747e），建构殖民城邦，并为之立法。城市是整个国家的中心，卫城是整个城市的中心。首先为城市选址，以卫城为中心，画出十二条放射线，把整个城市分为十二个区。把整个乡村也分为十二个部分，构成整个国家。然后，立法者划出五千零四十块份地。该城邦由五千零四十位公民组成，由城邦给他们分配土地和住宅。份地和住宅不得买卖。私人不得拥有金银，只能拥有日常流通的硬币；公民不得私藏外币。城邦制定贫穷和富裕的标准，公民不得过于贫穷，也不能过于富裕。

第六卷（751a—785b），为城邦设立职位，任命行政官员，确定适当的职数和任用方法；选举任命三十七名执政官，组成一个执政集团，负责执法和财产登记；选举任命将军、副将、骑兵指挥官；选举产生三百六十人组成的议事会，每个财产等级的公民选举九十人；每个月选派三十人组成轮值委员会，处理日常事务；世袭的或新选的祭司负责管理神庙和圣地；选举或抽签产生市政官三人，负责管理城市的街道和建筑物，选举或抽签产生市场专员五人，专门负责管理市场；从每个部落中挑选五名乡村巡视员或卫队长，任期两年，各自挑选十二名年轻人组成巡逻队，负责地区巡逻。任命负责文化事务和体育训练事务的督察。设立教育总监，负责教育事务。建立法庭，选任法官。制定婚姻法，处理生育、财产、奴隶等等问题。

第七卷（788a—824c），为教育立法。从胎教、婴幼儿教育说起。由妇幼总管主持对儿童的管教。人们生来就处于某种法律体系之下，这种体系应当长期保持稳定。寻求不同的体制、法律、生活方式会带来严重后果，要认真防范。目光敏锐、忠于职守的教育总监指点年轻人走上正道，使他们成为善良、守法的公民。年轻绅士还有三门课程要学习：算术、几何、天文。

第八卷（828a—850c），为节庆和历法立法，赋予它们法律的权威。为体育锻炼和兑赛立法。在德性、地位、贫富程度相当的人之间会产生依恋，当这种依恋达到相当强烈的程度时，爱情就产生了。要用法律把性行为限制在它的自然功能上，要禁止乱伦。制定一系列农业方面的法规。

第九卷（853a—882c），为刑事案件立法。最主要的刑事案件有盗窃圣物、杀人、伤害。详细说明每一种罪行要接受什么样的惩罚，由什么样的法庭审判。尊敬长者、孝敬父母也被上升到法律的高度，成为公民必须遵守的法律。

第十卷（884a—910d），为宗教立法。无神论是犯罪的主因。人们要么不相信众神存在，要么相信众神存在，但认为神不关心人类的事务，要么相信众神关心人事，但容易被凡人哄骗。用灵魂不灭来论证众神的存在。各种反宗教的罪行均应加以严惩，尤其要禁止人们在自己家中设置神龛和祭坛。

第十一卷（913a—938c），为财产和商贸立法。指出财产所有权是一切商贸关系的基础，并进而提出道德金律："未经我的许可，无人可以动用我的财产或把它分给别人；如果我是通情达理的，那么我也要用同样的方式对待别人的财产。"（913a）就贸易信誉立法，并对遗产继承作了详细规定。

第十二卷（941a—969d），为军事和外交活动立法。指出军事立法的原则在于使全体军人习惯共同战斗，成为一个坚不可摧的团体。对战场纪律、逃兵的处置，和平时期的军事训练作了具体规定。指出要选拔优秀人士为代表，参加宗教与和平集会，为城邦增光添彩，使国家扬名世界。

从本篇可以看出，柏拉图晚年考虑国家问题，不是从抽象的原则出发，而是从现实的制度出发，评价各种政制的优劣，然后得出原则。他突出了对法律的重视，认识到无论什么样的统治者必须受法律的约束。只有法律的权力高于统治者的权力时国家的治理才能走上正确的轨道。从

《国家篇》到《法篇》，柏拉图完成了从人治到法治的过渡。他在对待雅典民主制的问题上也从原先持批评反对的态度转为比较同情的理解。他在《国家篇》中提到民主制的主要特点是自由，而在本篇中他已经将自由列为国家的三个主要目标和原则之一。

第 一 卷

谈话人：雅典人、克利尼亚、麦吉卢

雅 【624】告诉我，先生，你把你们立法的功劳归功于谁？归功于某一位神，还是归功于某一个人？

克 归功于某一位神，先生——这样说是最诚实的。在我们克里特①人中间，我们说是宙斯②，而在拉栖代蒙③人中间——我们这位朋友就是从那里来的——他们说是阿波罗④，我相信是这样的。不对吗？

麦 对，没错。

雅 假定你们追随荷马的说法，【b】你们会说弥诺斯⑤每九年与他父亲相会一次，弥诺斯依据这位神的宣谕，为你们的城邦立法吗？

克 是的，我们克里特人是这么说的，我们还说，弥诺斯的兄弟拉达曼堤斯⑥——【625】你无疑知道这个名字——绝对是一位正义的模范。我们克里特人说他赢得这一名声，乃是因为他以严谨公平的方式处理了他那个时代的司法问题。

---

① 克里特（Κρήτη），地名。

② 宙斯（Διὸς），希腊主神。

③ 拉栖代蒙（Λᾰκεδαίμων），地名，即斯巴达。

④ 阿波罗（Απολλον），希腊太阳神。

⑤ 弥诺斯（Μίνως），克里特王，宙斯与欧罗巴之子，死后为冥府三判官之一。

⑥ 拉达曼堤斯（Ῥαδάμανθυς），弥诺斯的兄弟，死后亦为冥府判官。

雅　确实声名卓著，尤其适用于宙斯之子。嗯，好吧，由于你和你的同伴都是在这种有着卓越谱系的法律下长大的，要是我们在今天上午的旅行中花些时间来讨论政制和法律，【b】交换我们的观点，我期待你们会乐意接受。我听说从克诺索斯①到宙斯的洞穴和神庙相当远，但路上有一些荫凉的地方可以歇脚，否则这个季节的酷热难以抵挡。这些高大的树木对我们这把年纪的人来说可真是好极了，我们可以多歇歇，说说话。这样，我们就可以抵达长途旅行的终点，而不会感到疲倦了。

克　【c】是的，先生，你走着就会发现圣地里有高大的柏树林；还有大片草地，都是我们可以停下来休息的地方。

雅　听起来这是个好主意。

克　确实不错，等我们看到它们了，我们就知道这个主意确实不错。嗯，好吧，我们要祝愿自己一路平安，然后出发吗？

雅　当然。嗯，请你回答我的问题。你们有公餐制度，有一套锻炼身体的方法，还有一类专门的军事装备。你们为什么要让这些事情具有法律的力量？

克　嗯，先生，我认为这些习俗对任何人来说都很容易理解，至少就我们当前讨论而言。你们看得出来，整个克里特的地形不如帖撒利②那么平坦。【d】所以，我们通常训练跑步，而帖撒利人在大多数情况下使用马匹，这是因为我们的地形崎岖不平，更适合跑步训练。在这种城邦里，我们当然只能保持轻装，所以我们奔跑而不负重，使用弓箭似乎是恰当的，因为它们本身较轻。克里特人的所有这些训练都是为了在战争中厮杀，这确实就是我们的立法者作这种安排的目的。【e】与此相仿，这也是他规定公餐的原因。他看到，人们从军打仗全都需要保护自己，所以需要在整个战役过程中共同进食。我认为，他批评那些普通人的愚蠢，因为他们不明白自己一辈子都在打仗，对抗其他所有城邦。所以，【626】如果你承认公餐的必要性，认为它在战时可以起到保护自己的作用，可以由长官和士

---

①　克诺索斯（Κνωσοῦς），地名，克里特王宫所在地。
②　帖撒利（Θετταλία），地名。

兵轮流放哨,担任警卫,那么在和平时期也应当这样做。在立法者看来,大多数人所说的"和平"其实只是幻想,而在实际生活中,每一个城邦凭其本性都会不宣而战,反对其他城邦。如果你按照这一思路来想问题,你肯定会发现克里特的立法者着眼于战争而在公共领域和私人领域建立的所有这些制度,也就是本着这种精神,他为我们立法,要求我们遵守。【b】他确信,如果我们不能在战争中保持优势,那么拥有任何财产或者和平就没有任何意义,因为战败者的一切善物都将落入胜利者手中。

雅　你们确实拥有极好的军事训练,先生!我认为,这就使你能够深刻地分析克里特的制度。但有一个问题请你为我解释得更加清楚一些:你对一个良好运作的城邦作了界定,【c】在我看来,它需要组织和管理,以确保在对外战争中取得胜利。我说得对吗?

克　当然,我想我的这位同伴也会支持我的界定。

麦　我亲爱的先生,要是一个人是拉栖代蒙人,你还能得到其他什么样的回答?

雅　但若这是城邦之间关系的一个正确标准,那么村庄之间关系的标准会如何?会有一个不同的标准吗?

克　当然不会。

雅　那么,它们是相同的吗?

克　是的。

雅　那么好吧,村庄里的不同家庭之间的关系怎么样?个人与个人之间的关系怎么样?也是相同的吗?

克　也是相同的。

雅　【d】一个人与他自身的关系怎么样——他会认为他自身是他的敌人吗?对这个问题我们的回答是什么?

克　说得好,我的雅典朋友!我宁可不把你称作阿提卡①朋友,因为我想按这位女神②的名字来称呼你更好,你配得上这个名称。通过表述

①　阿提卡（Αττική）,地区名,雅典位于阿提卡半岛。
②　指雅典娜,智慧女神和雅典城邦的保护神。

这个论证的最基本的形式,你已经比较清晰地完成了这个论证。现在你会发现,要是我们刚才提出来的命题是正确的,不仅在公共领域每个人都是其他人的敌人,而且在私人领域每个人都会对自身发动战争,那么要完成这个论证就更加容易了。

雅　【e】你确实令我惊讶,我的朋友。你这样说是什么意思?

克　先生,这就是一个人获得的最先的和最好的胜利——战胜他自己。与此相反,在与自身的战争中打败仗是最糟糕、最令人震惊的事情。我这样说指的是我们每个人都在与自己打仗。

雅　嗯,让我们把这个论证颠倒一下。你认为我们中的每个人要么是他自己的"征服者",【627】要么被他自身所征服。我们可以说这对家庭、村庄、城邦来说也是一样的吗?或者说不一样?

克　你指的是它们个别地要么是它自身的"征服者",要么被它自身所征服吗?

雅　是的。

克　这又是一个要提出来的好问题。你的建议非常正确,尤其是就城邦而言。只要是较为优秀的人征服比他们低劣的人,那么可以正确地说城邦是它自身的"征服者",我们也可以完全正当地赞扬它的胜利。如果相反的情况发生了,那么我们必须作出相反的判断。

雅　【b】较差的事物是否会在一定意义上优于较好的事物,要确定这一点,需要讨论的时间太长,所以让我们把它搁在一边。在我看来,你现在的立场大体上是这样的:有时候,邪恶的公民会与大多数人一道,试图用暴力奴役有德性的少数人,尽管双方都是同一种族同一城邦的成员。如果他们占了上风,城邦可以说是"劣于"它本身,是一个邪恶的城邦;但若他们被打败了,我们可以说它"优于"它本身,是一个好城邦。

克　【c】这些话听起来有点像悖论①,先生,但是我无法不同意。

雅　不过,等一下,让我们再来看这一点:假定同一父母有几个儿

────────────

①　克利尼亚感到的这个悖论是:当低劣的成员成为征服者,国家在道德上卓越;当卓越的成员成为征服者,国家在道德上低劣。

子,要是大多数兄弟是不正义的,只有少数是正义的,我们会对这种情况感到惊讶吗?

克 决不会。

雅 我们能说,要是这些邪恶的兄弟在整个家庭中占了上风,【d】这个家庭可以被称作"劣于"它本身,要是他们被征服了,它可以被称作"优于"它本身吗——不过,这一点与我们的目的无关。我们现在考察这个普通人的用语的原因,不在于判断这个用语是否恰当,而在于确定在一部既定的法律中,什么在本质上是正确的,什么在本质上是错误的。

克 你说得很对,先生。

麦 我同意——到目前为止,你说的很好。

雅 那就让我们来看下一个要点。我刚才提到的那些兄弟——他们会有法官吧,我假定?

克 当然。

雅 【e】这些法官中间,哪一位比较好,是那个处死所有坏兄弟、让好兄弟过他们自己的生活的法官,还是那个让有德性的兄弟掌权、让那些坏东西仍旧活着、但使他们自愿服从这种统治的那个法官? 我们还可以添上第三位法官,他甚至可能是一位更好的法官——他会亲手接管这个有争议的家庭,【628】对其成员进行调停,不处死任何人,给他们立下规矩,规范他们今后的生活,确保他们能和睦相处、友好相待。

克 是的,这位法官——立法者——才是更好的,其他法官无法与他相比。

雅 但在制定这些规矩的时候,他的着眼点会是战争的对立面。

克 确实如此。

雅 那个给城邦带来和谐的人怎么样? 【b】在规范城邦生活的时候,他会比较关注外部的战争,还是比较关注内部的战争? 我们所谓的"内战"确实会时不时的发生,这是一个人最不想在他自己的国家里看到的事情;但若内战爆发了,他会希望尽快平息内战。

克 他显然会比较关注第二种战争。

雅 战争双方由于一方取胜而另一方遭到毁灭,和平尾随战争而至;

或者是另外一种情况，通过调停，带来和平与友谊。【c】嗯，你喜欢这些结果中的哪一种，假定这个城邦在那个时候关注的是外部的敌人？

克　每个人都会比较喜欢第二种情况，而不是第一种，只要涉及他自己的城邦。

雅　立法者不也会有这样的偏好吗？

克　他肯定会有这样的偏好。

雅　那么，任何立法者都会带着获取至善① 的目标制定他的每一条法律吗？

克　当然。

雅　然而，至善既不是战争，又不是内战（神禁止我们再提到它们），而是人与人之间的和平与善意。所以，一个城邦对其自身的胜利似乎并非都是理想的；【d】它只是我们无法选择的事情之一。你蛮可以这样想，医生会对有病的身体进行治疗，使它康复，但他不会在意那些不需要这种治疗的身体。与此相仿，对城邦的幸福，甚至对个人的幸福采取这样的看法，那么立法者决不会说出这种幸福观的真实意义——也就是说，要是他把对外战争当作首要的和唯一的关注；当且仅当他把战争当作和平的工具，【e】而非把他旨在和平的立法当作战争的工具，他才会成为一位真正的立法者。

克　先生，你论证得似乎挺正确。即便如此，要说我们克里特的体制，以及拉栖代蒙人的体制，不以战争为其全部旨归，那么我会感到惊讶。

雅　【629】嗯，也许是这样的。然而，我们现在没有必要在这一点上进行无谓的争执。我们现在需要做的是，不带情感地把我们的考察引入这些体制，因为我们与这些体制的创造者拥有共同的利益。所以，请你们陪同我进行下面的谈话。让我们以堤泰乌斯② 为例，要论出生他是雅典人，但后来归化成为你们的公民。在所有人中间，他尤其关注我们正在讨论的问题。他说："我不会提到一个人，我无论如何都要轻视他"，【b】

---

① 至善（τοῦ ἀρίστου），善的最高级，最大的善物，最大的好东西。

② 堤泰乌斯（Τυρταῖος），公元前 7 世纪希腊诗人。

（他继续说道）"哪怕他是最富裕的人，哪怕他拥有大量的善物"（他几乎把这些善物全部列举出来）"除非他在战争中的勇敢是无与伦比的。"① 你无疑听说过这些诗句；我期待，在这里的麦吉卢② 也能倒背如流。

麦 那当然。

克 这些诗歌肯定也传到克里特，是从拉栖代蒙传过来的。

雅 那么，现在让我们一道向这位诗人提出这样一些问题："【c】堤泰乌斯，你是一位诗人，是神灵凭附的。我们相当肯定你的智慧和美德，你出色地颂扬了那些积极侍奉国家的人。关于这一点，我们——在这里的麦吉卢、克诺索斯的克利尼亚、我本人——发现我们自己倾向于赞同你的主要看法；但是我们想要弄清楚我们讲的是不是同一种人。告诉我们：你清楚地区分两种战争了吗？或者你是怎么看的？"我想象，【d】在回答这个问题的时候，哪怕是不如堤泰乌斯这样有才华的人也会回答说"有两种"。第一种就是我们所说的"内战"，如我们刚才所说，这是一种最痛苦的战争；我想，我们全都同意，在进行另一种战争时，当我们和城邦以外的其他国家的敌人打仗时，这种战争不像内战那么邪恶。

克 我同意。

雅 "好吧，堤泰乌斯，你大肆颂扬的士兵属于哪一类人？你加以谴责的士兵属于哪一类人？他们进行的战争是哪一类战争，使你对他们高度赞扬？抗击外国敌人的战争，看起来似乎如此——但无论如何，你在诗句中告诉我们，【e】你没有时间去理会那些不能'面对血腥的屠杀，不能与敌人搏斗'的人。"所以，我们接下去要问的是："堤泰乌斯，你的特别颂扬看起来是保留给那些在对外战争中英勇抗敌的人。"我假定，他会同意这一点，会说"是的"，对吗？

克 他肯定会。

雅 然而，不否定那些士兵的勇敢，【630】我们仍旧坚持认为在总

---

① 堤泰乌斯的诗歌以颂扬战争中的勇敢著名。引文参见 J.M.Edmonds, Elegy and Iambus（Loeb），vol.1, pp.74–77。

② 麦吉卢（Μέγιλλως），人名，本篇对话人。

的战争中英勇抗敌的人更加勇敢。我们有诗人塞奥格尼①为证,他是西西里②人,麦加拉③城邦的公民。他说:"库尔努斯④,在那致命的内战中去找一个你能相信的人,他值他的身体那么重的黄金和白银。"⑤这样的一个人,在我们看来,在一场更加艰难的战争中战斗,比另一种人要卓越得多——【b】正义、自制、明智的结合,再由勇敢来增强,比单独的勇敢要卓越得多。在内战中一个人决不可能证明自己的健全和忠诚,除非他拥有各种美德;而在战争中,堤泰乌斯提到有大量的雇佣军坚定不移,至死不渝,尽管他们中大部分人是鲁莽的、不义的、野蛮的、极为冒失的,鲜有例外。嗯,我的论证可以得出什么结论?我说的所有这些话到底想要说明什么观点?【c】就是为了说明每一位有用的立法者在制定他的法律时——尤其是你们克里特的立法者,由宙斯指导——除了以最高的美德为目标,不会以其他东西为目标。这就表明,塞奥格尼所说的"危难中的忠诚",可以称之为"完全的正义"。而堤泰乌斯高度颂扬的美德确实是一种高尚的美德,诗人已经给予恰当的赞美,但严格说来,【d】它只排在第四位。

克　噢,先生,你把我们克里特的立法者的地位排得太低,把他当作失败者。

雅　不,我亲爱的同伴,我排得没错。要说失败,那全在我们这一方。我们错就错在想象莱喀古斯⑥和弥诺斯在为拉栖代蒙和这个国家⑦立法时必定着眼于战争。

克　那么我们该怎么说呢?

雅　我们没有特别的斧子来砍削我们的讨论,我想我们应当说真话,

---

① 塞奥格尼（Θέογνιν）,公元前6世纪后期希腊诗人。

② 西西里（Σικελία）,地名。

③ 麦加拉（Μέγαρὰ）,地名。

④ 库尔努斯（Κύρνως）,人名。

⑤ 引文参见 J.M.Edmonds, Elegy and Iambus（Loeb）, vol.1, pp.77–78 行。

⑥ 莱喀古斯（Λυκούργους）,拉栖代蒙立法者。

⑦ 指克里特。

讲述最诚实的真理。我们不应当说,【e】立法者在制定他的规则时仅仅着眼于一部分美德,而这部分美德又是最微不足道的。我们应当说他旨在整个美德,他试图用处于其下的各种分离的美德来构思一套他那个时代的法律,他使用的框架与现代法律的起草者相当不同。这些人每一个都发明出他感到需要的任何种类的法律,添加到他的法典中去。比如,一个人会发明一种关于"财产和女继承人"的法律,另一个人会发明一种关于"人身攻击"的法律,其他人会建议其他种类的法律,乃至无限。但是我们坚持,【631】制定法律的正确程序,确实就是我们已经着手制定的这种程序,是那些能恰当地做好这项工作的人遵循的。我对你着手解释你们的法律感到非常高兴:你从美德开始,把美德解释为立法者制定法律的目标,这样做是正确的。然而,你确实说了他的整个立法只以某一部分美德为旨归,而美德的其他部分都微不足道。就在这个地方,我认为你的理解有误,因此就有了所有这些附加的解释。所以,我希望能听到你在你的论证中作出的这个区别是什么? 【b】要我来告诉你吗?

克 当然。

雅 "嗯,先生,"你应当这样说,克里特人的法律在整个希腊世界拥有如此崇高的名声,这种情况决不是偶然的。这些法律是健全的,那些遵守法律的人会取得幸福,法律会给他们带来大量的好处。这些好处有两类:一类是"人的";另一类是"神的"。前者依赖于后者,【c】如果一个城邦获得了一类好处,它也就赢得了另一类好处——较大的好处包含较小的好处;如果城邦不能获得好处,那么它两类好处都不能得到。健康位于较小的好处之首,后面跟随的是美貌;气力排在第三位,用于跑步和其他身体锻炼。财富位于第四位——它不是"盲目的"①,而是视力清晰的,伴有良好的判断——而良好的判断本身是主导性的神的好处;位于第二位的是灵魂习惯性的自制,灵魂是理性的使用者。如果你把二者与勇敢相结合,【d】你就得到(第三样)正义;勇敢本身居于第四的位置。所有这些好处对其他东西而言都有一个在先的位置,所以立法者当然要

---

① 希腊财富之神普路托 (Πλούτων) 是一个瞎子。

把它们按照同样的秩序排列。然后他必须告知他的公民，他们得到的其他训诫实际上都着眼于这些好处："人的"好处着眼于"神的"好处，所有这些好处按下来都着眼于理性，理性是至高无上的。公民们通过婚姻结合，然后生儿育女；【e】他们经历了幼年、成年，直到老年。在这个阶段，立法者应当监管他的人民，用适当的荣誉和耻辱去激励他们。每当他们与其他人交往，他应当观察他们的快乐、【632】痛苦、欲望，以及他们强烈的激情；他必须使用法律本身作为工具，给予他们恰当的赞扬和责备。还有，公民是容易愤怒和恐惧的；他们承受着由于不幸引起的各种情感纷扰，又会在生活幸福时得到康复；他们全都拥有人们处于疾病、战争、贫困，及其对立面时会有的所有情感。面对所有这些情况，【b】立法者的责任是从个人反应的角度确定和解释什么是善，什么是恶。其次，立法者必须监管公民获取和消费金钱的方法；他必须保持敏锐的目光，对他们使用的各种方法（自愿的还是被迫的），对他们之间的相互联系进行监察，注意这些方法是否恰当；他们要把荣誉授予依法行事的人，【c】而对违法者制定专门的惩罚。当立法者进入组织整个城邦生活最后阶段的时候，他必须决定赋予死者以何等荣耀，为他们举行各种不同的葬礼。考察完成以后，法典的制定者将任命卫士（他们中有些人的行为有理性的基础，其他人则依据真信念），这样一来，所有这些法规就可以融入一个理性的整体，受到正义与自制的激励，而不是受制于财富或野心。【d】先生们，我希望你们做出的解释是这个类型的，我现在仍旧对你们抱有这样的希望——解释在归于宙斯和庇提亚①的阿波罗、而由弥诺斯和莱喀古斯制定的这些法律中，这些条件是如何满足的。我希望你们能够告诉我，为什么这些体系显然是由某位有着专门法律知识和技术——或者有着专门的经验——的人来安排的，而对我们这样的门外汉来说，这些体系是非常晦涩的。

克 好吧，先生，我们下面要去哪里？

雅 我认为我们应当返回，重新开始。【e】如前所说，我们首先应当

----

① 庇提亚（Πυθώ），地名。

考虑有助于促进勇敢的活动;然后,要是你们喜欢,我们可以考察其他种类的美德,一个接一个。我们可以把我们处理第一个论题的方式当作模型,试着以同样的方式讨论其他美德,我们可以边走边聊,一样样谈下去。等我们处理了整个美德以后,如果情况允许的话,我们将指出我们刚才所列举的法规均以美德为目标。

麦 【633】好极了! 我们在这里的这位朋友是宙斯的崇拜者,所以,拿他来试验,对他进行考察,你们就开始吧。

雅 我会尝试不仅考察他,也考察你和我自己——在这场讨论中,我们全都有份。所以,你们两,告诉我:我们要坚持认为公餐制和体育锻炼是你们的立法者出于战争的目的而发明的吗?

麦 是的。

雅 第三项这样的制度怎么样,第四项怎么样? 考虑到美德的其他"部分",把这些相应的制度都列举出来可能也是正确的程序(或者说,也是正确的用语;无论怎么说,只要能清楚地表达一个人的意思)。

麦 【b】我和任何拉栖代蒙人——在这件事情上——会提到立法者发明的狩猎,把它当作第三项制度。

雅 让我们来快速尝试一下,添加第四项,也添加第五项,如果我们能够做到。

麦 嗯,我来尝试着添加第四项:忍受痛苦。这是拉栖代蒙人的生活的一个显著的特点。在我们的拳击比赛中你可以发现它,在我们的骑兵"突袭"中你也能发现它,各种训练都还包括严厉的鞭笞①。还有所谓的"秘巡"②,其中包括大量的艰苦劳动,【c】是一种极好的锻炼吃苦耐劳能力的方法。参加巡查的人要在冬天赤脚走路,走遍整个城邦,不分夜晚与白天,没有任何随从,自己干那些奴仆干的事。还有,我们的"国殇日"③

---

① 斯巴达贵族家庭的男孩自幼在军营受训,住帐篷,铺草席,吃粗粝之食,每年要跪在神像面前承受一顿鞭笞,以锻炼吃苦耐劳的能力。

② "秘巡"是斯巴达的一项制度,派贵族青年秘密巡查全国各地。

③ 斯巴达国殇日每年举行一次,纪念在提瑞亚阵亡的勇士,参加庆祝的青年裸体表演舞蹈和体操。

也包含锻炼吃苦耐劳的能力,因为这种比赛在炎热的夏季举行。实际上,其他类似的考验还有许多,不胜枚举。

雅　你说得很好,我的拉栖代蒙朋友。但是,我们给男敢下的定义是什么?【d】我们只在对抗恐惧和痛苦的意义上给它下定义,还是把对抗欲望和快乐也包括在内,欲望和快乐如此有效地在哄骗和诱惑我们?它们像用蜡塑造东西一样塑造心灵——哪怕那些人高贵地相信自己的心灵能够对抗这样的影响。

麦　是的,我相信是这样的——勇敢就是对所有这些情感的对抗。

雅　嗯,不过,我们记得我们前面说过的话,我们这位来自克诺索斯的朋友说到城邦和个人被自己"征服"。不对吗?

克　确实如此。

雅　【e】好吧,我们只把被痛苦征服的人称作"坏的",还是把快乐的牺牲品也包括在内?

克　我认为,"坏"这个名称更多地用于快乐的牺牲品,胜过用在其他地方。当我们说一个人可耻地被他自己"征服"了的时候,我想,我们的意思更多的是指某人被快乐打败了,而非被痛苦打败了。

雅　【634】但是,这些立法者受到宙斯和阿波罗的激励,他们制定的法典肯定不会只针对一种勇敢,就好比把一只手背在后面,以便能够抵挡左面的敌人,却无力打击从右面来的狡诈、奉承和诱惑。它肯定应当能够抵挡来自两个方向的进攻,对吗?

克　是的,两个方向,我认为。

雅　下面我们应当提到,你们两个城邦有什么习惯使人想去品尝快乐,而不是教会他如何回避快乐——你记得一个人如何无法回避痛苦,而是被痛苦包围,然后被迫,或者在荣誉的劝说下,去获得较好的痛苦。【b】嗯,在你们的法典的什么地方可以找到有关快乐的同类规定吗?请你们告诉我,你们能说一说,你们有什么制度能使一个公民或一群公民,在面对痛苦和快乐时,同样表现得很勇敢吗?这样的话,他们就能在应当征服的地方去征服,而决不会成为他们最邻近、最危险的敌人的牺牲品。

麦　客人，我肯定能够指出大量为了对抗痛苦而设置的法律，【c】但我怀疑自己能否轻易找到对抗快乐的、有说服力的、清晰的法律。要是去发现一些小案例，我也许能获得成功。

克　在克里特的法律中，我也不能发现更多有关这类事情的明显例证。

雅　我亲爱的先生们，这种情况不值得我们惊讶。不过，我希望，我们每个人都有发现善和真理的欲望，在这种欲望的引导下，我们会对自己的城邦或者我们同伴的城邦的法律细节提出批评，对这样的批评，我们相互之间要能宽容地接受，而不至于彼此结怨。

克　你说得很好，我的雅典朋友。我们必须照你说的去做。

雅　【d】克利尼亚，苛刻对我们这把年纪的人来说不当一回事。

克　确实不当一回事。

雅　人们对拉栖代蒙和克里特的体制提出的批评也许是对的，也许是错的，但这是另外一个问题。无论如何，我可能比你们俩能够更好地报道大多数人一般是怎么说的。就算你们的法典制定得非常合理，它们确实也很合理，你们有一条最优秀的规矩，禁止任何年轻人询问与法律相关的是非曲直；每个人不得不同意，并且异口同声地说，【e】这些法律是非常优秀的，是神的恩赐；如果有人说了不同的看法，公民们必须拒绝听取他的意见。如果一名老人对你们的体制有些什么想法，那么他必须在没有年轻人在场的时候把这些想法告诉官员，或者告诉与他年纪相仿的人。

克　【635】这样做绝对正确，先生——你真是一个奇才！从这位立法者制定这些法律直到今天，年代已经十分久远，但我认为你很好地把握了他的意图，并且非常准确地给以陈述。

雅　好吧，这里现在没有年轻人在场。考虑到我们这些人的年纪，这位立法者肯定允许我们就这些主题进行私下里的谈话，而不至于有所冒犯。

克　就这样吧：不要犹豫不决，对我们的法律提出批评。即使说我们的法律有某些瑕疵，那也不是什么耻辱——确实，如果一个人接受批评的正确方面，【b】又不被它惹恼，一般情况下就会考虑如何补救。

雅　好极了。但是，批评你们的法律不是我提议：我们可以等到彻底考查了你们的法律以后再来提出批评。我只想提到我来考察时会遇到的难处。在所有民族中间，希腊人也好，外国人也罢，你们是独特的，因为你们得到你们立法者的训诫，远离那些最诱人的娱乐和快乐，不去尝试它们。然而，涉及痛苦和恐惧，你们的立法者指出，要是一个人自童年起就回避这些事情，【c】当他以后面对艰辛，他就无法回避痛苦和恐惧，他也会逃离任何接受过这种训练的敌人，成为他们的奴隶。我认为，这位立法者应当按同一思路对待快乐。他应当对他自己这样说："如果我们的公民的成长过程没有经历最强烈的快乐，如果他们没有接受如何坚定地对抗快乐的训练，【d】那么他们对快乐的喜爱将引导他们走向与屈服于恐惧的人同样的命运。他们所受的奴役是另一种奴役，但更加可耻；他们将成为这样一些人的奴隶：能够坚定对抗快乐的人、对抗诱惑术的老手——有时候是彻头彻尾的无赖。从灵性上说，我们的公民会部分是奴隶，部分是自由民，仅在有限的意义上，他们配得上被称作勇敢的和自由的。"请你们考虑一下这个论证：你们认为这个论证与我们的论题有什么关联吗？

克　【e】对，我认为有关联，首先，我有点感到羞愧。不过，面对如此重大的论题，马上就充满自信地得出结论，这样做也许是不成熟的，是幼稚的。

雅　好吧，克利尼亚和我们来自拉栖代蒙的朋友，让我们按照计划转入下一项：在讨论了勇敢之后讨论自制。我们发现，在战争的情况下，你们这两种政治体制比其他国家相对比较随意的体制要优越。就自制而言，【636】这种优越性表现在什么地方？

麦　这个问题相当困难。不过，我仍旧认为实行公餐和进行身体训练的目的是为了培养这两种美德。

雅　好，我的朋友，我倒认为真正的困难在于使这些政治制度在实践中反映这种完善的理论。人的身体可能是一个对应物。不可能严格地规定一种既定的体制对应一个既定的身体，因为任何体制都不可避免地在某些方面伤害我们的身体，【b】同时又在其他方面帮助我们的身体。比如，身体训练和公餐，尽管以许多方式有益于城邦，但它们也会鼓励造反，从而成为一种危险——米利都①、波埃提亚、图里②的年轻人就提供了很好的例证。更有甚者，这些制度在远古时代似乎就已经败坏了天然的性快乐，这种性快乐对人和野兽来说是一样的。这些违背自然的做法，你们两个城邦首先应当受到指责，【c】其他特别重视身体锻炼的城邦也应当受到指责。环境使你们醉心于这些事情，非常认真地对待它们；但无论如何你们都应当记住，男人和女人为了生儿育女而聚集在一起，他们体验到的快乐是完全自然的。但是，男同性恋和女同性恋是非自然的头等罪恶，犯罪的原因是男男女女不能控制他们寻求快乐的欲望。我们全都知道，克里特人炮制了该尼墨得③的故事，应当受到谴责：【d】他们坚定地相信他们的法律来自宙斯，而又把这个故事强加于他，为的是在享受这种特别的快乐时能有一位神作为"先例"。然而，这个故事不是事实，我们可以加以抛弃，当人们考察立法的时候，他们几乎穷尽了快乐与痛苦对城邦和个人品性的影响。你瞧，快乐和痛苦就像自然释放出来的两道泉水。【e】一个人在恰当的时候适度饮用泉水，就会享有幸福的生活；但若他在错误的时候不理智地饮用泉水，他的生活就很不一样了。城邦、个人，以及任何生灵，在这个问题上基点都是一样的。

　　麦　嗯，先生，我认为你说的或多或少有正确之处；但无论如何，我们有点目瞪口呆，找不到什么论证来反对你的意见。不过，我仍旧认为拉栖代蒙的立法者颁布回避快乐的政令是正确的（要是我们在这里的这位朋友想要拯救克诺索斯的法律的话，他也会这样做的）。【637】在我看来，拉栖代蒙和快乐相关的法律在你能在任何地方发现的法律中是最好的。它在我们国家里完全消除了那些诱使人们放纵于这种最强烈的快乐

---

①　米利都（Μίλητος），地名。

②　图里（Θουρίους），地名。

③　该尼墨得（Γανυμήδους），特洛伊王特洛斯之子，长相英俊漂亮，为宙斯喜爱，被掳为伴侣和侍杯者。参阅荷马《伊利亚特》20：231以下。

的事情,不让这些事情变得无法控制,也不让人们干下这些蠢事而变成傻瓜;你在拉栖代蒙的任何地方看不到酒宴,也看不到通常与酒宴一道举行的各种激发快乐的活动,无论是在乡下,还是在城镇,全都处于它的控制之下。【b】如果碰上一名喝醉了的狂欢者,那么我们中任何人都会对他作出最严厉的处罚,哪怕是狄奥尼修斯节①也不能用作赦免冒犯者罪过的理由。但是,我曾经在阿提卡看到人们在节日游行的花车上狂饮,也在塔壬同②,这是我们的一个殖民地,看到整座城市在酒神节狂饮。我们没有诸如此类的事情。

　　雅　我的拉栖代蒙朋友,在具有某种品性的人中间发生的所有诸如此类的事情都完全值得赞扬;只是当这类事情无法停止时,就会变得相当可笑。【c】我的同胞能够很快地对你们的做法反唇相讥,指出你们的女人在性生活方面的随意态度。当然,还有一种回答,在塔壬同、雅典和拉栖代蒙发生的所有这些事情显然可以被认为是有理的、合法的。当一名外国人在这些地方看到一些他不熟悉的习俗而产生疑问,他能得到的答复当然是这样的:"客人,我们这里就是这么做的,不值得惊讶;而你们处理起这些事情来可能会不一样。"【d】还有,我的朋友,我们谈话的主题不是一般的人类,而只是立法者的功绩和过失。我在谈论的也不仅仅是要饮酒还是禁酒,我讲的是酗酒。我们该如何处理它?有一项举措是西徐亚③人和波斯人,以及迦太基人、凯尔特人④、伊比利亚⑤人、色雷斯⑥人采用的——他们全都是好战的民族。【e】或者说,我们应当采用你们的举措?如你所说,这就是完全禁酒,而西徐亚人和色雷斯人,无论男女,都喜欢大碗大碗地喝酒,打湿了袍子也不在乎,反而视之为光荣豪迈的行径。波斯人在这些事情上和在其他一些你们排斥的奢侈活动中也非常

---

① 狄奥尼修斯 (Διονυσίως),希腊酒神。

② 塔壬同 (Ταραντῖνος),地名。

③ 西徐亚 (Σκυθία),地名。

④ 凯尔特人 (Κελτοὶ),族名。

⑤ 伊比利亚人 (Ἴβηρες),族名。

⑥ 色雷斯 (Θρἀκη),地名。

放纵,尽管比较恪守礼仪。

麦 【638】噢,但是,我的好先生,当我们手持武器时,他们就被我们击溃了。

雅 噢,但是,我亲爱的先生,你一定不能这样说。很多时候,一支军队在过去被打败了、击溃了,在将来也会这样,但没有什么明显的理由。仅仅指出战斗中的胜利或失败,无助于我们得出一个无可争议的标准,来判断某个既定实践活动有价值或无价值。【b】你瞧,比较大的城邦在战争中打败比较小的城邦,叙拉古①人奴役罗克里②人,在世界的那些部分,你会发现那里的人被假定是由最优秀的法律统治的;雅典人奴役开奥斯人,我们也还能发现许多相似的例子。讨论个别实践活动本身,我们应当尝试使我们自己信服它的性质;当前我们必须放弃用战争的胜负来解释实践活动,简单地说如此这般的实践活动是好的,如此这般的实践活动是坏的。下面请先听一下我的解释,什么是判断这些实践活动的相对价值的正确方式。

麦 【c】好吧,让我们来听一听你的解释。

雅 我认为,在讨论一种实践活动的时候,带着批评的意向开始讨论,或者一提到它的名字就对它进行赞扬,是在使用一种错误的程序。当你听说某人赞扬奶酪作为一种食物的功德时,你也可以马上对它进行谴责,而不停下来询问它有什么样的效果,应当如何食用(我指的是这样一些问题:如何供给奶酪,谁应当食用,和什么东西一起吃,在什么条件下提供,对食用者身体状况的要求)。【d】而这正是我们在讨论中的做法。我们一听到"饮酒"这个词,一方谴责它,另一方就赞扬它——要是说曾经有过这样一种程序的话,这是一种毫无意义的程序。各自热情地添加证据来认可自己的意见:一方认为有大量的证据可以证明饮酒有益,另一方指出看到有滴酒不沾的人在战场上取胜——但哪怕是这些事实也已经超出了争论的范围。嗯,如果说这就是我们将要逐一讨论其他习俗的

---

① 叙拉古 (Συρακός),地名。
② 罗克里 (Λοκρούς),地名。

方法,【e】那么我个人是不会感到满意的。我想用下述不同的程序来讨论我们当前饮酒这个主题——我认为,这种程序是正确的——看我能否证明这是一种一般的考察诸如此类事务的正确方式。你们瞧,在考虑这些事情时,成千上万个城邦与你们这两个城邦不同,并打算在讨论中提出争议。

麦　【639】那是一定的,要是能找到一条处理这种问题的正确道路,我们一定不能羞于聆听。

雅　让我们以这样一种类似的方式来进行我们的考察:假定有人称赞养山羊,推荐说山羊是一种很有价值的财产;假定另外一个人看到牧羊人不在的时候山羊在毁坏庄稼,于是就谴责这些家畜,或者对任何完全不受控制或控制得不好的牲畜挑毛病。对某些人这样的批评我们怎么想? 这样的批评有分量吗?

麦　几乎没有。

雅　如果一个人只拥有航海的知识,我们能说他将是一名有用的船老大,【b】而无视他是否晕船的问题吗? 我们能这样说,还是不能这样说?

麦　肯定不能,不管怎么说,要是就他的全部技艺而言,他有你提到的这种倾向。

雅　一支军队的指挥官怎么样? 要是他能够进行指挥只是凭着他的军事技艺,而无论他在面临危险时是否胆怯吗? 这个事例中的"晕船"是胆怯产生的,就好像前面说的由于恐惧而醉酒。

麦　他几乎不可能是一名合格的指挥官。

雅　要是他既胆怯又无能呢?

麦　你说的是一个地地道道的废物——他可以去指挥最挑剔的女人,而根本不能指挥男子汉。

雅　【c】以你喜欢的任何城邦集合体为例,它要发挥功能当然要有一位领袖,让其成员处于他的指导之下:一名观察者要是对它提出赞扬或谴责,但却从来没有看到过这个集合体聚集在一起,在它的领袖的指导下恰当地运作,或者总是处在坏领袖的指导之下,或者根本就没有领袖,我们会怎么想? 假定有这样的观察者和这样的集合体,我们会认为他的赞扬或谴责有什么价值吗?

麦　【d】他要是从未见过或参加过以恰当方式运作的集合体,他怎么能进行这样的评价呢?

雅　停一下。集会有许多种,假定我们说的饮酒和酒宴是一种集会,可以吗?

麦　当然可以。

雅　有谁曾经看到过以恰当的方式进行运作的这种集会? 当然了,你们俩发现这个问题很容易回答:"没有,绝对没有";酒宴在你们的国家里不能举行,此外它还是非法的。但是,我去过许多不同的地方,我几乎非常仔细地考察过所有酒宴。【e】然而,我从来没有看到或者听说有哪个酒宴始终恰当地举行;人们可以肯定少数微不足道的细节,但对大多数酒宴的监管都是错的。

克　你想说什么,先生? 请说得再具体一些。如你所说,我们在这些事情上没有经验,我们可能无法马上说出它的哪些特点是正确的,【640】哪些特点是不正确的。

雅　好像是这样的。但是你们能够尝试理解我的解释。你们肯定无论出于何种目的的集会或集合总会有一位领袖吗?

克　当然。

雅　我们刚才说过,如果这里说的集会是男人们在一起打仗,他们的领袖必须是勇敢的。

克　是的,确实如此。

雅　一位勇士,肯定不会像懦夫那样易受惊吓。

克　【b】这样说也没错。

雅　如果有某种机制我们可以用来置军队于一位英勇无畏的指挥官的领导之下,这就是我们应当努力去做的事情,不是吗?

克　肯定是。

雅　但是我们正在讨论的这个人不会去领导敌对的冲突,而会去参与朋友之间的和平集会,以增进相互之间的善意。

克　确实如此。

雅　【c】但是我们现在假定的这种集会会有喝醉酒的情况，所以这种集会不能避免某种纷扰，我假定。

克　当然能——我假定的情况正好相反。

雅　那么，就让我们从需要一位领导的这些集会的成员说起吧？

克　他们当然需要领导，比其他人更需要。

雅　假定有可能为这些集会配备一位能把握方向的领导，那么我们应当这么做吗？

克　当然。

雅　假定他也应当是一位懂得如何掌握社交集会的人，因为他的责任不仅是保存其成员的现有的友谊，【d】而且要使这种友谊借助集会得到进一步的增强。

克　这样说相当正确。

雅　所以，当有人喝醉酒的时候，他们不需要有某个保持清醒头脑和文雅举止的人来掌管他们吗？如果这位掌管者本人是一名酒鬼，或者很年轻，或者举止不文雅，要是能避免某些麻烦，他真的必须感谢他的幸运星。

克　幸运？噢，我会这么说的！

雅　所以，在城邦里攻击这样的集会不合规范本身不会导致不公正的批评，【e】除非这种攻击针对体制本身。但若他辱骂这种体制只是因为他看到这种体制在运作过程中有可能发生的各种错误，那么他显然不明白，首先，这是一个管理不善的问题；其次，无论何种实践活动，每一实践活动，都会显得像是缺乏一名清醒的领导来控制它。你们肯定能看到酗酒的水手，【641】或者看到其他任何一种指挥官，把任何归他指挥的东西都毁掉了，比如船只、车辆、军队，不是吗？

克　是的，先生，你说的确实有道理。但是，下面请你解释一下酒宴这种习俗加以正确的引导会给我们带来什么可见的好处。比如，以我们刚才说过的例子为例，如果一支军队得到恰当的控制，其结果就是它的士兵赢得胜利，这个好处可不算小，对我们举过的其他例子来说也一样。

【b】但是恰当地监管酒宴到底能给个人或城邦带来什么固定的好处呢？

雅　嗯，如果得到恰当监管的只是一个孩子，或一个儿童的歌舞队①，我们要说它能给城邦带来什么固定的好处呢？如果以这样的方式提出这个问题，那么我们应当说城邦从中得到的好处微不足道；但若这个问题能一般地问城邦从对它的公民进行训练教育中能得到什么好处，那么这个问题就很容易回答了。【c】他们接受的良好教育能使他们成为好人，成为好人，他们就能获得各方面的成功，甚至在战斗中征服他们的敌人。教育导致胜利；但是胜利在某些情况下也造成教育的损失，因为人们经常由于赢得战争的胜利而骄傲，这种骄傲则会与其他无数的邪恶一起充斥他们。人们已经赢得了许多卡德摩斯②式的胜利，还将赢得许多，但从来没有出现过卡德摩斯式的教育。

克　【d】我的朋友，在我们看来，你的意思是，与朋友一道饮酒，消磨时光——只要我们约束自己的行为举止——是对教育的重要贡献。

雅　非常正确。

克　那么好，你现在能提出某些理由来说明这个观点吗？

雅　提出理由？先生，只有神才有资格坚持说这个观点是正确的——有许多与之冲突的观点。但若有必要的话，我已经做好准备，说出我自己的看法，我们现在已经开始讨论法律和政治组织。

克　【e】这确实是我们试图发现的——你自己对我们正在争论的这件事的看法。

雅　嗯，好吧，让它成为我们的议题：你们必须尽力理解这个论证，而我要尽可能清楚地加以说明。不过，首先请注意听，好比我在说前言：你们会发现，每个希腊人都认为我的城邦热衷于谈话，每天都有大量的讨论，而拉栖代蒙是一个沉默寡言的城邦，克里特注重发展理智，而不是发展流利的言谈。【642】我不想让你们感到我在饮酒这样一个微不足道

————————

①　歌舞队（χοφούς），又译合唱队。

②　卡德摩斯（Κάδμος），底比斯城的创建者和国王，播下龙种，从地中生长出武士，相互厮杀。

的话题上高谈阔论，我怕你们会得到这样一种可怕的印象，一件小事情上花费了太多的话语。事实上，规范酒宴的真正正确的方式很难得到恰当清楚的解释，除非将它置于一种正确的文化理论的语境中。这样做确实需要长时间的讨论。所以，你们认为我们现在应当怎么办？暂时略去所有这些话题，转为讨论其他某些法律问题，【b】可以吗？

麦 事情是这样的，先生——也许你没有听说过——我的家庭代表了你们雅典城邦在拉栖代蒙的利益。我敢说，所有儿童，当他们得知雅典和拉栖代蒙属于一个国家，互相照料对方在自己城邦的利益时，就会从小喜欢这个国家；我们每个人都认为这个国家是自己的祖国，仅次于他自己的城邦。这确实是我自己的经验。【c】当拉栖代蒙人批评或赞扬雅典人时，我曾经听孩子们说，"麦吉卢，你们城邦对我们干了坏事"，或者"这件事给我们带来了荣誉"。听了所有这些看法，并且由于我不断地坚持代表你们反对那些雅典的诽谤者，我对你们的城邦产生了强烈的喜爱之情，所以就连今天我也非常喜欢你的口音。人们常说，当一名雅典人是好人时，他就格外的好，我非常确定这样说是对的。雅典人的独特之处在于，他们是好人不是由于任何强迫，而是由于他们自发地好，【d】这是上苍的恩赐；所以他们的善是真正的善，没有虚假的地方。所以，欢迎你讲话，想讲多长时间就讲多长时间，你尽管随意好了。

克 我认可你的讲话自由，先生；当你听了我必须说的话以后，你就能看到我是这样做的。你可能听说过厄庇美尼德①，一位受神激励的人，就出生在这一带。他和我的家族有联系。波斯人进犯前十年，他按照神谕的吩咐访问雅典，【e】在那里向神献祭。他告诉当时十分警觉、正在备战的雅典人，波斯人十年内不会进犯，如果雅典轻举妄动，那么不仅不能达到目的，反而会受到更大的伤害。从那时候起，我的家族开始与你们雅典人缔结友谊，从那以后，我的祖先和我本人对雅典都抱有好感。

① 厄庇美尼德（Ἐπιμενίδης），公元前 6 世纪的克里特诗人和预言家。文中克利尼亚所说的年代不确，克利尼亚说厄庇美尼德生活在公元前 5 世纪，比他的实际生活年代晚了一百年。

雅 【643】好的，你们这一方显然是准备听我讲话了；而我这一方已经做好准备，尽管这项工作肯定超过了我的能力。还有，努力那是必须的。要帮助这个论证，我们应当先迈出预备性的一步，对教育和教育的潜能作出界定，因为我们正在进行的这场讨论旨在引导我们通往酒神，我们已经同意考察教育是我们必须走的路线。

克 让我们就这么办，只要你喜欢。

雅 【b】我将要解释一个人应当如何描述教育，看你们能否赞同我的解释。

克 好的，请你开始解释吧。

雅 我的解释是这样的：我坚持认为，一个打算在某个具体行业成为佼佼者的人必须从小开始实践；在工作和玩耍中，他必须处于一个被专门的"行业工具"包围的环境。比如，打算做好农夫的人必须玩种地的游戏，【c】打算做好建筑工的人必须用他的玩耍时间制造一座玩具房子；在各种情况下，老师都会按照比真工具小一号的工具给他们使用。尤其是，在初级阶段，他们必须学会那些重要的基本技艺。比如，木匠必须在玩耍中学会使用直尺和铅垂线，士兵必须学会骑马（在玩耍中，要么是真的，要么是参加某些相似的活动）。我们应当试着使用儿童游戏来引导他们的兴趣和爱好，使他们在成年以后可以去从事这些职业。【d】总之，我们说抚养和教育一名儿童的正确方式就是使用他的游戏时间，在他的灵魂中培养对他将来所要从事的职业的热爱，等他长大了，他就能够成为这一行的佼佼者。现在，如我所说的那样，考虑一下迄今为止的这个论证：你们赞同我的解释吗？

克 当然。

雅 但是，让我们不要使我们对教育的描述太空洞。当我们批评或赞扬某个人的时候，说我们中的一个人是有教养的，说另一个人是没教养的，我们有时候用后一个术语来描述那些实际上受过彻底教育的人——【e】这里的区别就像小贩与商人，或者就像诸如此类的事情。但是我这样说为的是服务于我们当前的讨论，我们不把这类事情当作"教育"；我们心里想的教育是从儿童开始的德性方面的教育，这是一种训练，旨在让儿童产生一种强烈的愿望，长大以后要成为一名完善的公民，知道如何按照正义的要求去统治和被统治。【644】我认为，我们应当把这种训练与其他训练分开，只让这种训练保留教育这个名称。旨在获得金钱和伸身体强壮的训练，甚至旨在获得某些不受理性和正义指引的理智能力的训练，我们都应当视之为粗俗的、不高雅的，完全不配称作教育。所以，让我们不要对这个名称进行争论；让我们坚定我们刚才取得一致意见的这个命题：作为一项规则，接受了正确教育的人会成为好人，【b】世上任何地方都不应当轻视教育，因为当教育和伟大的美德相结合的时候，教育是无价之宝。如果教育出现了腐败，但还能加以矫正，这是每个人应当付出毕生精力来从事的工作。

克　对。我们同意你的描述。

雅　还有一个观点我们前不久①还表示过同意：那些能控制自己的人是好的，那些不能控制自己的人是坏的。

克　完全正确。

雅　【c】让我们再一次拿起这个观点，更加准确地考虑一下我们这样说是什么意思。你们也许会让我举例说明，把这个问题说清楚。

克　随你的便。

雅　那么，我们要假定我们每一个都是个人吗？

克　是的。

雅　但是他身上有一对愚蠢的、相互敌对的顾问，我们称之为快乐与痛苦，是吗？

克　是这样的。

雅　除了这两个顾问以外，他还有关于未来的看法，这些看法的一般名称是"期待"。具体说来，对痛苦的预见被称作"恐惧"，【d】预见痛苦的对立面的被称作"自信"。在这些东西之上我们有"算计"，通过算计，我们判断痛苦和快乐各自的功绩，当这些判断被表达为城邦的公共决定，它就得到了"法律"这个头衔。

---

① 参阅本篇 626e。

克 我快要跟不上你了；不过，假定我能跟上，请你继续往下说。

麦 是的，我的情况跟你差不多。

雅 我建议以这种方式观察这个问题：让我们设想我们每个人都是众神的玩偶。无论我们被造出来仅供他们玩耍，还是有某种重要的原因，【e】我们无法猜测，但有一点我们肯定是知道的：我们身上有了这些情感，这些情感就像牵引木偶的线一样起作用，它们之间是相互对立的，把我们拉向不同的方向，我们这一来一回就超越了善恶交会的界限。按照我们的论证，这些牵引力中有一种需要我们持续地服从，我们必须顺应这种力，去要去的地方；【645】我们也必须抗拒其他的线。这根线是神圣的，是黄金做成的，传输着"算计"的力量，在城邦里这种力量被称作公共法律；由于它是黄金做成的，所以它像黄金一样柔软，不像其他法律那么坚硬，不灵活。法律的力量是卓越的，人必须与法律合作，因为尽管"算计"是一件高贵的事情，但它是温和的、非暴力的，它的努力需要助手，从而使我们身上的黄金成分能超过其他基质。要是我们确实能够帮助我们自己，【b】也就是这个故事中的凡人，在这个故事中我们显得像是木偶，我们将很好地被制造出来；"自优"和"自劣"这两个术语的意思也就会变得比较清楚了，城邦和个人的责任就会得到更好的评价。后者的责任在于理解这种牵引力的真谛，在生活中顺应这种力量；城邦的责任在于从某位神或我们已经提到过的某位行家那里得到一种关于这种力量的解释，使之成为治理城邦内部事务的法律，以及处理城邦之间关系的法律。【c】进一步的结果将是更加清晰地区分美德与恶德；对这个问题的处理也许又能帮助我们厘清教育和其他各种实践活动的主题，尤其是酒宴的问题。这件事也许会被人们认为是微不足道的，讨论这件事情已经说得太多了，然而这件事情转过来也可以是一个值得广泛讨论的议题。

克 你说得很对；我们肯定应当充分考虑值得我们在现在的"会饮"中加以关注的事情。

雅 【d】那么好吧，告诉我：假定我们给我们的玩偶喝酒，我们对它会产生什么效果？

克 你又想到这个问题，目的何在？

雅　现在还没有什么具体的目的。我只是一般说说，我只是问某个事物与其他事物相连，会对它产生什么效果。让我更加清楚地解释一下我的意思。我的问题是：喝酒使快乐和痛苦、愤怒和爱欲更加强烈吗？

克　强烈得多。

雅　【e】感觉、记忆、意见和思想怎么样？这些东西也会变得更加强烈吗？或者说，如果一个人完全喝醉了，它们就会彻底离去？

克　嗯，是这样的。

雅　所以这个人就会返回他童年的精神状态？

克　确实如此。

雅　在这种情况下，他的自我控制能力是最低的。

克　是的，是最低的。

雅　【646】我们同意，处于这种状况的人确实是很糟糕的。

克　很糟糕。

雅　如此看来，似乎不仅老人有第二个童年，酒鬼也有。

克　你说得好，先生。

雅　嗯，有什么论证能够开始说服我们，与其冒险参与这种活动，倒不如尽全力避免它？

克　显然是有的；无论如何，这是你要说的话，你刚才还准备提出这样的论证。

雅　【b】你真是一个及时的提醒者，我现在重复一下这个承诺，因为你们俩都已经说过渴望听到我的论证。

克　我们会洗耳恭听的，先生，这似乎仅仅是由于你的惊人的悖论，在某些情况下，一个人会自甘极端的堕落。

雅　你指的是灵魂的衰退，不是吗？

克　是的。

雅　身体的衰退怎么样——消瘦、残废、丑陋、衰弱？【c】我们不应当开始寻找自愿使自己进入这种衰退状态的人吗？

克　当然，我们应当。

雅　我们要不要假定，那些不想动手术而自愿喝药的人并不明白这样一个事实，要不了多久，几天以后，他们的身体状况就会衰败，这种状况不是暂时的，它会使人的生活变得无法忍受？我们肯定也知道，那些求助于高强度的体育锻炼的人会暂时变得虚弱，是吗？

克　是的，我们明白这些事。

雅　事实上，他们去那些地方是自愿的，为的是经历这个初步阶段以后他们将得到好处，是吗？

克　【d】确实如此。

雅　所以，我们不应当同等看待其他实践活动吗？

克　确实应当。

雅　所以，同样的看法也适用于花时间饮酒——如果是这样的，我们可以把饮酒当作一个合理的对应物。

克　当然。

雅　嗯，要是把时间花在这个上面给我们带来的好处不亚于把时间花在身体上，那么它给我们带来的直接好处超过体育锻炼，不像体育锻炼，它是无痛苦的。

克　【e】你说得相当正确，但要说我们能在其中发现什么好处，我会感到惊讶。

雅　那么，看起来，这一点就是我们应当加以解释的。告诉我：我们能够大体上察觉两种恐惧吗？

克　哪两种？

雅　有这么两种：当我们预期邪恶发生时，我们恐惧它们吗，我假定？

克　是的。

雅　【647】当我们想象我们自己由于做了某些不光彩的事，说了某些不光彩的话，将要得到坏名声时，我们经常恐惧我们的名声。这种恐惧，我们称之为"可耻"，我想其他人也这么叫。

克　当然了。

雅　这就是我说的两种恐惧。第二种恐惧抵抗痛苦和其他我们害怕的事物，以及我们最敏感、最频繁的快乐。

克　非常正确。

雅　【b】所以，立法者和任何有一点功德的人对这种恐惧的评价非常高，称之为"谦逊"。自信这种感觉是它的对立面，他称之为"傲慢"，把它当作任何人能够承受的最大的诅咒，无论是在他的私生活中，还是在他的公共生活中。

克　正确。

雅　所以，这种恐惧不仅在其他许多行为的关键领域保护我们，而且比其他任何事情作出了更大的贡献，要是我们在寻找能确保战争胜利的因素。所以，有两样东西对胜利有贡献：面对敌人时的无所畏惧和害怕在朋友面前丢脸。

克　确实如此。

雅　因此，每个人应当变得既恐惧又不恐惧，【c】理由我们刚才已经说过了。

克　同意。

雅　还有，如果我们想要使一个人摆脱各种恐惧，可以把他暴露在恐惧之下，以一种法律批准的方式，我们使他成为无所畏惧的。

克　我们显然会这样做。

雅　但是，假定我们的目标是使别人感到他可怕，结果又会怎样？我们难道不应当让他去与可耻作斗争，使他经受锻炼，以此确保他在与自己追求快乐的欲望的斗争中取得胜利？【d】如果一个人只能通过与他自身的胆怯作斗争来消除胆怯，以此获得成熟的勇敢，那么缺乏参与这种斗争的经验和不懂这种这种竞赛的规矩，就没有人可以达到他所能达到的成功的一半。他只有在诫命、习惯和机智的帮助下，首先对引诱他无耻和犯错的无数快乐和欲望发起斗争，无论是在游戏中还是在严肃的时候，才能实现对自己的完全支配。这种说法是可信的。这些经验他能少得了吗？

克　这个观点确实有些道理。

雅　【e】现在请你告诉我，有没有哪位神把某种专门导致恐惧的药赐给人类？这种药的效果是，人要是允许自己吃了这种药，就会感到自己前途黑暗,现在和未来都充满危险,即使最勇敢的人在药性达到高潮时也会感到极为恐惧,当然,等到药劲一过,【648】他还会恢复原状。

克 嗨,先生,在这个世界上我们到哪里去找这样一种药水?

雅 没有。但若有人能找到,立法者会利用它来增进勇敢吗? 我们可以很好地告诉他的就是这种观点:"立法者——你的法律无论用于克里特人,还是用于其他任何人——请告诉我们:【b】拥有一条判断你的公民勇敢和胆怯的标准,你不会感到特别高兴吗?"

克 显然会的,每一位立法者都会说"是的"。

雅 "嗯,你喜欢不冒任何危险的安全的试验,不是吗? 或者说,你宁可要充满危险的试验?"

克 他们也都会同意这一点,安全是基本的。

雅 "你会用这种药水来使你的公民进入恐惧状态,然后通过鼓励、诫命、认信,以及他们有可能经受的种种耻辱来经受锻炼,【c】使他们最后变成无所畏惧的人吗? 在这种锻炼中表现良好,勇敢地经受了考验的人,可以不受伤害地通过测试,而对那些表现很差的人你会给予某些惩罚吗? 或者说,你会在没有什么理由的情况下,简单地拒绝使用这种药水?"

克 他当然会使用它,先生。

雅 不管怎么说,我的朋友,与流行的做法相比,这种训练非常直接,适合个人、【d】小群体和你也许想要的任何人数的大群体。如果一个人出于对自己以往好名声的顾忌而退隐到某个隐秘之处,单独和私下里进行这种抗拒恐惧的训练,喝这种药水而不是使用通常的各种办法,那么他这样做是完全合理的。还有,当他相信自己已经准备好了,相信自己既有天赋又有预备性的实践的时候,他可以在一大群酒徒的面前喝药水,【e】公开展示他的美德,这种美德使他能够超越和支配药水不可避免的功效所产生的影响,而又不会陷入严重的失误或堕落,不过,由于担心我们人的普遍弱点,他会在药力达到顶点前撤离。

克 嗯,是的,先生,他能这样做相当精明。

雅 【649】让我们重复我们对立法者说的话:"嗯,你同意了:上苍可能并没有给我们提供这样一种引起恐惧的药水,我们自己也没有发明出这种药水来(那些卖假药的江湖郎中的话不足信)。但是,有没有一种能够驱逐恐惧,并且在错误的时刻对错误的事情激发过分自信的饮品呢?对此我们该怎么说?"

克 我假定他会说"有",并且提到酒。

雅 这不正是我们刚才描述的那个事物的对立物吗?一个人喝了酒,【b】立刻就使他比从前愉快,喝得越多越乐观:以为自己能做任何事。到了最后,喝酒的人充满了智慧的奇想,放纵言语和行动,彻底无所畏惧了,到了这个时候没有什么话他不敢说,没有什么事他不敢做。我认为,任何人都会承认这一点。

克 当然。

雅 嗯,让我们再次回想一下这个观点:我们说在我们的灵魂中有两种品质应当培养:为的是让其中的一种品质使我们极度自信,【c】而这种品质的对立面能使我们极度恐惧。

克 我想,后者就是谦逊。

雅 你的记性真好!但由于事实上人必须在恐惧中学习勇敢和无所畏惧,所以问题就转变为这种对立的品质必须在对立的环境中培养。

克 可能是这样的。

雅 所以,在这些情况下,我们通常会变得非比寻常的大胆,参与这些实践活动需要厚颜无耻和胆大妄为,因此我们变得恐惧这些事情:【d】说可耻的话,承受可耻的事,甚至做可耻的事。

克 看起来是这样的。

雅 嗯,我们不是以这种方式受到下列情况的影响吗——愤怒、爱欲、骄傲、愚蠢、胆怯?我们还可以添上财富、美貌、力气,以及其他驱使我们狂热地沉浸在快乐中,变成傻瓜的东西。【e】然而,我们还在寻找一种不太昂贵、相对无害的试验,用于民众,也能给我们提供训练他们的机会,让我们可以在他们饮酒作乐的时候对他们进行考察。我们还能指出一种比它更加合适快乐来吗——只要采取某种恰当的预防措施?让我们以这样一种方式来观察它。假定你有一个人,脾气暴躁和野蛮(这是众多罪恶之源)。当然了,和他订立一个契约,冒着他犯错的危险,是一种比较危险的考验他的方法,【650】还不如在酒神节与他为伴,不是吗? 或者说,要是一个人是个好色之徒,冒着我们最亲近和最亲爱的人有可能遭遇伤害的危险,把我们的妻子儿女托付给他照管,用这种方式来发现他的品性是极端危险的。你可以举出其他许多例子,但仍旧无法说明这种考验方法是无害的。事实上,我认为克里特人和其他任何人都不会同意,【b】要是我们把这种考验说成这个样子:我们在这里已经有了一种相当公平的相互考验,这种考验是代价低廉的、安全的、快捷的,因此这是一种极为优越的方法。

克　到此为止,你说的对。

雅　所以,对人的灵魂的本性和气质的观察对技艺来说是一种最有用的帮助,这种技艺涉及铸造良好的品性——我想,这就是政治家的技艺,是吗?

克　确实如此。

第 二 卷

雅 【652】我们必须提出的下一个问题好像是这样的：以某种方式对人喜怒无常的天性进行洞察是有利于推行酒宴的唯一方法吗？或者说，有恰当规矩的酒宴提供其他某些值得我们认真考虑的重要好处吗？对此我们该怎么说？我们在这里要小心：就我能看见的范围而言，我们的论证确实倾向于回答"是"，但是当我们似乎发现了如何获得这些好处，这些好处在什么意义上是好处的时候，我们有可能会被它绊倒。

克 告诉我们，为什么。

雅 我想要回忆一下我们对正确教育作出的界定，【653】这样才能冒险提出建议，说酒宴实际上是教育的保障，只要酒宴能够恰当地建立，并沿着正确路线举行。

克 这是一个大胆的论断！

雅 我认为，婴儿时期的儿童最先得到的感觉是关于快乐和痛苦的，这就是美德或邪恶最初进入灵魂的路线。（但对一个获得了良好判断和不动摇的正确意见的人来说，哪怕在他老年时期获得，也是非常幸运的；一个人拥有了这些东西，以及它们带来的所有好处，他的人生是圆满的。）【b】当儿童能够理解为什么之前，当快乐和喜爱、痛苦和仇恨的感觉在他的灵魂中萌发出来，并在正确的渠道中流动的时候，我把儿童最初获得美德称作"教育"。然后，当他在理解的时候，他的理智和情感会一起对他说话，他已经接受了恰当的习惯的训练。美德就是理智和情感的这种协和。但是有一个因素你可以把它与你的解释分离开来,这就是我们的快乐感和痛苦感的正确构成,【c】这种感觉使我们从头到尾仇恨我们应当仇恨的东西,也使我们从头到尾热爱我们应当热爱的东西。把它称作"教育",无论如何,我认为你会给它一个恰当的名称。

克 是的,先生。我们完全赞同你刚才关于教育说的话,也赞同你前面的① 解释。

雅 好极了!那么,教育是一件对快乐感和痛苦感进行正确约束的事情。但是,在一个人的人生过程中,这种效果会松弛和懈怠,在许多方面完全消失。然而,众神怜悯人类命运之艰辛和不幸,【d】给它制定了一系列的宗教节庆来缓解这种疲乏。他们给我们指派了缪斯,阿波罗是他们的领队,还有狄奥尼修斯;有这些神灵与他们共享节日,人又会变得完整,由于他们的参与,我们在这些节庆中得以更新。嗯,有一种理论已经在我们耳边喧嚣多时,让我们来看它是否与事实相符。这种理论是这样的:一般说来,所有幼小的动物都不能使它们的身体保持静止或者让它们的舌头不出声。【e】它们总是想要移动和发声;有些跳跃,有些滑动,有些嬉戏,有些快乐地舞蹈,有些发出各种噪声。动物在运动中缺乏有序或无序的观念,没有被我们称作节奏或旋律的那种感觉,而我们人被造为有这两种感觉,能够享受它们。【654】这就是这些众神给我们的馈赠,我们说过他们把节奏和旋律赐给我们伴舞;就是这种设置使它们能够成为我们歌舞队的领队,激励我们去运动,使我们能把唱歌与跳舞结合在一起——由于这样做自然而然地"迷惑"了我们,所以他们发明了"歌舞队"这个词。② 这一点现在可以作为定论吗?我们能否设定教育来源于阿波罗和缪斯?

克 能。

雅 【b】所以,所谓"没有受过教育的",我们指的是一个人没有参加歌舞队接受训练;我们还没说,如果一个人接受过充分的训练,他是

---

① 参阅本篇 643a 以下。

② 歌舞队（χοϱούς）源于迷惑（χαϱᾶς），这个词源学的解释带有开玩笑的性质。

"受过教育的"。

克　当然。

雅　当然了,歌舞队的表演是跳舞和唱歌的组合吗?

克　当然。

雅　这就意味着,一个受过良好教育的人跳舞和唱歌都很好吗?

克　好像是这样的。

雅　现在让我们来看这个词蕴涵着什么意思。

克　哪个词?

雅　【c】我们说"他唱得好"或者"他跳得好"。但是,我们应当把它扩大一下,说成"除非他唱好歌和跳好舞"吗?或者不应当扩大?

克　对,我们应当扩大。

雅　好吧,设定一个人对什么是好的看法是正确的(它真的是好的),在坏的事例中(它真的是坏的)也一样,并在实际活动中遵循这个判断。尽管他没有从中得到快乐,也没有对坏的事物感到仇恨,但他能够用言词和姿势成功地把他对什么是好的理智概念表达出来。【d】另一个人在使用他的身体和声音表达好的时候可能不太擅长,或者说他不太擅长形成某种关于好的理智的概念;但是在他的关于快乐与痛苦的情感上仍旧能够坚持正确的路线,因为他欢迎好的事物,厌恶坏的事物。这两个人哪一个接受过较好的音乐教育,是歌舞队的比较有效的成员?

克　就教育而言,先生,第二位要优越得多。

雅　所以,要是我们三个人懂得唱歌和跳舞中的"好",我们也就有了一个健全的标准,区分受过教育的人和没有受过教育的人。但若我们不能掌握这个标准,我们绝无可能确定是否有教育的保障,或者我们到哪里去寻找它。【e】不是这样吗?

克　是的,是这样的。

雅　就好比狩猎时的猎犬,我们必须追踪的下一个猎物将由一个"好"的形体运动、旋律、歌曲和舞蹈构成。如果所有这些我们得到的观念都溜走了,延续我们有关教育的讨论将是毫无意义的,无论是讨论希腊人的教育还是讨论外国人的教育。

克　相当正确。

雅　好！嗯，我们给好旋律或者好的身体运动所作的界定是什么？告诉我——想象一颗勇敢的灵魂和一颗胆怯的灵魂同处一室，面对同样的麻烦：【655】在每一种情况下会产生同样的声音和身体运动吗？

克　当然不会。首先可以看到，这些情况很不一样。

雅　你说得确实很对，我的朋友。但是音乐是一件关于节奏与和谐的事务，包括曲调和身体的运动；这就意味着谈论"有节奏的"或"和谐的"运动或曲调是合法的，但不能用"五彩缤纷"这个词来比喻性地叙说歌舞队的练习者。那么，用于刻画勇敢者和胆怯者的身体运动和曲调的恰当语言是什么呢？【b】正确的做法是把那些勇敢者称作"好"，把那些胆怯者称作"丑"。不过，让我们不再讨论这个问题的细节；不用到处搜寻，我们就能说一切与灵魂的或肉体的卓越相连的运动或曲调（真的事物或对真事物的再现）都是好的吗？而与此相反，如果它们与恶相连，运动或曲调就是坏的吗？

克　对，这是一个合理的建议。你可以设定我们同意了。

雅　下一个要点是：我们全都同等程度地欣赏一个歌舞队的各种表演吗？【c】或者说远非如此？

克　有可能！

雅　我们能指出我们困惑的原因吗？是由于"好"这个词的意思因人而异吗？或者说，它只是被认为有多种意思，而实际上不是？我设想，没有人打算说刻画邪恶的舞蹈比刻画美德的舞蹈更好，或者说，尽管其他人欣赏有道德的缪斯，但他自己的个人喜好是那些表现堕落的运动。然而，大多数人会坚持，【d】音乐的力量在于给灵魂提供快乐，这是判断音乐的标准。不过，这是一种无法容忍的观点，这样讲绝对是对神灵的亵渎。还有，它有时候更像是对我们的误导。

克　什么？

雅　歌舞队的表演是对人物性格的再现，涉及各种各样的行为和事件。个别的表演者扮演角色，部分表达了他们自己的性格，部分模仿了其他人的性格。就是由于这个原因，当他们发现歌舞队的表演中，【e】讲话、唱歌或其他行为符合他们自己的性格和已有习惯，他们就禁不住喜悦，鼓掌，使用"好"这个词。但有的时候，他们发现这些表演与自己的脾气、习性、嗜好、教养相抵触，在这样的情况下，他们就不能感到快乐，也不会为之鼓掌，在这种情况下他们使用的词是"太可怕了"。当一个人的天性就是如此，但他获得了坏的习惯，或者说倒过来，他的习惯是好的，但他的天性是恶的，那么他的快乐和喜好只能是这样的了：他把这些表演称作"令人愉悦，但很堕落"。【656】这样的表演者，在与他们尊敬的其他表演者相伴的时候，耻于作出这样的姿势，唱出这样的歌曲，就好像他们真心赞同。但在内心，他们偷偷地欣赏这种表演。

克　你说得很对。

雅　嗯，一个人欣赏坏的身体运动或坏的曲调会给他带来任何伤害吗？如果他从相反种类的表演中取乐，会给他带来任何好处吗？

克　可能。

雅　【b】仅仅是"可能"？这就是全部吗？在这里肯定有一个准确的比喻，这个人接触堕落的角色和邪恶的人，不但不感到厌恶，反而高兴地表示欢迎，对他们的谴责也是半心半意的，因为他口是心非，这种状况该有多么反常：他无法摆脱扮演他喜欢的角色，无论是好是坏——哪怕他耻于为它鼓掌。事实上，我们几乎难以指出一种比这种角色的同化更大的向善的力量——或者向恶的力量。

克　不能，我认为我们不能。

雅　【c】所以，在一个与文化、教育、娱乐相关的法律，现在或将来，恰当地建立起来的城邦里，我们设想应当给予作者自由吗？歌舞队将由守法公民的少年儿童组成，编导可以自由地把他在创作时令他愉悦的任何节奏、曲调、话语教给他们，而不用在意他对他们的善恶观会有什么影响吗？

克　这样做肯定是没有意义的；这怎么可能呢？

雅　【d】但是这样做确实是允许的，几乎在所有国家——除了埃及。

克　埃及！那么好吧，你最好告诉我们那里实施的是什么法律？

雅　只要听一下，你就会感到相当吃惊。很久以前，他们显然就认识到了我们直到现在才提出来的这条原则,这个国家的儿童们排练用的运动姿势和曲调必须是好的。他们把各种类型的运动姿势和曲调汇编起来,【e】在他们的神庙里展示。画家和其他任何想要刻画任何种类身体运动的人仅限于这些形式;禁止这种传统模式之外的变化和创作,这项禁令至今犹存,既在这一领域,又在一般的技艺领域。如果观察他们各自的作品,你会发现一万年以前,(我这样说不是粗略地说,而确实是指一万年)【657】那时候创作的绘画与雕塑不比今天的好,也不比今天的差,因为在制造它们时遵循的是同样的艺术规则。

克　真不可思议!

雅　不,这只是立法者和政治家的一项最高成就。即便如此,你可以找到某些其他事实来批评那里,但是音乐是一件无法逃避的事实,值得我们关注:它实际上证明了在这个范围内通过立法来规范音乐,让它展现天然正确的旋律是可能的。但这是神的任务,【b】或者是一位像神一样的人的任务;实际上,埃及人确实说过,使这些旋律在无数个世代得以保存的是伊西斯①。因此,如我所说,一个人只要对构成音乐事务的"正确性"有一个粗略的观念,就不会疑虑是否要用法律形式来系统地表达整个主题。对快乐的渴望和回避单调乏味的愿望确实会引导我们不断地追求新颖的音乐,如此这般神圣化了的歌舞表演会被指责为过时;但是,这样的谴责并不能使歌舞堕落。在埃及,无论如何,这样做好像完全没有显示出使之堕落的效果,其结果正好相反。

克　【c】按照你的解释来判断,好像是这样的。

雅　所以,同样不要有什么疑虑,我们能够或多或少就这样描述有关节庆音乐和歌舞表演的恰当规定。当我们认为自己进展良好时,我们会感到愉悦;反过来也可以说,当我们感到愉悦时,我们认为自己进展良好。不是这样吗?

克　是这样的。

雅　此外,当我们处在这种状况下的时候——我指的是"愉悦"——

---

① 伊西斯（Ἰσιδος），埃及神灵。

我们无法保持冷静。

克　是这样的。

雅　【d】我们的年轻人渴望跳舞和唱歌，而我们老年人认为恰当的事情是观看歌舞，以此消磨时光。我们感受到的愉悦来自他们的消遣和寻欢作乐。随着岁月的流逝，我们的身体已经失去灵活性，所以我们只能乐意安排年轻人的竞赛，让表演者唤醒我们对青年时代的回忆。

克　非常正确。

雅　【e】所以，我们最好面对事实，有关假日制定的当代思想包含着真理的颗粒。许多人说为我们提供了最多快乐的这个人的技艺应当受到高度尊重，配得上获得头奖，因为允许我们在这样的场合消遣意味着我们应当把他奉为名人，他给大多数人提供了最多的快乐，如我刚才说的那样，他应当拿走奖品。理论上，这是正确的，不是吗？【658】在实践中，这样做不也是正确的吗？

克　也许是吧。

雅　啊，我的好伙伴，得出这样的结论也许太匆忙了！我们必须作出某些区别，考察这样一些问题：假定某人安排了一场比赛，但没有进一步规定它的性质，没有确定它是体育比赛、艺术比赛，或是骑马比赛。假定他把城邦所有居民召集起来，提供奖品，宣布任何人希望参加比赛都可以参加，只要他能提供快乐，【b】这就是唯一的标准：给观众提供快乐最多的竞赛者将赢得比赛；他可以自由地使用任何方法，只要他在这个方面能够超过其他参赛者，他将被判定为最受观众喜爱的竞赛者，赢得奖品。我们认为，这样的公告会起什么样的效果？

克　你到底想说什么？

雅　我设想，很像是这样的，一位参赛者扮演荷马，朗诵史诗，另一位有音乐伴奏，朗诵抒情诗，还有一位表演悲剧，还有一位表演喜剧；【c】要是有人认为自己获奖的最佳机会是上演木偶戏，那也不值得惊讶。嗯，有所有这些人参赛，有成千上万的人进来观看，我们能说出哪一位参赛者最配得上获奖吗？

克　这是一个奇怪的问题！在聆听这些表演之前，在现场单个听到他们的朗诵之前,有谁能够对你作出权威的回答?

雅 那么好吧,要不要我来回答这个对你们俩来说非常奇怪的问题?

克 当然要。

雅 假定是一群年纪很小的儿童在做决定,他们无疑会决定让那个上演木偶戏的人获奖,不会吗?

克 【d】当然。

雅 如果由年纪大一些的儿童来决定,他们会选择上演喜剧的人。年轻人、有教养的妇女,我敢说他们的嗜好与大众差不多,他们会选择悲剧。

克 是的,我敢说。

雅 我们老年人可能最喜欢听人朗诵《伊利亚特》或《奥德赛》,或者赫西奥德诗歌的选节,我们会说,显然他才是胜利者。所以,谁才是恰当的胜利者?这是下一个问题,不是吗?

克 是的。

雅 【e】你们和我显然都会说,恰当的胜利者应当由我们这把年纪的人来挑选。在我们看来,在现今世界各地每一城邦遵循的风俗习惯中,这一习惯似乎是最好的。

克 确实。

雅 所以,我的看法与街上的人的看法有一致之处,但极为有限。判断音乐的标准是它所能提供的快乐,但音乐并非给任何人或每个听众都提供快乐。我们可以说,最优秀的音乐是那些能使最优秀的、【659】恰当地受过教育的人感到快乐的音乐,尤其是,它要能使在善与教育方面都非常卓越的人感到快乐。我们说,对音乐做判断需要善,其原因在于判决者不仅需要智慧,而且需要勇敢。一位真正的判决者一定不能随波逐流,顺从听众,一定不能在大众的喧嚣下丧失自己的判断力,【b】也不能由于胆小怕事而虚弱地宣布一个违背自己本意的判断,并在判决中借助众神的名义来表明自己已经完成了职责。说实话,判决者的任务不是向听众学习,而是教育听众,反对那些以错误的、不恰当的方式给听众提供快乐的表演者。按照古代希腊的规矩,当时不存在现今西西里和意大利风俗中的这些自由,把事情交给大多数听众来裁决,【c】根据他们的投票来决定胜利者。这种做法既腐蚀了诗人,同样又腐蚀了听众的嗜好,因为诗人的创作标准以裁决者的嗜好为依据,听众成了他们实际上的老师。反复表演优于听众的角色必定会改善听众的嗜好;但若不是这样,那么结果也正好相反,上演的角色就是听众自己的行径。嗯,好吧,关于这一点的谈话我们已经完成了,有什么结论可以得出?让我们来看,结论是不是这样的?

克　什么样的?

雅　【d】我认为,我们的讨论第三次或者第四次回到了原点。教育实际上就是把儿童引导到由法律宣布为正确的规矩上来,其正确性为最优秀的人和最年长的人的共同一致的经验所证明。儿童的灵魂学习感受快乐与痛苦不可以用成年人的方式,这些成年人感受快乐与痛苦的方式或者是违法的,或者是服法的,而要与成年人为伴,【e】在与成年人所经历的相同事物中习得快乐和痛苦。我认为,这就是所谓"诗歌"的真正目的。它们确实是为灵魂而唱,十分诚挚地要在灵魂中产生我们已经说过的和谐,亦即"戏剧"和"歌曲"的作用,但是年轻人的灵魂不能承受这种诚挚,并照样实施。正因如此,面对虚弱有病的身体,【660】医生试图通过可口的饮食为之提供完善的营养,但他也会用不完善的、不可口的饮食来使病人接受一种食物而拒绝另一种食物,因为他必须这样做。以同样的方式,真正的立法者会进行劝告,劝告无效就强迫,拥有诗人天赋的人必须创作他们应该创作的东西,用高尚精美的诗句来再现好人,用适当的节奏来再现好人的心怀,用优美的旋律来再现好人的节制,这些人在各方面都是节制的、勇敢的、善的。

克　【b】我的天哪,先生,你真的认为在别的城邦诗歌就是这样创作出来的吗?我的观察是有限的,但我知道并不存在你所说的过程,除非在我们克里特,或者在拉栖代蒙。在舞蹈和音乐方面,新发明层出不穷,一个接一个,但这些变化不是在法律的推动下发生的,而是由于某种不受规范的嗜好,这种嗜好远非确定的、永久的,【c】不像你解释的埃及的情况那样，从来不发生任何变化；正好相反，上一分钟和下一分钟，它们就会不同。

雅 说得好，克利尼亚。但若我给你留下了这样的印象，我在谈论的是当今时代你提到的程序，那么我期待这是由于我没有把自己的想法说清楚，对你产生了误导，使你误解了我的意思。我只是说了我想看见的在技艺中发生的事情，但也许我使用的表述使你认为我在指一些事实。我就好比给你上了颈手枷，要是沿着错误的路线根本无法解脱，【d】但是人有时候不得不这样做。所以，鉴于我们已经批准了这项习俗，你是否愿意告诉我：这种习俗在你们克里特人和拉栖代蒙人中间更流行，胜过其他希腊人吗？

克 确实如此。

雅 如果它也在其他希腊人中间流行起来，那会怎么样？假定我们说这是对现存状态的一种改进？

克 是的，如果他们采用了克里特和拉栖代蒙的程序，我会说这是一项重大的改进——它也和你刚才推荐的规范相一致。

雅 【e】嗯，好吧，让我们确定我们在这件事情上相互理解了。你们国家的全部文化教育的本质肯定是：你们强制你们的诗人说，好人享有好运，好人是幸福的，因为他是有节制的和正义的，而无论他是伟大还是渺小，是强大还是虚弱，是富裕还是贫穷；但若一个人是不正义的，那么哪怕他"比弥达斯[①] 和昔尼拉斯[②] 还要富有"，也只是一个可怜虫，他的生活是可悲的。你们的诗人说："我既不愿提到他的名字，也不认为他有什么可取之处。"[③] 他说得多么正确，哪怕他的所有行为和他拥有的财产是人们通常所说的"善物"，【661】要是他没有正义，甚至没有这样的品性，那么他"会被对手打倒在地"。如果一个人是不正义的，我不想要他"观看血淋淋的屠杀而不加回避"，或者"观看色雷斯北风的

---

① 弥达斯 (Μίδας)，人名，弗里基亚国王，极为富有。

② 昔尼拉斯 (Κινύρας)，人名，塞浦路斯国王，极端富有。

③ 堤泰乌斯：《残篇》12.6。参阅本篇 629a。

胜利"①，更不会让他享受各种流行的那些享有好名声的东西。你瞧，被大众称为善的东西，实际上并非真的配得上这个名称。人们常说健康是最大的善，美貌列在第二位，财富列在第三位。其他的善物还有许多；【b】敏锐的视力、听力，以及其他感觉；当一名独裁者，为所欲为；一个人要是抵达七重天，就能得到所有善物，就能长生不老，以后再无麻烦。假定，你们和我认为，拥有所有这些东西对正义者和虔诚者来说具有巨大的价值，而对不正义者来说，这些东西都是诅咒，每一样东西都是，从健康开始，直到最后一样东西。【c】如果一个人长生不老，永远拥有所有这些所谓的善物，而没有正义和美德的陪伴，那么视觉、听觉、感觉，还有哪怕只是活着，都是巨大的邪恶；但若他只活了很短时间，那么这些东西就不那么恶了。我想你们会劝说或者强迫你们城邦的诗人在他们创作出来的教育年轻人的话语、节奏、"和谐"中体现我的这种学说。这样做不对吗？【d】你们瞧，我的立场已经相当清楚了。尽管所谓的恶是对正义者而言的，它们对不正义者来说是好的；而所谓"善物"，对善者而言它真的是好的，对恶者而言它真的是恶的。让我来问一个和前面一样的问题：你们和我对此看法一致吗，或者不一致？

克　我想，在某些方面是一致的，在某些方面不一致。

雅　我想我使你只是感到似乎有理的地方在这里：假定一个人享有健康、财富和永久绝对的权力——还有，要是你乐意【e】我会让他成为大力士，让他勇敢，让他不死，免除其他所有的"恶"，如人们所称呼它们的那样。我坚持说，他的生活显然是极为可悲的，是不幸福的。

克　对，就在这个地方，你不能让我信服。

雅　很好，那么我们该怎么说才行呢？如果一个人是勇敢的、强大的、英俊的、富有的，【662】享有终生自由，可以为所欲为，你不认为——要是他是不正义的和傲慢的——他的生活必定是可耻的吗？也许，你无

---

① 在远古希腊皮拉斯基人的创世神话中，宇宙女神欧律诺墨在急速旋转中抓住北风（Βορέας）在手中搓揉，造出大蛇俄菲翁，大蛇与女神交媾怀孕，产下宇宙卵，是为创世之始。

论如何会允许使用"可耻"这个词吗?

克 当然。

雅 你们会进一步说,他会生活得很"坏"吗?

克 不,我们还没有打算承认这一点。

雅 再进一步说,他会生活得"不愉快和无好处"吗?

克 我们怎么可能打算走那么远呢?

雅 【b】"怎么可能?"我的朋友,如果我们能在这一点上和谐一致,那将是一个奇迹:我们当前的腔调很难说是一致的。在我看来,这些结论无疑是真的——确实,我亲爱的克利尼亚,甚至比克里特是一个岛屿还要真,还要确定。如果我是立法者,我会强制这个国家的作家和每一位居民走这条路线;【c】如果这块土地上有人说,有些人过着快乐的生活,尽管他们是恶人,或者说这样或那样的做法是有利的和有益的,而其他一些事情更加公正,那么我要对这些人进行严厉的惩罚。我会劝告我的公民,其他许多事情显然与克里特人和拉栖代蒙人当前的看法对立,更不要说与世界的其他部分对立了。宙斯和阿波罗在上!我的好伙伴,你们刚才设想要请这些神灵来激励你们的法律,【d】"最正义的生活也是给人最多快乐的生活吗"?或者说有两种生活,一种是"最正义的",另一种是"最快乐的"?假定他们回答说"有两种"。如果我们知道如何正确发问,那么我们也许可以追问:"我们应当把哪一种人称作上苍保佑的?那些过着极为正义的生活的人,还是那些过着最快乐的生活的人?"如果他们说,"那些过着最快乐的生活的人",那么这样的回答,对他们来说,就显得非常奇怪了。然而,我不愿意把众神与这样的说法联系在一起;我宁可把它与那些祖先和立法者联系在一起。【e】所以,让我们设定,这些问题中的第一个可以向祖先和立法者提出,而他会回答说,过着最快乐的生活的人享有最大的幸福。这个时候,我会说的话是这样的:"我的老祖宗,你不是想要我尽可能多地得到上苍的保佑吗?然而,你从来没有孜孜不倦地叮嘱我要尽可能正义的生活。"我想,这样一来,我们的祖先或者立法者在提出应对时都会显得非常奇怪,无法避免自相矛盾。然而,要是他宣布最正义的生活是神最保佑的,【663】那么我想,每个人听了他的话都想要知道这种生活中会有什么极大的好处,有什么极大的快乐。这种生活中到底有什么,值得法律的褒奖?确实,正义者从这种生活中得到的任何好处无法不伴随快乐吗?你们瞧:我们要假定,来自众神与凡人的名声和赞誉是好的和善的,但却是不快乐的吗?反过来对坏名声也可以这样说吗?("我亲爱的立法者",我们会说,"当然不是这么回事"。)或者说,如果你们既不伤害别人,又不受别人的伤害,尽管这是好的和善的,但却是不快乐的吗?与快乐相反的东西就是可耻的和邪恶的吗?

克　肯定不是。

雅　【b】所以,这个论证不是要推动"快乐"与"正义"、"好"与"善"的分离,哪怕它没有获得其他东西,它至少可以用来说服人们过一种正义和虔诚的生活。这就意味着,任何否定所有这些真理的学说,从立法者的立场看,都是极为可耻的,是他的敌人。(没有人会自愿做某些事情,做这些事情给他带来的快乐不会超过给他带来的痛苦。)

从远处观看某个事物会引起我们视觉上的模糊,对儿童来说尤其如此;但是立法者会为我们改变,拨开笼罩在我们的判断之上的迷雾:【c】用这样或那样的方法——习惯养成、赞扬、争论——他会劝导我们,我们有关正义和不正义的观念就像两幅从不同角度绘制的图画。不正义把快乐当作正义的敌人,因为它从它自己的个人立场来看待快乐,这是不正义的和邪恶的;另一方面,正义在它看来是不快乐的。但是,从正义者的立场来看,获取正义和不正义始终是对立的。

克　好像是这样的。

雅　我们要说这些判断中哪一个判断更有权说自己是正确的?那个比较低劣的灵魂的判断,还是那个比较优秀的灵魂的判断?

克　当然是那个比较优秀的灵魂的判断。

雅　【d】因此,也同样可以肯定不正义的生活不仅是更加令人震惊的、可耻的,而且事实上比正义的和虔诚的生活更加不快乐。

克　按照这个论证,我的朋友们,肯定是这样的。

雅　哪怕真理与这个论证所表明的东西有所不同,一名立法者,哪怕是一名更为节制的立法者,为了年轻人的利益,会大胆地把这个谎言告诉他们。他还能说出比这更加有用的谎言吗,或者说出一个能更加有效的谎言,【e】使每个人在他们所做的一切事情上,自愿而无压力地实践正义吗?

克 真理是一样好东西,真理肯定应当占据上风,但要使人们信服真理肯定不那么容易。

雅 是的,但是那个西顿人①的故事怎么样?它完全不足信,但却很容易令人信服,其他类似的故事还有很多。

克 什么样的故事?

雅 把牙齿种到地里,就能长出武士来。【664】这个典型的例子表明,只要加以耐心的劝说,立法者就可以让年轻的心灵相信任何事情;他所需要的就是去尝试。所以,立法者要做的事情就是把他的发明能力用于发现什么样的信念有益于城邦,然后设计各种方式,确保整个共同体能始终如一地对待这种信念,比如唱歌、讲故事、讨论,等等。但若你持有异议,请毫不犹豫地提出来,反驳我的观点。

克 【b】不,我认为我们俩都感到这个观点无法驳斥。

雅 那么,就由我来介绍下一个要点。我认为我们的合唱——总共三个人——应当能够迷惑儿童们年轻稚嫩的灵魂,我们要坚持所有那些我们已经构思出来的令人敬佩的学说,以及我们今后可以构思出来的学说。我们必须坚持,作为这些学说的核心要点,众神说最好的生活实际上就是能带来最多快乐的生活。【c】如果我们这样做了,我们将说出平凡的真理,我们将更加有效地使那些我们必须说服的人信服,而不是提出其他任何学说。

克 是的,你所说的,人们不得不同意。

雅 首先,要是儿童歌舞队(将被献给缪斯)在首次公开登台亮相时就向整个城邦歌唱这些学说,展现它的全部力量,这样做是正确的和恰当的。其次,由三十岁以下的成年人组成的歌舞队在表演时应当祈求帕

---

① 指卡德摩斯,参阅本篇641c。西顿,腓尼基古城。

安的神①为他们作见证,说他们所说的是真的,【d】祈求他的恩典能使年轻人信服。第三,还必须要有三十岁至六十岁之间的人唱的歌。年纪更大的人当然不再能唱歌,但可以让他们在神的激励下讲故事,在故事中出现同样的角色。

　　克　你提到了三支歌舞队,先生;哪三支歌舞队? 我们不太明白你这样说是什么意思。

　　雅　我们讨论的一大部分内容讲的就是它们,由于它们的缘故,我们迄今为止还在讨论。

　　克　【e】我们仍旧不明白。你能试着再作一些解释吗?

　　雅　要是我们还记得,我们在讨论开始时②说过,一切幼小的动物都很活泼,不能让它们的身体和舌头保持平静——它们总是在不停地跳跃,发出噪声。我们说过,没有其他动物产生过这两个方面的秩序感;【665】唯有人有这种天然的能力。运动的秩序被称作节奏,声音的秩序——高音和低音的结合——被称作“和音”;二者的结合被称作“歌舞队的表演”。我们说过,众神怜悯我们,把阿波罗和缪斯派给我们,当我们的歌舞队的同伴和领袖;要是我们能静下心来回想,我们说过众神给我们的第三样恩赐是狄奥尼修斯。

　　克　对,我们当然记得。

　　雅　嗯,我们已经提到了阿波罗的歌舞队和缪斯的歌舞队;【b】剩下来的那支歌舞队,第三支歌舞队,当然属于狄奥尼修斯。

　　克　什么! 你最好解释一下:一支由老人组成的歌舞队,献给狄奥尼修斯,这个念头太奇怪了,太神奇了,至少,猛地一听是这样的! 三十岁甚至五十岁以上,到六十岁的人,让他们来跳舞,真的能荣耀狄奥尼修斯吗?

　　雅　你说得很对——我想,确实需要某些解释来说明这样做在实践中如何能是合理的。

---

① 帕安（Παιᾶνα）的神,指阿波罗,医神。
② 参阅本篇 653d 以下。

克 当然需要。

雅 我们同意迄今为止我们已经得出的结论吗？

克 【c】关于什么的结论？

雅 关于这一点的结论：每个成年人和儿童，无论是自由民还是奴隶，无论是男人还是女人，事实上整个城邦，都有义务不停地复述我们已经讲过的这些迷人的东西①。莫名其妙的，我们一定会看到这些迷人的东西不断地改变它们的形式；不惜一切代价，它们会不断地变得无穷多样，使表演者能一直唱这些歌，并在其中找到永久的快乐。

克 同意，这确实是我们想要的安排。

雅 【d】最后的这种歌舞队在我们城邦里是最高贵的成分；由于它的成员的年纪和洞察力，它的信念比其他任何群体的信念更有说服力。所以，如果它要行最大的善，它应当在什么地方唱歌？我们肯定不能愚蠢地留下这个问题不作决定，是吗？毕竟，可以很好地证明这个歌舞队唱的歌是最高尚、最有用的歌曲中最圆满的。

克 不能，如果这就是这个论证进行的方式，那么我们一定不能留下这个问题不作决定。

雅 所以，这个合乎程序的适当的方式是什么呢？看，这样做是否可行。

克 怎么做？

雅 【e】人年纪大了，就会不那么喜欢唱歌。如果这时候还要强迫他唱歌，那么他从中感受到的快乐会比以前少，岁数越大，心灵越审慎，对唱歌越感到忸怩不安。不是这样吗？

克 确实如此。

雅 所以，当他站在舞台上面对各种各样的观众唱歌时，他当然会感到更加忸怩不安。此外，如果从城邦低层中把这种年纪和性格的人组织起来进行唱歌表演，就像参加竞赛的歌队一样，还要他们禁食，那么他们的歌唱肯定是极不和谐的，虚弱的，他们的表演也会成为无精打采的。

① 指"戏剧"和"歌曲"，参阅本篇659e。

克 【666】是的，这种结果无法避免。

雅 所以，我们该如何鼓励他们对唱歌有热情？我们肯定应当通过的第一条法律是：绝对禁止十八岁以下的儿童饮酒。我们要教导他们，务必提高警惕，防范心中的暴烈倾向，不要使他们灵魂和身体中已经有的火气越烧越旺，直到他们在生活中从事真正的工作。我们的第二条法律允许三十岁以下的年轻人有节制地饮酒，【b】但是他一定不能畅饮和醉酒。等他到了三十岁的时候，他应当享用公餐，向众神祈祷；尤其是，他应当恳求狄奥尼修斯降临老年人的娱乐和祈祷，请这位神帮助人们医治老年人的枯燥无味的生活。【c】这就是他给我们的恩赐，使我们恢复青春：我们会遗忘我们以前的鲁莽，我们的脾气会变得温和，就好像铁在炉中熔化，变得更加驯服。任何一位被置于这样的心灵框架之下的人，都会更加热情而无所顾忌地唱他的歌曲（这就是"迷人的东西"，我们已经多次这样称呼它们），是吗？我指的不是面对大量的陌生人，而是指在个人朋友圈里。

克 确实如此。

雅 作为引导他们参加我们的合唱的一种方法，【d】你们提不出任何意见来加以特别的反对。

克 没有。

雅 但是，什么样的音乐哲学能激励他们的歌声？显然，必须是一种对演出者适宜的音乐哲学。

克 当然。

雅 这些表演者是人，但几乎拥有神一般的气质。什么样的音调适合他们？是歌舞队创作的音调吗？

克 嗯，先生，我们克里特人——同样还有拉栖代蒙人——无论什么歌都不太会唱，除非我们在歌舞队里学习，对这些歌慢慢地熟悉起来。

雅 这相当自然。事实上，你们从来没有唱过最高尚的歌曲。【e】你们的城邦组织得像一支军队，而不像城市居民组成的城邦；你们让年轻人过军营生活，就像关在一起吃草的小牛犊。你们从来没有因为自己的小牛犊躁动不安和吼叫就把它领回家，而是把它交给一位专门的驯养者加以多方调教，使之不仅成为一位好士兵，而且适宜管理国家及其城镇。【667】这样的训练实际上就使他成为我们一开始讲过的武士，比堤泰乌斯讲的武士更加优秀，因为他会时时处处把勇敢当作最主要的美德；无论在何处发现这种美德，他就会把它放在第四的位置，无论是个人，还是城邦。

克 我怀疑，先生，你又在以相当粗鲁的方式对待我们的立法者了。

雅 如果我是这样的，我亲爱的伙伴，那么我是完全无意识的。如果你不介意，我们应当追随我们的论证所到之处。如果我们知道任何一种比歌舞队的音乐和公共剧场里的音乐更加优秀的音乐，【b】我们应当试着把它指定给这些老人。我们说过，他们面对其他种类的音乐会感到困窘，而这些质量最高的音乐正是他们急于参与的。

克 对，确实应当这样做。

雅 一切事物之所以具有内在魅力，最重要的就在于它具有这种性质，或者具有某种"正确性"，或者（第三）具有某种有用性。比如，我认为，吃、喝、吸收营养，一般说来总是伴随某种具体的吸引人的性质，我们称之为快乐，【c】我们总是说我们接受的食物"有益于增进身心健康"，这就是它们最正确的地方。

克 是这样的。

雅 学习的过程也伴有魅力的成分——我们感到快乐。但要说到它的"正确性"和有用性，它的卓越和高尚，那是它的准确性。

克 确实如此。

雅 【d】模仿的技艺怎么样，它的功能是制造相同的东西？当它们成功地这样做的时候，说快乐从这些技艺的吸引人的成分中产生出来——要是有快乐的话——是相当合适的，伴随着这些技艺的成功制造。

克 是的。

雅 我假定，这种事情的正确性一般说来并不取决于它们带来的快乐，而是取决于仿造物对原本的尺寸和性质进行模仿的准确程度，是吗？

克 说得好。

雅 所以，快乐只在这种情况下是恰当的标准：一件艺术品既不能提供有用性，也不能提供真相，更不能准确地再现原本（或者说对原本有伤害，当然了）。【e】它可以只是为了这种通常伴随着其他成分的缘故而制造的，这种成分是最有魅力的。（事实上，当这种成分不和其他成分相联系时，它才真的配得上"快乐"这个名称。）

克　你指的只是无害的快乐吗？

雅　是的，就是这种快乐我把它称作"玩耍"，它没有具体的好的或坏的效果，不值得加以严肃的讨论。

克　非常正确。

雅　从所有这些推论中我们可以得出结论：没有哪一种模仿能够用不正确的意见或用它提供的快乐为标准来加以判断。在涉及各种性质的情况下，尤其如此。【668】相等的东西是相等的，有比例的东西是有比例的，之所以如此并不取决于任何人的意见，也不取决于某个人的好恶，它不会由于某个人认为它如此，它就如此，也不会由于有人不喜欢这个事实，它就不再是事实。准确性，而非其他任何东西，是唯一可行的标准。

克　是的，这一点尤其正确。

雅　所以，我们认为所有音乐都是一种再现和模仿，是吗？

克　当然。

雅　所以，当有人说音乐要由快乐为标准加以判断时，我们应当拒绝他的论断，绝对拒绝去参加这种音乐（要是有这种音乐的话），【b】把它当作严肃的音乐。我们应当去开发的音乐是那种与它的原型，美，保持着相似性的音乐。

克　非常正确。

雅　那么，这些急于参加有可能是最好的唱歌的人，显然不应当寻找甜美的音乐，而要寻找正确的音乐；正确性，如我们所说，与对原型的模仿相关，与成功地再现原型的比例和性质相关。

克　确实如此。

雅　这在音乐中肯定是这样的：每个人都会承认，所有音乐创作都是模仿和再现。【c】事实上，创作者、听众、演员都普遍同意这一点，不是吗？

克 无疑如此。

雅 所以,一个人要想不对某个具体作品持有错误的看法,那么他必须明白它是什么,因为误解它的本性——它试图做什么,它是什么东西的再现——意味着他基本上不可能知道作者是否正确地实现了他的目标。

克 不可能,基本上不可能。

雅 【d】如果他不能计量作品的正确性,他肯定也不能判断作品的善或恶吗?但是这样说仍旧显得相当晦涩。要是换个说法,也许会比较清楚。

克 什么说法?

雅 有无数的再现,当然了,撞击着眼睛,是吗?

克 是的。

雅 嗯,假定某个人不知道这些模仿和再现出来的物体的具体性质。他能够估量这些已经制造出来的物体的正确性吗?现在我心里想的就是这一类观点:这些仿造物能够全然保留原本的比例和它的所有组成部分吗?【e】与原本相比,它的比例能完全一致,它的组成部分之间的相互位置能准确地保持原来那样吗?它们的颜色和轮廓怎么样?所有这些性质都已经综合再现了吗?你认为一个人要是根本不知道这个人要用这些东西来象征什么,他有可能对这些要点进行评价吗?

克 当然不能。

雅 【669】要是我们知道这个被塑造或绘制出来的东西是一个人,艺术家的技艺很好地再现了他的所有肢体,以及肢体的颜色和轮廓,那会怎么样?假定一个人知道所有这些事,他是否已经做好了必要的准备,能够判断这个作品是否美丽,或者判断它在某些方面不美?

克 在这种情况下,先生,我们全都能够很好地判断这个再现物的质量。

雅 你已经命中了目标。所以,任何人要想成为再现物的聪明的法官——在绘画、音乐,以及其他领域——应当具有下列三种素质:首先,他必须知道被再现的这个东西是什么;第二,如何才能将它正确地复制;

【b】然后，第三，这个东西，或者说用语言、曲调和节奏产生出来的再现物，有什么道德价值。

克　显然如此。

雅　我们一定不能忘了提到谈论音乐的具体困难，讨论音乐比讨论其他任何种类的艺术再现需要更多的时间，需要更加谨慎小心。在这个主题上犯错误的人会承受大量的伤害，因为他会被邪恶的性情所吸引；【c】他的错误难以察觉，因为作者们的创作能力很难与真正的缪斯相比。缪斯们绝不会犯下这样的大错，乃至于给阴柔的音阶、音调或婚礼旋律配上阳性的唱词，或者给自由民的姿势配上只适合奴隶的节奏，或者把自由民的姿态与不恰当的节奏结合在一些。她们更不会把人、【d】动物、机械的声音，以及其他各种声音混在一起，用一个大杂烩来再现单一的主题。但是，世俗的作者特别喜欢把这些无意义的声音愚蠢地混杂在一起；用奥菲斯①的话来说，"生活中欢乐的任何人都处于他的青春期"，他们会在音乐中找到丰富的资源用于娱乐。在所有这些混合中，他会发现作者们还把无伴奏的语词放入韵律，从而把节奏、旋律与音调分割开来，【e】通过使用弦乐，从而把旋律和节奏分割开来，通过使用笛子，从而使乐曲没有歌手。等所有这些都做完了，要知道这些无歌词的节奏和音调象征什么，他们模仿和象征的事物有什么价值，就成了一件极为困难的事情。结论是不可避免的：这样的实践活动诉诸乡野村夫的嗜好与品位。就是这种对速度和技巧的偏爱（以及对野兽的声音的再现），推动着笛子和竖琴的别样使用，【670】而非当作跳舞和唱歌的伴奏。为使用乐器而使用乐器实际上只是一种演奏技巧，跟艺术没有什么关系。有关理论就讲到这里。我们正在考虑的问题不是哪一种音乐我们三十岁到五十岁的公民应当回避，而是他们应当参加什么种类的音乐。我认为，我们迄今为止的论证似乎指向这样一个结论，【b】有唱歌义务的五十岁的人必须享有一种比歌舞队的音乐标准更高的教育。当然，他们对节奏和旋律必定拥有敏锐的感觉，能够理解它们。否则的话，一个人怎么能够估量曲

---

① 奥菲斯（Ὀρφεύς），色雷斯诗人和歌手，奥菲斯教的创建者。

调的正确性,在特定情况下评价多利亚曲调,或者判断作者有无给曲调
确定正确的节奏呢?

克 这很清楚,他不能。

雅 公众的一般信念是可笑的,他们认为自己能够对和音与节奏的
功绩与缺失作出恰当的判断;他们其实只是被训练得能够随着笛声唱歌
或迈步前进,【c】但绝不会停下来思考他们做的事,对他们做的事缺乏理
解。事实上,凡有正确成分的曲调就是正确的,凡有不正确成分的曲调
就是错误的。

克 无可否认。

雅 一个人要是连曲调中有什么成分都不知道,那又该怎么办? 如
我们所说,他能确定这段曲调的哪些方面是正确的吗?

克 不能,他怎么能做到这一点呢?

雅 所以,看起来我们再一次发现,让我们的歌手至少接受如下的
教育是不可或缺的(不仅要鼓励他们唱歌,【d】而且要迫使他们自愿接
受教育,要是我能这样说的话):他们每个人都应当能够跟得上曲调的节
奏和音符,这样他们就能考察和音和节奏,选择适宜他们这般年纪的人
适宜歌唱的曲调和扮演的角色。如果他们是这样唱歌的,那么他们会给
自己带来有益的快乐,同时也促使他们的年轻一代人采纳合乎道德的习
俗,【e】持有恰当的热情。假定这些歌手的教育达到了这样的水平,他们
会学习比普通人的训练更高一级的课程,乃至于给作者本人的训练课程。
作者或多或少有责任拥有关于节奏与和音的知识,但他并非一定要能评
价第三点——模仿在道德上是善的还是恶的。然而,我们现在谈论的这
些人必须在三个领域拥有相同的能力,【671】这样才能把第一等级的善
和第二等级的善区分开来;否则的话,他们绝不能证明自己能有效地吸
引年轻人趋向美德。

我们的论证已经抵达最佳境地:我们不得不考虑它最初的意愿能否
成功,表明我们为"狄奥尼修斯的歌舞队"所作的辩护是合理的。当然了,
一个这样的集会随着酒越喝越多,不可避免地会产生喧哗。事实上,我
们在当前的讨论中一开始就假定这样的趋势是不可避免的。

克　【b】是的，不可避免。

雅　在这样的喧闹中，每个人都会放开嗓门大吼大叫、吐沫飞溅，而不像平时那样轻声低语，他根本不在意他的同伴们在讲些什么，还认为自己完全有资格决定他们过什么样的生活，以及决定他自己过什么样的生活。

克　他肯定会这样做。

雅　我们不是说过，事情到了这个地步，饮酒者的灵魂就会发热变软，变得十分幼稚，就好像他们还很年轻一样，它们就像加热了的铁，【c】在那些有权力和技巧训练与塑造他们的人手中变得十分可塑，而对他们进行塑造的任务我们说要由好的立法者来承担吗？他要为酒宴立下规矩，引导我们的赴宴者，但这些人此时已经变得面红耳赤，心中充满自信，完全摆脱平时的节制，不愿遵守秩序，不愿保持安静，边喝酒边听音乐，作出种种不体面的举动；【d】这种过分的自信一旦出现，他们就会与它作斗争，带着公正的赐福，他们能够被派往舞台，这种极好的、神圣的敬畏我们已经称之为"节制"和感到"羞耻"。①

克　非常正确。

雅　头脑冷静和清醒的人应当保护这些法律，并与法律协作，指挥那些头脑不清醒的人；没有头脑清醒的指挥员而与敌人战斗实际上不如缺乏这样的帮助而与饮酒作斗争那么危险。要是一个人不能表现出自愿精神，【e】服从这些指挥员和狄奥尼修斯的官员（他们的年纪在六十岁以上），他会产生的羞耻必定会与那个违背战神的官员的人产生的羞耻相同，甚至超过他。

克　确实如此。

雅　所以，如果像这样饮酒作乐，参加宴饮的狂欢作乐者肯定会有什么好处吗？他们会比以前更好地相互对待，而不是像现今经常发生的那样相互怨恨；之所以如此，【672】这是因为他们已经统治和规范了他们的宴饮的全部过程，每一步都严格遵守清醒者给饮酒者的指示。

---

①　参阅本篇 646e 以下。

克　确实,有哪些好处——要是真有你说的这种酒宴。

雅　所以,让我们不要再用古老的不加限定的术语辱骂狄奥尼修斯的馈赠①,说它是坏的,城邦不能接受它。确实,我们可以更多地述说它的好处。但是面对一般的公众,我只能简述这种馈赠带来的主要好处,因为人们误判和误解了相关的解释。

克　【b】你说的好处是什么?

雅　有一则鲜为人知的故事②,说的是狄奥尼修斯被他的后母赫拉③剥夺了理智,为了报复,他鼓动我们喝酒,喝醉了就狂歌乱舞;就是由于这个原因,他把酒赐给人类。然而,这一类故事我就留给那些以为可以这样谈论神灵而没有危险的人去讲。而我相当肯定的是:【c】没有任何动物生来就有理智,或者就会使用理智。当一个动物还没有达到一定的智力水平时,它是相当疯狂的。它会乱吼乱叫,一发现自己有腿,就会到处乱跑。让我提醒你们,我们说过,这就是音乐和体育的源泉。

克　我们记得,当然。

雅　【d】这也是人有节奏感和旋律感的源泉,阿波罗、缪斯、狄奥尼修斯是联合起来在我们身上种下这种感觉的神灵。

克　是的,确实如此。

雅　尤其是酒,按照一般故事的说法,它被赐给人类似乎是为了起一种复仇的作用,是为了使我们丧失理智。而我们的解释正好相反:这种馈赠旨在成为一种药物,在灵魂中产生敬畏,在身体中产生健康和力量。

克　是的,先生,你对这个论证的概括非常好。

雅　【e】至此,我们对歌舞的考察已经进行了一半。我们要用任何它自身推荐的方式考察另一半吗,或者说我们要加以省略?

克　你指的是哪一半? 你是怎么分的?

---

①　指酒。

②　参阅欧里庇得斯:《库克罗普斯》,3。库克罗普斯是希腊神话中的独眼巨人。

③　赫拉(Ἥραν),希腊天后,宙神之妻。酒神狄奥尼修斯是宙斯与塞墨勒所生。

雅　我们发现唱歌和跳舞,加在一起,在一定意义上可以算作整个教育。它的一部分——声音部分——涉及节奏与"和音"。

克　是的。

雅　第二部分涉及身体的运动。在这里我们也有节奏,这个特点是和声音的运动共有的;但是身体的运动有它自己的特别关注,【673】正如在另一半里,曲调是声音运动专有的。

克　相当正确。

雅　讲话的声音穿透到灵魂的时候,我们把它当作一种德性教育,我们冒着一定的危险用"音乐"这个术语来描述它。

克　相当正确。

雅　我们把身体的运动描述为"愉悦的舞蹈",当它起到健美身体的作用时,我们把这种系统的训练称作"体育"。

克　确实如此。

雅　【b】那么,对音乐进行的考察——粗略地说来,它大约是我们说要加以考察的歌舞艺术的一半——我们就讲到这里。我们下面要讨论另一半吗?或者说,我们现在应当遵循什么方法?

克　说真的,我亲爱的伙伴!正在和你谈话的是克里特人和拉栖代蒙人,我们已经彻底地讨论了音乐——剩下体育还没有讨论。你认为,关于这个问题,你能从我们这里得到什么样的回答?

雅　【c】我应当说,你的问题就是一个相当明确的回答。我把你的问题,如我所说,当作一个回答,甚至当作一个命令,完成我们对体育的考察。

克　你完全理解了我的意思,你就这么做吧。

雅　是,我会的。当然了,你们两对这个主题那么熟悉,讨论起来并不困难。你们瞧,你们对这种具体技能的体验比另一主题要多得多。

克　相当正确。

雅　【d】还有,这种娱乐形式同样起源于一切动物天然的跳跃习惯。如我们所说,人这种动物获得了节奏感,由此产生了舞蹈。音调触动和唤醒了对节奏感的回忆,而出于二者的结合就产生了合唱和作为一种娱乐的舞蹈。

克 是这样的。

雅 我们已经讨论了这两个主题中的一个；我们现在要讨论另一个。

克 是的，确实如此。

雅 【e】然而，如果你们两同意，让我们对我们有关饮酒的用处的讨论作最后的发挥。

克 你要作什么样的发挥？

雅 设定一个城邦制定了一系列规矩来控制我们正在讨论的这种活动，用它来培养节制的习惯；设定这个城邦按照同样的原则允许其他各种娱乐活动，把这些规矩当作掌握这些活动的工具；那么，在每一种情况下，我们的方法必须遵循。但若城邦把饮酒当作纯粹的娱乐，允许所有人随意喝酒，想跟谁一起喝就跟谁一起喝，【674】在喝酒时为所欲为，那么我就不再同意允许这样的城邦或个人嗜酒。我甚至会在克里特和拉栖代蒙的做法上再进一步，添上迦太基人的做法，他们的法律禁止任何士兵在战场上喝酒，在军训期间也只能喝水。在城邦生活中，我要绝对禁止男女奴隶在一年到头履行他们的职责时喝酒，【b】同样也要绝对禁止船长和法官在履行职责时喝酒，议事会的重要成员在要去开会时也不能喝酒。进一步，我还要绝对禁止在白天喝酒，除非有教练员和医生的命令，在夜晚男女将要同房时也绝对不能喝酒，由健全的法律规定了的其他不能喝酒的场合在这里就不一一说了。因此你可以看到，按照我们的论证，【c】没有一个城邦需要许多葡萄园，一般的农业生产和生活方式都属于要加以规范的事务，尤其是葡萄栽培要保持在一个合理的狭小限度内。先生们，如果你们同意，可以把我刚才讲的这些话当作我对酒这个主题所作的最后的发挥。

克 说得好！我们完全同意。

第 三 卷

雅 【676】那么，我们可以把这一点当作已经解决了的。但是，政治体制怎么样？我们该如何设定政治体制的开端呢？我很确定，解释它们起源的最好的、也是最方便的方式是这样的。

克 是什么样的？

雅 观察一个城邦的道德进步或道德衰退，我们不得不始终采用这种相同的方法。

克 你心里想的是什么方法？

雅 我们取无限长的一个时间段，【b】研究其中发生的变化。

克 你这是什么意思？

雅 瞧，你认为你能把握城邦存了多长时间、人在某种政治组织中生活了多长时间吗？

克 不能，不太容易。

雅 但无论如何，你意识到城邦存在的时间长得令人难以置信吗？

克 是的，我看到了，当然。

雅 所以，可以肯定，在这个时期，有成千上万的城邦生成，【c】至少也有许多城邦，数量同样大得惊人，遭到灭亡吗？时间使每一个城邦采用了各种类型的政治体制。有时候小城邦变成大城邦，有时候大城邦变成小城邦；有时候好城邦变成坏城邦，有时候坏城邦变成好城邦。

克　不可避免。

雅　让我们来试着确定这些变化为什么会发生，要是我们能做到的话；然后，我们也许就能发现各种体制是如何生成和发展的了。

克　这个想法很好！让我们就这么做。你必须尽力解释你的想法，而我们会尽可能跟上你的步伐。

雅　【677】你们认为古代传说中包含着真理吗？

克　你指的是哪些种类的传说？

雅　是这样的：人类曾经反复多次被灭绝，由于大洪水、瘟疫，以及其他许多原因，只有极少数人幸存。

克　是的，当然，几乎每个人都相信这种故事。

雅　嗯，好吧，让我们就来刻画一下这一系列灭绝中的某一次——我指的是大洪水造成的后果。

克　在这样做的时候，我们需要注意些什么？

雅　【b】当时能躲过这场灾难的那些人肯定都是山里的牧人——我想，在山顶上，他们成了人类仅存的余烬。

克　显然如此。

雅　还有一个要点需要注意：这样的人一般说来肯定没有掌握什么技艺，不懂人情世故。尤其是他们不懂那些城里人使用的竞争技巧，也不明白城里人相互之间钩心斗角，搞阴谋诡计。

克　好像是这样的。

雅　【c】我们可以这样想，不是吗，那些建在平原和海边的城市全都彻底毁灭了？

克　是的，我们可以这样想。

雅　所以，他们的所有工具都被毁灭了，他们在政治或其他任何领域中作出的任何有价值的发现也都完全佚失了，是吗？你瞧，我的朋友，要是他们的这些发明能够幸存，并且一直能发展到今天这样的地步，那么很难看到今天还会有什么新发明的余地。

克　【d】我假定，由此带来的结果就是，数百万年以来，这些技艺对原初的人来说都是未知的。然后，大约一两千年以前，代达罗斯①、奥菲斯、帕拉墨得斯②有了各种发明，玛息阿和奥林普斯③成为音乐艺术的先锋，安菲翁④发明了竖琴，还有其他许多人作出众多发明。可以说，所有这些都好像是昨天和前天发生的事。

雅　你说得太妙了，克利尼亚，但是你忘了你的朋友，他才真的是"昨天"出生的！

克　我想你指的是厄庇美尼德⑤吧？

雅　【e】是的，就是这个人。我亲爱的伙伴，他的发明使其他所有人相形见绌。赫西奥德很久以前就在他的长诗中预言了这种发明，但却是厄庇美尼德在实践中作出了这种发现，如你们克里特人所宣称的那样。

克　我们确实是这样说的。

雅　我们也许可以这样描述大灾之后的人类状况：尽管荒无人烟，仍有大量肥沃的土地可以耕种；尽管动物都灭绝了，但仍有一些牛幸存，再加上一些山羊。这些牲畜非常少，【678】但足以为那个时期的少量牧人提供生计。

克　同意。

雅　但是，当我们在谈论国家、立法事务和政治组织的时候，所有这样的事情有什么踪迹幸存下来吗？——哪怕，也就是说，存在于我们的记忆中。

克　当然没有。

雅　所以，就是从这样的处境中，我们今天生活的所有特点发展起来：国家、政治制度、技艺、法律、猖獗的邪恶、惯常的美德。

---

①　代达罗斯（Δαιδάλος），希腊神话传说中的建筑师和雕刻家。

②　帕拉墨得斯（Παλαμήδης），特洛伊战争中的人物，善用诡计，据说发明了尺子和天平。

③　奥林普斯（Ολύμπους），传说中的著名乐师，他的师傅是玛息阿。

④　安菲翁（Αμφίον），人名。

⑤　厄庇美尼德（Ἐπιμενίδης），公元前6世纪的克里特诗人和预言家。赫西奥德说："这些傻瓜！他们不知道一半比全部多多少，也不知道以草芙蓉和常春花为食有什么幸福。"《工作与时日》40—41；参阅本文 1.642d。

克　你这样说是什么意思？

雅　【b】我亲爱的先生，我们真的能够设定那个时期的人——完全没有城市生活的经验，无论是在城市生活光彩的方面，还是在城市生活悲惨的方面——会变得全恶或者全善吗？

克　说得好。我们明白你这样说的意思。

雅　所以，随着时间的推移和人口的增加，人类的文明才得以发展，进到现在这个阶段吗？

克　确实如此。

雅　这个过程可能不是突然发生的，而是渐进的，需要漫长的时间。

克　【c】对，这样说非常合理。

雅　我在想，那个时候从高山下到平原来的人全都惊恐不安。

克　这很自然。

雅　那个时候，人口极为稀少，要是能相互遇见，他们该有多么快乐！然而，他们原来可以使用的所有水陆交通工具都已被毁，建造它们的技术也已失传，所以我在想，他们会发现要想聚在一起绝不是一件易事。【d】他们还会受困于木材的稀少，由于发洪水的原因，铁、铜，以及其他金属矿藏都已被掩埋，要想重新开采矿藏几乎不可能。即使有某些奇怪的工具留在山顶的某个地方，也会很快损坏。在开矿的技艺重新在人们中间出现之前，不可能有替代的工具。

克　对。

雅　按照我们的计算，这种事情要多少代人以后才会发生？

克　【e】要许多代，显然。

雅　那么好，在这个时期，甚至在更长的时间里，所有依赖铜、铁，以及类似材料的技术也必定失传了，是吗？

克　当然。

雅　所以，由于这些原因，战争和内战也都走向终结。

克　为什么会这样？

雅　首先，人们的孤独促使他们相互珍视和热爱。【679】第二，他们不必为了获取食物而发生争吵。少数人在最初某个阶段可能会有短缺，而那个时代的大多数人不会缺乏畜群。他们总能得到奶和肉的供给，还能通过打猎来添加优质的肉食。他们还有充足的衣服、被褥、房屋、烹饪或其他用途的器皿。（制陶和纺织、那些不需要用铁的技艺，【b】是神赐给凡人的馈赠——实际上，神把这些技艺与其他所有各种装备一起提供给我们。神的意愿是，让人类无论落入何种境地，但要让他们仍旧能够生存和发展。）由于这些原因，他们并非处于无法忍受的赤贫，也不会由于贫困而相互纷争；但可以假定他们也不会变得很富裕，因为他们普遍缺乏金银。一个既不贫困又不富裕的共同体通常会产生优秀的品性，【c】因为暴力和犯罪的倾向、妒忌的情感，都还没有产生。所以，这些人之所以是好的，部分是由于这个原因，部分是我们说的他们那种"天真"。每当他们听到某种事物被称作"好的"或"坏的"，他们就会相信这种说法是真的，就会相信它。这种老于世故的缺乏阻拦着你今天可以看到的玩世不恭者：他们把他们听说的关于众神和凡人的学说当作真理来接受，并且按照这种学说来生活。由于这个原因，他们就是我们已经描述过的这种人。

克　【d】至少，麦吉卢和我，同意你的解释。

雅　如果我们拿他们与大洪水以前的那个时代相比，或与当今时代相比，那么我们不得不说，人类在许多个世代里都过着这样一种生活，他们必定是未开化的、无知的、没有掌握什么技艺的，尤其是对那些在陆上或海里使用的军事技术。他们也必定不懂战争的技艺，【e】尤其对城市生活而言——一般称作"诉讼"和"党争"——人们使用各种阴谋诡计，用言语和行动来相互伤害。我们的这些原始人不是比较单纯、比较有男子汉气概，同时也更加能够自制、在各方面更加正直吗？我们已经解释了其中的原因。

克　是的，你说得很对。

雅　让我们提醒一下我们自己，这一重构，以及我们从中得出的结论，【680】都是为了使我们能够明白早期的人是如何感到需要法律的，他们的立法者是谁。

克　你提醒得好！

雅　假定他们还没有感到需要立法者，在那个时代，法律还不是一个普遍的现象。在世界循环的那个阶段出生的人还没有任何书面记载，而是生活在顺服之中，接受习俗和"祖先的"法，如我们所称的那样。

克　很有可能是这样的。

雅　但是，这已经是一种政治体制了，某种政治体制。

克　什么种类?

雅　【b】独裁制——我相信，每个人都会把这个名称用于那个时代的政治体制。在今天世界的许多部分，你仍旧能够发现它，既在希腊人中间，又在非希腊人中间。我假定，这就是荷马对库克罗普斯①的家务的描述。他说："他们没有议事会，也没有法律。他们居住在挺拔险峻的山峰之巅，或者住在阴森幽暗的山洞，各人管束自己的妻子儿女，不关心邻居的事情。"②

克　【c】你们的这位诗人好像挺迷人的。我读过他的一些诗句，也挺考究的。这样说我的意思不是我对他的作品有什么了解——我们克里特人不太接触异邦人的诗歌。

麦　我们在拉栖代蒙倒是这样做的，我们认为荷马是史诗之王，【d】尽管他描述的生活方式肯定是伊奥尼亚③的，而不是拉栖代蒙的。在这一事例中，他的故事描绘了库克罗普斯们过的野蛮生活，作为对他们原始习俗的一种解释，他的描述好像支持你的看法。

雅　是的，他确实为我作了见证。所以，让我们以他说的话为证据，这种政治体制确实会在某个时候发展起来。

克　很好。

雅　大灾难发生以后，这些人以家庭为单位分散在各处居住，拥有自己的家宅。【e】在这样的体制中，最年长的成员凭借从他的父母那里

---

① 库克罗普斯（Κυκλωπης），希腊神话中独眼巨人，有好几种，分别是牧人、铁匠、瓦匠，等等。

② 荷马:《奥德赛》9：112—115。

③ 伊奥尼亚（Ἰόνια），地区名。

继承下来的权力进行统治；其他成员服从他的领导，形成一个群体，就像鸟一样。这些成员顺服的权柄就是他们的家长制；他们实际上受到所有形式的王权中最公正的形式的统治。

克　是的，当然。

雅　下一步便是若干个家庭聚集在一起，形成了较大的共同体。【681】他们开始把注意力转向农业，起初在山坡上种植，建造了石头围墙，用来防范野兽，保护自己。其结果就是现在这种统一体，形成一个共同的家园。

克　我设定这极为可能。

雅　好吧，这不也是有可能的吗？

克　什么事情有可能？

雅　随着这些最初相对较小的家庭成长为较大的家族，每个小家庭都在它自己的统治者——最年长的成员——的领导下生活，【b】遵循它自己在与其他家庭相互隔离的时代产生的习俗。人们变得习惯的各种城邦的和宗教的标准反映着他们的祖先和教师的偏爱；祖先越拘谨或越冒险，他的后代也会越拘谨或越冒险。由此，如我所说，每个群体的成员进入了较大的有着专门法律的共同体，准备用他们自己的偏好影响他们的子女，影响他们子女的子女。

克　当然。

雅　【c】每个群体不可避免地会批准它自己的法律，而不太喜欢其他群体的法律。

克　确实。

雅　所以，看起来，我们好像已经不知不觉地抵达了立法的起点。

克　我们确实如此。

雅　不管怎么说，下一步必定是在这个联合体中选择一些代表来考察所有家族的统治，公开向这些民众的领袖和首领建议——也就是"国王"——【d】采纳那些普遍使用的规矩。这些代表就是所谓的立法者，通过任命首领作为官员，他们从独裁制中分离出一种贵族政制，或者也许是王政。在这种政治体制发生转型的时期，他们自己会监管这个国家。

克　是的,这种变化在各个阶段肯定会发生。

雅　所以,我们现在可以继续描述第三种类型的政治体制的诞生,这种体制实际上接受所有政治体制及其变形,在其发展的实际阶段也会展现多样性和变化。

克　这是什么类型的政治体制?

雅　【e】荷马也提到过这种类型,把它列为第二种类型的继承者。他是这样描述第三种类型的起源的:"他① 创建了达尔达尼亚②"——我想,下面的诗句是这样的——"因为神圣的伊利昂,这座凡人的城市还没有在平原上建起,人们还居住在多泉的伊达③ 山麓。"④【682】在神的某种激励下,他创作了这些诗句,还有关于独眼巨人的那些诗句。这些诗句无比真实! 这是因为,诗人们为一类人,他们有神圣的天赋,他们在吟诵时受到神灵的激励,所以在美惠女神和缪斯们的帮助下,他们往往会道出事实真相。

克　确实如此。

雅　让我们继续我们正在讲述的这个故事,让它服务于我们的目的,给我们一些提示。我想,这就是我们需做的事吗?

克　【b】当然。

雅　按照我们的说法,当人们从高山下到广阔美丽的平原来的时候,伊利昂创建起来。他们把这座城市建在一座山丘上,邻近发源于伊达山的几条河流。

克　这个故事是这样讲的。

雅　我设定,我们可以认为这是大洪水过后许多个世代的事情吗?

克　是的,当然,许多个世代以后。

雅　我的意思是,要是建城者把城市建在这样的山坡上,【c】邻近几

---

① 指达耳达诺斯 (Δαρδάνους),特洛伊城的创建者。

② 达尔达尼亚 (Δαρδανία),地名。

③ 伊达 (Ἰδαῖους),山名。

④ 荷马:《伊利亚特》20:216 以下。伊利昂即特洛伊。

条从高山上下来的河流,信赖这些并不太高的山坡,那么他们显然已经忘记我们描述过的灾难。

克　是的,可以清楚地证明,他们根本没有这样的经验。

雅　随着人口在其他城市的增长,可以设定,这一时期也有许多其他城邦建立。

克　当然。

雅　这些城邦也会向伊利昂发动进攻,很有可能从海上过来,因为那个时候的人已经克服了对大海的恐惧,开始驾船出海。

克　【d】好像是这样的。

雅　在围攻了大约十年以后,阿该亚人①攻陷了特洛伊②。

克　确实,他们这样做了。

雅　他们包围伊利昂十年,在此期间,他们自己城邦的内部事务变得越来越糟。年轻的一代反叛,当联军的部队返回自己的城邦和家园时,【e】对他们的迎接既不荣耀又不公平,导致大规模的屠杀和驱逐。等到这些被赶走的人再次返回,他们采用了一个新的名称,称自己为多立斯人③,而不是阿该亚人,以荣耀多立乌斯④,当他们遭到放逐的时候,是他把他们联合起来。有关后来事件的详尽解释可以在你们拉栖代蒙人的传说中找到。

克　当然。

雅　当我们开始讨论立法时,关于技艺和宴饮的问题插了进来,然后我们说了一长篇离题话⑤。而现在,我们真的有机会考察我们的主题

---

①　阿该亚人是古希腊人的前身,大约公元前 2000 年左右,阿该亚人从欧洲南下进入希腊半岛,以后主要在阿哥利亚活动。在荷马史诗中,阿该亚人是攻打特洛伊城的希腊联军主体。

②　特洛伊 (Τροία),地名。

③　多立斯人 (Δωριῆς),大约公元前 1180 年,巴尔干地区发生部落大迁徙,同属于希腊语支的多利斯人陆续南下,进入希腊半岛和某些爱琴海岛。

④　多立乌斯 (Δωριος),人名。

⑤　见本篇 636e 以下。

了。就好像神本身在指引我们，我们回到了我们原先偏离主题的地方：拉栖代蒙的实际创建。【683】你们坚持认为拉栖代蒙是按照正确的路线建立的，你们对克里特也说了同样的话，因为它也有与拉栖代蒙相似的法律。有关城邦和政治体制的创建，我们的讨论相当随意，但我们至少已经有了这样的成果：我们观察了第一种、第二种、第三种类型的城邦，它们在一个漫长的时期内相继产生，现在我们要发现这第四种城邦（或者"国家"，如果你们喜欢），追溯它的历史基础和后来的发展，直至今日它的成熟状态。①【b】在完成所有这样的考察之后，我们也许能明白什么样的创建方式是正确的，什么样的创建方式是错误的。我们能看到什么样的法律会使这些特点得以保存，什么样的法律会使这些特点瓦解吗？什么样的具体变化会在城邦里产生幸福？如果对这些我们都能理解，麦吉卢和克利尼亚，我们不得不就整个主题重新讨论一遍：就像重新开始一样。然而，在我们迄今为止的解释中，我们也能够发现某些错误。

麦 【c】嗯，先生，如果某一位神能对我们说话，说我们应当就立法问题作第二次尝试，那么我们将听到一篇至少和我们已经拥有的解释质量和长度相当的解释；所以，算我一个，我愿意延长我们的旅行，现在这个季节的白天不算太短——尽管就在这几天，太阳神就要把夏季转向冬季了。

雅 那么，看起来我们必须加紧考察。

麦 当然。

雅 让我们想象我们生活在这样一个时期，拉栖代蒙、阿耳戈斯、墨西涅②，【d】以及邻近的区域，实际上全都处在你们祖先的控制之下，麦吉卢。他们的下一个决定，或者这个故事继续说，是把他们的力量一分为三，建立三个城邦——阿耳戈斯、墨西涅、拉栖代蒙。

麦 没错。

---

① 这里讲的四种城邦是：(1) 单一家族，处于独裁统治下；(2) 多个家族，处于贵族统治之下；(3) 平原上的多个城市结合，比如特洛伊，有各种体制；(4) 诸城邦的联盟。

② 墨西涅（Μεσσήνη），地名。

雅　特美努斯①成为阿耳戈斯国王，克瑞司丰特②成为墨西涅国王，普罗克列斯③和欧律斯塞涅④成为拉栖代蒙国王。

麦　对。

雅　他们所有的同时代人向他们发誓，【e】如果有人试图夺取他们的王座，他们就会提供帮助。

麦　确实如此。

雅　嗯，当一位君主被推翻的时候（确实当任何类型的权柄在任何时候被毁灭），肯定不会是一个人，而是所有统治者本身受到谴责吗？这就是我们在前面讨论这个主题时持有的观点——或者说我们现在已经忘了？

麦　不，当然没忘。

雅　所以，我们现在可以把我们的论点放在一个比较坚实的基础之上了，要是我们对历史的研究能够引导我们得出和前面相同的结论。【684】这就意味着我们将依据事实，而不是依据推测，进行我们的考察。当然，这些事实如下：这三个王族中的每一个，它们统治的三个王国中的每一个，各自按照相互缔结的法律交换誓言，它们采用这些法律来规范权柄的行使，并且服从它。国王们宣誓，只要国家能够延续，绝不强化他们的统治；其他人则承诺，除非统治者一方与之讨价还价，【b】否则绝不推翻王权，也不宽恕其他人的类似企图。如果受到侵犯，国王会帮助国王和民众，民众也会同样帮助民众和国王。这些都是事实，不是吗？

麦　确实如此。

雅　嗯，在三个这样建立起来的城邦里，无论是由国王还是由其他人为这种政治体制制定法律，最重要的条文，当然了，肯定是这样的。

麦　什么样的？

---

①　特美努斯（τήμενος），人名。

②　克瑞司丰特（Κρεσφόντης），人名。

③　普罗克列斯（Προκλῆς），人名。

④　欧律斯塞涅（Εὐρυσθένης），人名。

雅 要是某个城邦违反这些已经制定了的法律，必定会遭到城邦联盟中的其他两个城邦的反对。

麦 显然如此。

雅 【c】当然了，大多数人只要求他们的立法者实施人们普遍接受而不反对的法律。但你们要想象一下，这就好比要求你们的教练或医生在训练或治疗你们的身体时提供快乐。

麦 确实如此。

雅 事实上，如果能使你们的身体恢复健康和气力，而无须有什么痛苦，那么你们经常会感到满意。

麦 对。

雅 【d】在另外一个方面，那个时期的民众也有特别好的安排，能使立法成为一个无痛苦的过程。

麦 在什么方面？

雅 他们的立法者努力在他们中间建立某种财产平等，而在其他城邦经常会由于财产问题对某人产生特别的伤害。设定一部法典正在起草，某个人想在其中添上一项改变土地所有权和取消债务的条款，因为他看到这是能够满意地取得平等的唯一方法。【e】那么每个人都会用"住手"来作为口号，攻击这位试图进行某种改革的立法者，诅咒他那些重新分配土地和免除债务的政策。因为这样做足以使任何人绝望。所以，这是多立斯人享有的另一项巨大的便利：没有怨恨。没有人会反对土地分配，长期的债务根本不存在。

麦 对。

雅 嗯，我的朋友们，这种创建和立法最后遭到失败，到底是为什么？

麦 【685】你这样说是什么意思？你到底在批评什么？

雅 三个城邦创建起来，但有两个城邦的政治体制和法典迅速衰败。只有第三个城邦幸存，也就是你们的城邦，拉栖代蒙。

麦 你提出的这个问题很难解答！

雅 无论如何，它需要我们的关注。所以，现在让我们来观察一下，就在我们开始这场旅行的时候，我们说过要用法律来作为我们的娱乐——这是一项高尚的游戏，适宜我们终生进行。

麦　【b】当然。我们必须按你说的做。

雅　没有什么法律能比这些用来监管这些城邦的法律更适宜成为我们考察的主题。或者说，有其他任何更大的或者更著名的城邦我们可以对其创建进行考察吗？

麦　没有，要想出一个替代来并不容易。

雅　好吧，那么非常明显的事情是，【c】这些城邦的安排不仅旨在保护伯罗奔尼撒①，而且旨在保护一般的希腊人，抗击任何非希腊人有可能发起的进攻——可以拿来举例的是，那些生活在伊利昂境内的人把他们自己托付给由尼诺斯②创建的亚述③帝国的力量，由于他们的傲慢，引发了后来对特洛伊的远征。你们瞧，亚述帝国的诸多显赫之处至今仍旧存留，对这个联合王国的恐惧就好比我们这个时代对波斯大王的恐惧。亚述人对希腊人有过巨大的积怨：【d】特洛伊，作为亚述帝国的一部分，第二次被占领。④为了应对这样的危险，多立斯人的军队组成联军，尽管在那个时候它们来自由国王们分别统治的三个城邦，这些国王都是兄弟，都是赫拉克勒斯⑤子孙。这种说法确实是一个绝妙的发明——甚至好过一支渡海攻打特洛伊的军队。这是因为，首先，人们从一开始就相信赫拉克勒斯的儿子比珀罗普斯的孙子⑥更适宜担任指挥官；【e】第二，人们认为这支军队比曾经围攻特洛伊的军队更加勇敢。毕竟，他们算过，当年那支军队是由阿该亚人组成的，他们是多立斯人的手下败将。所以，我们可以把这一点视为他们作出这种安排的本性和目的吗？

---

①　伯罗奔尼撒（Πελοποννησύς），地名。

②　尼诺斯（Νίνος），人名。

③　亚述（Ασσυρίαν），古帝国名。

④　关于特洛伊的第一次被占领，参阅荷马：《伊利亚特》5：640。

⑤　赫拉克勒斯（Ἡρακλῆς），希腊神话中的大力士。

⑥　珀罗普斯（Πέλοπεδαις），他的孙子是率领希腊联军远征特洛伊的阿伽门农和墨涅拉俄斯。

麦　肯定行。

雅　【686】出于种种原因，他们可能期待这些安排是永久的，会延续很长时间。以往，他们在许多辛劳和危险中是同伴，而现在他们被置于同一家族的控制之下（这些国王是兄弟）；他们还向大量先知咨询，尤其是德尔斐①的阿波罗神的祭司。

麦　是的，这可能就够了，当然。

雅　然而，这些重大的期待显然很快就会落空，【b】如我们刚才所说，除了这个同盟的一部分地方——也就是你的城邦，斯巴达。时至今日，它从未停止过与另外两个城邦的战斗。但若他们能够贯彻最初的意向，执行共同的政策，他们的力量，从军事上来说，不可抗拒。

麦　确实不可抗拒。

雅　那么，他们的计划为什么会失败？这就是我们应当加以考察的问题：为什么如此庞大的、令人敬畏的组织会极其不幸地被毁灭？

麦　对，这是我们要加以考察的正确方向。忽视这些问题，你就绝不能发现任何其他法律或政治体制，能保存（或失去）这样重大的特征。

雅　我们太幸运了！我们好像不知不觉地抵达了一个关键点。

麦　无疑如此。

雅　嗯，好吧，我的好伙伴，我们拥有的这些思想多么平庸而不自知！每当人们看到某些巨大成就时，他们总是这样想，【d】“要是有人知道如何处置或恰当地使用它，将会导致多么可怕的后果！”此时此地，我们关于这个主题的想法也许就是错误的、不现实的，就像其他人以这种方式观察任何事物一样。

麦　噢，真的吗，你这是什么意思？你这样说，到底要我们朝哪里想？

雅　我正在跟我自己开玩笑，我的朋友。我在想，我们正在讨论这支军队在我看来是多么伟大啊，如果把它交到希腊人手中，那么它是一件多么神奇的工具啊（如我所说）——只要有人能够及时加以恰当地

---

①　德尔斐（Δελφοί），地名。

使用!

麦　【e】你说的这些事情都很对,也很有意义,我们衷心同意你的意见——同样是对的,有意义的。

雅　也许是这样的。还有,我的看法是,每个人看到某些庞大的、强盛的、有力量的事物,马上就会产生这样的感觉,要是它的所有者知道如何从它的大小和规模中获取好处,那么他会得到巨大的收益,成为一个幸福的人。

麦　【687】这样说肯定也是对的和恰当的。或者说,你的看法不同?

雅　嗯,就请考虑一下,要是一个人就个别的例子作判断,提出"对"这样的赞扬,他应当采用什么样的标准。一开始,用我们正在讨论的这个标准怎么样?要是那些掌握军队这种组织的人在那个年纪知道他们的工作,那么或多或少,他们会取得成功——然而,问题是如何。当然了,他们应该巩固他们的军队,使之有永久的基础;这能确保他们自身的自由,也能统治他们喜欢的其他人,简言之,使他们或者他们的子女能够在全世界做任何他们想做的事,【b】在希腊人或非希腊人中间,没有差别。这就是人们会赞扬他们的地方,不是吗?

麦　确实如此。

雅　还有,注意到巨富或家世显赫这样一类事情的人也会完全这样想。他设定,正是由于享有这些便利,他的每个希望都能得以实现——或者他的大部分希望,或者最重要的希望。

麦　很像是这样的。

雅　【c】嗯,好吧,这就表明,有一种具体的欲望对全人类来说都是共同的。这不就是我们讨论的要点吗?

麦　什么欲望?

雅　事件应当服从某种人感到应当具有的秩序——如果可能的话,不要变化;但若做不到,至少在涉及人事的地方应当做到。

麦　没错。

雅　如果我们所有人从小到大都一直抱着希望,那么我们现在必然也在祈求。

麦 当然。

雅 【d】还有,我设定,我们代表我们所爱的那些人进行的祈祷,应当与他们代表他们自己进行的祈祷完全一致吗?

麦 当然。

雅 一个做父亲的男人爱他的儿子吗?

麦 当然。

雅 然而,这个儿子祈求的很多东西,这个父亲祈求众神不要满足他儿子的要求。

麦 你的意思是这个儿子还太年轻,思想还不成熟?

雅 是的,我也在想,要是这位父亲过于年迈,或者是个老顽童,过于冲动,完全不知道什么是对的,什么是恰当的,那会怎么样。【e】他会落入忒修斯①那样的处境,忒修斯恶毒地祈祷,使希波吕特②悲惨地死去。要是这位儿子明白当时的情况,你认为他会与他的父亲一道祈祷,带来这些后果吗?

麦 我知道你什么意思了。我想,你的意思是你应当以你自己的方式进行祈祷,仅当你的希望得到你的理性判断的支持——还有,这种理性的看法,应当成为祈祷者祈求的对象,我们所有人都应当朝着这个方向努力,无论是城邦,还是个人。

雅 【688】确实应当这么做,尤其是——我要提醒自己——它应当始终是一位城邦立法者的目标,当他构思他的法律条款的时候。我要再次提醒你——回忆一下我们讨论的开始——你们俩是怎么推荐的:你们说一位好的立法者必须着眼于战争来建构他的整部法典;③而我当时极力主张,立法者不能只着眼于四种美德中的一种。【b】我说,他应当着眼于所有美德,而其中最主要的和第一位的美德是可以给其他所有美

① 忒修斯（Θησεύς），希腊神话传说中的雅典国王,与亚马孙女王生希波吕特。
② 希波吕特（Ἱππόλυτος），忒修斯之子。希波吕特的后母淮德拉指控希波吕特污辱她,忒修斯祈求神处死他的儿子。这个祈祷应验,但后来忒修斯发现希波吕特是无辜的。
③ 参阅本文 625d 以下。

德带来约束的美德，这就是伴随着适当欲望的判断、理智和正确的信念。所以我们的论证又回到原来的地方。我重复以前说过的话，嘴唇两张皮，你把它当作开玩笑也好，当作认真的也好，都没什么关系。我要说的是，我把没有理智的人手中的祈祷当作一件危险的工具，【c】因为这样做会击碎他的希望。如果你把我的话当作认真的，那就请你这样做。我充满自信地说，如果你们跟得上我们已经摆在面前加以考虑的这个故事，你们马上就会发现这三位国王毁灭的原因，在他们的整个设计中指挥员和被指挥的人都没有胆小鬼，也没有对军事一窍不通的人，使他们遭到毁灭的原因是他们具有的其他各种邪恶，【d】尤其是他们对人的最高关切一无所知。这就是这一连串事件的结果，而这种情况在今天仍旧存在，将来也会存在。在这个被你们遗弃的地方，我要试着进行更加充分的论证，友谊将引导我尽力把它向你们说清楚。

克　你在颂扬中发表演讲，先生，这样做很乏味。我们的行动而不是我们的言辞将显示我们对你的尊重：我们将最密切地关注你。这是文明人表达自己同意与否的最佳方式。

麦　【e】说得好，克利尼亚。让我们就按照你说的做。

克　我们会的，如果情况允许的话。现在让我们来听你的解释。

雅　好的，回到我们论证的轨道上来，极端的无知摧毁了这个伟大的帝国，这种自然的倾向在今天也会产生同样的结果。如果是这样的话，这就意味着立法者必须试图用善意激励城邦，而尽其所能消灭愚蠢。

克　显然如此。

雅　【689】那么，什么样的无知配得上“极端”这个头衔？看你是否同意我的描述。我认为是这样一种无知。

克　哪一种？

雅　这种无知是这样的，一个人认为某个事物是好的、是善的，但他并不热爱它而是仇恨它；与此相反，他喜欢和热爱他相信是邪恶的、不正义的东西。我认为，他的快乐感与痛苦感之间的不协调，以及他的理性判断，构成了无知的深渊。它也是最极端的，【b】因为它极大地影响了灵魂的要素（这些要素经历着快乐与痛苦，这些要素又和城邦最大的组成部分和普通人相对应)。所以,当灵魂与知识、意见,以及它的天然主导原则理性发生争吵的时候,你们就有了我所说的"愚蠢"。这种情况既适用于城邦,民众不服从他们的统治者和法律,也适用于个人,他真正相信的优秀的原则不仅被证明是无效的,而且是有害的。所有这些无知的例子,我应当当作最糟糕的一种不和谐提出来,【c】在城邦里,也在个人身上,而非仅仅是一名工匠的职业方面的无知。我希望你们能明白我的意思,先生。

克 我们明白,我的朋友,我们同意你的看法。

雅 所以,让我们把这一点确定下来,作为一项政策:不得将任何权力托付给承受这种无知之苦的公民。他们的无知必定要受到指责,哪怕他们的理性能力很突出,机敏好学,也能努力工作,建功立业。【d】而那些具有相反性格的人必须被称作"聪明的",哪怕他们如谚语所说,"既不能读书,又不能游泳";城邦的职位必须授予这些聪明人。你们瞧,我的朋友,没有和谐,你们怎么会有一丁点健全的判断呢? 这是完全不可能的。而我们可以把最伟大、最美好的和谐恰当地称作"最大的智慧"。任何过着一种理性生活的人都分享这种智慧,而缺乏这种智慧的人必定是酒囊饭袋,于城邦无补,只能起相反的作用,【e】这全都是因为他在这个方面的无知。所以,如我们刚才所说,让我们采纳这些作为我们观点的表达。

克 我们采纳了。

雅 嗯,我想,城邦必定要有人进行统治,另外一些人被统治,是吗?

克 当然。

雅 【690】好。嗯,对这两种人有哪些称号呢? 我们能数得清吗? (我指的是在城邦里和在家庭里,在这两种情况下,不考虑它们规模如何)确实,有人会宣称,父亲和母亲不就是一种称号吗? 一般说来,人们普遍承认父母有资格控制他们的子女和后代,不是吗?

克 当然。

雅 紧接着就是出生高贵的有资格统治出生卑贱的。再按照顺序是我们的第三项要求:年轻人应当服从年长者的统治。

克　当然。

雅　【b】第四项要求是，奴隶要服从他们的主人对他们的控制。

克　无疑应当如此。

雅　我设定，第五项要求是，强者应当实行统治，弱者应当服从统治。

克　说得好极了，必须服从！

雅　是的，这个要求也适用于整个动物王国——这是自然颁布的律令，如底比斯的品达①曾经说过的那样。然而，看起来第六项要求最重要，无知者应当接受聪明人的领导，服从聪明人的统治。尽管你，【c】我多才多艺的品达，被我称作"自然律令"的东西实际上就是法对那些自愿的从属者的统治，而不是凭借暴力进行的统治；我肯定不打算说这种统治是不自然的。

克　你说得很对。

雅　我们要找一个人来抓阄，以此确定第七项要求，我们可以解释说这种统治依据上苍和命运的青睐。我们会告诉他，这是对他最公平的安排，如果他赢了，他就去行使权力，如果他输了，他就接受统治。

克　非常正确。

雅　【d】"哦，你看呐，立法者"（我们现在好像正在对一位乐观的立法者说话），"你看到有多少种权柄的名称，它们相互之间如何天然地发生冲突。我们刚才已经为你发现了整个内部纷争的源头，你的任务就是对它进行矫正。首先，你要跟我们一道来试着发现阿耳戈斯和墨西涅的国王们如何走上邪路，破坏了这些统治，因此也毁灭了他们自己和希腊的力量，这些城邦在那个时候是伟大的。【e】之所以如此，不就是因为他们不懂赫西奥德的箴言，一半经常大于全部吗？②他认为，如果得到全部是有害的，那么得到一半就足够了，所以足够比餍足要好，这是一个完美的替代。"

克　他说得很对。

---

① 品达（Πίνδαρος），公元前 6 世纪希腊诗人。

② 参阅赫西奥德：《工作与时日》40。

雅　那么,我们设定这种毁灭的过程必定从什么地方开始? 从国王中还是从民众中?

克　【691】大多数事例表明,这可能是一种国王的疾病,他们奢侈的生活使他们变得傲慢和固执。

雅　所以很清楚,是那个时代的国王最先感染了这种贪婪的精神,违反了大地的法律。准确地说,他们用话语和誓言批准了的事物成为他们分歧的依据,这种对和谐的缺乏(在我们看来,这就是最极端的愚蠢,尽管它看起来像智慧)使整个安排发出刺耳的噪音,跑了调,毁灭了整个体系。

克　极为可能。

雅　【b】很好。那么一位当代的立法者应当采取什么措施来预防这种疾病呢? 天晓得,这个答案不难,这个要点也不难理解——尽管要是有人能预见到这个问题,假定能够这样做,那么他一定比我们聪明。

麦　你这样说是什么意思?

雅　后见之明①,麦吉卢! 那个时候应当做的事情在今天看来很容易理解,一旦理解了,也就同样容易解释了。

麦　你最好说得更加清楚一些。

雅　最清楚的方式是这样的。

麦　是怎样的?

雅　【c】如果我们无视恰当的比例而对任何事物过多地给予,好比把过大的风帆给予一条小船,把过多的食物给予一个小身体,把过多的权柄给予一个无力掌握它的灵魂,其结果就必然是灾难性的。身体会变得肥胖,灵魂会变得专横,身体会很快得病,灵魂会趋向不义。嗯,我们该怎么办呢? 简单说来就是这样:有死的灵魂根本不存在,我的朋友,灵魂的天性就可以成功地给人留下权柄,【d】而此时人还年轻,无须对任何人负责。由于充满愚蠢,染上最糟糕的疾病,它的判断不可避免地败坏了,触发了它最亲密的朋友的敌意;一旦发生这种

---

① 相当于"马后炮"的意思。

情况，灵魂很快就会毁灭，失去它的所有力量。第一流的立法者就要有比例意识，提防这种危险。今天我们可以合理地猜测，这件事在那个时代实际上已经做了。然而，它看上去好像有……

麦 有什么？

雅 ……有某位神关心你们，预见到将要发生的事情。他拿过你们的王权，把它分成两部分，同时设立两位国王①而不是一位，从而使国王拥有的权力更加合乎比例。在那以后，【e】有一个人②结合了人的本性与某些神的力量，他观察到你们的统治者仍有狂热之举，因此就设法限制王族的专横，【692】让二十八位长老在处理政务时拥有和国王同等重要的权柄。你们的"第三位救主"③看到你们的政府仍旧充满阳刚之气，所以他就设置了一种马勒，来象征监察官④的权力——这种权力后来就由抽签来决定。这种设置把你们的王权变成正确成分的混合，由于它自身具有稳定性，也保证了城邦其他组成部分的稳定。这些事情要是留给特美努斯、克瑞司丰特，【b】以及那个时代的立法者去处理，无论他们是谁，那么甚至连"阿里司托得姆⑤自己那一份"⑥也不能幸存。你们瞧，他们在立法中非常老练，否则他们决不会想到要用立誓⑦来约束年轻人的灵魂，年轻人一旦掌握权力，一定会发展为独裁。而一个国家要想长期繁荣，神实际上已经向我们证明了它过去应该是什么样的，现在应该是什么样的。【c】如我前述，要认识这些事情并不需要伟大的智慧——毕竟，只要你掌握一个历史上的事例，就不难明白这里的要点了。若是有人当时就看到所有这些事情，能够控制各种职位，从三者中产生一个权柄，他就能

---

① 斯巴达最早的国王是普罗克列斯和欧律斯塞涅，阿里司托得姆的双生子。

② 指莱喀古斯，创立斯巴达长老议事会。

③ "第三位救主"是一个习惯表达法，原指在宴饮中向救主宙斯献上第三杯奠酒。柏拉图在句中可能指公元前8世纪斯巴达国王塞奥波普。

④ 监察官（ἐφόρος），斯巴达官职，每年选举五人，制衡国王的权力。

⑤ 阿里司托得姆（Ἀριστόδημος），人名。

⑥ 指斯巴达，参阅本文683c以下，684e以下。

⑦ 参阅本文684a。

拯救所有辉煌的工程,使之不被毁灭,波斯人或其他任何人也不敢派舰队来攻打希腊人,他们轻蔑地以为我们的人民无足轻重。

克 非常正确。

雅 【d】毕竟,克利尼亚,希腊人驱逐他们的方式是丢脸的。我之所以这样说,不是指那个时候在陆地和海上取得胜利的那些人赢得不光彩。"丢脸"我指的是,战争一开始的时候,三个城邦中只有一个在为保卫希腊而战斗。其他两个城邦已经极度腐败。其中一个城邦① 甚至设法阻挠拉栖代蒙人增援的企图,拼命攻打她,【e】而另一个城邦,阿耳戈斯,尽管在伯罗奔尼撒的第一次划分疆界的时候在诸城邦中占居首位,但对于要她出兵驱逐野蛮人也置之不理,对保护希腊没有作出什么贡献。这场战争的具体历史对希腊会有某些相当丑恶的指责,确实,它没有理由说希腊进行过什么防卫。【693】若无雅典人和拉栖代蒙人联合起来,抗拒遭受奴役的威胁,我们到现在在种族上早就完全融合了——希腊人和希腊人,希腊人和野蛮人,野蛮人和希腊人。在今天被波斯人统治的那些民族中我们可以看到相似的情况,她们首先被分割,然后可怕的杂居在一起,然后又像今天一样离散为零星的社团。嗯,好吧,克利尼亚和麦吉卢,我们为什么要指责当时的所谓"政治家"和立法者?这是因为,要是我们发现他们犯错误的原因,【b】我们就能发现他们应当遵循的不同的行动过程。这就是我们刚才做的事,我们说为一个强大的或极端的权柄立法是一个错误。要始终牢记,城邦应当是自由的、明智的、内在和谐的,这就是立法者在立法中要关注的事情。(如果我们在前面几次确定过一系列其他目标,【c】并且说它们就是立法者应当关注的事情,那么我们不会感到惊讶,尽管提出来的这些所谓的目标并不相同。当我们说立法者应该保持自制、明智、友谊的时候,我们必须记住所有这些目标都是相同的,不是不同的。要是我们发现许多其他的表达法,我们一定不要被它们弄糊涂了。)

克 是的,当我们回想这个论证的时候,我们确实要努力记住。但

---

① 指墨西涅,参阅本文 698c–e。

你想要解释立法者在友谊、明智和自由这些事务中的目标。【d】所以现在就告诉我们你想说什么。

雅 那就请你们注意听。有两种体制的母亲，也就是说，你们可以很好地说，所有其他体制都是它们生下来的。君主制是前一位母亲的恰当名称，民主制是另一位母亲的恰当名称。前一种体制在波斯人那里可以看到最完全的形式，后一种体制则在我的国家中被发挥到极致；而其他所有体制，如我所说，均为这两种体制的变种。【e】使一种政治体制能结合这两种体制的特点，绝对至关重要，若要（这当然是我们的建议，我们坚持认为，不把这两种体制的要素恰当地结合起来，就不能建构城邦）——若要享有自由、友谊和明智。

克 当然。

雅 一个国家过分热烈地只拥抱君主制的原则，另一个国家只拥抱自由的理想；两个国家都没有在两种体制中间取得平衡。你们拉栖代蒙人和克里特人的国家做得比较好，对以往某个时期的雅典人和波斯人也可以这样说，但从那个时候起事情就改变了。让我们来说一说这里的原因，好吗？

克 【694】好，当然——若想完成我们的考察。

雅 那就请听这个故事。在居鲁士①时代，波斯人的生活是自由与服从的明智结合，在为自己赢得了自由以后，他们成为其他无数民族的主人。作为统治者，他们给予下属一定程度的自由，并使下属与他们自己有着共同的生计，结果就使得士兵们更加热爱他们的指挥官，【b】甘冒危险，冲锋陷阵。若有臣民是聪明人，适宜作谋士，那么国王不会心生妒忌，而会允许他自由发表言论，并高度评价那些对政策的形成有重要贡献的人；明智者当然会利用他的影响来推进公共事业。由于自由、友谊，以及推进他们理想的实践活动，那个时期的波斯人取得了全面的进步。

克 是好像有过你所描述的这样一个时期。

---

① 居鲁士（Κῦρος），公元前6世纪波斯帝国的创建者，他于公元前559年击败米地亚人，自居王位至公元前529年。

雅 【c】那么我们该如何解释冈比西斯① 统治时期的灾难，以及大流士② 统治时期的全面复兴呢？为了帮助我们重构这些事件，我们要诉诸某种神灵激励下的猜测吗？

克 要，因为我们现在开始的这个论题必定有助于我们的考察。

雅 那么，我对居鲁士的猜测是这样的：尽管他无疑是一位好统帅和一名真正的爱国者，但他从来没有考虑过正确教育的问题，哪怕是肤浅的考虑；至于管理家务，我要说，他从来没有关注过这种事情。

克 你作出这样的评价，我们该如何解释？

雅 【d】我的意思是，他很小的时候就开始从军，戎马一生，不停地打仗，而把他的子女交给女人们去抚养。他的子女从小娇生惯养，无忧无虑，享受着各种幸福。这些女人不会让任何人在任何事情上威胁到"他们的真正幸福"，她们强迫每个人赞美王子和公主们的言行。你可以想象她们培养出来的是什么样的人。

克 依照你的解释来判断，这一定是一种很好的古老的教育。

雅 【e】这是一种女人的教育，由后宫的嫔妃来进行。国王的子女们的这些老师最近发了大财，但她们全被留在后宫，没有男人来帮她们，因为军队一直在打仗，到处是危险。

克 这样说有点意思。

雅 【695】这些孩子们的父亲一直在忙碌着为他们攫取大批的牲畜和无数的百姓，却忘了这笔巨大财富的继承人没有按他们波斯祖先的要求得到训练，因为你知道，波斯人是简朴的牧民，是贫瘠山地的儿子，他们身体强健，吃苦耐劳，能在野外长期生活，必要的时候也能过艰苦的军旅生活。这位父亲闭眼不管嫔妃和太监对他儿子的教育方式——这是米地亚人③ 的教育——【b】他的儿子们被所谓的幸运腐蚀，放弃正确的管

---

① 冈比西斯（Καμβύσες），居鲁士之子，波斯帝国第二位国王，公元前529—前522年在位。

② 大流士（Δαρεῖος），波斯第一位国王居鲁士的女婿，公元前522—前485年在位，曾两次用兵希腊，失败而归。

③ 米地亚（Μῆδος），古国，公元前550年成为波斯帝国的辖地。

教所产生的结果由此得到证明。至少，这位父亲死的时候，继承祖业的儿子们已经被傲慢和放纵吞没了。长子冈比西斯不能容忍与他人平等，开始排斥他的兄弟；后来由于酗酒和缺乏教育，他失去了他的聪明才智，最后在米地亚人和那位著名的太监手中失去了他的王位，他的愚蠢受到极大的蔑视。

克　【c】这个故事是这样讲的，看起来相当真实。

雅　我想，这个故事还说大流士和所谓"七首领"重新为波斯人获得了帝国。

克　确实如此。

雅　嗯，让我们继续讲述我们这个故事，来看到底会发生了什么事。大流士不是王子，没有受过傲慢和浮夸的教育。当他在其他六位同伴的帮助下取得政权后，他把整个国家分成七块，至今仍旧留有某些模糊的踪迹。生活在他自己制定的法律下，他感到满意，在这个国家里，【d】他通过立法引入了某些平等，使波斯人之间的和睦与公共精神得以提升，而当年居鲁士曾经对附属于米地亚人的波斯人作过这种许诺，用自由和慷慨赢得过普通民众的心。于是波斯人的军队效忠于大流士，为他赢得了大片土地，就像居鲁士留下来的国土一样大。但是等到大流士一死，薛西斯[①]又是一个接受溺爱教育的王子！大流士啊，大流士，我想我们可以正确地表示抗议，【e】你不能指责居鲁士，因为你对薛西斯的教育与居鲁士对冈比西斯的教育是一样的！我要说，薛西斯是同一类教育的产物，他后来的政绩也一模一样。宽泛地说，从他那个时代一直到今天，波斯人从来没有一位真正的大王，说他们有名无实并不为过。按照我的理论，这种事情并非偶然，其原因正在于君主的儿子和暴富者的后代所过的这种恶的生活。【696】这样的教养绝不会在男孩子、青年男子、成年男子身上产生杰出的善。我认为，这是立法者需要考虑的地方，也是我们当前讨论需要考虑的地方。我要公正地指出，你们拉栖代蒙人的社团值得敬佩，因为你们没有在穷人和富人、普通公民和王

---

① 薛西斯（Ξερξης），波斯国王，大流士一世之子，公元前485—前465年在位。

族子弟之间作出具体区别,给予不同的教养,【b】只有你们最早的神启的神圣权威除外。具体的城邦荣誉确实一定不能授予财富,也不能授予不伴随善行的双脚的速度、外貌的美丽、肢体的力量,甚至也不能授予不包括节制在内的美德。

麦 你这样说是什么意思,先生?

雅 嗯,我认为,勇敢是美德的一个部分。

麦 当然。

雅 所以,你已经听到了这个故事,现在使用一下你的判断:你乐意有这样一个人住在你家里或者与你为邻吗,他尽管非常勇敢,但却毫无节制,放荡不羁?

麦 【c】但愿不会如此!

雅 那么好吧,一个拥有娴熟技巧的匠人怎么样,他有他自己这个行当里的知识,但不正义?

麦 不,我绝不会欢迎他。

雅 还有,在缺乏节制的地方,正义绝不会产生。

麦 当然不会。

雅 确实也不会产生我们刚才提到的"聪明人",他会协调有关快乐与痛苦的情感,使之与理性一致,并且服从理性。

麦 是的,他肯定不会产生。

雅 【d】还有一个要点需要我们考虑,这一点也有助于我们确定城邦的荣誉在特定场合下是否正确的授予。

麦 那是什么?

雅 如果我们发现自我节制存在于灵魂中,但与其他美德分离,那么我们应当合理地崇敬自我节吗?或者不应当?

麦 我真的说不出什么来。

雅 一个非常恰当的回答。如果你回答应当或者不应当,无论哪一种回答在我看来都很奇怪。

麦 那么,我的回答全都对了。

雅 是的。如果你拥有某个本身值得崇敬或诅咒的事物,那么它的那些附加性的成分就不值一提了，【e】把它放过去和保持沉默要好得多。

麦　我设想，你说的附加性的成分是自我节制。

雅　是的。一般说来，无论何种对我们最有益的事物，若附加这一成分，就配得上最高的荣耀，次一位最有益的事物配得上次一位的荣耀，余者类推；等我们列举完了，一切事物都将得到它应得的地位和荣耀。

麦　对。

雅　【697】那么好，我们要再一次坚持①分配这些荣耀是立法者的事务吗？

麦　当然。

雅　你宁愿我们把整个分配荣耀的事务留给他，让他去处置每一个案吗？而我们也有一些事可做，尝试一下立法，你也许喜欢我们去尝试对最重要的阶层作三重划分，然后划分第二重要的阶层、第三重要的阶层。

麦　当然。

雅　【b】我们坚持认为，一个国家要是能够幸存，享受人类所能获得的所有幸福，那么按照恰当的依据分配荣耀和给予羞辱就是完全必要的。这种恰当的依据就是把灵魂之善物放在最受尊敬的位置上——只要灵魂实施自我节制——把身体的善物和利益放在第二位的位置上，处于第三位置上的善物是由财产或财富提供的。立法者或城邦要是不懂这些评价财富的标准，【c】把某些较为低劣的东西放在较高的位置上，那么这是一种政治和宗教上的愚蠢行为。我们要采用这样的标准吗，或者不采用？

麦　是的，必须采用，毫不含糊。

雅　我们对波斯人的政治体制的详细考察使我们的谈话进到这样的地步。我们感到他们年复一年地在衰败，其原因在于普通民众的自由太少，君主的权力太大，从而使他们的民族情感和公共精神终结。【d】由于它们的消失，权柄们关心的不再是他们臣民的共同利益，而是他们自己的地位。只要认为对自己有一点儿好处，他们就会把国家的城市和民众

---

①　参阅本文 631e 以下。

投入烈火,使之荒无人烟,于是人们野蛮地相互仇视,深怀敌意。另一方面,当需要民众组成军队保护自己时,他们在民众中找不到忠诚者,【e】也没有人愿意在战场上为他们冒险,在理论上他们的军队成千上万,但实际上人数再多也不起作用。因此他们就招募雇佣兵和外国人来打仗,指望这些人能救自己的命,就好像没有自己的军队似的。【698】不仅如此,他们不可避免地变得如此愚蠢,乃至于用他们的行动公开宣称,与金银财宝相比,整个城邦视为善的和有价值的东西,在他们眼中只是垃圾。

麦 确实如此。

雅 关于波斯人,让我们就说到这里。我们的结论是,这个帝国运转不良,因为民众被严格管束,而统治者极度专权。

麦 确实如此。

雅 【b】下面我们要讲到阿提卡的政治体制。我们必须证明,按照与前面相同的论证路线,摆脱一切权威的完全自由远比服从有限制的权力糟糕得多。

当波斯人进犯希腊人的时候——比较好的说法也许是,进攻欧罗巴的每一位居民——我们雅典人拥有一种体制,它的统治基础是一种四重城邦等级。节制女神是我们内心的守护神,她迫使我们自觉自愿地服从法律。此外,来自海上和陆上的强大敌军使我们惊恐万状,【c】迫使我们只能更加严格地服从法律和执政官。这些原因都在不断地强化我们相互之间的忠诚。在萨拉米①海战发生前数十年,达提斯②来到波斯军队的前锋所在地,对波斯军队下达了大流士的命令,向雅和埃雷特里亚人③进攻,他的任务是带兵俘虏雅和埃雷特里亚人,大流士警告达提斯,要是失败了就别活着回来。【d】达提斯指挥大军迅速打败了埃雷特里亚人,完全捕获了埃雷特里亚人,这个消息传到我们雅典。据说埃雷特里亚人一

---

① 萨拉米（Σαλαμῖς）,地名。萨拉米海战发生于公元前 480 年,薛西斯领兵进犯希腊。

② 达提斯（Δᾶτις）,大流士手下的将军。

③ 埃雷特里亚（Ἐρετρία）,城邦,位于优卑亚岛。

个也没能逃脱，达提斯的士兵手拉手就像一张网似的横扫埃雷特里亚全境。这个消息无论是真是假，令希腊人胆战心惊，尤其是雅，【e】他们派出使者向各地求援，但除了拉栖代蒙人，其他希腊人都拒绝了。甚至连拉栖代蒙人也来得太迟，无论是因为他们面临墨西涅人的战争压力，还是由于其他紧迫事件，我不清楚到底是什么原因，但不管怎么说，他们的援兵到达时马拉松① 战役已经开始了。马拉松战役以后，不断有波斯人备战的消息传来，波斯国王也不断地对我们发出威胁，后来有消息说，大流士死了，他的儿子继承了王位，用年轻人的那种热情坚持征服希腊的事业。【699】雅明白，波斯人的整个行动主要针对自己，想要对马拉松战役的失败进行报复。当听到阿索斯② 这座通往赫勒斯旁③ 海峡的陆桥已经开通，海上出现敌人的小股舰队时，他们感到这下子从陆上和海上都无法逃脱了。他们也找不到援兵。他们记得波斯人第一次从海上进攻埃雷特里亚时的情景，【b】当然也就设想后来在陆上发生的事又会重演。另一方面，所有从海上逃跑的希望显然都不可能了，因为敌人拥有上千条战船，具有更大的威胁。能够想到的获救机会只有一个——非常渺茫而又铤而走险，但仍旧是他们仅存的机会——他们回顾了以往如何在极端危险的情况下坚持战斗，最终取胜。在这样的希望支持下，他们明白自己获救的机会只能掌握在他们自己手中，掌握在他们的神那里。【c】这些原因结合在一起，激发了他们相互间的忠诚——恐惧使他们想要逃跑，但对现存法律的服从又平息了这种恐惧，因为他们已经学会要服从现存的法律——这就是良知，我们前面不止一次地这样称它。如我们所说，要成为高尚的人，必须服从良知，而出于恐惧而逃脱应尽义务的是懦夫。要是他们不被我们所谈论的这个时刻吓倒，那么他们绝不会重新振作起来打败侵略者，保卫神庙、祖坟、国家，以及其他最亲近的东西，而事实上他们确实这样做了，【d】否则的话，我们在这场危机中早就化为灰

① 马拉松（Μαραθῶν），地名。

② 阿索斯（Ἀθος），邻近赫勒斯旁海峡的一个半岛。

③ 赫勒斯旁（Ἑλλήσποντ），地名。

烬在天空中飘荡了。

麦　是的,先生,你说得很对,你正确评价了你们的国家和你们自己。

雅　无疑如此,麦吉卢,你也一样,你们继承了祖先的品格,是聆听这些时代历史的正确人选。但我要你和克考虑我的叙述与立法有什么相关之处。我的叙述不是为了讲故事,而是为了我说明过的那些目的。【e】请注意,由于我们的命运在一定意义上与波斯人的命运是一样的——尽管他们把共同体的成员变成彻底的下属,而我们鼓励民众争取无限的自由——我们前面的谈话在一定意义上与我们下面要说的和应当说的问题密切相关。

麦　【700】说得好,但你必须把你的观点说得更加清楚些。

雅　我会的。我的朋友,在我们古老的法律下,民众不是处于控制之下,他们过着这样一种生活,自愿服从法律,当法律的奴隶。

麦　你心里想的是哪些法律?

雅　我在想的主要是和那一时期的音乐有关的规范(音乐是一个恰当的领域,可以用来描述一种生活如何逐渐变得比较自由)。在那些日子里,雅典的音乐有许多种类和类型。【b】歌曲的一种类型由对众神的祈祷组成,被称作"颂歌"①;还有一种类型很不相同的歌曲,你们可以很好地把它称作"哀歌"②;"阿波罗颂歌"③构成第三种类型,也还有第四种,被称作"酒神颂歌"④(我认为,这类歌曲的主题是狄奥尼修斯的诞生)。也还存在另外一类歌曲,人们把它当作一个不同的种类,称作"牧歌"⑤,这个词也经常出现在我们口中,人们也常称之为"弦歌"⑥。一旦确定了这些歌曲和其他许多歌曲的类型,就不能让人随便加以颠覆,用一种类型的曲调来创作另一种类型的曲调。【c】掌权者必须懂得这些判断标准

---

①　颂歌 (ἡμῖν)。

②　哀歌 (ἄττα)。

③　阿波罗颂歌 (παίωνες)。

④　酒神颂歌 (διθύραμβος)。

⑤　牧歌 (νόμους),这个希腊词也有"法"的意思。

⑥　弦歌 (κιθαρῳδικούς)。

并加以使用，并惩罚那些违规者。比如，在剧场里嘘声、狂呼乱叫、欢呼与鼓掌，等等；受过教育的人把安静地聆听表演当作规则，而对那些孩子和他们的侍从，以及那些下等人，【d】就需要有官员的权杖来维持秩序。这样，人扣民众就会接受严格的控制，而不会冒险在喧哗中下判断了。后来，随着时间的推移，作曲家出现了，与他们相关的一些法规也制定出来，他们是天才，但对缪斯领域中的正确与合法却一无所知。他们充满无限的想象力和追求快乐的欲望，把哀歌与颂歌、阿波罗颂歌、酒神颂歌全都拼凑在一起；【e】他们实际上还用竖琴模仿笛子的旋律，创造出一种大杂烩。就这样，他们的愚蠢引导他们无意识地诽谤他们的职业，设定在音乐中无所谓对错，判断的正确标准就看能给听众提供多少快乐。为了能够创作出具有这种效果的音乐和谈话，【701】他们当然要鼓励听众藐视音乐法，还把自己伪装成能干的法官。就这样，我们曾经一度安静的听众发现了一种声音，在说服他们要明白艺术中的善与恶，于是这个领域中的古代的"最优者的统治权"让位给了一种邪恶的"听众的统治权"。如果这样做的结果是民主制的产生，那么只要它还限制在艺术范围内，是自由民的创造，那么还不会有大害。但就像我们看到的那样，音乐已经成为对普遍知识的总的欺骗和对法律以及追随其后的自由的藐视。自信有了所谓的知识，恐惧也就被抛弃了，【b】而失去恐惧也就产生了鲁莽。你们瞧，对于较优者鲁莽地缺乏尊敬是一种具体的、邪恶的厚颜无耻，它源于一种毫无顾忌的过分自由。

麦　你的看法绝对正确。

雅　这种自由会采取其他的形式。首先，人们会变得不愿服从权柄；然后，他们拒绝服从父母和长者的训诫。当他们沿着这条放荡的生活道路疾步前行时，他们试图摆脱法律的权柄；在快要抵达道路的终点时，【c】他们会藐视誓言、诺言和一般的宗教。到了这个时候，我们古老传说中的提坦①的情景就会重现，人类又会退回到地狱般的处境，充满无止境

---

① 提坦（Τιτανικα），希腊神话中犯上作乱的巨灵神族。

的悲哀。我要再一次问：我们说这些话的目的是什么？我的讲话显然有些跑题了，我必须在我的嘴上装上马嚼子，不至于让我的论证跑题，如同谚语所说，"阴沟里翻船"。【d】让我把问题重复一遍：我刚才这篇讲话的要点是什么？

麦 问得好！

雅 就是我们前面讲过的那个要点。

麦 什么要点？

雅 我们说过①，立法者在立法时应当看到三样东西：城邦的自由、统一和智慧，他就是为此而立法的。事情就是这样，不对吗？

麦 确实如此。

雅 【e】由于这个原因，我们要选择两种政治体制，一种是最高程度的专制，另一种代表极端的自由；现在的问题是，这两种体制中哪一种是政治的统治？我们考察了一种适度的威权主义，和一种适度的自由，我们看到这样的结果，这两种情况都会带来巨大的进步。但若波斯人或雅典人各自把事情推向极端（在一种情况下是极端服从，另一种情况是极端不服从），那么他们就不会得到任何好处了。

麦 【702】你说得非常正确。

雅 我们已经抱着同样的目的考察了多立斯入侵者的定居、达耳达诺斯② 在山坡上的定居、在海边建城，以及大洪水以后最初的幸存者；早先，我们还依据相同的观点讨论了音乐和饮酒，以及其他论题。我们的目的就是要发现管理国家的理想方法是什么，【b】个人生活要遵循什么样的最佳原则。但是，我们这样做值吗？我感到奇怪，克利尼亚和麦吉卢，我们有什么办法能测试一下吗？

克 我想我能看到一种方法，先生。相当幸运，我发现我们谈话中涉及的所有主题都和我的某种需要相连。我正好与你和麦吉卢在一起，也真是太幸运了！【c】我不想让你们对我的情况一无所知——确实，能够遇到

---

① 参阅本文 693b。

② 达耳达诺斯（Δαρδάνους），特洛伊城的创建者。

你们真是一个好兆头。克里特的那个更大的部分正在试图建立一个殖民城邦，克诺索斯人负责这项工程；克诺索斯城邦把这件事托付给了我和另外九名同事。我们的任务就是以我们满意的地方法律为基础，创作一部法典，也使用某些外国法律——我们并不在意这些法律是否来源于外国，只要它们的质量是最好的。【d】所以，你们能帮我一个忙吗？也算帮你们自己的忙。让我们先对已经谈过的论题做一番选择，建构一个想象性的共同体，假定我们是它最初的创建者。这样做将促进我们思考摆在我们面前的问题，我也许可以把这样的设计蓝图用于建设将来的国家。

　　雅　嗯，克利尼亚，这肯定是一件受欢迎的好事！你可以这样做，我听你支配，除非麦吉卢有反对意见。

　　克　好极了！

　　麦　对，我也愿意协助你。

　　克　【e】我非常高兴，你们俩都同意了。嗯，让我们尝试着——仅在理论中——创建我们的国家。

第 四 卷

雅 【704】嗯，好吧，我们该如何描述我们未来的城邦？我的意思不是现在用什么名字叫它，也不是将来应当用什么名字叫它。（名字的问题可以在讨论具体城邦创建时提出；河流、山泉，或者某些地方神灵，也许会给新城邦带来自己的风格和称谓。）【b】我的真正问题是：它位于海滨，还是在内陆？

克 先生，我刚才讲的城邦距离海边大约八十斯塔达①左右。

雅 嗯，有港口吗？它靠海的那一面有港口，还是没有港口？

克 没有，先生。但朝着那个方面，这个城邦有一些好港口。

雅 【c】太可悲了！周围的乡村怎么样？它什么作物都长，还是有某些缺失？

克 噢，它什么都长。

雅 附近有其他城邦与它相邻吗？

克 绝对没有。这就是为什么要在那里建城的原因。几个世代以前，那里的居民都迁走了，无人知道那里的土地荒芜了多久。

雅 【d】有平原、山脉、森林吗？把这方面的情况告诉我，好吗？

克 跟克里特其他地方的地形差不多。

雅 你的意思是那里崎岖不平而非一马平川？

---

① 斯塔达（στάδιον），长度单位，希腊里，1 斯塔达约合 185 公尺。

克　绝对如此。

雅　那么这个城邦各方面都很健康，也会变得有美德。它建在海边，又有很好的港口，但缺乏许多生活必需品，不能自给自足，所以我们需要一位强大的保护人和立法者，防范这种情况下产生出众多精巧的罪恶。好在它现在离海边有八十斯塔达，足以令人感到欣慰。尽管如此，它离海边还是太近了，【705】更何况你说那里还有一个很好的港口。即便如此，我们还是要感恩。一般说来，人们都希望与大海为邻，但它毕竟是"一位又咸又苦的邻居"①。它会使城市充斥商人和小贩，培育出易变和多疑的灵魂习性，从而使城邦对自己不信任和不友好，也对全人类不信任和不友好。尽管如此，那里的物产情况仍旧可以使我们得到进一步的安慰。【b】由于地势崎岖不平，显然不可能出产各种粮食，也不能取得丰收。如果它有丰富的物产，那么大规模的出口就有可能；如果是这样的话，我们的城邦就会有大量的金银流通。我们已经考察了城邦的各个方面，你们可以回想一下我的话，有没有哪件事情会成为高尚和公正品性发展的严重障碍。

克　我们当然记得，我们同意，我们的论证那个时候是正确的，现在也是正确的。

雅　【c】下一个要点是：周边地区能提供造船用的木料吗？

克　那里没有枞树，也没有松树，柏树也不多。而你知道，造船和修船通常需要这些木材，而那里连落叶松和梧桐树也很少看到。

雅　这也是这个城邦的一个特点，但不会有什么伤害。

克　哦？

雅　【d】一个城邦要是发现难以降低身段去模仿它的敌人的邪恶习俗，这是一件好事。

克　到底是我们已经说过的什么观点使你提出这样的评价？

雅　我亲爱的先生，请回想一下我们这场讨论的开端，观察一下我

---

① 部分引自公元前 7 世纪抒情诗人阿克曼。参阅 D.A.Campbell, *Greek Lyric*（Loeb），Vol.II, pp.468－469.

想到了什么。你还记得我们提出的那个观点吗,克里特人的立法只有一个目的,你们俩认定这个目的就是军事,是吗?而我争辩说,美德也完全应当成为建立这种体制的目的,【e】不过,我不承认这种体制可以缺乏某一部分美德,它应当以整个美德为目的。嗯,现在轮到你们了:请你们睁大双眼盯着当前的立法,看我在立法时是否着眼于整个美德,抑或仅仅着眼于部分美德。我要提出一个设想,【706】仅当法律以唯一事物为目的,法律才能很好地被执行,就好比一名弓箭手,对着唯一的目标才能射中,所以法律必须无视其他各种目标,无论是财富还是别的什么,只要它与我具体所指的目的相分离。至于我说的这种"可耻地模仿它的敌人",我指的是居民受到海上来的敌人的骚扰,比如弥诺斯,他曾经野蛮地强迫阿提卡的居民纳贡①(当然了,我这样说并不包含为你的同胞辩护的意思在内)。【b】弥诺斯在海上拥有庞大的军力,而雅典人当时还不拥有今天这样的战船,他们的国家也不出产适宜用来建造强大战船的木材;还有,他们也不能马上把自己转变成水手,在海上模仿克里特人,把敌人赶出去。【c】当时的情况就是这样,他们宁可多次失去七对童男童女,也不愿组织自己的海军。他们原先是步兵,而步兵要能够坚守岗位;但水手有他们作战的坏习惯,猛烈的冲撞、频繁的进攻,然后快速撤退到他们的船上。他们不认为这样做有什么可耻:拒绝坚守岗位,拒绝战死沙场,找各种理由和借口,扔下武器逃跑——或者,如他们自己所说,"光荣的撤退"。要想把你们的战士变成水手,你们可以预期的就是这种情况;这些说法并非"赞美不尽"(远非如此):【d】一定不要按照这些坏习惯训练人,更不要说训练公民中的精英了。我在想,哪怕在荷马那里你们也能看到这是一种坏政策。荷马写道,奥德修斯②指责阿伽门农③在受到特洛伊人的进攻时下令把战船拖下海。奥德修斯对他说:【e】"战斗正在激烈

---

① 雅典王埃勾斯杀了克里特国王弥诺斯的儿子安德洛革俄斯。弥诺斯为儿子报仇,包围雅典,要求雅典每年送七个童男、七个童女给弥诺陶洛斯(半人半牛的怪物)吞食。

② 奥德修斯(Ὀδυσσεύς),人名。

③ 阿伽门农(Ἀγαμέμνων),人名。

进行，你却命令把我们的那些精良船只拖下海去，好让已对我们占有优势的特洛伊人更占上风，让我们被他们彻底打败。如果我们把船只拖下海，阿该亚人便会不断回首观望，放弃战斗，【707】全军的统帅啊，你的建议实在有害。"① 所以，你们瞧，荷马也明白，让战船下海以支持陆上的步兵，这是一种坏策略。按照这样的习惯进行训练，雄狮遇到小鹿也会逃跑。还不尽然。一个国家拥有自己的海军，在战争中赢得胜利，最勇敢的士兵们决不会得到荣誉，因为战斗胜利归功于舵手、【b】水手、桨手的技艺和其他船员的努力，这就意味着不可能授予每个人他应得的荣誉。你们剥夺了这个国家做这种事的能力，然后对它进行谴责，说它是一种失败。

克　我设想，这种情况或多或少是不可避免的。然而，尽管如此，先生，萨拉米海战抗击了野蛮人，希腊人拯救了他们的国家——按照我们克里特人的看法，不管怎么说。

雅　【c】是的，几乎所有人都这么讲，无论是希腊人还是非希腊人。还有，我的朋友，我们——麦吉卢和我——争论过两场陆上的战役：马拉松，使希腊人摆脱危险的第一场战役；普拉蒂亚②，这一战役最终使他们真正获得安全。我们坚持认为，这些战役改善了希腊人，而那些海上战役则起着相反的作用。我希望用这样的语言来谈论那些事关生死存亡的战役不会太强烈（我会向你们提到阿特米西乌③海战和萨拉米海战）。这样的讨论都很好，【d】然而，当我们考察一个国家的地理特点和法律体系时，我们的最终目标当然是它的政治体制的质量。我们不会像普通人那样，认为一个人的至善就是幸存，就是继续活着。我们认为，一个人的至善就尽可能成为有美德的人，生命延续多久，就要按这种状态存在多久。不过，我认为我们以前已经谈过这个问题。

---

①　荷马：《伊利亚特》14：96 以下。

②　普拉蒂亚（Πλαταιαί），地名。公元前 479 年，希腊联军与波斯侵略者决战于普拉蒂亚，以少胜多。

③　阿特米西乌（Ἀρτεμισίῳ），地名。阿特米西乌海战也发生在公元前 480 年薛西斯领兵侵略希腊的时候。

克　当然。

雅　那么,我们需要考虑的只有一件事:我们遵循的方法和前面相同吗?我们能设定这是创建城邦和为城邦立法的最佳方法吗?

克　是的,迄今为止,它是最佳的。

雅　【e】现在来看下一个要点。告诉我,你的城邦要安排什么人成为它的公民?你的政策是接受来自克里特各个城邦的人吗?假定这些城邦人口增长太快,已经没有足够的粮食来维持生存。我想你们不会从整个希腊征召居民,尽管我注意到已经有来自阿耳戈斯、【708】伊齐那①,以及其他希腊各地的人,在你们国家定居。不过,告诉我你的意向,你认为你们的公民主体会来自哪里?

克　他们有可能来自整个克里特。至于其他希腊人,我在想,伯罗奔尼撒人应当最受欢迎。事实上,就像你刚才说的那样,我们中间已经有了来自阿耳戈斯的移民,其中包括戈提那②人,当地最杰出的居民,他们是伯罗奔尼撒岛上著名的戈提那人的后裔。

雅　【b】所以,克里特的城邦要创建它们的殖民地不是一件易事。你们瞧,移民们不像一群蜜蜂,从同一个地方迁来,相互之间保持友好,他们只是由于原来的领地不够大,不能充分提供生活必需品才迁徙到这里来。有时候,一个移民团体会由于党派之争而用暴力驱逐部分成员,也会有某个团体受到外来的进犯而被驱逐。【c】一种方式的定居和立法在各种情况下都比较容易,而另一种方式就比较困难。种族、语言、体制方面的相同确实有助于促进人们之间的友好感情,因为他们在宗教仪式以及其他类似的事情中会融为一体,但他们不会容忍与其原有法律和体制不同的新法律和新制度;这是因为,有的移民团体遵守坏法律而结成派别,其成员出于习惯势力而拒不服从新城邦的创建者以及他们立下的法律。【d】由各种不同成分聚集在一起的人也许比较愿意接受新法律,但这也是一件难事,需要很长时间才能使其全体成员如谚语所说的那样

———————

① 伊齐那 (Αἰγίνη),地名。

② 戈提那 (Γόρτυνος),地名,位于克里特岛。

"同呼吸，共命运"。创建一个城邦并为之立法，乃是一项超级考验，可以区别成人与儿童。

克　我敢这样说，不过，你这是什么意思？请你说得更加清楚一些。

雅　【e】我亲爱的同伴，我现在要再次回过头来考虑立法了，我想我实际上是在冒犯他们，但无论如何，只要这个观点与我们的问题相关。那么，我为什么会犹豫不决呢？因为这确实是全人类都要关心的事。

克　【709】你心里想到的是什么？

雅　我想说的是，从来就没有人立过什么法。偶然性和灾难以成百上千种形式发生，它们就是这个世界的立法者。如果不是战争颠覆了体制，迫使人们重写法律，那就是极度的贫困造成了这种变化；疾病也会迫使我们制定新的法律，尤其是瘟疫降临，或者是恶劣的天气反复出现。【b】鉴于这些事实，人们也许会改变想法，会像我刚才所说的那样，以为人没有制定过任何法律，人类的全部历史都是由偶然事件组成的。当然了，同样的观点用于舵手、医生、将军的职业也同样是有理的——不过，与此同时也可以对所有这些事例表达另外一种观点，而且这种观点也不会不那么合理。

克　什么观点？

雅　神是人类一切事务的操控者，"时机"和"机会"只起第二位的影响。还有一种比较协调的方式是，【c】承认还有第三种因素，亦即"技艺"，在起作用，支持另外两种因素。比如，舵手在暴风雨中可以使用或不使用他的技艺来把握任何有利的时机。要是他使用了，那么我会说它会有很大帮助，你不这样看吗？

克　我这样看。

雅　同样的道理在其他例子中也适用，所以在立法中我们也应当承认同样的原则。一个城邦要过上幸福的生活，必须具备某些条件，等到万事俱备，共同体需要的就是发现一位立法者，他懂得处理这些事务的正确方式。

克　非常正确。

雅　【d】所以，职业家在我们列举的某个领域内几乎不可能出错，要是他祈求某种时机,并用他自己的技艺来加以补充。

克　确实如此。

雅　我们在举例中提到的其他所有人当然也能告诉你他们祈求的是什么,要是你问他们,是吗?

克　当然。

雅　我设想,一名立法者也会做同样的事。

克　我同意。

雅　【e】"好吧,立法者",让我们对他说,"把你的要求告诉我们。在这个城邦里,我们要给你什么东西,你才能从今往后恰当地使它运转?"对这样的问题,正确的回答是什么?　(假定我们要对立法者作出回答。)

克　嗯。

雅　他会这样说:"给我一个处于独裁者绝对控制之下的城邦,让这位独裁者年轻一些,他要有好记性,能很快地学习,要非常勇敢,要有高尚的品性。【710】要是他的其他能力会起作用,那么他那颗独裁者的灵魂也会拥有这种品质,我们在前面同意过,这种品质对实现每一部分美德都是不可或缺的。"

克　我认为,我们的伙伴说的这种"不可或缺的"东西就是自我节制,麦吉卢。对吗?

雅　对,克利尼亚——但我指的是日常意义上的节制,而非最高意义上的节制,在最高意义上,我们可以说自我节制就是明智。我的意思是,在儿童和动物身上会有某种自发的本能约束着它们对快乐的寻求,在有些情况下,这种约束是成功的,在有些情况下,这种约束是失败的。我们说过,【b】这种品性要是孤立存在,而与我们讨论的其他许多品性分离,那么它就不值得考虑。我想,你听懂我的意思了。

克　当然。

雅　要使这个城邦尽快得到一个有效的政治体制,使城邦过上一种极为幸福的生活,我们的独裁者必须具有一种内在品质,除了拥有其他品质之外。你们瞧,没有,也不可能有其他比这更快、更好的方法了。

克　【c】嗯,先生,一个人如何才能使他自己确信他谈论的这些事情？关于这一点有什么论证吗？

雅　这相当容易，看到这些事例中的事实就能明白这种学说是真的。

克　你这里什么意思？你说的，要有一位独裁者，要让这位独裁者年轻一些，他要有好记性，能很快地学习，要非常勇敢，要有高尚的品性。……

雅　你别忘了加上"幸运"，在这个事例中，他应当是一位杰出的立法者的同时代人，能相当幸运地与立法者接触。【d】如果这个条件满足了，神就会像通常那样，把大量的恩惠赐给这个城邦。下一桩美事就是有一对这样的独裁者，第三桩美事就是有几个独裁者。难处在于他们的比例和数量。

克　看起来，你的立场好像是这样的：最好的国家是独裁制的产物，幸亏一位第一流的立法者和一位行为端庄的独裁者的努力，这是带来这种转型的最快捷、最容易的方式。第二好的方法将从寡头制开始——【e】这是你的观点吗，或者说你是什么看法？——第三好的方法将从民主制开始。

雅　当然不是。独裁制是最理想的起点，第二好的是君主制，第三好的是某种民主制，寡头制列在第四位，因为它有很多掌权的人，所以要在其中形成一种新秩序会很困难。当然了，我们坚持，假如有一位真正的立法者能与城邦里最有影响的人分享一定程度的权力，那么这种新秩序的形成还是会发生的。【711】影响极大，而人数极少，就像独裁制那样，在这样的地方，你们通常可以看到快速的、双重自由的过渡。

克　怎么过渡？我们不明白。

雅　这个观点我们说了不止一次，我想。也许你们俩还从来没有看到过处在一名独裁者控制之下的城邦。

克　没有，我也不特别想这么做。

雅　【b】嗯，假定你做了，你会注意到我们刚才说过的这个特点。

克　什么特点？

雅　独裁者想要改变城邦的道德风尚并不费力，也不需要很长时间。他只需要沿着他所希望走的道路前进，敦促他的公民——无论是实施美德还是恶德——以他自己为榜样，给公民们画一张完整的道德蓝图；【c】他必须赞扬某些行为，批评另外一些行为，在每一行为领域，他必须看到任何不服从的人都要受到斥责。

克 为什么我们应当期待公民们乐意服从这样一个人，他把说服和强迫结合在一起使用？

雅 我的朋友，一个城邦要改变它的法律，没有比服从掌权者的领导更快捷、更容易的方法了；现在没有其他方法，将来也不会有其他方法，我们不应当让任何人说服我们，答出相反的结论。实际上，你们瞧，这里的问题不是有无可能或者是否难以获得。【d】真正的难处在于其他事情，在世界史上都罕见；这种事情一旦发生，城邦就能极大地得到好处——确实，任何幸福都会降临。

克 你指的是什么事情？

雅 我指的是这样一种情形，有一种神圣的激情在指导那些掌握大权的人，让他们沿着克制和正义的道路前进。这种激情可以把握某个最高统治者，也可能把握那些极为富有的人或家世显赫的人；【e】或者说，你们可以得到一位复活了的涅斯托耳①，他的讲话能力超过世上所有人，甚至连他的克制能力也是首屈一指的。据说，在特洛伊时代，这样完美的人确实存在，但时至今日，这样的人闻所未闻。还有，假定有过这样的人，或者今后会有这样的人，或者这样的人就活在我们中间，那么这个有节制的人的生活是幸福的，聆听他的话语的人也是幸福的。【712】统治无论采用哪一种形式，同样的学说都是对的：由一个人掌握最高权力，并且让他拥有明智和自我克制，在这种地方你们就有了最佳政治体制的诞生，还有与之相配的法律；否则你们绝无可能获得它。我的神谕般的想象就说到这里！让我们把这些看法当作明确的，对一个城邦来说，要获得一套优秀的法律是困难的，但从另一层意义上看，世上没有什么事情是快捷的、容易的——当然了，假定我已经提供了这些条件。

克 怎么会这样呢？

---

① 涅斯托耳（Νέστωρ），特洛伊战争中的名将，为人公正，擅长词令，足智多谋。

雅　【b】假定这一虚构对你们的城邦来说是真的，克利尼亚，有助于你们制定城邦的法律，那会怎么样？就像儿童，我们这些老人有点喜欢伪装。

克　对，那我们还在等什么？让我们开始吧。

雅　因此，让我们恳请神来参加城邦的创建。愿他能听到我们的祈祷，仁慈地帮忙安排我们的城邦和城邦的法律。

克　但愿他能来。

雅　好吧，我们打算让这个城邦采用什么样的政治体制呢？

克　【c】请你说得更加清楚一些，你这个问题的真正含义是什么？你的意思是我们必须在民主制、寡头制、贵族制中间进行选择吗？假定你几乎不会沉思独裁制——或者说我们无论如何要想一想。

雅　好吧，你们俩哪一位打算先回答，告诉我们这些名称中哪一个适合你家乡的政治体制？

麦　由我先来回答不行吗，因为我年长一些？

克　【d】也许是吧。

麦　很好。每当我考虑在拉栖代蒙起作用的政治体制时，先生，我发现要直截了当地回答你是不可能的：我就是说不出该用什么名称来叫它。你瞧，它看起来确实和独裁制有相似之处（它有监察官，这种体制确实是极为独裁的），然而我有时候又认为我们的体制在运行中是非常民主的。【e】还有，要是否认它是一种寡头制，那么这样的看法真的非常愚蠢；它也是一种王政（一直有国王），世上所有人，包括我们自己，都把它当作一种最古老的王政来谈论。你的问题非常突然，如我所说，我确实不能清楚地告诉你我们的体制属于哪一类型的体制。

克　我和你一样困惑，麦吉卢。我发现真的很难说我们克诺索斯的体制属于哪个类型。

雅　先生们，之所以如此，原因是这样的：你们真的运行过与这个名称相匹配的体制。而刚才被我们称作体制的东西实际上并不是体制，它们只是运作城邦的一些方式，这些方式全都让某些公民像奴隶一样服从其他公民，在各种情况下，城邦会以统治阶层的名称来命名。【713】如果按照这种原则来命名你的新城邦,那么我们可以用这位神的名称来为它命名,这位神在这个城邦里统治着凡人,这些凡人有理性,请他来实施统治。

克 他是什么神?

雅 嗯,我们也许还应当再使用一会儿这种虚构,要是我们想要作出满意的回答。

克 对,这是正确的程序。

雅 【b】确实如此。好吧,在我们前面描述过的城邦建立之前,有过无数个世代,他们说在克洛诺斯①时代,有一种统治和管理形式取得了极大的成功,它可以作为一张蓝图,让我们今天的城邦能最好地运转。

克 所以,我想,我们必须听一听。

雅 对,我同意。我之所以要把它引入讨论就是由于这个原因。

克 你这样做相当正确,鉴于此事关系重大,【c】请你完整而又系统地把所发生的事情都解释给我们听。

雅 我必须尽力满足你们的愿望。按照世代传承的故事,在那个幸福的时代,各种生活用品的供应极为丰富,从不短缺。其原因据说是这样的。克洛诺斯非常明白,人的本性,如我们解释过的那样②,绝无可能完全控制所有凡人的事务而不充斥傲慢和不公正。把这一点记在心里,他给我们的城邦任命国王和执政官;他们不是人,而是精灵,【d】属于比人更加神圣和优秀的种族。我们按照同样的原则对待我们的羊群、牛群和其他家畜:我们不会指派公牛去管理公牛,或者指派山羊去管理山羊,我们的种族比牲畜高一等,因此要由我们自己来控制它们。这位神出于对人类的仁慈,做了同样的事,他指派精灵这个较高等的种族来监管我们,为了我们的方便,他不厌其烦,【e】赐给我们和平与怜悯、健全的法律和充足的正义,还有人的家庭内部的和谐与幸福。所以,这个故事给

----

① 克洛诺斯(Κρόνος),天神乌拉诺斯和地神该亚的儿子,后推翻乌拉诺斯的统治,成为新一代天神。

② 参阅本文 691c。

我们现在的人提供的教育意义是，一个共同体如果不是由神来统治，而是由人来统治，那么其成员就不可能摆脱邪恶和不幸。我们应当竭尽全力——这就是这个故事的寓意——再造克洛诺斯时代的生活，【714】应当规范我们的私人家庭和公共城邦，使之服从我们中间的不朽成分，并把法律的名称给予这种理智的约定。但若一个人、一种寡头制，或者一种民主制，用它自己的灵魂关注自己快乐、激情和欲望的满足，那么这样的灵魂无法自持，而会被长期的、贪得无厌的疾病所控制。当这样的人或体制把法律踩在脚下，对个人或城邦发号施令，那么如我刚才所说，一切获救的希望都消失了。【b】这就是我们必须加以考察的学说，克利尼亚，我们打算相信它——抑或不是？

克　当然相信，我们必须相信它。

雅　你知道有些人坚持认为，有多少政治体制就有多少种不同的法律，是吗？（当然了，我们刚才讨论过许多类型的政治体制。）别认为这个问题微不足道，这个问题其实非常重要，因为我们实际上已经回过头来论证判断正义与不正义的标准。这些人认为，立法不应当以战争或取得全部美德为指向，【c】而应以保护这个已经建立起来的政治体制的利益为指向，无论这个体制是什么，所以它绝不能被推翻，而要努力长治久安。他们说，可以用来衡量事实的正义的定义是这样的。

克　什么样的？

雅　"正义即强者的利益。"

克　你能说得更清楚些吗？

雅　这里的要点是这样的：按照他们的说法，处于控制地位的某个要素在某个既定时刻制定了这块土地上的法律。对吗？

克　相当正确。

雅　【d】"所以，你们可以设想，"他说，"当一种民主制赢得权力，或者某些其他体制已经建立起来（比如独裁制）的时候，除非处于压力之下，除了那些确保它的自身利益和永久掌权而设置的法律，它绝不会再通过任何法律，是吗？这就是它的当务之急，不是吗？"

克　当然是。

雅　所以,这些法规的制定者会把这些规矩称作"正义的",宣称任何人触犯这些规矩都是"不正义的",应受惩罚,是吗?

克　很像是这样的。

雅　所以,就是由于这个原因,这样的规矩总要添上"正义"之名。

克　当然,按照当前的论证。

雅　【e】你们瞧,我们正在处理那些"宣称拥有权柄"①的主体之一。

克　什么宣称?

雅　就是我们前面考察过的,我们当时问,谁应当统治谁。看起来,父母应当统治子女,长者应当统治年轻人,出生高贵者应当统治出生卑贱者,其他还有许多人声称拥有权柄,要是你记得,其中有些权柄相互之间是有冲突的。我们现在正在谈论的"宣称"肯定是这些宣称之一;我们说,品达把它转变成为一种自然律令——【715】我在想,这里的意思是"他公正地使用了某种极端的力量",这是他的原话。②

克　是的,我们前面说过这些意思。

雅　现在,你来看:关于我们这个城邦,我们应当相信参加争论的哪一方?你们瞧,在某些城邦,诸如此类的事情成千上万次地出现。

克　什么事情?

雅　当公共职位充满竞争的时候,胜利者会彻底接管城邦的事务,会完全否定失败者及其后裔,不让他们分享任何权力。【b】一个党派监视其他党派因妒忌而策划的叛乱,因为叛乱者认为取得职位的那些人过去作恶多端。这样的城邦,我们当然不会把它视为法治国家,就好像法律若不是为了整个共同体的共同利益,就不是真正的法律一样。我们说,为一个党派做事的人是党派分子,而不是公民,他们所谓的公民权利是空洞的陈词滥调。我们这样说的理由是,你我都不愿把你们城邦中的职位授予那些只为自己财富打算,或只为自己占有某些利益的人,【c】比如膂力、地位或家庭。我们认为,绝对服从已有法律的人才能对其同胞取

---

① 参阅本文 690a 以下。

② 参阅本文 690b。

得胜利，我们只能把众神使臣的工作交给这样的人，让他担任最高职位，次一等的职位则通过竞选产生，其他职位也同样通过有序的选拔来确定。我刚才把权力称作法律的使臣，【d】这样说并非为了标新立异，而是因为我深信城邦的生存或毁灭主要取决于这一点，而非取决于其他事情。法律一旦被滥用或废除，共同体的毁灭也就不远了；如果法律是政府的主人，政府是法律的奴隶，那么整个世道会充满应许，众神对城邦的赐福就会到来，人们将享有各种幸福。我就是这么看的。

克　【e】苍天在上，先生，你说得很对！对于这些事情，你有一双老人的敏锐的眼睛。

雅　是的，我们年轻的时候对这些事情是盲目的；而老年是清楚地观察这些事情的最佳时间。

克　非常正确。

雅　嗯，下面该做什么了？我假定，我们的那些殖民者已经到来，就站在我们面前。我们要通过向他们讲话来结束这个论题。

克　当然。

雅　嗯，我们的讲话会是这样的："朋友们，按照古老的传说，一切事物的开端、终结和中间，掌握在神的手中；【716】事物在自然的循环中运动，走向终结，沿着正确道路前进的事物比背弃神的法则的事物更加正义。以卑微、恭敬的态度密切追随神的法则的人是幸福的，而那些空洞自傲的人，例如为财富、等级、年轻、美貌而感到自豪，陷入荒淫的火坑，既不接受管教又不要指导，【b】反而要去指导别人，这样的人就会遭到神的离弃。这样的人被离弃后会聚集他的同类，用疯狂的行为制造混乱。在有些人眼里，他似乎是伟大人物，但要不了多久，他就会无限制地修改正确的东西，毁灭他自己，毁灭他的家庭，毁灭他的国家。事情就是这样，对此，有判断力的人该怎么办，我们有什么预见吗？"

克　这很明显：每个人必须下定决心，成为神的追随者。

雅　【c】"所以，什么样的行为才会讨神喜欢，可以用来表明自己对神的追随？这样的行为只有一种，用一句古话来概括：'同类相亲'（若是过分与众不同，则既是它自身的敌人，又是特定比例的敌人）。在我们看来，'神是万物的尺度'这句话所包含的真理，远远胜过他们所说的'人是万物的尺度'①。所以，你要想使自己成为具有这种品性的人，就要尽力使自己的品性像神，【d】按照这一原则，有节制的人是神的朋友，因为这样的人像神；神不喜欢我们中间无节制的人，因为这样的人与神相异，是神的敌人；同样的推论也适用于其他恶德。

"让我们明白，上述所有观点均为下列学说的推论（我认为这个学说是最优秀的，最真实的）：好人向众神献祭、祈祷、奉献，与神为伴，这是他能遵循的最优秀、最高尚的方式；【e】这是适宜他的品性的行为，是他获取幸福生活的最有效的办法。好人的灵魂是洁净的，而坏人的灵魂是污染的，从不洁净的手中接受礼物对好人和神来说都不会是正确的——【717】这就意味着不虔诚的人做这些事情是徒劳的，而虔诚的人这样做是合情合理的。这就是我们必须射中的目标，但我们要使用什么样的'箭'和'弓'呢？我们能把它们称作'武器'吗？在我们的武库中，第一样武器就是在荣耀奥林帕斯众神和城邦保护神之后荣耀冥府神祇；冥府神祇应当得到第二位的荣耀，【b】就如'偶数'和'左面'，而奥林帕斯众神和城邦保护神应当得到最高的荣耀，就如'奇数'。②虔诚，这是一个人能命中目标的最佳方式。有理智的人可以在崇拜众神之后崇拜精灵，然后崇拜英雄。其次，要按照法律的要求，在私人神龛里崇拜家神。最后要荣耀仍旧在世的父母。偿还债务首先应当偿还最先欠下的债和所欠最大的债，这样做是恰当的，正确的；【c】一个人要想到，他拥有的一切都属于生养他的父母，如果不能尽其所能和所有侍奉养育他的人，那么他是邪恶的。他首先要用他的财产来侍奉他们，然后是用他的双手和头脑来服侍他们，满足老人的各种需要：他在年幼时得到的精心照料和长辈为他付出的辛劳就像一笔贷款，现在要由他在长辈年老和有迫切需要时加以偿还。还有，一个人在一生中都应当对父母保持特别恭敬的态度，

---

① 智者普罗泰戈拉的观点。

② 毕泰戈拉学派提出一系列对子：奇数与偶数、右边与左边、雄性与雌性、善与恶，等等。

【d】因为轻狂的话语会带来沉重的厄运,指派涅墨西斯①为使者监察这种事是完全正确的。所以当父母发火时,应当顺从他们,要用言语和行动平息他们的愤怒。你们要理解,做父亲的以为自己受到儿子的伤害而勃然大怒,其实是非常自然的。父母过世的时候,最有节制的葬礼是最好的。不应超越习俗,举行浮华的葬礼,【e】但在祖宗墓地里埋葬死者时也不能缺少葬礼,还要遵守同样的规则每年祭奠死者。在花费适当的钱财祭祀祖先时,【718】最重要的是在心中牢记死者,永远尊敬他们。如果我们这样做了,并按照这些规矩去生活,我们就能不断地得到上苍和更高力量的恩赐,我们的日子和我们的生活就会充满希望。”

法律本身将解释我们对孩子、亲戚、朋友、同胞公民应当承担的义务,还有上苍要求我们为外国提供的款待;法律将告诉我们应当以什么样的方式去对待各种不同的人,若我们想要在不违反法律的前提下过上一种圆满和丰富多彩的生活。【b】法律的方法一部分是说服,另一部分是(对那些不听劝告的人)强制和惩罚;带着众神良好的愿望,它们将使我们的城邦幸福和繁荣昌盛。【c】还有许多主题在像我这样的立法者看来必须提及,但它们不容易以法律的形式来表达。所以,我想,他应该向他自己提出这些主题,也要把这些主题向他将要为之立法的其他人提出,尽力向他们解释,为他们竖立一个样板,等到这些事情都做完了,他就能确定一部真实的法典了。所以,能够表达诸如此类主题的具体形式是什么呢?要把一个人对它们的解释局限在一个例子中不太容易,不过,让我们来看,有没有什么办法可以使我们通过观察这样的事物来具体说明我们的想法。

克　告诉我们,你此刻想到了什么。

雅　我想要公民们乐意听从劝告,趋向美德;这显然就是立法者在其立法活动中想要达到的效果。

克　【d】当然。

雅　我想到我刚才解释过这种方法,只要不是对着那些完全野蛮的

---

① 涅墨西斯 (Νέμεσις),希腊神话中专司报应的女神。

灵魂,它就有助于使听众变得比较友好,愿意聆听立法者的指导。所以,即使他的讲话没有大的效果,也会使他的听众变得比较容易把握,比较容易教诲,立法者对此应当喜悦。尽心竭力向善的人非常少,很不容易找到;这在大多数情况下只是证明了赫西俄德的评价,【e】通向恶的道路是平坦的,而且不远,不必流汗就能抵达;然而,"作为获取美德的代价,"他说,"众神在美德和我们之间放置了汗水,通向它的道路既遥远又陡峭,而且出发之处的路面崎岖不平,可是一旦到达最高处,【719】尽管还会遇到困难,以后的道路就很容易走了。"①

克　他很好地刻画了这种情形。

雅　确实如此。但在进行这一讨论以后,我留下了某些确定的印象,想要提出来请你们考虑。

克　那就请你这么办。

雅　让我们还是对着立法者说话:【b】"立法者,要是你能发现我们应当作什么、我们应当说什么,请你务必告诉我们,你肯定会告诉我们吗?"

克　当然。

雅　"不久前②,我们不是听你说过立法者一定不能允许诗人随心所欲地创作吗? 你们瞧,他们从来不知道他们说的某些事情违反法律、危害城邦。"

克　你说得很对。

雅　好吧,要是我们站在诗人一边,对立法者说话,这样做合理吗?

克　怎么说?

雅　【c】这样说:"立法者,有一句古老的格言我们的诗人不厌其烦地讲述,而世人也普遍相信,诗人坐在缪斯的三足祭坛前面的时候,他无法控制他的思绪。就像一眼清泉,他不停地吐出清澈的泉水。他的技艺是一种再现的技艺,当他用对立的品性再现不同的人物时,他经常被迫

---

① 赫西奥德:《工作与时日》287—292。

② 参阅本文656c。

与他自身对立，他不知道这些相反的话语中哪些话语包含着真理，但对立法者来说，这种情况是不可能的：【d】他一定不能让他的法律就相同的主题表达两种不同的意见；他的原则必须是'一个主题，一种学说'。就拿你刚才说的那件事为例。葬礼可以是奢华的、不恰当的、简朴的，你只能在这三种可能性中选择一种——简朴的——你推荐这种葬礼，并且予以高度赞扬。如果我在创作一首诗，讲一位富婆如何就她自己的葬礼发指示，【e】那么我会向她推荐奢华的葬礼；如果是一位节俭的穷人，那么我会向他推荐简朴的葬礼；而对那些有节制的人，我也会向他推荐有节制的葬礼。不过，你不应当以你刚才的那种方式使用'节制'这个词；你一定要说怎样才算有节制，多大才算恰当。要是你不能这样做，那么你一定明白，像你刚才所作的评论，要使它成为法律，还有很长的路要走。"

克　你说得很对。

雅　所以，我们指定的立法者在他的法典开头应当发布诸如此类的公告吗？他难道只是非常简单地说一个人应该做什么，不应该做什么，再发出一些惩罚的威胁，【720】然后就转入下一条法律，而没有一句鼓励或说服的话吗？你知道，这和医生一样，我们病了，请他们来看病，一个人用恐吓的办法，一个人用另外的办法。让我们回想一下这两种方法，所以，我们可以对立法者提出同样的请求，可以让一名儿童来做他的医生，以便可以尽可能温和地对待他。你喜欢这个比喻吗？嗯，我们通常说有医生，也有医助，当然了，我们把医助也叫作医生。

克　【b】当然。

雅　这些"医生"（可以是自由民，也可以是奴隶）通过经验习得他们的医术，观察他们的主人，听从主人的指示；他们没有医生那样系统的知识，这些医生是自由的，他们为自己学习，并且把知识传给他们的学生。你同意我们把医生分为这两类吗？

克　当然。

雅　【c】嗯，这是另一件你需要注意的事。城邦的无效劳动不仅包括自由民，而且包括奴隶，他们几乎总是受到其他奴隶的恐吓，这些奴隶医生要么匆匆忙忙地跑去给病人看病，要么等着给病人动手术。这种医生决不会向奴隶病人解释什么病情，或者打算聆听奴隶病人讲述病情，他只是依据以往的经验，开下处方，就好像他拥有精确的知识，是一名充满自信的独裁者。然后，他匆匆离开，去给下一个生病的奴隶看病，分担他主人照料病患的工作。【d】与此相反，自由的医生给自由民看病，这样的医生大部分能以一种科学的方式自始至终地治疗疾病，充满自信地对待病人和病人的家属。他会向病人了解病情，尽力调理病人的症状。在没有得到病人的同意以前，他不会开处方；【e】而他一旦开出旨在使病人完全康复的处方，就能得到病人的完全服从。这两种方法，哪一种能使医生成为比较好的治疗者，或者能使教练比较有效？他们应当用双重的方法获得单一的效果吗？或者说他们使用的方法也应当是单一的——不那么令人满意的方法不会使这种无效更加糟糕吗？

克　先生，我认为，双重方法要好得多。

雅　那么我们要不要来看一下这种双重的方法在立法中如何产生单一的效果？

克　要，我非常喜欢这样做。

雅　【721】那么好吧，上苍在上，我们的立法者将要制定的第一条法律是什么？他制定的第一条法律肯定涉及城邦里生孩子的事。

克　当然。

雅　在所有城邦里，第一步就是两个人在婚姻伙伴关系中结合吗？

克　没错。

雅　所以，对每个城邦来说，正确的政策就是首先通过婚姻法。

克　无疑是这样的。

雅　那么，现在就开始，让我们来看它的简要形式。它或多或少会是这个样子的：【b】"男子应在年龄到达三十岁，并在三十五岁之前结婚；拒绝结婚者应处以罚款和羞辱……"然后再具体规定罚款的数量和羞辱的形式。婚姻法的简要形式就说到这里；而它的双重版本则是这样的："男子应在年龄到达三十岁，并在三十五岁之前结婚，在此年龄段的人可以视为已经拥有不朽意识，人的本性使我们每个人以各种形式表现这种不朽意识，想要在世上赢得名声，不愿默默无闻地躺在坟墓里，【c】就是这种不朽意识的表现。因此，人类这个种族是时间的双生子和伴侣，绝不能与时间分离，这就是人类不朽的性质。通过世代延续，这个种族保持同一，通过繁殖后代分有不朽。因此，虔诚断然禁止人们用自己的行为剥夺自己的欢乐，比如有些人不想要妻子和孩子，自愿地剥夺自己。【d】所以对那些服从法律的人我们不会让他受到伤害，而对那些不服从法律，到了三十五岁还不结婚的人，那就让他每年交付若干数量的罚金，使他不能用他单身状态作为赢利和偷闲的资源，让他失去年轻人经常给予长者的那些公共荣耀。"听了这条法律，并拿它与另一条相比，可以作出判断，一般的法律条文是否应当包括说服和恐吓，【e】或者说至少要用两倍的篇幅来表述，或者说只限于包括恐吓，只用一半的篇幅。

　　麦　先生，喜爱简洁是我们拉栖代蒙人的本能。但若要我坐下来判定这些法律条文哪一种会在城邦里被认可，【722】那么我会选择比较长的那段条文，我的选择会和你当作样品提供给我们的法律条文相同。还有，我设定克利尼亚也一定会批准当前的立法，因为是他的城邦将要采用我们制定的法律。

　　克　多谢你的美言，麦吉卢。

　　雅　不过，把我们的时间花在争论法律条文的冗长和简洁没有什么意义；【b】我想，我们应当看重的是它的质量，而不是极端的简洁或冗长。我们刚才提到的一种法律在实际使用中与另一种法律相比，具有双倍的价值，但这还不是它的全部；我们刚才说过，我们的两种医生的比喻是非常合适的，与两种类型的法律完全平行。然而，尽管我们的立法者无人会注意到自己在立法中只依赖一种工具，而立法实际上有两种工具可用，这就是说服与强迫，如果民众缺乏教育，那就可以同时使用这两种方法。【c】权柄在立法中决不会掺和说服的方式，它们的工作完全依靠强迫。而我自己，我亲爱的先生们，我发现在立法中还应当遵守第三样条件。

　　克　你指的是什么条件？

　　雅　相当幸运，我们今天的谈话已经把它揭示出来。我们从早晨开始讨论法律，而现在已经是中午，我们抵达了这个极好的休息地；我们只谈了法律，其他什么都没谈——【d】然而，我怀疑我们有关法律的讨论才刚刚开始。迄今为止，我们所说的内容都只是法律的一个开场白。我为什么要这样说？因为我注意到，对每一种事物的讨论和口头表达都有它的前奏和预备性的内容，我们可以说这些预备性的内容为将要进行的研究提供了一种有用的、方法上的序曲。比如，用竖琴演奏"牧歌"，还有其他各种音乐创作，都有一些精心创作的序曲为前奏。【e】而在真正的"法规"①中，我们称之为"管理性的"，没有人会那么在意序曲这个词，或者创作序曲，公之于世；这里的假设是，这样的东西是令人厌烦的。不过，在我看来，我们刚才的讨论表明，它是完全自然的；这就意味着，我刚才描述的那些显得像是"双重的"法律，并非如这个术语所提议的那样真的是"双重的"；它只是说，这些法律有两种成分："法律"和"法律的序言"。与"奴隶医生"开出的处方相比的"独裁者的处方"，【723】在法律上就是简单的和简洁的；而在它之前出现的东西，尽管事实上包含着说服（如麦吉卢所说），但无论如何还是起着一种功能，就像演讲的开场白。立法者为什么要说这些完全是说服性的话语，在我看来，其中的原因显然是为了使民众接受他的命令——亦即法律——能使民众心中充满合作精神，愿意学习法律。由于这个原因，如我所见，【b】这种成分应当恰当地被定义为法律的前奏，而不是法律的"文本"。所以，在讲了那么多要点以后，下一个要点该是什么呢？是这样的：立法者必须既要看到法律的永久主体，又要看到总是有着各种序言的法律的各个组成部分。仅以我们刚才提供的两个样品而言，这样做会有很大的收获。

克　就我所涉及的范围而言，我肯定会指导我们的立法者只用这种方法来立法，舍此别无他途，尽管他是这门立法技艺的大师。

雅　【c】是的，克利尼亚，我认为你正确地同意了，所有法律都有它们的序言，立法的第一项工作必须是给法典的每个组成部分的文本撰写序言，并加上恰当的介绍，因为它要发布的公告是重要的，这些话要能被人们清楚地记得，这一点具有重要意义。然而，要是我们坚持大大小小的法律条文每一条都要有一个序言，【d】那就错了。毕竟，不是每一首歌

---

① "νόμους"一词两义，既有"牧歌"的意思，也有"法"、"法律"、"法规"的意思。

曲或者每一篇讲演都需要这种处理。(就其本性而言,它们都有开场白,但不必在每个地方都使用。)还有,我们必须让演说家、歌手,或者立法者自己来决定要不要使用序曲。

克　我认为所有这些都是对的。但是,先生,让我们不要再浪费时间了。让我们返回我们的论题,要是你们同意,重新开个头,就你前面所涉及的那个主题,你们当时认为不需要创作一个序言。让我们从头再来一遍,这是人们在游戏中常说的,【e】但从理解的角度来看,我们的谈话不是随意的,漫无目标的,而是在创作序言,如我们刚才所做的那样;我们应当承认,这就是我们正在做的事。关于崇拜众神和孝敬我们的祖先,我们刚才已经听了许多[①];让我们试着来处理后续的论题,直到你认为整篇序言已经恰当地完成。然后,你们将会接触那些真正的法律条文。

雅　【724】所以,我们此刻的感觉是,关于众神以及在他们之下的各种力量,关于父母,无论在世的与去世的,我们已经撰写了一篇恰当的序言。我想,你们希望我能够就我们尚未涉及的这个主题的某些部分给你们提供一些启发。

克　完全正确。

雅　那么好吧,下一步是这样的:一个人应当在多大范围内尽力关注或放松他的灵魂、他的身体和他的财产?【b】这是一个恰当的论题,对讲话人和听众都有好处,通过思考可以在他们力所能及的范围内完善他们的教育。所以,我们可以摆脱疑心,认为这就是我们要解释和聆听的下一个论题。

克　你说得很对。

---

① 参阅本文 715e—718a。

第　五　卷

雅　【726】我们刚才谈论了众神和我们敬爱的祖先,听我讲述的人均应集中精力,且听我下面的讲话:

在一个人可以称得上是他自己的所有事物中,最神圣的事物就是他的灵魂(尽管众神更加神圣),有两种要素构成每一个完整的人。一种要素比较强大,比较优秀,以主人的身份行事;另一种要素比较弱小,比较低劣,是奴隶;所以,一个人必须始终敬重他身上的那个主人,而非偏爱他身上的那个奴隶。因此,我要说,在荣耀了众神——我们的主人——和众神的侍从精灵之后,【727】人必须荣耀他自己的灵魂,我这个建议是对的。然而,可以说在我们中间还没有人正确地荣耀了自己的灵魂,尽管他们以为自己这样做了。我认为,荣耀是神圣的,是善的,不能由邪恶的东西来授予。有人认为自己正在依靠语言、才能或顺服来完善自己的灵魂,但这样做并不会使他的灵魂比以前更加完善,他以为自己荣耀了自己的灵魂,但实际上并没有。举例来说,一个尚未成年的人【b】在他适宜对一切事物发表意见之前想要荣耀他自己的灵魂,于是就允许自己的灵魂为所欲为,以为这就是对灵魂的荣耀,而我们宣布,这样的做法不仅不能给灵魂带来荣耀,而且会给灵魂带来伤害,我们要求人们把荣耀灵魂放在荣耀上苍之后。又比如,一个人犯了过失,但不指责自己,反而把大部分责任推给别人,认为自己没有错,以这种方式尊敬他的灵魂,或者说他以为这样做是对灵魂的尊敬,【c】然而,这样的做法给灵魂带来的远非荣耀，而是伤害。还有，人们在无视立法者的训诫和批准的情况下追求快乐，这样做并没有给灵魂带来荣耀，而是带来耻辱，是在用不幸和悔恨玷污灵魂。还有，换个方法说，一个人不愿忍受艰辛、恐惧、痛苦，而是屈服于它们，这种投降行为不会给灵魂带来荣耀，【d】所有这样的过程都会给灵魂带来耻辱，而忍受艰难困苦才是值得赞扬的。还有，如果一个人认为要不惜一切代价地活着，那么这也会给灵魂带来耻辱；他内心的投降者把这个不可见的世界视为完全邪恶的，而一个人应当用具有说服力的证据来反对他的幻想，他甚至不知道我们最主要的美德是否属于这块土地上的众神的恩赐。还有，当一个人喜欢美丽的相貌胜过喜欢美德时，也会给灵魂带来莫大的耻辱。因为这种倾向宣告了身体比灵魂更加荣耀，因此是极端错误的。【e】地上出生的东西没有一样比天上出生的东西更荣耀，用刚才那种奇怪的想法欺骗自己的人并不懂得被他轻视的灵魂是极为珍贵的。【728】还有，当一个人使用卑劣手段谋得财富，或者对这种攫取并不厌恶时，那么他并没有用这种供物真正地荣耀灵魂，而是使灵魂远离荣耀！为了一袋硬币他出卖了自己最珍贵的东西，但地上或地下的所有黄金都不能与美德等价交换。

总之，无论是谁，若不能在任何条件下远离立法者在他的解释中列举的低劣和邪恶，反而竭尽全力去做那些与善良和美好相反的事情，【b】那么他就不知道自己正在以这样的方式愚蠢地积累他对他自己拥有的最神圣的事物——他的灵魂——的羞辱和伤害。事实上，我们中没有人，或很少有人像俗话所说的那样，对恶行作最严厉的"审判"，人们在成长过程中变得像那些恶人一样，越来越像，他们回避善人，拒绝与好人谈话，不和好人交往，而是去追随另一类人，成为坏人的亲密伴侣，【c】而与坏人打交道当然只能做坏人自然会做的事，说坏人自然会说的话。所以这种状态并非审判，而是报复，是邪恶的痛苦后果，因为审判和正义一样都是善。碰到报复的人和没碰到报复的人都是不幸福的，这是因为前者无法治愈他的疾病，后者失去其他许多获救的机会。

总之一句话，"荣耀"就是趋向于优秀，那些较差的事物在可资改进的地方有了改善，成为完善的。在自然赋予人的所有事物中，没有什么能比他的灵魂更好地使人回避邪恶,【d】不断地行进在趋向于至善的道路上,一旦得到了至善,他就会在他的余生中与之亲密地生活在一起。

由于这些原因,第二位的荣耀①注定要给予灵魂;第三位的荣耀——每个人都知道——当然给予身体。在此,必定也要考察荣耀它的各种原因,看哪些原因是真的,哪些原因是假的;这是立法者的工作,我想他会把它们列举如下。身体配受荣耀的,不是它的美貌、强壮、敏捷,也不是它的健康,【e】尽管有许多人认为是的;身体配受荣耀的肯定也不是与这些性质相反的性质。立法者会说,处于所有这些极端条件之间的身体是最健全的和最平衡的,因为一个极端会使灵魂冒失和自负,另一个极端会使灵魂卑微和驯服。

拥有金钱和财产也一样,可以用同样的标准来衡量。【729】这些东西只要过度,就会在私人和公共生活中滋生敌意和争斗;而若是不足,则不可避免地导致奴役。

无人应当为了给子女留下尽可能多的财富而热心挣钱,因为这样做对他们没有好处,对国家也没有什么好处。一名儿童最大的幸运就在于和他所处的环境保持和谐,他的各种需要都能得到满足,如果说不引起奉承者的注意是一种谦虚,那么这种幸运优于其他所有幸运;这样的幸运对我们的耳朵奏出正确的乐符,【b】使我们的生活摆脱焦虑。极度的谦卑,而不是黄金,才是我们应当留给孩子的遗产。我们以为,年轻人忘记节制时训斥他们,就能确保他们持有敬畏,但这样做实际上并不能取得良好的效果,就好比我们现在告诫年轻人说,"年轻人必须尊敬所有人"。明智的立法者宁可要求年纪大的人尊敬年纪轻的人,【c】不让任何年轻人看到或听到自己做了丑事,说了丑话,因为当年纪大的人忘了节制的时候,年轻人也会忘记节制,会变得极端无耻。教育年轻人和我们自己的最佳方式不是训诫,而是终生有形的实践,这才是你应当告诫其他人的地方。

如果一个人荣耀和尊敬他的亲人,也尊敬和自己崇拜同样神灵的同

---

① 第一位的荣耀给予众神,参阅本文 726e—727a。

族人,那么他可以合理地期待生育女神的青睐,生育自己的子女。至于朋友和同伴,你会发现,【d】如果你对他们的服务多于他们对你的服务,你对他们的尊敬高于他们对你的尊敬,认为你对你的朋友和同伴的善意小于你的朋友和同伴对你的善意,那么在日常生活中你会发现他们很容易接触。与城邦和同胞打交道,迄今为止最优秀的人不是那些在奥林匹克赛会上赢得胜利奖品的人,或者不是那些在战争或和平时期的其他竞赛中取胜的人,而是那个宁愿用他自己的名望敦促每个人为他的国家的法律服务的人——【e】他的名望在于终生为国人服务,在这方面超过其他任何人。

关于外国人,应当把我们与外国人订立的条约当作特别神圣的。尤其是,外国人之间的相互冒犯,或者对外国人的冒犯,比同邦公民之间的相互冒犯更快引来神的复仇。因为客居的外国人没有朋友和同胞,更容易激起众神和凡人的怜悯。那些被人冒犯而来寻仇的人本来都是可以提供帮助的人,【730】就像外国人的保护神或精灵,他们是陌生人的保护神宙斯的同伴。任何稍有远见的人都会在一生中小心谨慎,不要冒犯外国人,以免在生命之旅终结之时背负犯有伤害外国人的罪行。对外国人或本邦人最大的冒犯总是对乞援者犯下的,他们乞援时总是呼喊某位神的名字,这位神在作了应许以后也总是关注着受苦者,因此,乞援者受到的苦难一定会由神来替他复仇。

【b】我们已经公正地考察了一个人与其父母、自身、财产、城邦、朋友、亲人、外人、同胞之间的关系,下一步要考虑的则是一个人必须以什么样的方式度过充满诚信的一生。我们现在谈论的已经不是法律的效果,而是如何通过表扬和批评使人对我们以后要制定的法律具有较好的、愿意接受矫正的态度。

【c】在一切好事物中,真理具有首要地位,这在众神和凡人中都一样。让每一个想要幸福的人从一开始就得到赐福,这样就能使他一生尽可能真实地生活。你可以相信这样的人,而不要相信那些故意撒谎的人(任何人,由于对真理的无知而乐意制造假相,都是傻瓜),这两种情况都不值得羡慕。这是因为,傻瓜和不被人相信的人肯定都没有朋友。【d】时间会发现他在生命终结、接受审判时极端孤独,没有同伴和子女,无论他们是否还活着。

荣耀归于自己不作恶的人,而能使别人也不作恶的人配得上双重荣耀,乃至于更高的荣耀。前者只配得上单个的人,而后者把其他人作的恶报告给权柄,这种荣耀配得上一个军团的人。尽一切努力帮助当局克制罪恶的人是城邦最伟大、最完善的公民,应当把美德的棕榈枝奖给他。

【e】同样的赞扬也应当给予自我节制和明智,给予其他美德,这些美德的拥有者可以把这些美德与其他人交流,也可以在他自己身上展现。我们要把最高等级的荣耀赋予那些传播这些美德的人;缺乏传播这些美德的能力、但打算这样做的人,必须列入第二等级;但若他是一个爱妒忌的人,想要独自拥有这些美行,【731】那么我们确实应当批评他,但决不会由于这种美德的拥有者而对这种美德不够尊敬——与此相反,我们应当尽力获取这种美德。在这种追求美德的竞赛中,我们与所有人都是竞争者,但一定不能有妒忌。因为对一个我们想让他改进国家的人来说,他在赛跑时不会用邪恶的传闻来阻碍他人,而妒忌的人则会把诬告他人当作自己进步的正当手段,但这样做既不能使他自己获得真正的美德,也不会使他的对手因为不公正的批评而泄气。【b】这样一来,他就使整个城邦的美德赛跑残缺不全了,他的谎言降低了比赛的良好声誉。

每个人都应当把他高昂的激情与极端的仁慈结合起来,因为要躲避他人所施予的残酷暴行几乎或者完全不可能,唯一的办法就是勇敢地面对、抵抗、矫正对方,【c】没有仁慈的灵魂不可能有这样的行为。有些罪人的过失尚可弥补,但我们首先必须肯定没有一个罪人可以用弥补的方式获得拯救。因为没有人会故意接受最大的恶,至少不会在他最珍贵的财产中接受这种恶。但是,每个人最珍贵的财产就是他的灵魂,所以我们可以肯定没有人会故意在这种最珍贵的东西中接受最大的恶,并终生与恶相伴。然而,尽管恶人或作恶者总是可悲的,【d】但他的疾病尚可治愈,在他身上总有可怜悯之处。与恶人在一起,我们要治疗和驯服他的欲望,但我们不要像一名泼妇那样对他训斥,为了挽救那些无节制的、不思悔改的冒犯者和完全腐败的人，我们必须约束我们的怒火。这就是我们说一个善人在这种情况下既要有高昂的精神，又要有仁慈之心的原因。

内在于大多数人的灵魂的最严重的邪恶，就是宽恕自己，并且从不尝试避免宽恕自己，【c】用一句格言来表达，"每个人都是他自己最好的朋友"，这样说当然有一定道理，人确实应当是自己的朋友，但强烈地依赖自我，实际上是我们每个人的各种恶行的永久源泉。一看到被爱者，爱的眼睛就瞎了，【732】所以人无法正确判断什么是正确的，善的，光荣的；人们经常自以为是，罔顾事实，而真正可以算得上是伟大的人，既不关注自我，也不在意自己的附属物，而是关注正义；这种正义与其说表现在他自己的行为中，倒不如说表现在其他人的行为中。正是由于这种同样自私的邪恶，愚蠢的人总是以为自己是精明的，其结果就是在我们一无所知的时候以为自己知道一切，【b】拒绝跟随别人去做我们不懂的那些事，在行动中犯下不可避免的错误。因此，每个人必须努力避免极端的自恋，要步步紧跟比自己好的人，决不要认为这样做是一种耻辱。

还有一些更加具体的、经常性的规劝，但它们并非无用，规矩必须通过反复提醒才能牢记在心。（有水流出的地方，必定会有水流入，回忆就是思想流入干涸的地方。）

【c】所以，必须避免不合理的大笑和流泪，每个人参加礼仪时，都必须敦促同伴们隐藏所有过分的快乐或悲伤，无论在某个环境中遇到的是大量的幸运还是困难重重。陷于不幸时，我们应当抱着长久的希望，【d】相信依靠神对我们的恩赐可以减轻我们碰到的麻烦，相信我们的处境在上苍的青睐下会变得比较好。这些就是我们的希望和相关的思考，我们每个人都应当生活在希望中，在工作中不畏艰难，使这些希望成为我们的邻居和我们自己的充满自信的回忆。

嗯，从宗教的观点来看，我们已经解释得相当彻底，【e】哪些种类的活动我们应当追求，每个人应当成为什么样的人；不过，我们还没有涉及纯粹世俗的层面。但我们必须涉及这个层面，因为我们是在对凡人说话，而不是在对众神说话。

尤其是，人的本性牵扯着快乐、痛苦和欲望，也就是说，没有哪个可朽的动物可以悬在空中，完全不受这些情感的强大影响。因此，我们必须赞扬最高尚的生活，不仅认为这样的生活声望最高，而且认为这种生活本身就是最优秀的。如果人们在年轻时品尝它，【733】而不是拒绝它，那么我们的一生占主导地位的是压倒痛苦的快乐。如果以正确的方式品尝，并能明显地实施，那么结果必然如此。但正确的方式又是什么呢？对此，我们必须依据我们的论证来发现它。依据下列线索，通过比较生活中的相对的快乐与痛苦，我们一定会发现有一种生活与我们的本性天然不合，【b】另一种生活与我们的本性天然一致。我们希望得到快乐，我们既不会选择也不希望得到痛苦。尽管我们并不希望用中性状态①来代替快乐，但我们希望用它来摆脱痛苦。我们希望痛苦少快乐多，但我们不希望快乐少痛苦多。至于快乐与痛苦相等的状况，我们提不出确定的理由来表明是否希望得到它。快乐与痛苦的频率、范围、烈度、均衡、【c】以及与此相反的状态都会影响我们的选择。由此必然得出推论，一种包含无数次的、广泛的、强烈的两种感觉的生活是人们希望得到的，哪怕快乐过度；但若痛苦过度，人们就不希望得到这种生活。还有，包含很少或很微弱的快乐与痛苦的生活是不值得考虑的，如果痛苦占据主导地位人们就不希望得到它，如果与痛苦相反的感觉占据主导地位人们就希望得到它。但就一种保持二者平衡的生活来说，我们必须恪守我们较早的立场，【d】如果吸引我们的那些感觉占据主导地位，我们就希望得到它；如果被我们排斥的那些感觉占据主导地位，我们就不希望得到它。所以我们必须把我们的生活视为在此限度内的，必须考虑哪一种生活对我们的欲望来说是自然的。但若我们说自己希望得到的东西不是前面说过的这些东西，那么这样的说法完全是因为无知和缺乏真实生活的经验。

所以，当一个人考虑他喜欢什么、不喜欢什么、他应当自愿做什么、不做什么，并以此为原则来选择他认为适意的、【e】愉快的、极为高尚的东西的时候，他会选择一种生活，这种生活可以使他过上一种作为一个

_____

① 指既不快乐也不痛苦的状态。

人能够过上的幸福生活。所以，这些生活是什么呢，有多少生活他必须从中加以选择？让我们来列举一下：自我节制的生活可以算一种，智慧的生活可以算一种，勇敢的生活也可以算一种，健康的生活是另一种；让我们把健康的生活也算一种。与这些生活相对，我们还有另外四种生活——放荡的、愚蠢的、胆怯的、有病的。嗯，知道什么是自我节制的生活的人都会把它描述为在各方面都是温和的，它所提供的痛苦和快乐都是不激烈的，【734】它的欲望和情欲从来不会达到疯狂的地步；放荡的生活都是鲁莽的，它提供的痛苦和快乐都是猛烈的，在这样的生活中，强烈的欲望和疯狂的情欲会狂热到极点。就大小、数量、强烈程度而言，在节制的生活中，痛苦被快乐所压倒；而在放荡的生活中，快乐被痛苦所压倒。从中我们必然推论，前者是比较快乐的生活，后者是比较痛苦的生活，【b】希望得到快乐生活的人必定不能选择放荡的生活。如果我们现在的推理是健全的，那么马上就可以明白放荡必定总是与放荡者自身的意愿相违背。许多人生活无节制，其原因总是无知或缺乏自制，或同时具备这两个原因。对于有病的生活与健康的生活我们也必须说同样的话，两种生活都既有快乐又有痛苦，【c】但在健康的生活中快乐压倒痛苦，在有病的生活中痛苦压倒快乐。我们对各种生活作选择的目的不是要保证痛苦的优势，我们已经宣称比较快乐的生活是另一方面占优势的生活。与放荡的生活相比，我们在有节制的生活中以较少的数量、较小的范围、较弱的强度保持快乐与痛苦的展现——【d】与愚蠢的生活相比，聪明的生活也是这样，与胆怯的生活相比，勇敢的生活也是这样。在这些两两成对的不同生活中，快乐在一种生活中具有优势，痛苦在另一种生活中具有优势，勇敢的生活战胜胆怯的生活，聪明的生活战胜愚蠢的生活，由此带来的结果就是，节制的、勇敢的、聪明的、健康的生活比胆怯的、愚蠢的、放荡的、有病的生活更快乐。

总而言之，这种身体健康和精神上的合乎美德，不仅比堕落的生活更愉快，而且也优于其他生活方式；这样的生活会带来美貌、正直、效率、名望，所以，【e】要是一个人过着这样的生活，他的整个存在将会无比幸福，胜过那些过着相反生活的人。

讲到这里，我们可以停止对法律作序言式的解释了，这个序言我们已经完成了。"序曲"之后，应当是"主曲"，或者（更加准确地说）要有一个法律和政治体制的提纲。就好比蜘蛛织网，或其他编织工作，【735】经线与纬线不能用同样的线，经线的质量一定要好，一定要结实，还要有一定的韧性，而纬线可以比较柔软，具有适当的柔顺性，这些都是你们知道的。这个比喻表明，公民也肯定会有某些相类似的情况，有些公民需要进行统治和管理，有些公民需要接受教育和考验，这种差别在各种情况下都存在。你肯定知道，建立一种体制要做两件事：一是把职务授予个人；另一是给官员提供一部法典。

但是，在谈论这些主题之前，还有一些要点需要注意。掌握畜群的人，【b】牧羊人、牧牛人、牧马人，等等，若不事先净化畜群，那么他绝对不会开始照料它们。他首先会把健康的牲畜与有病的牲畜分开，把纯种牲畜与杂种牲畜分开，把杂种牲畜赶到其他畜群中去，然后照料纯种牲畜。如果不提纯畜群，【c】他将遇到无穷无尽的麻烦，因为出自本性或由于管理不当，这些家畜的身体和心灵都已经退化了，如果让它们与其他健康的牲畜继续待在一起，就会引起整个畜群衰退。关于这些低等动物我们就不多说了，我们提到它们只想起一个比喻的作用。对人来说，这个问题也是立法者首先要关心的，他要能够发现和使用一种方法，能够处理净化问题和其他问题。【d】例如，在人类城邦的净化方面，情况是这样的。净化城邦有许多种方法，有些比较温和，有些比较激烈。有些方法——最激烈的和最好的方法——可以同时让作为独裁者和立法者的那个人来使用，但若一名创建新城邦和新法律而又较少拥有独裁权力的立法者能够用最温和的方法来达到净化的目的，那么他会很满意。最好的办法就像最有效力的药，是痛苦的，【e】通过正义与惩罚的结合来达到矫正的效果，而这种惩罚最严厉的就是死刑或流放，通常用来清除城邦中最危险的成员，那些重大的罪犯，无可救药的冒犯者。比较温和的净化方法我们可以这样描述：【736】有些人由于缺乏生存手段而准备追随他们的领袖参加杀富济贫的战斗，这种人被立法者视为国家的大患，立法者会尽可能善意地把他们送往国外，委婉地说来就叫作

"解脱"，这一过程的名称就叫"殖民"。每个立法者从一开始肯定会或多或少地使用这种方法，但我们自己的处境，在当前时刻，仍旧是令人高兴的。我们既不需要去殖民，也不需要选择其他净化方法。可以说，我们已经有了一个大水库，这个水库有多处水源，【b】进入水库的水，有些来自河流，有些来自山溪，我们只需要小心翼翼地确保库中之水的纯洁，从它的某个部分取水满足我们的需要，或者把它的某个部分排除掉。没错，在政治方面做相类似的事情当然会有某些麻烦和危险，但我们现在只涉及理论，不涉及实际操作，所以从理论上说我们可以完成招募公民，并确保其纯洁性。事实上，有些坏人想要成为我们所建立的这个国家的成员，【c】但我们可以让他们接受长时间的多种考验，阻止他们到来；而对那些想来的好人，我们要表示衷心的欢迎和恳切的期盼。

　　我们不应当忘记，我们交的好运就像赫拉克勒斯的子孙①创建殖民地时的好运一样，既没有没收财产的残酷斗争，又没有废除债务、重新分配财产的问题。在一个古老的、已经建立起来的城邦中，如果需要创立新法，【d】那么革新者和守旧者都会以某种方式证明这样做实际上是不可能的，剩下来可以做的事情只是抱着虔诚的意愿对已有法律的某些方面作缓慢的、小心翼翼的修正。总会有一些改革者拥有大量地产和大量负债人，如果不免除债务和重新分配财产，负债人就不可能以一种自由精神享有他们的权益，【e】因此改革者希望他们获得某种适度的财产，确信贫困的产生更多地在于人们的贪婪，而不是更多地在于个人财产的减少。这样的信念确实是城邦安全最稳定的根源，使人们保持这样的信念是后来建立一切政治制度的最稳固的基础。如果这些最初的条件不具备，那么政治家后续的行为总是困难重重。【737】如我所说，我们幸好没有这种危险，不过，解释一下在不能幸免的情况下如何摆脱这种危险对我们还是有帮助的。我们可以说，我们必须把实施正义与摆脱贪婪结合起来，在这种结合中寻找我们避免这种危险的方法。除此之外，我们没有其他或大或小的道路可以获得拯救，这一原则必须视

---

　　①　指底比斯人。

为我们城邦的一项支柱。事实上，必须用某些制度来规定财产，【b】其中包括不得反诉财产的主人，否则的话，任何有理智的人只要有可能就会拒绝接受这种人们在其中长期相互妒忌的城邦体制。有些人出于上苍恩赐的运气找到一个新城邦，就像我们现在一样，其中还没有内部的敌意，而分配土地和房屋会引入这样的敌意，可见，这样做完全是一种堕落行为，是极端的愚蠢。

【c】那么，公正的分配方法是什么呢？首先，我们必须确定一个适当的公民总数；其次，我们必须就如何分配达成一致意见，每人应当得到多大份额，应该得到多少土地和房屋，等等。总人口应当有多少才是令人满意的，要正确回答这个问题不必考虑相邻共同体的领地。【d】共同体的领土应当足以维持一定数量的最有节制的人的生活，但不要再大了，共同体的人口应当能够足以保护自己，反对侵略，还要能在邻国受到侵犯时帮助邻国。通过考察领地和邻邦，我们可以把这些要点确定下来，这些要点既是理论的又是实际的，但对我们当前的论证来说，我们可以开始用提纲或轮廓的形式完成我们的法典。

【e】让我们假定——为方便起见我们说个整数——我们有五千零四十位土地所有者，这些人能够武装起来保护自己的财产，土地和房屋也按同样的数目划分，一人一份。让这个总数首先除以二，然后除以三，事实上这个数字也可以被四、五，以及后续一直到十为止的整数整除。任何立法者当然至少必须熟悉数，知道什么数字，或什么样的数字对一个既定的国家最有用。【738】因此我们会选择能够承受一连串划分的那个最大的数。当然，整个整数系列可以用任何数字来除，得到任何商数，但我们对五千零四十所作的划分可以用于战争的目的，或者说适用于缔结和平，我们还可以按照这个数字来征税和进行公共分配，用整数作除数除以这个数共有五十九个商，【b】而从一开始算起，共有十个商是前后相继的。

那些有法律义务的人应当努力在闲暇时间深化他们对这些数学问题的理解。城邦的创建者需要知道这些知识，其原因我现在就来说明。无论是重新创建一个新的基础，还是恢复老基础，在关于众神及其圣地的事务上——比如一个城邦必须建什么神庙，应当把神庙献给什么神或什

么精灵——没有一个聪明人会想去打扰从德尔斐、【c】多多那①、阿蒙②
神的神谕中得来的信念，或者动摇来自任何神灵显现和神灵启示的古老
传说的信念，这些信念已经导致献祭和祭仪的建立，无论它是原创的和
本土的，还是从埃图利亚③、塞浦路斯④，或者别的地方传来的，神谕、神
像、祭坛、神龛、圣地的供奉后来都固定下来了。【d】立法者应当尽可能
避免干扰这些事务，他应当给每个区指定保护神，或指定精灵和英雄，
他划分领地时的第一步应当给每一位神灵指定一块专门的区域来负责
供奉。他这样做的目的是，在特定时期把崇拜各种不同神灵的人聚集在
一起，为满足人们的需要提供机会，宗教节庆可以增进人们相互间的友
谊和亲密。【e】公民们能够这样相互熟悉和了解确实是一个城邦的福气。
如果不了解对方的性格，或对此一无所知，那么就没有一个人能够达到
一定的等级，或他可以承担的职务，或恰当地行使正义。因此，向所有
邻居证明自己不是骗子，而是货真价实的真正的人，不能被当作冒牌货
来对待，这是城邦中的每个公民在做其他事情之前应当努力做到的。

　　【739】我们的立法事务下一步必定朝着另一个方向移动，就好像下
跳棋时从这条"神圣的界线"移向别处。这话初听上去好像有点突如其
来，然而我们的思考和实际经验显然告诉我们，一个城邦好像只能享有
居第二位的最好的体制。我们中有些人可能会对这样的城邦感到不满，
因为他们不熟悉一位并不拥有独裁权力的立法者的处境，但是严格的立
法程序会区别最好的、次好的、第三等的体制，而把选择权留给对建设城
邦基础负有责任的派别。【b】据此我建议，我们当前的讨论也要采取这
种方法。我们要描述最好的、次好的、第三等的体制，把选择权留给克利
尼亚，或者留给其他任何人，这个人也许正好承担选择的任务，想把他认
同的价值具体化为体制，以满足他自己的爱好。

---

① 多多那（Δωδώνα），地名。

② 阿蒙（Ἄμμων），埃及神名。

③ 埃图利亚（Ἐτρωρία），地名。

④ 塞浦路斯（Κύπρος），地名。

【c】你会发现,理想的城邦和国家,最好的法典,就是古谚所说的"朋友的财产被共享"的地方。假如世上现在有这样的城邦,或者以往曾经有过这样的城邦,或者将来会有这样的城邦——妻子、儿女,以及一切财产公有——假如用某种方法消灭了我们生活中用"所有权"这个词来表示的一切事物,假如用一切可能的办法使我们天然拥有的东西都成了某种意义上的公共财产,我的意思是,假如我们用来看、听、做的眼睛、耳朵和双手都服务于公共事务,【d】还有,假如我们都能完全一致地表示赞同或表示谴责,从同样的源泉中产生快乐与痛苦,简言之,假如一种城邦体制使其成员变得完全像一个人,那么我们再也找不到比这个标准更真实、更好、更能衡量他们品质的标准了。假定在某个地方有这样的城邦,这个城邦的居民是众神或众神的子孙,他们在那里过着无比幸福的生活。【e】假定我们不再向别处寻找体制的模型,而是以此为榜样,努力把我们的国家建成这种样子。一旦这样的国家诞生了,那么我们可以说它是不朽的,也是唯一可以称得上位居第二的最好的国家,至于位居第三的最好的国家,有上苍的青睐,我们放到后面再说。现在要说的是,我们所说的这种体制是什么,怎样才能实现它?

首先,公民必须分配土地和房屋;【740】他们一定不能共同耕作,因为共同耕作掩盖了他们在出生、哺育和教育方面的差别。要带着这样的想法分配土地:土地是分给个人使用的,但他必须把这块土地当作整个城邦共同财产的一部分;整个领地是他的祖国,他要精心照料这块土地,就像儿子为母亲做事一样;还有,大地是一位女神,是可朽的凡人的女主人。(对于各地已经建立起来的众神和精灵,也应同等敬重。)

【b】还必须进一步采取措施,使这些安排能够持久:按照最初分配所建立起来的灶神的数量必须永远保持不变,既不能增加也不能减少。在任何城邦确保这一点的方法是这样的:让拥有份地的人根据自己的喜爱指定一个儿子做家庭的继承人,【c】在家主生前或者死后继续崇拜家庭的神和管理家产。如果子女不止一个,那就依照法律把女儿嫁出去,其他的儿子则过继给无子嗣的其他公民,对此双方要达成友好的协议。如果一个人没有朋友,或者有类似问题的家庭数目太大,或者由于生育的原因而男女比例失衡，【d】碰到这些情况我们就要设立一位最高的、最有权的执政官来考虑如何解决人口过度或不足的问题，想出最好的办法来保证我们的家庭数量为五千零四十，不能再多。办法有几种。一种是对生育进行检查，在人口过多时加以控制，在人口不足时加以鼓励，可以用授予荣誉或使之丢脸的办法来影响年轻父母，也可以对他们的长者发出警告，只要能起到作用。【e】此外，在最极端的情况下，假如用尽所有办法也不能保持五千零四十这个数字，如果婚配引起人口过度增长，那么在失败之中我们就不得不使用我们不止一次谈论过的老办法，这就是挑选那些相互比较友爱的人实行移民。【741】如果情况正好相反，比如遇上洪水、疾病、战争，公民突然死亡而使得总人口远远低于指定的这个数字，那么在这种时候，尽管我们知道只要有办法就决不能吸收那些教育程度低劣的人做公民，但我们仍旧不得不这样做，如谚语所说，"连神也没有办法"。

　　所以，让我们假定我们的这个论题会跟我们说话，会向我们提出这样的建议："我亲爱的先生们，切勿忽视这一事实，乃至于粗略地低估相似、相等、同一、一致这些概念的价值，在数学或其他有用的和生产性的知识中。【b】尤其是，你们这些人的首要任务就是保持固定的人数，只要你们还活着；你们必须敬重你们最初分配财产时的总财产的合理上限，不要在你们之间相互买卖。为你们分配份地而抽签的是一位神，所以如果你们轻视他，那么他不会支持你，立法者也不会支持。对于那些不服从的人，法律有两点警告：【c】第一，你们可以选择或拒绝参加分配份地，但要是你们参加了，你们必须遵守下列规定：一、你们必须承认土地对于所有众神来说都是神圣的；二、男女祭司在第一次、第二次、第三次献祭的时候，要为此意愿而祈祷。

　　1. 任何人买卖他的份地和房屋必将为其罪行受到相应的惩罚。①

---

　　① 英译者 Trevor J.Saunders 为方便读者阅读，把文中为克利尼亚的城邦制定的这些法典条文与上下文分离，并编了序号1—115。

你们要把这些细节刻在柏树板上，把这些成文的记载永久存放在神庙里。【d】第二，这条法律的实施将由人们认为目光最敏锐的执政官来监督，这种违法事件一旦发生就不可能逃脱，冒犯法律、违抗神灵的人都会受到惩罚。这条规则若能配上一种相应的组织，将会给城邦带来大量的幸福，没有一个恶人知道这是一种什么样的组织，而那句古老的谚语说过，考验就是通往德性之路。【e】因为这样的组织不会给侥幸留下什么大的空间，其结果就使得无人需要侥幸，或者许可在卑鄙的呼唤下制造侥幸——甚至连大声指责粗卑的手艺也会使有着一颗自由灵魂的人感到厌恶——没有人会屈尊用这样的手艺来积累财富。"

上述所有考虑还进一步促成了一条这样的法律：【742】私人不得拥有金银，只能拥有日常流通的硬币，因为用货币向手艺人支付工钱的事情几乎无法避免，某些行业也需要用货币向那些挣工资的人支付工钱，无论他们是奴隶还是外邦来的定居者。因此，我们要规定一种本国的货币，在国内有用，而到了国外就没用了。【b】至于共同的希腊货币，为了满足一些人旅行和探险的需要，比如派遣驻外使馆人员和组织必要的使团，国家必须拥有一些可以到处流通的希腊货币来满足这类需要。如果某个人不得不去国外旅行，那么他在启程前要获得执政官的批准，旅行回来后手头若还有外国货币，他应当把外币交给国家，兑换成地方货币。

2. 如果发现有人私藏外币，那就要没收充公，上交国库。

3. 如果有人对私藏外币者知情不报，【c】必须给予和偷运外币者同样的诅咒和谴责，再加上罚款，数额不低于偷运进来的外币总额。

男子结婚或入赘，不得给予或收取任何嫁妆。金钱一定不能存放在不相信的人那里。不得有以赢利为目的的放贷，借款者绝对有权拒绝归还利息和本金。

评价这些政策的最佳方式是依据根本目标来考察它们。【d】我们坚持认为，一名知道自己是干什么的政治家的目标不会是大多数人所说的好的立法者应当拥有的目标。他们说，要是他知道他是做什么的，他的法律会使国家尽可能庞大，尽可能富裕；他会把金矿和银矿给予公民，使他们能够在陆上和海上控制尽可能多的人。人们还会说，如果他是一位正确的立法者，他必定想要使他的城邦尽可能地良好和幸福。【e】这些目标有些是可能的，有些是不可能的。因此，国家的建设者试图做那些可能的事，而不会把那些不可能的事当作自己的目标，也不会进行尝试。一般说来，幸福的实现实际上必须等候善的到来，所以国家的建设者会以善和幸福的结合为目标。但要马上变得极为富裕和极为良好是不可能的，如果我们说的富裕指的是那些民众心目中的富裕，也就是少数人拥有极大的财富，这实际上是一个恶人梦寐以求的事情。【743】既然如此，我决不承认富裕的人是真正幸福的人，除非他也是一个善人，但要说一位极为善良的人也应当极为富裕，那完全是不可能的。有人会问，"为什么?"我们会回答，"因为以公正和不公正二者加在一起为本钱所获得的利润大于仅以公正为本钱所获得的利润的两倍，【b】而一个既不愿体面地花费又不愿不正当地花费的人的开销少于一个准备在荣耀的目的上体面地花钱的人的开销的一半。因此，按相反方式行事的人决不会变得比那赢得双倍利润的人更为富有，而他的花费也只有后者的一半。这两个人一个是好的，另一个人在节俭的时候不是坏的——尽管有时候他可以完全是坏的——但我已经说过，他绝不是好人。事实上，用诚实和不诚实的手段赢利，正当或不正当地花钱的人，只要他是节俭的，他会变得很富裕，尽管他完全是个坏人，如果他是奢侈的，那么一般说来他会变得很穷;【c】而一个在荣耀的事情上花钱，并且只从诚实的来源中获取时，这样的人不容易变得极为富有或极端贫困。由此看来，我们关于极富的人不是好人这个论断是站得住脚的，如果他们不是善的，那么他们也不是幸福的。"

我们制定法律的整个要点，是让公民们极为幸福地生活在最大的友谊之中，相互忠诚。但若公民们在法律中有许多争讼，那就不会相互信赖了，【d】还会犯下无数的过错，但这两种情况都比较少见。我们规定，我们的城邦一定不要金银，也不要用手工技艺谋利，不能有高利贷，也不能容忍利欲熏心的小人，而只允许有限度的农耕，人们不能用它来谋利，以至于忘了拥有财产的目的。【e】拥有财产是为了灵魂和身体的存在，没有身体的训练和自由的教育，财产也就没有任何意义。我们曾不止一次地说过，在我们所推崇的事物序列中，财产所据的地位应当最低，因为人的普遍利益以三样东西为目标：正当地追求和获得财产是第三位的，最低的；身体的好处是第二位的；灵魂的好处是第一位的。对我们现在考虑的体制来说也一样，【744】如果按照上述原则来规定荣誉，那么就可以正确制定国家的法律，但若有任何法律使公众对健康的推崇高于明智，或者对财富的推崇高于健康和明智，那么我们可以认为这些法律的制定是错误的。所以，立法者必须反复问自己，"我到底想要获得什么？""我正在获得它，还是错失了靶子？"要是他这样做了，他也许就会凭借他自己的努力完成他的立法，不会把什么工作留给其他人。除此之外，没有其他成功之途。

【b】所以，当一个人抽签取得了他的份地以后，他必须遵守相关的规定。① 如果没有人带着比其他人较多的财产进入这个殖民城邦，这倒是一件好事；但这又是不可能的。前来定居的，有些人财产相对较多，有些人财产相对较少。所以，由于一系列原因，尤其是因为这个城邦提供平等的机会，必定有按财产划分的等级，以确保职位、税收、薪酬的安排以人的价值为基础。这里不仅要考虑他个人的德性，也要考虑他的祖先的德性，还要考虑他的力气和相貌；【c】他是怎么富裕的，或者他是怎么贫穷的，也应加以考虑。简言之，必须尊重公民，严格按照"比例代表制"，尽可能给他们安排职位，避免他们的反感和不满。由于这些原因，必须按照财富把公民划分为四个等级：第一等级、第二等级、第三等级、第四等级，或者无论用什么名称。一个人要么保持他原先所属的那个等级，【d】要么由于变得比以前富裕或贫穷，因而转变为恰当的等级。

有鉴于上述原因，我们会依据下列思路通过下一条法律。（我们坚持认为，一个城邦要想避免那些最大的灾难——我指的是内战，尽管内

---

① 参阅本文 741b—c。

部纷争会是一个比较好的术语——一定不能允许极度的贫穷和极度的富裕在任何部分的公民中产生，因为二者均会导致这些灾难。因此，立法者现在必须宣布可以接受的贫穷和富裕的标准。）【e】贫困的下限必须与每个人的基本财产价值相当，这种财产是永久性的；（若是有官员或其他有雄心的人轻视这种公民财产的减少，那么他们不会被视为有美德的。）立法者将以这种基本财产为尺度衡量人们的收入，允许人们获得相当于基本财产两倍、三倍、四倍的收入。如果有人由于发现了宝藏，或者得到了捐赠，或者做生意很成功，【745】或者交了其他好运，使他的收入超过了这个标准，那么他可以把多余的部分交给国家和国家的保护神，这样就不会受到惩罚，而且能得到好名声。

4. 要是有人违反这条法律，任何人只要愿意都可以去告发他，违法者超过限度的财富要被罚没，其中一半作为给告发者的奖励，另外一半献给众神；除此之外，有罪者还必须用他自己的财产支付同等数额的罚金。

每个公民份地之外的所有财产都应当登记在案，由法律任命的税务官员负责监管，【b】这样一来，凡涉及财产问题的法律诉讼，法官就能轻而易举地判案，因为事实非常清楚。

此后，立法者的第一项工作是尽可能准确地为城市选址，作为整个国家的中心，他选的位置也要有利于城市生活的方方面面，（这些细节很容易理解，也可以办到。）其次，他必须把他的城市分成十二个部分。但他首先要确定一块供奉赫斯提、宙斯和雅典娜的圣地（称之为"卫城"），放在城市中间；【c】然后，他会把这个城市划分为十二个区，以卫城为中心，画出十二条放射线，把整个国家划分为十二个部分。十二个部分应当保持这种意义上的平等，土地比较肥沃的地区面积应当比较小，土地比较贫瘠的地区面积应当比较大。然后立法者必须划出五千零四十块份地。每块份地由两部分组成，一部分较近，另一部分较远，组成一块份地。离城市最近的地块与距边境最近的地块搭配，

【d】离城市稍远的地块与离边境稍远的地块搭配,总之,根据地块的远近程度搭配每一块份地。我们还应当根据这些地块的肥沃与贫瘠程度来进一步调整它们的面积,使之平等。当然,立法者也必须把所有人口划分为十二个部分,使每个部分人的总的财产大体相当,并对此作详细记录。然后,他要努力给这十二个部分指定十二位神,以神的名字为这十二个部分命名,【e】如此确定下来并神圣化的人群就称作部落。然后,城市的十二个区也必须按照划分整个国土的相同方法进行,每个公民要有两所房子,一所靠近城邦的中心,一所靠近边境。到此为止,创建这个城邦的工作算是结束了。

但是,有一项教训我们必须牢记在心。作为一个整体,这一蓝图绝不可能找到完全有利的环境使它的每一个细节都能实现。【746】它假设,没有人会不喜欢这样的共同体,他们都愿意终生把自己的财产限制在一个确定的界限之内,愿意接受我们已经提出来的家庭规模的限制,愿意不要金银以及其他东西,这位立法者显然还会继续增加他的禁令,是吗?刚才讲到城市和乡村的布局,以及在整个国家建造住宅,这一描述怎么样?他就是在讲述他的美梦,或者是在蜡板上刻画他的城邦和公民。【b】这个理想给人留下深刻印象,但立法者必须对它作如下考虑(这是他重复对我们讲话①):"我的朋友们,别以为我在当前的讨论中对你们的敦促无动于衷。事实上,我认为在讨论将要实施的计划时展示一个完善的、可供模仿的模型是最公平的,不能视之为毫无优点和真理,【c】而对那些根本不包含这种完善性的计划,人们应当拒绝加以实施。人们应当尽一切努力去实现完善的计划,使现实尽可能接近理想,使现实状态在性质上与理想状态最接近。人们应当允许立法者完善他心中理想的轮廓,做到了这一点,人们才可以和他讨论他的哪些立法建议是冒险的,哪些会引起很大的困难。因为你们知道,在任何事情上都必须坚持前后一致的原则,哪怕是制造一样微不足道的东西,【d】只要这个制造者还值得一提,他就应当能够保持前后一致。"

---

① 参阅本文 739a 以下。

我们已经决定把公民分成十二个部分，我们应当试着明白（毕竟，这一点还是相当清楚的）划分者使用的这个大数字和每个组成部分的小数字，并且想到这些数字如何进一步划分和再划分，直至你得到五千零四十。① 这样的数字框架可以帮你构思兄弟关系、地方管理单位、村庄、你的作战同伴、行进队列、【e】以及硬币单位、液体和固体度量单位、重量单位。法律必须规定所有这些细节，以便让人们恰当地遵守。不仅如此，立法者不应害怕过分关注细节。他必须勇敢地发出指示，公民不得拥有大小不合标准的器皿。【747】他会设定一般的数学划分的规则，应用于各个有用的领域。这条规则会受限于算术本身的复杂性，也可延伸至平面几何与立体几何的微妙；它也和声音相关，和运动相关（直线运动或旋转运动）。立法者应当对这些事情作解释，教导全体公民按规定办事，决不要做这一框架之外的事情。在家庭生活和公共生活中，在所有艺术和技艺中，没有其他任何一门学问能像数学一样拥有巨大潜能，【b】然而人们却总是说它会使人晕头转向，谨小慎微，注重细节，胆小怕事。总之，它会给人的天赋带来奇迹般的教养和改善。所以，只要进一步依靠法律和制度，从学习者的灵魂中排除奴性和贪婪，那么你会看到，这些主题形成了一个很恰当的课程表，【c】人们能够掌握它，并从中获得好处。哪怕你们做不到这一点，你们也会发现你们已经生产出一个"扭曲者"，而不是创造出来个有学问的人——恰如在埃及人和腓尼基人那里，以及其他许多种族中常见的那样，他们对财富和生命的追求表现出一种狭窄的观念。（也许会有无能的立法者埋怨这种状况，或者抱怨运气不好，甚至抱怨产生同样效果的某些自然的影响。）

事实上，麦吉卢和克利尼亚，关于选址问题，我们一定不要忘了还有另外一个要点。【d】有些地方比其他地方更容易产生好人或坏人，但我们现在并非要依据事实来立法。我知道有些人把他们的吉祥或凶兆归于刮风和日晒，有些人归于他们的饮水，还有一些人归于他们土地的出产，

---

①　5040 除以 12 等于 420。5040 可以被 1 到 7 整除，12、15、20 等因素也很容易再划分。420 是一个组成部分的人数，即一个部落的公民人数。

这些出产不仅为身体提供较好的或较差的营养,同样也影响着灵魂的善恶。【e】还有,最令人注意的是,有些地方是某些超自然的存在物的家,或者是精灵出没的地方,它们仁慈地或不仁慈地接受定居者死后的身体。聪明的立法者会尽力考虑这些事实,尽力使他的立法适合这些事实。所以你克利尼亚,当然也要这样做。作为一个地区的殖民规划者,你们首先必须注意这些要点。

克 你说得很好,先生。我一定会接受你的建议。

第 六 卷

雅 【751】嗯,好吧,我已经把所有东西都从我的宝物箱里搬出来了,你的下一项工作是为这个城邦任命官员。

克 当然。

雅 组织社团包括两个阶段。① 首先,你们要设立职位和任命官员,决定适当的职数和适当的任用方法。然后,【b】制定与每个职位相关的具体法规;你们必须决定在各种情况下哪些法规是适用的,需要多少,需要什么类型。但在我们作选择之前,我们可以暂停一下,先来解释会对它产生影响的一个要点。

克 什么要点?

雅 是这样的。立法对任何人来说都是一项庞大的任务,当你有了一个构成良好的国家,还有一部框架良好的法典,但却让一些无能的官员去监管,那么这是对良好法律的浪费,整个事业也会退化为一场闹剧。【c】不仅如此,这个国家发现它的法律还会带来大规模的伤害和不公正。

克 这是很自然的。

雅 现在,让我们来注意这种构思与你们当前的社团和国家的关系。你们评价说,要是你们的候选人值得提拔,执掌权力,他们的品性和家庭背景必须得到恰当的考验,从他们的幼年一直到他们参选;其次是

---

① 参阅本文 735a—750e,在初步讨论政务官员以后,这里重新开始讨论。

那些参加投票选举的人应当接受很好的法律训练,【d】懂得如何用正确的方法表示同意或不同意,这是候选人必然面临的两种命运。但在我们这个事例中,这些人是最近才聚集起来的,相互之间不熟悉,也不懂得如何磋商,我们能够期待这样的人按这种无可非议的习俗选举他们的执政官吗?

克　这几乎是不可能的。

雅　但是,你们瞧,如俗话所说,"一旦进入比赛,你就没有任何借口"。这就是我们现在的窘境:你和你的九位同事,这是你告诉我们的,【e】向克里特人民保证,全身心地创建这个城邦;而我也许诺要用我正在讲的这个故事来参加你们的工作。【752】当然了,我不能让它没头没脑,像个无头怪物似的乱吼乱叫,如果是这样的话,那就太难看了。

克　你的故事讲得很好,先生。

雅　是吗,噢,我也真心希望能沿着这些路线给你们一些实际的帮助。

克　那就让我们继续执行我们的计划。

雅　是的,我们要,要是条件允许,但愿我们能够取得进展。

克　【b】"要是条件允许"可能是没问题的。

雅　当然。所以,让我们接受神的引导,注意其他事情。

克　什么事情?

雅　我们会发现,我们发动创建我们这个城邦相当鲁莽和愚蠢。

克　什么事儿让你说出这样的话来?你心里想的是什么?

雅　我想到了我们立法时的轻率,因为我们毫无依据地希望人们会接受我们建议的法规。然而,【c】克利尼亚,有一点是非常清楚的,哪怕没有特别敏锐的洞察力,也能知道没有人会一开始就轻易地接受这些法规,因此我们要耐心等候,直到那些适合担任公职的人出现,他们从小就已经品尝到了担任公职的滋味,并准备长大以后在这个委员会中发挥自己的作用。请你们注意,一旦我们的观点得到承认,并有计划或方法能确保其实现,那么我相信通过一段间隙,以这样的方式规划出来的城邦就有了生存的保证。

克　【d】听起来好像很有道理。

雅　我们再来考虑一下与我们的目的相适应的措施。克利尼亚，我认为在所有克里特人中，这首先是你们克诺索斯人的责任。你们不仅要用各种宗教关怀来对待你们定居的这块土地，还要高度关注最初的官员任命，要尽可能使用最确定、最好的方法来做这件事。总的说来，这是一个相对较轻的任务，【e】但我们一定要尽最大的努力，从选择执政官开始。

克　嗯，我们能发现合理的方式吗？

雅　是的。"克里特之子"，（我说），"鉴于克诺索斯在你们众多城邦中的领先地位，我宣布这是克诺索斯人的责任，你们要和新来的居民一起选择一个三十七人的领导集团，从新居民中选十九人，【753】其余十八人从克诺索斯人中选举"——这是克诺索斯人给你的城邦的礼物，克利尼亚。他们应当把你算作这十八人之一，并且让你本人成为这个殖民城邦的公民，当然，事先要经得你的同意（若你不同意，那么你将会被温和地驱逐）。

克　嗯，先生，你为什么不把你自己和麦吉卢也列为这个城邦的共同管理者呢？

雅　啊，克利尼亚，雅典是一个高贵和强大的国家，拉栖代蒙也是这样；另外，这两个国家都离得很远。你们有各种合格的人选，就好像你创建城邦有你的同伴一样。【b】我刚才说的话也同样适用于你的这些同伴。关于我们当前处境所需要的最令人满意的程序，我就说那么多。要让这种制度能在时间的流逝中存活下来，就要按照这样一个过程任命这个委员会。那些在骑兵或步兵队里携带武器，并在年纪许可的时期内上战场打仗的人都应在选举执政官时有自己的声音。选举应当在被国家认为最庄严的圣地里举行。【c】每位选举人都要把他的提名牌放在祭坛上，上面写着他提名的候选人，候选人的父亲、候选人的部落、候选人所属的居民区，提名人自己的名字也要写在牌子上，还要写上与被提名人相同的内容。任何人若是对提名牌的内容有疑问，只要他愿意，就可以把提名牌拿到市场上去公布，不少于三十天。提名的候选人可达三百人，【d】由当局把候选名单向整个共同体公布,然后每个公民将根据自己的意愿对候选人进行初选,负责选举的官员会把得票在先的一百人公布。整个选举的第三步在两次献祭之间进行,公民们可以随意从这一百名候选人中选举自己喜欢的人,得票最多的三十七人将在接受审查后由官方任命为执政官。

【e】那么,麦吉卢和克利尼亚,在我们国家里制定这些选举规则和对当选者进行审查的是谁呢?我想,我们可以看到在一个城邦中肯定要有人做这件事,但在还没有任何执政官之前由谁来做这件事仍旧是个问题。我们必须找到这样的人,不管是用鱼钩还是用弯钩,他们也肯定没有什么同伴,但都来自那个最高的阶层。诚如谚语所说,"良好的开端是成功的一半",我们全都赞扬良好的开端。尽管在我看来,良好的开端还不只是成功的一半,然而一个良好的开端【754】决不能够被赞扬为这项工作的圆满完成。

克 非常正确。

雅 既然我们同意这个观点,那我们就一定不能在还没有弄清楚如何解决这个问题之前就在沉默中把它放过去。尽管我自己希望要有一次必要的、有益的观察,但我不想在这个结合点上重复多次。

克 这个结合点是什么?

雅 我要说的是,我们将要建立的这个城邦,除了它得以建立于其中的城邦之外,是无父无母的。【b】之所以这样说,不是因为我忘了已经有大量的城邦建立以后常与它们的创建者的想法不一,或者后来变得不同,而是因为此时的情景就像一个孩子似的,哪怕有朝一日他会与他的父母有差别,然而他那儿童时期的无助状况此时仍旧存在。他依赖父母,父母也关心他,他老是跑回家,在家人中找到他仅有的同盟者。我说的这种联系也都能在我说的克诺索斯人与我们的新国家之间的关系中找到,【c】他们的关心我们当然要感谢。所以,像我已经说过的那样——健全的思想不会因为重复而被糟蹋了——我认为克诺索斯人必须参与选举事务。他们应当共同选择不少于一百名的新到达的殖民者,要尽量选择年长的和最好的,另一百人则来自克诺索斯。这后一百人必须到我们的新城邦来，【d】承担部分依法任命官员和审查当选者的工作。等这件事做完后，这些克诺索斯人应当返回克诺索斯，把这个新建的国家留给定居者，让他们用自己的努力来保存国家，并使之繁荣昌盛。

这个三十七人组成的委员会有这样一些职责（不仅是现在，而且是永久的）：首先，他们担任法律的卫士（执法官）；其次，他们负责登记每个公民交给公家的财产。属于最高财产等级的公民可以留下四百德拉克玛，不用申报；【e】属于第二等级的公民可以留三百德拉克玛，不用申报；属于第三等级的公民可以留两百德拉克玛，不用申报；属于第四等级的公民可以留一百德拉克玛，不用申报。

5. 如果发现有人隐匿超过规定数额的财产，那么超过的所有部分都要充公。

任何人都可以起诉他，让他留下不老实的坏名声，让大家都知道他为了这种可耻的收入而藐视法律。要让他在由法律的卫士组成的法庭上受审。

6. 如果发现被告有罪，【755】那么他将被排斥在城邦的公共福利之外，除了他原先有的份地，他再也得不到任何福利待遇；他的罪行也要记录下来，一辈子不得取消，存放在任何人只要想看就都能看到的地方。

执法官的任期不得超过二十年，低于五十岁的公民不得当选。如果某位公民在担任这个职务时已经六十岁了，那么他的任期不能超过十年，与这条规定相一致，【b】如果一个人的寿命超过七十岁，就不能在这个重要的委员会中任职，在任何情况下不能有例外。

那么，有三项职责指派给法律的卫士。随着这部法典的延伸，每一条新法律都将赋予这个团体的人新的职责，除了我们在上面已经提到过的。

现在来说其他官员的选举，一项一项说。

【c】下面，我们必须选举将军和他们在军营中的助手，也就是说：骑兵指挥官、部落统领和部落步兵指挥官（称他们为副将可能是个好名称，实际上大多数人就这么称呼他们）。

将军[①]：这一职位由法律的卫士提名，必须由我们的公民担任，由所有当过兵的人或正在服役的军人选举。如果有人认为某位候选人不适宜，那么他应该提出自己的候选人，【d】并指出要用自己的候选人代替某一位候选人；为此他还要发誓，然后把自己的候选人当作竞选者提出来，举手表决获得多数通过后才被列入选举名单。获得选票最多的三个人将被任命为将军，在通过与法律的卫士相同的审查后掌管军事。

副将[②]：当选的将军们可以提名十二名副将候选人，【e】每个部落一名；整个选举过程和选举将军一样，也要经过候选人复议、投票选举和最终审查。

选举：在公民大会或公民议事会还没有组建之前，这个选举此刻应由法律的卫士主持，在最适当、最神圣、最宽敞的地方召开；全副武装的步兵和骑兵占据显要位置，军中所有等级在他们之下的人组成第三个团体。将军和骑兵指挥官由所有人投票选举，副将由所有步兵选举，【756】部落首领由所有骑兵投票选举；至于轻装步兵、弓箭手或其他种类士兵的指挥官，由将军们自己来任命。

骑兵指挥官[③]：我们还需要安排骑兵指挥官。副将候选人的提名与将军候选人的提名一样，由法律的卫士来提名，【b】复议候选人和投票选举过程也和选举将军一样。骑兵们进行的投票要由步兵进行监督，得票最多的两名候选人将成为整支武装力量的指挥官。

重选：投票只能进行两轮。若两轮投票仍旧不能选出结果，则由计票员进行投票，决定最后的结果。

议事会的人数应为三十打，每打十二人，总共三百六十人，这个数很

---

① 将军（στρατηγούς）。

② 副将（φυλάρχους）。

③ 骑兵指挥官（ἱππάρχους）。

容易再划分。【c】这些人将分成四组，每组九十人，每个等级的公民选举九十名议员。第一天，在最高财产等级的全体公民中进行选举，选举是强制性的，弃权者要缴纳法律规定的罚金。投票结束后，当选者的名字要及时记录下来。

第二天，由第二财产等级的公民按同样的程序投票选举，他们会提名第二等级的成员。

第三天，对第三财产等级的议员的提名是随机的，由所有公民投票选举，【d】第四或最低等级的公民参加投票，若不在意提名，可以免除罚金。

第四天，选举这个最低的第四等级的议员；全体公民都要参加，对投弃权票的第三、第四等级的公民免除处罚，【e】而第一和第二等级的成员如果拒绝参加投票就要受处罚，第二等级的罚金是先前罚金的三倍，第一等级的罚金是先前罚金的四倍。

第五天，负责选举的官员要向全体公民公布选举记录，每个公民要么参加投票，要么缴纳罚金。每个财产等级要选出一百八十人，凭抽签最后再选出其中的一半，送交审查。这些人将组成当年的议事会。

以这样的方式进行的选举将产生一种介于君主制与民主制之间的体制，一种合理的制度必须这样做。【757】奴隶和他的主人之间绝不会有友谊，卑贱者和高尚者之间也不会享有同样的荣耀；确实，以平等的方式对待不平等的对象，如果不用特定的比例来加以限制，就会以不平等的结果而告终；这两种情况事实上就是产生内乱的丰富源泉。有句古谚说得好，平等产生友谊。这条公理是非常合理的，【b】令人敬佩的，但它没有清楚地说明什么样的平等能产生这种效果，如果对此模糊不清则会给我们带来浩劫。事实上，在同一名称下有两种平等，但它们在大部分情况下产生的结果相反。一种平等是数量和尺度的平等，任何城邦和立法者都可以用抽签的方法简单地规定各种奖励，但是真正的、最优秀的平等很难用这种方法获得。对人世间的公共和私人事务，哪怕是宙斯给予的奖励也只能产生恩惠，不能产生平等。【c】它会使强者更强，弱者更弱，因为赐予要适合两种承受者的真正性质。尤其是授予两部分人的荣耀要合理,对高尚的人要授予较大的荣耀,而对与之相反的人则要授予与其相对应的荣耀。我们实际上也会发现这种纯粹的正义总是体现在政治体制中。克利尼亚,我们必须以这种平等为目标,在建设我们新生的城邦时我们一定要注意这种平等。如果有其他人能找到这样的城邦,那么他们也会抱着同样的目的立法,【d】不是着眼于少数独裁者或某个独裁者的利益,也不是着眼于富人对城邦的主宰,而是着眼于正义去消除各种各样的不平等,这种正义在我们刚才的解释中就是一种真正的平等。然而,一个城邦作为一个整体,为了避免它的各个组成部分之间的分裂,在使用这些标准时毕竟也要作某些限制。【e】你知道,平等和放纵总是在违反一种绝对完善的正义的统治。事实上,就是由于这个原因,我们必须使用某些抽签的平等来避免民众的不满,尽管当人们用这种办法处理最正义的事情时应当祈求神的保佑和好运的指点。所以,尽管环境的力量迫使我们应用两种平等,但我们应当尽可能少地使用第二种平等,【758】因为这种平等的实现诉诸好运。

我的朋友们,关于我们政策的合理性就说到这里,一个城邦要想存活,必须遵循这条政策。正如一艘船在海上航行必须有人日夜不停地瞭望,一个国家也是这样,它要在城邦间事务的波涛中颠簸,面临被各种阴谋推翻的危险。因此,执政官必须轮流值班,【b】一刻也不能中断。公民议事会靠指派的方法是不能处理好这些事务的,由于我们不得不让大部分议员在大部分时间里待在自己家中,处理他们所在的那个区的事务,因此可以指定每个月由十二分之一的议员值班,由他们担当卫士的职责,【c】负责会见来自国外的使者和国内的公民。无论来者有什么事要汇报,或者有什么问题要提出,都由轮值议员负责解答,有什么问题要向其他国家提出和要求对方答复也由他们处理。在一个国家中,不断地会有各种新情况发生,国家要对此作出防范,而这些情况一旦发生,【d】就要迅速作出反应,消除各种不幸。由于上述原因,召集或解散公民议事会议的权力必须赋予这个轮值委员会,包括召开常规性的会议、临时性的会议,或者召开特别会议。这个由十二分之一的议员组成的轮值委员会在当值的一个月中要起到上述作用,而在每年的另外十一个月中则不担负这种职责。轮值委员会必须与我们的其他官员保持不间断的联系，监管整个国家。

【e】这就是在这个城邦里管理国家事务的合理方式。但这个城邦及其领土的一般监管又如何呢？我们已经把整个城市和周围的领地都分成了十二块，那么我们要不要给城市的街道、公共和私人建筑物、港口、市场、河流，还有那些神圣的区域、圣地，以及其他类似的地方指定管理者？

克　当然要。

雅　【759】所以，我们可以说，神庙要有人照料，要有男祭司和女祭司来管理圣地。至于对街道、房屋的管理以及维持恰当的秩序——对人来说，要避免居民的权利受到伤害，对较低等的动物来说，我们要在城墙内和郊区保持体面的文明状态——我们将任命三种官员来管理，负责我们刚才提到的这些事务的人我们可以称之为"市政官"，专门管理市场的人我们可以称之为"市场专员"。

【b】如果是有世袭的祭司，那么一定要让他们继续工作，不要干扰他们；但若很少或没有世袭的祭司，比如在我们这个定居点刚刚建立的时候，那就应当在还没有任命男女祭司的地方加以确定，让他们负责向众神献祭的事务。上述官员的任命一部分通过选举产生，一部分通过抽签产生。我们在城市和乡村的每个区都必须把来自民众的成分与不来自民众的成分友好地结合起来，使之产生最完满的和谐。然而对祭司来说，【c】我们必须遵循神的意愿，用抽签的方法决定祭司的人选，只不过抽签决定了的祭司人选还要通过进一步的审查，首先要审查他有无亵渎神灵的言行和合法的出生，其次要审查他的住宅是否洁净，他的生活是否纯洁，以及他的父母是否有血案，或有无诸如此类对宗教的冒犯。

我们应当从德尔斐取来最普遍的宗教法规，【d】让最先任命的官员负责解释。每个祭司的职位可以保持一年，不能再长，按照我们神圣的法律负责崇拜仪式的人不得低于六十岁，这条规定也适用于女祭司。

负责解释宗教法规的人要从四个部落中选举产生，每个部落每次选一人，共选三次。得票最多的三个候选人要接受审查，由其余九人进行审查，他们必须去德尔斐聆听神谕，以便从每三人中指定一人负责一位候选人的审查。【e】审查的规则和审查者的年龄要求与对祭司的要求相同。如有空缺出现，则由发生空缺的这四个部落补选。

至于神庙的库房管理和圣地界内土地的出产及租佃事宜，【760】应当从最高财产等级的公民中为每个最大的圣地指定三人管理，为中等大小的圣地指定两人管理，为最小的圣地指定一人管理，这些管理者的选举程序和审查与将军的选举一样。关于这种宗教制度我们就谈这些。

只要能做到，不应当让城邦任何地方处于无防卫的状态。城邦的保卫工作应当作如下安排。一旦我们选举和任命了城邦的将军、副将、骑兵指挥官、部落首领、轮值委员，以及市政官和市场专员，【b】那么保卫工作就由他们负责。我们整个国土的其他所有部分也应当以下列方式来看守。由于我们整个国土被分成大体相等的十二个地区，因此要通过抽签决定一个部落负责一个地区一年的保卫工作，这个部落要能提供五名"乡村巡视员"或者"卫队长"，他们各自应当从他自己的部落中挑选十二名年轻人，【c】年龄必须在二十五岁以上，但不能超过三十岁。要用抽签来决定这些巡逻队员负责的区域，每年在一个地方巡逻一个月，用这种方法使每个队员熟悉全部国土。这些卫士和他们的指挥官应当任职两年。按照最初由抽签决定的位置，他们受巡逻队长指挥在某个地区值勤一个月，【d】一个月以后他们就按照时序轮换到下一个地区值勤，所谓时序就是从西向东。一年值勤期满之后，每个队员不仅熟悉了整个国家在某个季节的状况，而且熟悉每个地区在各个季节中的状况，然后他们会按照指挥员的要求，【e】按照相反的时序在各个地区巡逻。到了第三年，一个部落必须挑选其他乡村巡视员和五名新的卫队长，每名卫队长负责指挥十二人组成的巡逻队。

在各地值勤时，他们的职责是这样的。首先，他们必须有效地建立抵御敌人入侵的边境防卫设施，修建必要的防护栏和壕沟，竖起堡垒，对付任何敢于前来蹂躏国土的敌人和牛。为了达到目的，他们可以使唤自己家里的家畜和奴仆，【761】把它们当作工具来使用，当然在繁忙季节应当尽可能避免役使它们。简言之，他们要尽量使整个国家变得敌人无法接近，而朋友最容易接近，无论这个敌人是人还是家畜和牛。

他们的职责还包括把所有道路修得尽可能平整。【b】他们要修建堤坝和沟渠，使雨水能在山顶和山坡上畅流而不至于泛滥成灾，要使坡地能得到或吸收足够的雨水。他们要修建各种水利设施使耕地得到灌溉，甚至使那些最干燥的地区也能有充足的水源。他们以种植和建筑来装饰和美化泉水，无论是溪流还是山泉，【c】通过开挖沟渠来确保丰富的水资源供应。如果附近有圣地的丛林或园区，那么他们要修建输水管，在各个季节向圣地供水，以增强圣地的魅力。在各个布防点上，我们的年轻人应当为自己和他们的长官修建体育锻炼场所，还要让他们的长官能洗上热水澡，为此要贮备大量的干柴。【d】他们也要在这里提供一个友好之家，为那些在农耕中受伤的人提供治疗。他们提供的治疗应当比那些庸医更为有效。

上述工作以及相类似的事情对一个地区来说既很实用，又可作为城邦生活的装饰品，还能为公民提供一种有吸引力的消遣活动。各地区的官员有许多责任。由六十人组成的机构将保卫一个地区，不仅要抵抗敌人，而且要防范那些伪装的朋友。任何人，奴隶或自由民，【e】若是对邻居或同胞犯下严重过错，那么案子应当由五位指挥官来审。比较严重的案子，其涉案金额不超过三个明那的，或有十二名原告的，都应当这样做。而那些很小的过失则可以由某个指挥官单独审。没有可靠的调查，法官不可以判案，也不可在没有调查的情况下免去官员的职务，除了那些负责终审的人可以这样做，比如君主。尤其是我们那些乡村巡视员，【762】这些官员若是压迫归他们照料的人，把不公平的负担强加于村民，未经同意就试图征用村民的农产品，接受村民为了得到某种优惠而赠送的礼物，或者对下属的分配不公平，那么这些官员就要因为其腐败行为而被打上可耻的烙印；官员只要对本地区的居民犯下过失，哪怕只有一明那的案值或者更少些，犯罪的官员都将在村民和邻居面前接受由他们自愿发起的审判。如果官员在受到大大小小的指控时拒绝受审，【b】并希望能够在轮值期满后去一个新的地区，以此逃避指控，那么原告可以向公共法庭起诉。

7.如果告赢了,那么原告从拒绝接受自发审判的潜逃者那里可以得到双倍的赏金。

指挥官和乡村巡视员在两年任期中的日常生活是这样的。首先,乡下的每个地区都有一个公共食堂,【c】每个人都在那里就餐。

8.如果有位巡视员哪一天没有去食堂,或者有哪个夜晚违反规定在外留宿,除非有他的长官的命令,或者由于某些绝对无法避免的突发情况,那么其他人就要向五名指挥官举报,把他当作逃兵处理,送到市场上去示众。要像对待逃避责任的卖国贼那样鞭打他们,不能赦免,任何人见到他只要愿意都可以动手鞭打,不会因此而受到惩罚。

【d】五名指挥官中若有哪一个有腐败行为,就要由他的五十九名同事来处理。

9.任何人若是知情不报,将与犯错误的指挥官受到相同的法律制裁,对他们的处罚比对年轻人更加严厉,这样的人将不再有资格担任监管年轻人的任何职务。

法律的卫士将严格调查这些案子,重在彻底防止这类事件的发生或有人逃避应得的惩罚。

【e】必须让所有人坚信,一个人无论是谁,若不首先当好一名仆人,就不能成为一名可信赖的主人,要想成功地履行公务——首先侍奉法律,因为侍奉法律就是侍奉上苍——就不能自傲,在侍奉法律之后尊敬长者是年轻人的光荣。其次,我们的乡村巡视员在两年任期中必须过一种非常节俭的生活。事实上,当选之后,【763】这十二人与他们的五名指挥官就是仆人,他们没有自己的仆人,不能使唤他们自己的奴隶,不能随意役使农夫和村民,也不能在私人生活中使用奴仆,而只能在公务中使用奴仆。在公务以外的其他事务中他们必须完全依靠自己,既当主人又当奴仆。他们还要在夏季和冬季携带武器巡逻,【b】以便完全熟悉整个国家的地形及防卫,这可以认为是一项重要的学习任务,目的是使他们对自己的国家了如指掌。让他们在青壮年时期练习追猎或其他形式的狩猎,其原因就在这里,而他们自己也会从这样的练习中得到快乐和益处。

关于这些侦察员或乡村巡视员(你想怎么称呼他们都可以),关于他们这个集团,我们就说到这里——【c】进入这个集团就意味着每个人都要全心全意,成为国家的安全卫士。

在我们的列表中,下一步要选举的是市政官和市场专员。我们的乡村巡视员有六十人,与此相应的市政官有三人。城市的十二个区可以像管理机构那样分成三个区域,市区本身的道路,几条从乡下通往首都的大道,【d】还有按照法规建造起来的整齐划一的房屋,都归他们管辖。尤其是,他们必须管理供水事务,乡村巡视员负责向城里输送水,保证水库蓄水充足洁净,使之不仅能供应城市日用,而且能美化城市。因此,担任市政官的人必须具备能力,而且还要有处理公务的闲暇。同样,属于最高财产等级的公民可以按自己的意愿提名市政官,【e】得到提名最多的六人作为候选人,然后由负责选举的官员根据抽签选择其中三人送交审查,审查通过后,他们将担任这一职务。

下一步是选举五名市场专员,候选人必须来自第一和第二财产等级。其选举程序与市政官的选举基本相同,得到提名最多的十人为候选人,再用抽签的办法决定其中五人当选,然后在通过审查以后宣布他们的任职。在选举中,每个参加者都应当投票,拒绝这样做的人,【764】如果其行为被当局查明,将处以五十德拉克玛罚款,还要被宣布为是一名坏公民。任何公民都有权参加公民大会或出席公开的公民议事会。第一和第二财产等级的成员必须参加会议,如果有人缺席,要处以十德拉克玛以下的罚款。第三和第四等级的成员参加会议不是强制性的,如果不参加会议也不用缴纳罚金,【b】除非得到当局的紧急告示,要求所有公民参加某次会议。市场专员们要按照法规监督和维护市场的秩序,并且负有保护圣地及圣地内清泉的责任,如果有奴隶或外邦人侵犯圣地,那么市场专员们要惩罚冒犯者,鞭笞或监禁他们。如果冒犯者是公民,那么他们有权对冒犯者处以一百德拉克玛以下的罚款,【c】案子若与乡村巡视员联合审理,那么罚金可以加倍。乡村巡视员拥有自己的罚款权和处罚权,他们可以单独处以一个明那的罚款,若与市政官联合审理,则可处以两个明那的罚款。

下面要做的正确的事情是任命负责文化事务和体育训练事务的督察,两个领域各要有两套班子来处理教育事务和竞赛事务。法律规定由教育官员负责监理体育场和学校的维护和提供的教育,【d】以及与此相关的给男女儿童提供的照料和住宿事务。竞赛官负责组织和裁判音乐和体育竞赛,竞赛官分成两类,一类负责艺术,一类负责体育。在体育比赛中,竞赛官既要负责对人的裁判,又要负责对马的裁判,这样做是恰当的;而在音乐比赛中,可以让一些官员专门裁决独唱或独奏,比如独唱演员、竖琴手、笛手,等等,【e】让另一些官员专门裁决合唱。所以我认为,我们首先应当为我们的儿童歌舞队和男女成年人的歌舞队选择督察。这些歌舞队在舞蹈和整个音乐体系中表演。对他们来说,有一个这样的权威就足够了,【765】他的年纪一定不能低于四十岁。督导独唱或独奏表演的官员年纪不低于三十岁也就足够了,他要负责宣布比赛结果。歌舞队的实际主持人或督察应当以下列方式任命。所有从事合唱的成年人必须参加一个会议,不能缺席,否则就要受到处罚——这件事将同法律的卫士来处理——但其他人可以根据自己的意愿自由参加。【b】候选人必须是公认的音乐专家,对若干候选人审查的唯一标准是他们的专业能力,然后可以用排除法来确定由谁来担任这个唯一的职位。得到提名最多的十名候选人要接受审查,审查后仍高居榜首的人要按照法律的要求担任当年的歌舞队督察。选举独唱和独奏方面的督察,方法与此完全相同,当选者要监管一年的独唱和独奏竞赛,负责裁决这方面的事务。【c】接下去我们要从第三和第二财产等级中任命负责包括赛马在内的体育竞赛的督察,前三个等级的公民必须参加选举,最低等级的公民可以缺席而不受惩罚。初选获得成功的二十名候选人要再次由抽签决定最后的当选,在任命前也要通过审查委员会的批准。

【d】在任何官员的选拔中,如果有人在审查中没通过,都应当按相同的小法补选替补者,并通过相同的审查程序。

在这个领域还剩下来要选任的官员是教育总监,对男孩和女孩的全部教育负总责。同样,法律规定这个唯一的职位必须要由不低于五十岁的男性公民来担任,他必须是一个合法家庭的父亲。女性要担任这个职位实际上是不可能的。提名者和被提名者都必须牢记,【e】这个职位是国家高级职位中最重要的。任何生灵——树木、(温和的或野蛮的)兽类、人类——最初的嫩芽和幼崽都是美好的,这个时期对其一生能否达到善的顶峰影响最大。【766】我们把人称作温和的动物,实际上,若是拥有正确的天赋和教育,那么人确实比其他动物更像神、更温和,但若训练不足或缺乏训练,那么人会比大地上的任何东西更加野蛮。因此立法者一定不能把对儿童的训练当作第二位的或附属性的任务,这方面的当务之急是选择最优秀的人担任教育总监,负责教育事务,【b】必须由各方面最优秀的公民来担任这个职务。同理,在选举教育总监时,除了公民议事会及其委员会,所有官员都要去阿波罗神庙,在那里秘密地投下自己的一票,选择一名自己认为最适合管理教育的法律的卫士担任这个职务。获得选票最多者将由全体已经任命了的官员进行审查,得票最多的这位法律的卫士除外,通过审查后他将任职五年,到了第六年,【c】再通过同样的程序任命新的教育总监。

如果一名官员死在任上,而他的任期还有三十天以上,那就要由处理选举事务的委员会按照同样的方式选举一名替补者。如果一名负责孤儿事务的官员去世,那么他的父系和母系亲戚应当在十天内指定死者的一名堂兄弟来继任,如果没有这样做,那么每个相关的人都要受到处罚,直到指定新的监护人为止,【d】每人每天的罚金是一德拉克玛。

当然了,任何城邦,若无已经建立起来的法庭,城邦就不成其为城邦。法官若是沉默不语,不能像仲裁者那样大喊大叫,更不必说在那些预备性的程序中说话声音胜过那些党派争论,那么他绝不可能在断案中作出令人满意的决定。所以,组织一个良好的法庭,法官人数既不能过多,也不能太少,致使能力不足。【e】在每一案子中,法官应当了解有争议的双方,要有足够的时间反复进行预备性的调查,详细把握案情的经过。因此有争议的双方首先要在他们的邻居和朋友面前受审,这些人对有争议的事情是最熟悉的。【767】案子审完后,如果当事者不能从这个法庭中得到满意的裁决,那么他可以开始向另一个法庭起诉。如果两个法庭均不能解决问题,那么第三个法庭的判决应当是终审裁决。

在一定意义上,上述法庭的任命也是一种行政官员的选举。事实上,任何行政官员都必定是处理某些事务的法官,而法官尽管不是真的行政官,或真的能够变成行政官,但在一天中的某些重要时刻,【b】他也要对某些事情做决断。因此我们可以把法官包括在行政官之中,然后开始说谁适合承担这项功能,他们要处理什么事务,在各种情况下应有多少名官员。最简单的法庭可以由与案情有关的人员组成,他们通过协商,一致同意选择他们中的某些人来处理案子。但对其他所有案子的处理将有两种法庭:一种法庭处理的案子是某个人受到他人的伤害,想要把对方告上法庭,求得判决;【c】另一种法庭处理的案子是某个公民认为有人伤害了公众的利益,因此为了支持国家而将他告上法庭。我们必须解释什么样的法庭要有多少法官。

首先,我们必须为所有个人设立一个共同的正义法庭,使争执双方的声音有第三者听到,其构成是这样的。在夏至后的那个月①新年开始的前一天,所有行政官员,无论是一年任期的还是更长时间任期的,都要在阿波罗神庙里集合,【d】在对这位神起誓以后,他们可以分别选举法官,每个管理部门选一名,这个人应当被本部门的官员认定为是最称职的,最善于审理与他的同胞公民有关的案子,在将要到来的一年中最虔诚。选举完成后,投票者将对当选者进行审查,如果有人没有通过审查,那就要以同样的方式补选,通过审查者将为那些拒绝其他司法审判的派别担任法官,选举法官的投票应当是公开的。公民议事会的成员和其他有权任命法官的官员必须作为证人和旁听者出席审判,【e】希望旁听者也允许参加。

----

① 希腊各城邦历法不统一。雅典历法一年的首月是卡通巴翁月,约相当于公历的7—8月。参阅王晓朝:《希腊宗教概论》,上海人民出版社1997年版,第139页。

如果有人认为任何法官故意错判案子，他应当向执法官提出上诉。

10.如果有法官被确认误判，他必须对受害者作出所受损害一半的补偿，如果认定要给法官更大的惩罚，那么处理上诉的执法官应当进一步确定处罚，或者裁定误判的法官向公众和执行处罚者缴纳罚金。

【768】关于反城邦罪的指控，首先要让街头巷尾的人在审判时起作用。如果受到伤害的是国家，那么全体公民都会受到伤害，如果这样的审判把他们排除在外，那么他们会发出抱怨。我们在审理这类案子时，尽管把最初和最后阶段交到公众手中，但具体的审问应由三名职务最高的官员来进行，原告和被告应当就由哪几位官员进行审问达成一致意见。如果双方不能达成一致意见，那就要由议事会来对双方的选择作决定。

【b】只要有可能，每个公民也应当参与私人诉讼的审判，因为任何人若被排斥在审判之外就会感到自己不是这个共同体的真正组成部分。因此，必须要有各个部落的法庭，在特定时候用抽签的方法来决定这些法庭的法官，他们的审判要尽量不受私人因素的影响，但所有案子的终审必须由我们所说的已经设立了的这个完全不会有腐败行为发生的法庭来进行，【c】这个法庭负责审理那些在他们的邻居面前或部落法庭中无法解决的案子。

关于我们的法庭就讲到这里（我们承认，法庭的成员，官员也好，非官员也好，若不加以一定的限制，都会产生实际的困难）。我们已经提供了一种表面的轮廓，尽管也包括一系列细节，但无论如何省略了许多，因为在我们的立法快要结束的时候，会有更好的地方可以呈现准确的法律程序和诉讼的分类。【d】所以，尚未完成的这部分内容我们留到我们的工作快要结束的时候再来考虑，而我们对其他行政官员的选任方法已经作了相当充分的规定。我们的考察若不按照自然秩序从头到尾详细地覆盖整个基础，我们就不能充满自信，准确而又全面地处理市政和行政管理的每个细节。【e】你们可以看到，到目前为止，我们对选举官员所作的这些安排已经使这个准备阶段有了充分的结论，并可作为新的立法的起点,而无须进一步推延或犹豫。

克 我非常赞同你的处理,先生,我更高兴的是你把已经得出来的结论作为下一个论题的起点。

雅 【769】那么,到此为止,我们这些老头们在这里投掷的这些想法给了我们极好的锻炼。

克 确实很好,不过我在想你的真实意思是这是"对那些年轻人的极好的挑战"。

雅 噢,我敢说是的。不过,还有另一个要点不知你是否同意?

克 是关于什么的?什么要点?

雅 你知道,绘画好像是一件永远做不完的事情。【b】画家总是不停地在着色或润色,或者无论叫它什么,但似乎永远不能抵达那一时刻,此时这幅画的清晰和美丽已经无法再改善了。

克 尽管我本人从来没有从事过这一类技艺,但我听别人谈论得很多,足以使我得到许多相同的印象。

雅 嗯,你没有错过任何东西!但是我们仍旧可以借用这个机会来说明下一个要点。【c】假定有一天,有人想要画一幅世上最美丽的图画,不会褪色,所以他把这幅画放在手边,始终不停地加以改善。你明白,由于这位画家不是长生不老的,所以他不应当留下一名继承人,能够修补时间给他的画带来的损害吗?这位继承人也要能够弥补他的祖师爷技艺上的缺陷,对这幅画进行润色以改善这幅图画吗?

克 要。

雅 【d】那么好,立法者不是也有同样的意愿吗?首先他想要尽力制定一套接近绝对完善的法律。然后随着这些法律的付诸实施,接受时间的考验,你难道认为会有立法者如此粗心,竟然忘了这些法律必定有一些缺陷,要有某些继承人来修补它们,以此确保由他建立起来的城邦体制可以逐步改善,【e】而不会衰退吗?

克 是的,我认为——确实,我肯定——任何立法者都会有这样的意愿。

雅 所以,如果有立法者能够发现一种这样做的方式——也就是说,要是凭着指导或举例，他能够使别的人明白（完全或不完全）如何通过修订来使法律处于良好状态——那么我想，他绝对不会放弃对他的方法的解释，直到获得成功为止，是吗？

克　【770】当然。

雅　所以，这不就是你们俩和我现在应当做的事吗？

克　你什么意思？

雅　我们这些处在生命的黄昏的人正在建构法律，为此我们已经挑选了（我们的年轻人）当法律的卫士，我们不能仅仅为他们立法，同时也应当试着让他们尽可能成为立法者和法律的卫士，是吗？

克　【b】当然，我们应当这样做，假定我们有能力这样做。

雅　无论如何，我们应当试一试，尽力而为。

克　当然。

雅　让我们对他们这样说："同事们，我们的法律的卫士们，我们当前为各个不同部门立的法有许多省略的地方，这种情况无法避免。我们将尽力而为，为更多的部门和整个体系刻画轮廓。但是你们必须为这个轮廓填补具体内容，必须知道这样做的目的是什么。【c】麦吉卢、克利尼亚和我本人已经在相互之间反复说明了这一点，但我们现在急着想要你们成为我们富有同情心的追随者，你们的目的应当是把像我们这样的立法者和执法者的想法全都记住。【d】对此，我们拥有完全一致的看法。'我们的生活目标应当是善和与人类相应的精神上的美德。有各种各样的事物可以帮助我们：它可以是我们追求的东西，一种具体的习惯，或者我们拥有的某种东西；我们可以从我们拥有的某种愿望，我们持有的某种意见，我们学习的某些课程中得到帮助；所有这些，对一个共同体里的男性和女性成员、年轻人和老人来说，都是对的。无论如何，我们描述的这个目标我们必须竭尽全力终身追求。没有人，无论他是谁，【e】应当喜欢或看重其他事物，如果该事物阻碍他的进步——甚至，极而言之，阻碍城邦的进步。要是城邦容忍奴隶制的束缚，俯首听命于卑劣者的统治，或者任由他们来摧毁城邦，或者遭到流放而被迫放弃城邦，那么我们要说，我们不得不忍受所有这些艰辛，而不会允许一种会使人变得卑劣的政治体制变革。'所以，这就是我们一致同意的看法，现在要由你们来考虑，【771】我们的这种双重目标和法律的责难是否对我们没有丝毫帮助；不过，你们必须接受那些与我们的良好意愿相一致的法律，使之成为你们生活的准则。所有其他的追求你们必须放弃，尽管这些追求旨在不同的'善物'（如人们所说）。"

我们整部法典的下一个部分将从处理宗教事务开始，这个方式是最好的。首先，我们必须回到五千零四十这个数字，我们发现对这个数字作划分有许多便利之处，【b】在建立部落时，你们记得，可以把这个总数分成十二份，再将其中的一份除以二十便可得到二十一这个商。我们的总人数可以用十二整除，同样我们每个部落的人数也可以被十二整除；所以每次这样的划分必定被视为神圣的，是上苍的恩赐，因为十二这个数字与每年的月份数相应，与宇宙的旋转相应。事实上，就是因为这个原因，所有共同体都本能地把这个数视为神圣的，尽管有些权柄也许会作出更加真实的划分，得到更加幸运的神圣的结果。【c】对我们来说，当前的目的是证明我们有理由喜欢五千零四十这个数，因为这个数可以被从一到十二的各个数整除，十一除外，要证明这一点并不难，因为只要把划分开的两部分放在一起就可以了。如果我们有空闲，用很少的话语就可证明这个事实。【d】所以我们可以把我们当前的任务托付给这个传统的信念，作这样的划分。每个部落都可用一位神或一位神的儿子的名字来命名，再为他们提供祭坛和其他器皿，在那里我们每月将举行两次献祭，这样每年有十二次献祭为十二个部落举行，有十二次献祭为城里的十二个区举行。这些献祭的目的首先是确保得到神的青睐，促进宗教；献祭的第二个目的，从我们的角度看，是增进人们之间的相互了解和发展各种城邦交往。

【e】你们瞧，当人们将要作为婚姻中的伙伴生活在一起的时候，至关重要的是尽可能了解新娘和她将要嫁入的那个家庭的背景。在这里应当高度重视，防范可能发生的严重错误——这件事非常重要，实际上，哪怕是安排年轻人的娱乐活动，也要把这一点记在心里。【772】到了一定年纪，男孩子和女孩子必须在一起跳舞，给他们提供一个相互观看的机会；

他们跳舞时应当裸体，只要他们有充足的自制和约束能力。

歌舞队的监理负责所有这些安排，保持恰当的秩序；与法律的卫士一道，他们也要对我们的立法有遗漏之处进行补充。如我上述，在所有繁多的微小细节中，立法者不可避免地会有所省略，【b】而那些对此拥有日常经验的人应当在实践中学会如何使用制定规则和每年修订的方法提供补充规定，直到法规达到相当完善的地步。所以，要试验所有这些献祭和节日舞蹈的细节，一个适当而又确定的时间是十年，在此期间，在各部门工作的行政官可以向法律的卫士报告原有法律忽略了的地方，提出补充，【c】直到各项法规都臻于完善，然后向民众宣布他们有能力补充法律，并从今以后将这些补充的法律与那些最初由立法者制定的法律一道实施，这个时候如果最初的立法者还活着，那么行政官可以与立法者一起行动，如果最初的立法者已经死了，那么行政官员就单独行动。行政官员一定不要故意去创立什么新法，【d】如果他们认为自己绝对有必要这样做，那么应当征求所有行政官、全体公民议事会成员、所有神谕的意见，在这些权柄的批准下方能制定新法，没有它们的批准，无论什么样的改变都是不允许的，因为法律总是需要有反对的意见。

总之，每当二十五岁或二十五岁以上的男子在其他部落找到了适合自己的配偶，可以与之共同生儿育女，【e】那么他无论如何都要在三十五岁以前结婚。但首先要让他知道寻求适当配偶的正确方式，因为如克利尼亚所说，每一法律都必须从它自己的序言开始进入正文。

克　提醒得好，先生——恰到好处，我想。

雅　是这样的。让我们对一个好家庭的儿子说：【773】"我的孩子，聪明人会对你已经订下的婚约表示赞同，他们给你提的建议不是要让你过分关注对方的贫富，而是要你在其他条件基本相等的情况下，尽可能与家境比较贫寒的人结婚。这样做实际上对双方所处的城邦和家庭都有益，因为从差别中求得平衡和保持特定的比例比无限制的极端要好。【b】知道自己脾气过于急躁、行事过于鲁莽的人应当尽可能选一个安宁的家庭结亲，而脾气和行事方式与此相反的人应当找一家与此相反的家庭结亲。我们可以为所有婚约制定一条唯一的规矩：一个人应当为了城邦的利益而求婚，而不是主要根据自己的想象。然而存在着这样一种天然的本能，我们每个人都会接近与自己最相似的人，这就使得整个城邦的人品性和道德不一，【c】这也就给大部分国家带来不可避免的结果，而我们的国家不希望有这种情况发生。"

如果我们以法律的形式发出准确的指示——"富人不得与富裕的家庭结亲，一个能干的人不得与能干的家庭结亲，脾气急躁者必须找一个脾气温和的人结婚，脾气冷淡的人必须找一个热情洋溢的人结婚"——嗯，这当然非常可笑，【d】但是许多人不明白国家应当像一只搅拌钵也确实令人恼火。当你们把酒倒进去的时候，它好像热气腾腾，但一旦借助禁酒者的神把它稀释，你就有了一杯极好的饮品。很少有人明白同样的原则在寻找伴侣和生育子女中也是适用的。由于这些原因，我们在立法时省略了这些论题。然而，我们必须回想我们的"吸引力"[①]，【e】试图说服每个人要把生育神智健全的子女看得比与门当户对者结婚和追求财富还要重要。任何人若想通过婚姻来追求财富都应当受到斥责，而不是用一条成文法来强制。

有关婚姻就说到这里。这些告诫应当添加到我们前面有关如何追求永恒的解释[②]中去，我们的方法就是生儿育女，让我们的后裔代替我们侍奉神。【774】关于婚姻的义务，一篇正确创作出来的序言会有更多诸如此类的话要说。

11. 如果有人不服从（不愿意服从）城邦的要求，到了三十五岁还不结婚，那么他要缴纳年度罚金：属于最高财产等级的交一百德拉克玛，属于第二等级的交七十德拉克玛，属于第三等级的交六十德拉克玛，属于第四等级的交三十德拉克玛，【b】这种罚金将会献给赫拉[③]。

---

① 参阅本文 659e。

② 参阅本文 721b—d。

③ 赫拉（ἭΗραν），希腊神话中的天后，掌管婚姻与生育。

12. 如果他拒绝缴纳年度罚金，那么他的罚金将增至十倍。

(收缴罚金的事务由这位女神的司库负责。

13. 如果这位司库没有去收缴，那么要由他本人来缴纳。

每位司库在接受审查时都要在这方面作出解释。)

12.（续）也还应当禁止他接受年轻人对他的尊敬，没有人会在意他。要是这名男子汉试图追求一个男人，每个人都应当站在被追求者一边，保护他。

14.【c】如果一名旁观者没有帮助这名被追求者，法律应当看到他得到了懦夫的名声。

我们已经讨论了嫁妆问题①，但是我们必须重复，尽管穷人不得不依赖有限的资源婚嫁，但这样做不会在某些方面影响他们一生的前途，因为在这个城邦里，没有人会由于缺乏生活必需品而离去。妻子不会倾向于表现自己，而丈夫也不会由于经济原因而对妻子卑躬屈膝。【d】一个人要是服从这条法律，他会有良好的信誉。

15. 如果他不服从，他要向公共金库缴纳罚金，最低财产等级不超过五十德拉克玛，（或者按照不同等级，不超过一百、一百五、二百）他还要把相同标准的金钱奉献给赫拉和宙斯。

16.【e】众神的司库以我们所说的那位赫拉的司库一样向不结婚的人收取罚金，让独身者自己缴纳。

---

① 参阅本文 742c。

同意订婚的权力首先应当属于当事人的父亲,如果当事人没有父亲,则属于他的祖父,如果他也没有祖父,那么属于他父亲的兄弟,如果他也没有这样的亲戚,那么这个权力就从父系转向母系。如果父母两系的近亲都没有了,那么就由当事人最近的远亲,无论是什么亲戚,与监护人一道行使这个权力。

【775】关于订婚仪式以及正式结婚前后要举行的神圣仪式,当事的公民都应当向宗教法律的解释者咨询,按照他们的指点恰当地举行这些仪式,使各方满意。

关于结婚喜宴,男女双方家庭邀请的亲人不能超过五人,亲戚和同胞也不能超过五人;喜宴开支要与家庭境况相称,最富裕等级的不超过一个明那,【b】第二等级的不超过半个明那,其他等级照此比例递减。每个人都要服从这条规定。

17. 不遵守这条规定的人将由执法官给予惩处,把他们当作从来没有听到过缪斯婚礼之歌的腓利士人①。

醉酒在任何地方都是不合适的(除非在神举行的宴会中,神把酒送给我们),醉酒也是危险的,尤其是,如果你们想要使你们的婚姻成功。在举行婚礼的日子里,【c】这是新郎和新娘生命的一个转折点,他们应当表现出自制能力,应当在头脑清醒时同房,怀孕是件不确定的事,不知道会在什么时候发生,全在神的把握之中。此外,这种事情决不能在狂欢时进行,新生命的孕育必须安静有序地进行。而一个喝醉酒的男人只会乱爬乱摸,他的身体就像他的心灵一样疯狂。【d】喝醉酒的人在播种时是笨拙的、鲁莽的,所以毫不奇怪,他通常会生出呆滞的婴儿,其灵魂就像身体一样扭曲。因此,男子一定要终年谨慎,终生谨慎,尤其是在生育后代时,他一定要尽可能避免各种有损健康的行为,或错误的接触,或使用暴力——如果有这种情况发生,【e】就会给那未出生的生命的灵魂和

---

① 腓利士人,地中海某岛屿居民,世侩、庸俗。

身体留下印记,造成后代的退化——总之,这类行为在白天和黑夜都要避免。神掌握着人的生命的第一步,并且在生命成长的各个阶段给予矫正,所有当事人都必须抱着适当的敬畏之心来做这件事。

【776】新郎必须考虑建立一个属于他自己的家,他必须离开父母,与他的妻子同住在新家中,在那里生儿育女。在人生的所有想法中,总会有某些事情无法实现,当希望破灭时人的心思会集中在这一点上,久久不能忘怀,而永久的伴侣会给你带来温暖,使你很快忘掉不愉快的事。【b】由于这个原因,我们的年轻夫妇应当离开父母,离开新娘的亲戚,去他们的老宅居住,就像去一个殖民地定居。他们会回父母家探视,父母亲戚也会来探望他们。他们在自己的家中生育和抚养子女,由此把生命的火炬一代代传递下去,按照我们法律的要求,永远侍奉神。

下面要谈到财产问题。一个人合理地拥有的东西是什么?在大多数情况下,这不难看清和得到;不过,奴隶问题很难说得清。这里的原因是这样的。【c】我们使用的这些术语半对半错,我们关于奴隶的用语和实际经验是相互矛盾的。

麦 噢?你这是什么意思?我们还没听明白,先生。

雅 这没什么可惊讶的,麦吉卢。拉栖代蒙人的希洛人①制度可能是整个希腊世界最令人困惑的问题;有些人说这是个好主意,有些人反对这种制度,【d】(尽管玛里安迪尼人②在赫拉克利亚实行的奴隶制,以及帖撒利的农奴地位问题,也有相类似的争论,尽管不那么尖锐)。面对这些相似的情况,我们关于奴隶所有权的政策是什么?我在讨论中正好涉及了这个主题,这就使你很自然地问我是什么意思,我的想法是:我们全都同意一个人应当拥有最优秀的、最可靠的奴隶,毕竟,奴隶经常证明在各方面比我们自己的兄弟或儿子要优秀得多,【e】他们经常保护主人

---

① 希洛人（εἰλωτεία）,被斯巴达人征服的麦西尼亚人,音译"黑劳士"。他们是斯巴达的国有奴隶,不属于奴隶主个人,而属于奴隶主全体。他们平时被束缚在土地上从事农业劳动,战时被征为轻铠兵,担任军中杂役和运输工作。

② 玛里安迪尼人（Μαριανδυνή）,族名。

的生命、财产和家庭。这方面我们知道得很多,不是吗,有人讲过许多关于奴隶的故事?

麦 确实如此。

雅 对奴隶的相反看法同样也很普遍,比如说奴隶的灵魂是腐败的,聪明人决不能相信所有奴隶。我们最渊博的诗人(在谈到宙斯时)实际上说过:【777】"如果你使一个人成为奴隶,那么就在那一天,深谋远虑的宙斯会拿走他的一半智慧。"① 每个人对这个问题都有不同的看法,各执己见。有些人不相信作为一个阶层的奴隶,把他们当作动物来对待,鞭笞他们,使他们的灵魂比他们的实际要拥有三倍的奴性——不,要拥有一千倍的奴性。而其他人则持有完全相反的方式。

麦 对。

克 【b】嗯,先生,既然这个问题有那么多分歧意见,在我们的国家里该怎么办呢? 我们该如何拥有和管教奴隶呢?

雅 看着我,克利尼亚:"人"这种动物是变化无常的,所以要把人明确地归为奴隶和作为自由人的奴隶主,不是一件容易的事,而出于实际的需要,这样的分类又是必要的。因此,你的奴隶将是一只难以掌控的野兽。【c】麦西尼亚② 频繁发生的奴隶造反,以及那些人们拥有大量讲同一种方言的奴隶的城邦,表明这种制度是邪恶的,更不必提意大利的海盗船所进行的各种掠夺和冒险了。面对所有这些事实,我们确实会感到困惑,不知该如何处理整个问题。我明白,我们确实只有两种对待奴隶的方法:一是不让那些安分守己的、驯服的奴隶聚在一起,【d】也尽可能不要让他们全都讲一种语言;二是恰当地对待他们,为他们多作些考虑,这样做确实是为了他们,但更多地仍旧是为了我们自己。对待处在这种地位上的人不使用暴力是恰当的,在加害于他们时——如果这种事有可能——要比加害于和自己地位平等的人更加踌躇再三。因为正是这些很容易被伤害的事情最能表现一个人对正义的真正的、不伪装的敬畏和对

---

① 荷马:《奥德赛》17:322—323。

② 麦西尼亚(Μεσσηνία),地名。

错误的憎恶。因此一个人的性格和行为不能在他与奴隶的关系中犯下错误和受到邪恶的玷污，【e】胜过他与其他人的关系，由此可为善的丰收播下种子，对每一位主人、每一位独裁者、每一位有权对较弱的一方行使权力的人，我们都可以真诚地说同样的话。当然了，我们这样说并不是认为当奴隶该受惩罚时也不惩罚他们，也不是认为可以娇纵他们，不需要用我们对自由人使用的那种办法来告诫他们。我们对奴仆使用的语言应当是简洁的命令，【778】而不应当是男女之间使用的那些熟悉的开玩笑的话，然而有许多主人在对待他们的奴隶时使用这种方式，表现得极为愚蠢，因为对奴隶的娇宠会马上使得双方的关系变得很难受，对顺从的奴隶来说是这样，对下命令的主人来说也是这样。

克　你说得很对。

雅　好吧，现在公民们已经有了数量充足的奴隶来帮助他做各种事情，下一件事情是规划我们的建筑，不是吗？

克　当然。

雅　【b】我们的城市实际上是新建的，原先没有居民，所以我们必须关注它的建筑及其所有细节，也不要忘了神庙和城墙。克利尼亚，这个主题实际上应当在婚姻问题之前讨论，但由于我们整个建构都是在想象中进行的，所以要搁置这个主题现在是个极好的机会。等我们的规划付诸实现时，如果情况允许，我们将首先处理城市建筑，然后把制定婚姻法当作我们这类工作的最终圆满完成。【c】而当前我们要做的无非是提出一个简要的提纲。

克　是这么回事。

雅　神庙应当建在中心，周边由市场围绕，神庙应当建在一块高地上，便于防卫和清洁卫生。建在神庙附近的应当是执政官的衙门和法庭。这是一块神圣的高地，在这里——部分原因在于法律事务涉及庄严的宗教问题，【d】部分原因在于可敬畏的神祇的神庙就在附近——接受诉讼和进行判决。审理谋杀或其他重罪的法庭就设在这些建筑物里。

至于城墙，麦吉卢，我的想法和你们拉栖代蒙人一样，就让它们安宁地睡在大地上，不要去吵醒它们。之所以这样说，我的理由如下。有位

诗人很好地提到过城墙,他的诗句经常被人引用,【e】"一座城市的城墙
应当是铜的和铁的,而不是石头的。"① 但若我们已经带领年轻人在每年
的巡查中挖战壕、修堡垒,想要以此御敌于国门之外,而在这样做了以后
我们还是把自己关在城墙之内,那就会贻笑大方。首先,城墙决不会带
来城市生活的健康,反而会普遍地使城里人的灵魂变得软弱无力。【779】
城墙诱使居民在城内寻找庇护所,而置进犯的敌人于不顾,城墙也诱惑
居民放松日夜不停地警戒,使他们认为自己找到了一种真正安全的办法,
也就是把自己关在城墙内,躲在城墙垛子后面睡觉,就好像他们生来就
是为了躲避辛苦似的,他们不知道真正的安宁必定来自辛劳,而不光荣
的安宁和懒惰则会带来更大的辛苦和麻烦。或者说,是我大错特错了。
不,如果人们必须要有城墙,【b】那么他们应当从一开始就把他们的住处
建成一道城墙,用整个城市的房屋连成一道连续不断的城墙,在每一所
房子里都可以防守,每条街道四面都是统一的,有规则的。这样的城市
就像一所巨大的房屋,也不会很难看,它易于防守的特点给它带来无限
的好处,在安全方面胜过其他任何城市。维护这些最初的建筑首先应当
是拥有者的责任,【c】而市政官员应当担负起监督的责任,对维护不善者
处以罚款。市政官的责任还包括维护城市清洁卫生,禁止私人乱建乱挖,
以免影响市政规划。他们也要负责市区雨水的排泄,还要为城里城外的
住宅制定建筑规则。我们的法律不可能处理城市生活的所有方面,有
许多细节只好省略,【d】执法官可以按照他们的实际经验发布补充性的
法规。

现在,这些建筑物和市场上的建筑物,包括体育场、学校、剧场,都
已建成,在等着人们的到来,学校等候学生,剧场等候观众,按照恰当的
立法顺序。现在,我们可以开始为婚姻以后的事情立法了。

克 务必如此。

雅 让我们假定婚礼已经结束,克利尼亚;从那时起,到孩子诞生,

---

① 究竟引自哪位诗人不详,但这句引文比较普通,可参见埃斯库罗斯:《波斯人》
349。

有一整年的时间。【e】在一个视野高于其他城邦的城邦里，新娘和新郎该如何渡过他们的时光（你记得，我们在前面就是谈到这个地方而中断的），这个问题并不是世上最容易回答的问题。我们已经遇到讨诸如此类的难题，但没有一个会像这个问题似的让民众大倒胃口。然而，克利尼亚，我认为，对于我们确信是正确的东西，我们必须不惜一切代价把它说出来。

克　当然。

雅　【780】如果有人建议给城邦提供一套关于公共行为和共同生活的法律，然而却又在这些法律对私人事务形成压力的时候，认为这些法律是肤浅的，认为想要规范一切是不恰当的，个人的私生活应当享有自由，可以按照自己的意愿为所欲为——他一方面认为个人行为不受法律控制，而另一方面又骄傲地认为他的公民准备依据法律来指导他们的相互关系和公共行为——那么他就大错特错了。为什么我要这样说？【b】因为我要指出我们的新婚男子将频繁地出现在公餐桌上，不会多于也不会少于他结婚之前。我想，当公餐制一开始在你们国家出现时，这种制度曾引起人们的惊讶，但在战争时期或其他某些同样紧急的情况下，对于处在极度危险之中的某些小团体来说，这种制度是必要的，当你们有了这种尝试，【c】并且普遍地适应公餐制以后，你们认为这种做法对于国家的安全有很重要的作用。事实上，公餐制以这样的方式成了你们的一种习俗。

克　相当有理。

雅　这就是我们要说的要点。尽管曾经有人认为这种做法太奇特，强制推行这种制度是危险的，但是希望推行这一制度的立法者会说现在不会有这样的困难。然而，尽管采用这种制度会取得各方面的成功，但会有一个天然的后果，而且当前也没有其他什么地方采用这种制度，所有这些都会驱使立法者像谚语所说的那样，"在火堆里梳理羊毛"，【d】在大量的诸如此类的工作中白白浪费他的精力，无论是提议还是实施这种制度，这个后果都不可低估。

克　先生，你显然是在犹豫不决，你想说明什么问题？

雅　请你们注意听,让我们不要在这个问题上浪费时间。凡是有确定秩序和法律的城邦生活,其结果就是幸福,然而,对法律的抗拒或者制定错误的法律比正确的立法更加频繁。我们当前的论证就在这个地方停了下来。【e】事实上,我的朋友,你们的男子公餐制是一种值得敬佩的制度,有着神奇的起源,如我所说,它确实出于一种真正的、必然的天意,但你们的法律没有规定妇女的地位,在你们国家里看不到任何妇女公餐制的遗迹,这是一个巨大的错误。【781】不,由于女性秘密和灵巧的特点,你们对女性这半个种族事先所作的安排已经留下了无秩的状态,这是立法者的错误让步造成的。由于对女性的疏忽,你们已经让许多事情失控,而实际上只要将它们置于法律之下是能够做到井然有序的。【b】未加任何约束的女性,并非如你所想象的那样,是问题的一半,不,她是问题的两倍,甚至超过两倍,因为女性的天赋禀性比男性低劣。因此,我们最好能从国家的善着眼,把这个问题提交修改和矫正,设计一套同时适用于两种性别的制度。【c】事情就是这样,人们在这样的消费中是不会快乐的,在一个不知公餐制为何物的国家或城邦里,一个谨慎的人不会提出这样的建议。所以,实际上该如何迫使妇女参加公餐而又不被嗤笑呢?没有别的什么事比强迫已经习惯于在阴暗的角落里生活的女性出现在大庭广众之下更难了,如果这样做了的话,那么女性表现出来的愤怒抵抗会比立法者强大得多。【d】我曾经说过,在其他城邦里,女性可能不会因为受到正确的统治而大喊大叫,而在我们自己的城邦里她们可能会这样做。所以,如果你们希望我们关于整个体制的讨论抵达终点——这在理论上是可能的——我打算捍卫我的建议,把公餐制当作健全的、可行的,只要你们俩都喜欢听我的论证,否则我们可以放弃这个主题。

克　先生,我向你保证,我们俩都喜欢听你的论证。

雅　嗯,那么你们会听到的。但若发现我走了很长一段路以后又回到了起点上来,那么你们一定不要感到奇怪。【e】你们知道我们有足够的时间,也没有什么急事,所以我们可以很从容地从各个角度考察我们的主题,这个主题就是立法。

克　非常正确。

雅　好吧，现在让我们回到开头① 那个话题上来。每个人都必须明白：人类要么根本就没有时间上的开端，也没有时间上的终结，【782】但过去始终存在和将来始终存在，否则的话，从有人类起到现在为止必定已经有无数个世代了。

克　无疑如此。

雅　很好。那么我们能不能设定，有无数各种各样的国家在全世界兴起和灭亡，也有各种各样合理的和不合理的制度，以及各种各样的饮食习惯和气候变化，【b】在引起生命有机体的许多变化？

克　可以，当然可以。

雅　嗯，我们相信曾经有过这样一个时期，葡萄、橄榄树、得墨忒耳② 和她女儿珀耳塞福涅③ 馈赠的礼物、特里普托勒摩斯④ 馈赠的礼物，还有其他人的发明，这些东西不都是引起变化的工具吗？所以，我们必须假定在这些事物出现之前，动物像今天一样互相为食，不是吗？

克　确定无疑。

雅　【c】当然了，我们观察到，现今仍有许多民族残存着用人来献祭的习俗。而在别的一些地方，我们听说盛行着相反的习俗，有些民族连牛肉都不吃，献祭也不用动物作牺牲；他们用糕饼、蜂蜜浸泡的食物，还有其他"纯洁"的供品，来荣耀他们的神祇。他们禁食肉类，认为吃肉是有罪的，或者用血玷污众神的祭坛是有罪的。那个时代人类的生活完全遵守所谓的奥菲斯教义，普遍实行素食，【d】完全禁止食用一切动物。

克　这个传说广泛流传，极为可信。

雅　当然了，你们会问我，你现在提这些事情用意何在？

克　先生，你说得一点没错。

雅　所以，克利尼亚，我要试着进行解释，我的用意出于下述考虑。

---

①　参阅本文 676a 以下。

②　得墨忒耳（Δημήτηρ），希腊神话中的谷物女神。

③　珀耳塞福涅（Φερσεφόνην），谷物女神得墨忒耳之女，被冥王哈得斯抢走。

④　特里普托勒摩斯（Τριπτόλεμος），半神，在得墨忒耳指导下学会制造犁和种植小麦和大麦，并传授给人们。

克 请你开始吧。

雅 观察告诉我,人的一切行为都由一套三种需要和欲望来驱使。
【e】如果一个人受过正确的教育,那么这些本能会引导他走向美德,如果
他受的教育不好,则会终结于另一个极端。从人出生那一刻起,他们的
需要首先是食物和饮水。一切动物均有求食的本能,也有避免一切不适
的本能,这方面的要求若不能充分满足,它们就会发出愤怒的嚎叫。我
们第三种最紧迫的需要和最强烈的欲望产生较迟,【783】但却最能使人
疯狂——我指的是那种不可压抑的淫荡的性欲。我们必须把这三种不
健康的欲望从追求所谓的快乐转向追求美德,我们必须试着用三种最强
大的力量——恐惧、法律、正确的论证——来检查和制裁它们;此外,在
缪斯和掌控竞赛的众神的帮助下,【b】抑制这些欲望的生长,平息它们的
盲动。

在婚姻之后和在训练和教育之前谈论的论题就是孩子的出生。由于
我们按照顺序讨论这些论题,我们也许能够像我们前面那样完成每一条
具体的法律,就像我们处理公餐制那样——我的意思是,等我们变得熟
悉我们的公民,我们也许就能看得更加清楚,这样的聚会是否只有男子
参加,或者说是否应当包括妇女。同理,当我们真正控制了那些不受法
律控制的体制时,【c】我们可以把这些体制用作“封面”,就像其他一些
人所做的那样,产生我刚才说的这种结果:由于对这些体制作了比较具
体的考察,我们可以更好地对它们进行解释,对它们立法。

克 非常正确。

雅 那就牢记我们刚才提到过的要点,我们很有可能会再次提到
它们。

克 你要我们牢记的要点到底是什么呢?

雅 就是我们用三个术语来表达的三种冲动:【d】“食欲”(我想我
们说过)、“喝水”的欲望,第三是“性冲动”。

克 是的,先生,我们肯定会记住的,你刚才跟我们说了。

雅 好极了!现在让我们把注意力转向结了婚的这对夫妇,指导他
们生儿育女的方式方法。(如果我们不能说服他们,那么我们就用法律,

或者用法律加说服来吓唬他们。)

克　你什么意思？

雅　新娘和新郎都要尽力为城邦生育最优秀的后代。嗯，当人们在合作的时候，【e】如果合作者都能明白自己在做什么，就能取得很好的结果；但若当事人一点儿也不用心，那么结果就完全相反了。所以，让新娘把心思放在她的新郎身上，和他同房；新郎这一方也一样，只要他们的孩子还没有出生，他们就应当这样做。【784】将要做母亲的人要接受我们已经任命了的妇女监理的监督——由执政官来决定有多少人担任这个职务，由执政官选择一个适当的时间进行妇女监理的选举和任命——他们每天都要在伊利绪雅①的神庙里集合，时间不少于一小时的三分之一。开会的时候，每个成员都要向这个委员会的所有成员，男的或女的，报告她看到在生育者中间有谁注意了这些法规的细节，我们规定了有关婚姻的献祭和仪式。【b】如果一对夫妇多产多育，那么他们的生育期是十年，但不能再长；如果一对夫妇在这个时期结束时仍无子嗣，那么就要由这个管理妇女的委员会与夫妇双方的亲属共同商议，安排兼顾双方利益的分居。如果为了双方的某种利益而发生争执不下的情况，【c】那么他们应当挑选十名执法官来仲裁，哪些执法官可以参加仲裁则由他们自己决定。女监理可以进入年轻夫妇的家，用警告和恐吓制止他们有罪的愚蠢行为，如果他们仍旧犯错误，就向执法官报告，让执法官来制止这种冒犯。如果他们采取的行动也证明无效，那么这件事情就要公布于众，冒犯者的名字下会有这样一句话——"屡教不改者"。

18.（a）除非被公示者能在法庭上成功地驳斥起诉者，【d】否则必须剥夺被公示者参加婚礼和生日宴会的权利。

19. 如果他坚持出现在这些场合，任何人只要愿意，都可以殴打他而不受惩罚。

---

①　伊利绪雅（Εἰλειθυίας），主管生育的女神。

18. (b) 如果女人行为不端,她的名字也要被公示,如果她没能在法庭上成功,那么同样的规定也适用于她:她不得参加妇女游行,不得参加婚礼和儿童的生日宴会。

20. 按照法律的要求生育子女以后,【e】如果一名男子与另一名女子苟合,或者一名女子与一名男子苟合,而这名男子或女子仍在生育者之列,那么他们必须缴纳罚金,由那些仍旧生育者规定罚金的数量。

21. 过了生育期以后,那些贞洁的男人或女人应当受到高度尊重,而那些淫乱的杂交者会得到与之相反的名誉(尽管不名誉会是一个较好的词)。

【785】当有较多的人在这些事情上表现出合理的节制时,法律应当对此保持沉默;但若有许多人不节制,那么就要像前面说过的那样制定法规来强制人们实行节制,要使他们的行为与现在规定的法律相一致。

人的第一年是他整个"生命的开端",应当在宗族的神庙中注册。对每个支族的男孩或女孩来说,还必须要有进一步的记录,记在一堵刻有执政官年号的白墙上,我们的纪年是用执政官的名字命名的。【b】旁边还必须要有这个支族的成员名单,死者的名字被删去,由此可以看出每天有多少人活着。对女孩来说,结婚的年龄——要具体说明最长的年龄跨度——是从十六岁到二十岁,而男子的结婚年龄是从三十岁到三十五岁。担任公职的最低年龄限制,妇女四十岁,男子三十岁。服兵役的年龄规定,男子是从二十岁到六十岁,对女子来说——无论何种适宜妇女担任的军事工作——是在生育子女之后,在需要并适宜的情况下服役,不超过五十岁。

第 七 卷

雅　【788】现在，男孩和女孩都已经出生，我设定他们的教育和训练就是我们下面最适宜处理的论题。这个论题可不能在沉默中放过，但我们在处理中会限于指导和告诫，不会冒险去作什么具体的规定。就家庭生活的隐私而言，大量微不足道的小事不需要公布于众，【b】而在快乐、痛苦、欲望这样一些情感的激励卜，它们全都可能在立法者的脸上呈现，并使公民的性格多种多样，相互冲突，这就是一种社会的邪恶了。尽管这些活动是微不足道的，非常普通的，不可能体面地用法律来进行惩罚，但这些活动确实含有一定的危险性，即有损成文的法规，因为人们反复做这样的小事，养成了破坏法规的习惯。【c】正是由于这个原因，我们就这些事情立法很困难，但我们又不能对这些事情一言不发。我必须试着对你们讲述一些事例来表明我的观点。而此刻，我想你们还看不出我的用意。

克　你说得很对，确实看不出。

雅　我在想，我们可以正确地断言，如果一种教育可以称得上是"正确的"，那只是说它能够使我们的灵魂和身体尽可能地完善和卓越，是吗？

克　当然。

雅　【d】我假定（按照最基本的需要），一个人若要长得格外俊美，那么从小就要让他尽可能挺直腰板，是吗？

克　当然。

雅 嗯,我们观察到,每个动物在其初始阶段都是生长得最快的,不是吗? 所以实际上有许多人认为,人在头五年里生长得最快,超过往后的二十年。

克 没错。

雅 【789】但我们明白,身体迅速生长的时候,如果缺乏经常性的、恰当的锻炼,会给身体带来许多麻烦,不是吗?

克 是的,确实如此。

雅 所以,身体得到营养最多的时候不也是它需要最多锻炼的时候吗?

克 天哪,先生,我们要让那些新生婴儿和小小孩进行锻炼吗?

雅 【b】不,我的意思是还要更早些,当他们还在母亲肚子里的时候就应当锻炼。

克 你在说什么? 我亲爱的先生啊! 你的意思是在母亲的子宫里吗?

雅 是的,我是这个意思。但是,你没有听说过这些胚胎的体育锻炼并不值得惊讶。这个主题很不寻常,但我会告诉你的。

克 当然,就请你告诉我吧。

雅 这种事情我们雅典人理解起来会比较容易,因为他们中间有些人非常热衷于运动。不仅是男孩,而且还有一些老人,都有养鸟的习惯,他们养小鸟,为的是斗鸟。【c】不过,他们肯定不会认为让鸟儿相互打斗会给它们提供恰当的锻炼。还有,这些人都把鸟随身带着,比较小的拿在手里,比较大的放在肘下,走很远的路,但这样做并非为了他自己锻炼身体,而是为了他的宠物的身体。这种做法至少表明,聪明人注意到【d】摇晃和震动对所有身体都有益,无论是它们自己运动,还是被船只载着晃动,或者骑在马上摇晃,或者其他种类的身体被迫运动。就这样,身体吸收了固体或液体的营养物,生长得健康而又美丽,更不必说强壮了。有鉴于此,我们能说,我们以后该采用什么样的政策吗? 【e】要是你们喜欢,我们可以制定以下具体规则(而人们一定会嗤笑我们):孕妇应当多走路,孩子出生以后要塑造婴儿的身体,就像制作蜡像,要乘蜡还柔软的时候进行，头两年要用襁褓包裹婴儿；保姆不得把婴儿带往乡间、神庙、亲戚家，直到孩子可以自己站立为止；哪怕到了这种时候，保姆也要坚持抱着孩子，不宜过早让孩子独立行走，以免让孩子的肢体受到伤害，保姆应当尽可能强壮，保姆的人数要充足——【790】违反这些规定的人要受到处罚。噢，不！我刚才提到的这些事情扯得太远了。

克　你的意思是……

雅　……我们会引来无数的嗤笑。保姆（女人或女仆，有着不同的品性）会拒绝服从我们。

克　既然如此，我们为什么还要坚持把这些规定具体化呢？

雅　【b】是因为这个原因。城邦的自由民和奴隶主与保姆的品性很不相同，如果他们有机会听到这些规定，他们会得出正确的结论：这个城邦的法典没有像私人生活中的规定那样稳定的基础，再要期待其他事情是愚蠢的。明白了这一事实真相，他们自己就会主动地采用我们最近的建议，我把这些建议当作规定来执行，由此获得幸福，很好地管理他们自己的家庭和城邦。

克　是的，你说得非常有理。

雅　【c】还有，让我们不要放弃这种立法的风格。我们从婴儿的身体开始谈论，让我们使用同样的方法，开始解释如何塑造他们的人格。

克　好主意。

雅　所以，让我们把这一点当作这两个事例中的一个基本原则：在身体上和心灵上对所有小小孩，尤其是婴儿，进行抚养，日夜不停地让他们运动，是有益的，只要能做到，就应当不停地摇晃他们，就好像他们永远生活在海上，生活在甲板上。但由于这是不可能的，【d】我们必须为我们的新生婴儿提供最接近这一理想的办法。

这里还有某些证据，从中可以得出相同的结论。实际上，婴儿保姆和女科里班忒①都从经验中学会了这种方法，认识到这样做的价值。我

---

① 科里班忒（Κορυβαντες），女神库柏勒的祭司，在施行秘法时狂歌乱舞，并用长矛撞击发声。

假定你们知道，当一位母亲想要使醒着的婴儿入睡，她的办法不是让他不要动，【e】而是正好相反，让他运动。她会抱着婴儿不停地摇晃，不是安静地这样做，而是嘴里哼着某种曲调。也就是说，她实际上是在对婴儿发出咒语，就好像酒神女祭司做的事情一样，载歌载舞地运动。

克　嗯，好吧，先生，所有这些事情，我们有什么具体解释吗？

雅　这个原因不难找到。

克　这个原因是什么？

雅　上述两种情况都属于惊吓，惊吓的原因可以归结为灵魂的某些病态。因此，当灵魂的无序状态碰上摇晃时，这种外部运动就支配着内部运动，【791】也就控制住了惊吓或疯狂的根源。通过这种控制，心灵产生一种精神上的安宁，从先前的烦躁和激动中解脱出来，于是在这两个例子中产生了预期的效果，在一个例子中使婴儿入睡，在另一个例子中，酒神狂女在向神祇献祭时伴着笛声狂舞，然后从暂时的疯狂中摆脱出来，恢复清醒头脑。【b】我在这里说的尽管非常简明扼要，但这个解释却很有道理。

克　确实很有道理。

雅　能产生这些效果的办法使我们承认，自幼经受这种惊吓的心灵最有可能养成胆怯的习惯。现在我们每个人都会承认，这种办法是在培养胆怯，而不是在培养勇敢。

克　没错。

雅　因此，我们必须承认还有一个与此相反的过程，也就是在惊吓和恐惧产生时对其进行控制，【c】这种对勇敢的培养需要终生进行。

克　非常正确。

雅　嗯，在此我们可以说，婴儿在运动中接受训练为灵魂美德的养成贡献了一个重要因素。

克　是的，确实如此。

雅　进一步说，鼓励儿童养成温和的脾气将会在道德品质的发展中起主导作用，而暴躁的脾气则会促使邪恶的产生。

克　无疑如此。

雅　【d】所以我们必须试着说明一种能引诱新生婴儿快乐的方法，只要我们有能力使之产生这样的效果。

克　我们确实要这样做。

雅　我要说一下我拥有的确定信念：娇宠儿童会使他们的脾气变得暴躁、乖戾，有一点儿小事就闹别扭，但若用相反的态度，非常严厉、非常霸道地对待他们，则会使他们没精打采、低三下四、闷闷不乐，使他们不适宜与他人交往，参与公共生活。

克　【e】但是请你说说，当这些小生灵还不能听懂人的语言，还完全不可能接受教育的时候，又如何能让国家当局承担起抚养他们的责任呢？

雅　嗯，我相信是以这样一种方式。新生的小生灵，尤其是新生的人，从一开始就会尖叫，尤其是婴儿，不仅会尖叫，还会流眼泪。

克　没错。

雅　所以保姆要根据这些迹象来猜测应该向他们提供什么；【792】如果婴儿在得到了保姆提供的东西后就安静了，保姆就会认为自己猜对了，但若婴儿仍旧在哭喊，那么就是猜错了。因此，你瞧，婴儿喜欢什么不喜欢什么是根据尖叫与眼泪这些明显的征兆来发现的，在不少于三年的时间里，这样说都是对的，而这头三年过得好不好对人的一生来说并非无关紧要的。

克　是这样的。

雅　脾气乖戾、忧郁的人总是自惭形秽，【b】比善人更容易抱怨。我想你们俩都会承认这一点，是吗？

克　我肯定承认。

雅　好，如果我们雇佣所有的聪明人抚养正在成长的孩子，让他们在头三年中全都避免这种困顿、惊惧的经验，尽可能远离痛苦本身，那么在这段时间里成长起来的灵魂一定会充满快乐和仁慈。你们难道不这样想？

克　【c】我没有异议，先生，只要我们能提供充分的快乐。

雅　我亲爱的先生！这正是克和我将要产生分歧的地方。你向我们提出的建议是我们所能接受的最不幸的事情，因为这种不幸从儿童开始生长的时候就已经系统地进入他们的生活。让我们来看我说的对不对。

克　告诉我们，你什么意思。

雅　我的意思是你我之间的这个分歧点将会带来严重的后果。所以，麦吉卢，你也必须动动脑筋，帮我们作出决断。我自己的意向是，正确的生活道路既不是追求快乐，也不是无限地避免痛苦，【d】而是想要达到一种中间状态，对此我刚才用了"仁慈"这个词，我们全都有可能借助神谕的力量把这种状态归于神本身。我认为，像神一样的人必定会追求这种心灵习惯，他肯定不会不顾一切地追求快乐，也不会忘记自己要经历一份痛苦，我们也一定不要让他承受他人的痛苦。男女老少，或是新生婴儿，在其接触的范围之内，【e】人的性格确实是在幼年由于习惯而形成的。嗯，要不是我怕被你们误解为是在开玩笑，我会说得更彻底一些。我会下令派人专门监视那些生育期的妇女，要她们在怀孕期间不能有频繁激烈的快乐或痛苦，以保证她们养成仁慈、明智、安详的精神。

克　【793】先生，你不需要让麦吉卢来判断我们俩谁拥有的真理更多。坦率地说，我承认我们全都必须避免一种无节制的痛苦或快乐的生活，在所有事情上走中庸之道。这是对你这番高尚言论的恰当回应。

雅　克利尼亚，你的回应确实令人敬佩。那么就让我们三个人进一步思考下一个要点。

克　什么要点？

雅　我们大家现在要讨论的无非就是这些规定，而不是别的什么东西，所有人都把这些规定称作"不成文法"，认为是"祖宗之法"。【b】还有，通过最近的谈话，我们产生了一种信念，这种传统既不是制定出来的法律，也不是毫无规范的东西。它是一种体制的榫眼，是连接各种已经成文的法规的通道，通过这些不成文法以及那些有待记载的规定，真正的源于祖先的传统得以保存。这些规定的制定是正确的，并在实践中为人们所遵循。【c】它们可以起到一块盾牌的作用，保护迄今为止已经成文的所有法规，但若不成文法背离了正确的界限，那么整个情况就好比撤去了支柱和挖去了基础的房屋。任何令人敬佩的建筑物一旦失去原来的支撑，一般的结果就会倒塌，一部分一部分地倒塌，或者是整个儿全部倒塌。克利尼亚，我们一定要记住这一点，要尽一切可能把你的城邦牢牢地铆接在一起，尽管它才刚开始建设。【d】凡是可以称作法律、风俗或习惯的事情，无论大小，都不可掉以轻心，因为它们全都是城邦的铆钉，少了一样东西，其他东西就不能永久长存。如果说宏大的立法要用无数琐碎的传统和风俗习惯来使之壮大，那么我们对此一定不要感到奇怪。

克　你肯定是对的，我们不会忘记你的提醒。

雅　到男女儿童长到三岁以前，要让他们一丝不苟地服从指令，这样做首先会给我们的抚养工作带来许多好处。【e】到了三岁，以及三岁以后，四岁、五岁、六岁，对这些年龄的儿童来说，玩耍是必要的，因此我们先前的悉心照料和严厉惩罚可以放松一些——尽管这样做并不是退步——就好比我们在讲到对待奴隶时说过，既不要愤怒地用野蛮的刑罚来处置犯了罪的奴隶，【794】也不要娇宠奴隶，对他们不加管束，对自由民我们也一定要采取同样的态度。至于儿童们玩的游戏，自然本身在儿童的这个年龄就会告诉他们有哪些游戏可玩，他们只要待在一起，自己就会发明游戏。所有三岁至六岁的儿童，首先要在所在区域的圣地里集合，这样就把原先分布在各个村落的儿童集中在一起了。还有，保姆们要注意他们的行为是否得体，至于保姆本人在这一年中，都必须接受我们已经提到过的由执法官任命的妇女总管的控制。【b】这些总管由负责监督婚姻事务的妇女选举产生，每个部落一名，总管的年龄必须与监督婚姻的妇女相仿。接受任命的总管每天要去圣地一次，处罚任何冒犯者。如果冒犯者是奴隶或外邦人，那么就由某些公仆来执行，【c】如果有公民对处罚的正当性提出争议，那么女主管就要把他带到乡村巡视员的法庭上去裁决；如果没有争议，那么女主管可以行使自己的权威，甚至对公民实施处罚。男女儿童满六岁以后就要分开，男孩与男孩在一起，女孩与女孩在一起，分别学习他们自己的课程，男孩子要学习骑马、射箭、投掷，女孩子如果高兴的话也可以学，【d】但最重要的是学习使用长枪和盾牌。当然了，关于这些事情的现有流行观念全都基于一种普遍的误解。

克　怎么会这样呢？

雅 人们以为，人的两只手做各种事的能力存在着天然的差别，而两只脚或两条腿有没有这样的差别，人们就觉察不出来了；【e】正是由于保姆和母亲们的愚蠢，所以我们全都是一只手残废的。实际上，自然把我们身体两侧的肢体造得一模一样，只是由于我们不正确的习惯，才使它们有了差别。无疑，在那些不那么重要的行为中，用哪只手无关紧要，例如，弹奏七弦琴，一般用左手扶琴，右手拿琴拨子，弹其他琴也一样，但若要把这种做法当作惯例要其他所有人照办，那就没有必要了，而且这样做也非常愚蠢。我们可以用西徐亚人的做法为例，【795】他们并不规定用左手拿弓，右手拉弦，而是不管哪只手都可以。他们赶马车以及做其他事情也是这样，由此可以说明，想方设法使人的左手比右手弱有多么不自然。【b】我说过，如果事情仅仅涉及牛角做的琴拨子，或者某些类似的器具，那么用哪只手只不过是一件小事，但若要用到铁制的兵器、弓箭、标枪，等等，尤其是必须要用长枪和盾牌来对抗时，用哪只手的差别也就出来了。在这个世界上，学过某些课程的人与没学过的人，接受过良好训练的人与根本没有接受过训练的人，是有差别的。一个练习过摔跤和拳击，技艺臻于完善的人，不会发现自己不能用左手搏斗，【c】如果他的对手迫使他改变位置，攻击他左侧，那么他不会停止战斗或不用左手还击。我想，使用刀剑，或使用其他武器的时候也应当这样做，人生来就有两副肢体进行防卫和进攻，只要有可能，就决不要留下其中的一半不接受训练。嗯，如果一个人生来就有革律翁① 那样的身体，【d】或者要是愿意的话，有布里亚柔斯② 那样的身体，那么他一定能够用任何一只手投标枪。男女官员必须注意这些问题，女官员要监督儿童的游戏和饮食，男官员要负责教导他们，使我们所有男孩和女孩顺利地成长，既温和又勇敢，善用左右手，他们的天赋也不会由于受到那些已有习惯的压制而被扭曲。

出于实用的目的，对儿童的教育可以分成两类：一类是体育，与身体

---

① 革律翁（Γηρυόν），希腊神话中的巨人，有三头六臂。

② 布里亚柔斯（Βριάρεως），希腊神话中的巨人，有五十个头，一百只手。

有关；另一类是音乐，与心灵的卓越有关。体育又可分为两个部门：舞蹈和摔跤。【e】一部分舞蹈是表演诗人的灵性作品，要注意的是保持尊严和体面；另一部分舞蹈旨在身体的健美和高贵，确保身体的柔韧和肢体的强健，伸肢体能够优雅地运动，优雅伴随着各种形式的舞蹈产生，又渗透在各种舞蹈中。【796】摔跤的发明出于某种愚蠢、空洞的荣耀心——摔跤是由安泰俄斯①或者凯居翁②发明的，拳击是由厄培乌斯③或阿密科斯④发明的——在野外遭遇中，摔跤是无用的，而把摔跤用作庆祝活动又是粗鄙的。但是，那种不会伤害脖子、胳膊、肋骨的所谓"站立式摔跤"可以用来增强体力和增进健康，【b】这种训练在各种情况下都不能忽视。当我们的法典进行到恰当地步时，我们要把这一条作为指令写下来，既写给我们这些学生，也写给他们未来的教师；对于诸如此类的知识，一方要仁慈地传授，另一方要感恩地接受。我们也不要忽略那些适宜模仿的舞蹈表演：比如，在克里特，库里特⑤们的"穿戴盔甲的游戏"，在拉栖代蒙，那对双胞胎天神⑥的舞蹈。我还可以指出，这种舞蹈在我们国家献给那位处女神⑦，她喜欢这种穿戴盔甲的娱乐。她认为空手娱乐没什么意思，【c】全身戎装的舞蹈才是正确的。我们的男孩子和女孩子应当模仿这些舞蹈，以博得这位女神的青睐；这样做肯定是最合适的，既能培养战争技能，又可以为我们的节日增光添彩。还有，男孩子从很小开始直到他们有能力上战场为止，有义务携带武器骑马参加各种节日游行，以此荣耀神；【d】他们向众神以及众神的儿子祈祷时总是伴随着或快或慢的

---

① 安泰俄斯（Ἀνταῖος），希腊神话中的利比亚巨人，擅长格斗。
② 凯居翁（Κερκύων），希腊著名摔跤手。
③ 厄培乌斯（Ἐπειους），希腊传说中拳击的发明者。
④ 阿密科斯（Ἄμυκος），希腊传说中的珀布律喀亚国王，凶残好斗，与每一位外来的宾客拳击。
⑤ 库里特（Κουρήτης），在克里特的狂欢祭仪中手持兵器跳舞、表演宙斯出生的神话故事的人，神的侍者，这个词的原意可能是"年轻人"。
⑥ 狄奥斯库里（Διοσκόρι），指双胞胎天神波吕丢克斯（Πολυδεύκης）和卡斯托耳（Κάστωρ）。
⑦ 指雅典娜。

行进和舞蹈。此外，他们的比赛和为比赛而进行的练习必须拥有同样的目的。这样的比赛，事实上，在战时或平时，既有利于国家又有利于家庭，而其他一些身体锻炼，娱乐性的或严肃的，并非为了自由民。

现在，我已经很好地描述了身体训练的过程，我一开始就说过①，这是我们必须加以考察的；现在，整个纲要已经摆在你们面前。【e】如果你们有谁能提出更好的纲要，就请摆出来吧。

克 不，先生，如果我们拒绝你的建议，那么很难找到更好的身体训练和体育比赛的计划。

雅 下一个主题是阿波罗和缪斯们的馈赠。在前面② 讨论这个主题的时候，我们以为自己几乎已经穷尽了这个论题，只剩下身体训练还没有讨论。而现在很清楚，我们显然省略了许多要点——事实上，每个人都应当先听一听这些要点。所以，让我们按照顺序来说一说。

克 【797】是的，这些要点肯定应当提到。

雅 那么好吧，请注意听。确实，你们在前面已经听过了，但古怪的是讲话者和他的听众都表现出高度警惕。你们瞧，我下面要讲的事情让我感到害怕，几乎难以张口；但我又会鼓足勇气，继续前行。

克 你的论题是什么，先生？

雅 我认为，在任何城邦都没有人会真的把握到，儿童游戏会如此关键地影响到立法，乃至于决定了已经通过了的法律能否生存。如果你们控制儿童游戏的方式，【b】保证相同的儿童总是以相同的方式做同样的游戏，从同样的玩具中得到快乐，那么你们会发现成年人生活中的习俗也应当和平地加以保存而不得更改。但由于儿童的嗜好是无限多样的，不断波动的，因此儿童游戏总是会有新的变化和新的花样。如果不规定儿童的游戏类型，不依据游戏的情况或所使用的玩具来确定判断游戏好坏的标准，【c】那么发明和引进新游戏的人就会受到特别的尊敬，我们把这些人称为城邦的害人虫丝毫也不为过。这样的人在你们背后不断地

---

① 参阅本文 673b 以下。

② 在本文 1—2 卷。

改变着年轻人的性格，唆使他们藐视古老的习俗，崇拜新颖的东西。我要再说一遍，对一个城邦来说，没有比这种语言和观念更危险的东西了。注意听：我会告诉你们这种罪恶有多么大。

克　【d】你的意思是，对这种古老习俗公开表示不满吗？

雅　正是。

克　嗯，你不会发现我们对这种论证置若罔闻——你无法找到比我们更有同情心的听众了。

雅　我能想象。

克　请你说吧。

雅　嗯，让我们比通常更加集中精力聆听这个论证，小心翼翼地进行解释。我们将会发现，除了在某些邪恶的事物中，变化是极端危险的。这对季节和风向来说是真的，这对身体的养生和灵魂的品性来说也是真的——【e】简言之，一切变化毫无例外都是危险的，（除非，如我刚才所说，某些邪恶的事物发生变化。）以身体习惯摄取各种食物和饮料，进行各种锻炼为例。起初，身体可能并不喜欢这些东西，但是养生的有用性引导身体接受它们，身体与新的养生法协调，对它们熟悉起来，从而使生活过得快乐与健康。【798】但若一个人再次被迫发生改变，要使用别的养生法，那么他一开始会对新食谱造成的混乱感到恼火，然后再经过一段时间的熟悉才再次变得熟悉起来。噢，我们可以假定，同样的事情在人的理智和灵魂中也会发生。人们生来就处于某种法律体系之下，【b】而这种体系又在某种幸福的神旨保佑下长期稳定不变，因此没有人记得或曾经听说过有某个时代的事情与他们自己所处的时代不一样，他们的整个灵魂充满着敬畏，不敢对已有的东西作任何改革。所以，立法者必须发明诸如此类的办法来保障共同体的利益，下面就是我就这一发现提出的建议。就像我们说过的那样，人们全都以为儿童玩耍中的新花样只是一种游戏罢了，而不把它看作一种最严重的、最可悲的罪恶的源泉，【c】而实际上它确实是罪恶的源泉。于是，人们并不想方设法去阻止这种改变，而是一边抱怨一边听之任之。他们从来没有想到，这些玩新花样的儿童将来一定不可避免地会成为与从前时代不同的人，儿童身上的变化会诱使他们去寻求一种不同的生活方式，追求一套不同的体制与法律。没有一个人想到由此带来的显著后果，【d】因此我们刚才称之为共同体的最大不幸。其他方面的变化若仅仅是外在的，那么其后果当然不那么严重，但若对道德准则进行频繁的修正，则是一种最大的变化，需要我们认真防范。

克　当然。

雅　那么好，我们以前说过节奏和音乐是一种再现，用来表达较好的和较差的人的气质，对此我们现在是否仍旧这样想？

克　【e】我们对这一点的信念仍旧和原来一模一样。

雅　那么，我们必须使用各种手段来防止儿童在舞蹈和唱歌中创造不同模式的欲望，也要防范可能有人引诱儿童去寻求各种刺激，我们该不该这样说？

克　完全应该。

雅　【799】我们中有谁能够找到一种比埃及人的办法更好的办法？

克　那是什么办法？

雅　把我们所有的舞蹈和音乐神圣化。首先，节日必须通过编制年历固定下来，要规定庆祝哪些节日，在哪些天庆祝，分别荣耀什么神祇、神祇的儿子，或精灵。其次，某些部门必须决定在庆祝某位神的节日里要唱什么样的赞歌，在节日仪式中要跳什么样的舞。当这些事情都已经决定了以后，【b】所有公民都必须公开向命运之神和所有神祇献祭，向每位神唱颂歌，献上庄严的奠酒。

22. 如果有人不服从上述规定，引入其他颂歌或舞蹈，男女祭司将与执法官一道，依据神圣法和世俗法，把他驱逐出去。

23. 如果他拒绝被驱逐，那么他终生将被视为不虔诚之人，任何人只要愿意，就可以起诉他。

克　这样对待他是正确的。

雅　【c】嗯,鉴于我们已经进入这一论题的讨论,我们必须小心谨慎,循规蹈矩。

克　你什么意思?

雅　年轻人,更不必说老人了,看见或听到某些不寻常、不熟悉的事情,不太会径直抛下他的疑惑,匆忙做出决定。更有可能的是,就像一名旅行者,独自旅行或与同伴一道旅行,走到十字路口,不确定该往哪里走,这时候他会停下来向自己提问,或者把自己的疑问告诉同伴,【d】在没有形成这条道路到底通向哪里的确定看法之前,他会拒绝前行。这也是我们当前的处境。我们的讨论把我们引向一个法律的悖论,所以我们很自然地必须考察它的细节,而不是以我们这把年纪,匆忙宣布自己能够轻而易举地解决这个问题。

克　你说得绝对正确。

雅　【e】所以我们要暂时搁置这个问题,在进行一番其他的考察后再来作决定。更何况,我们不希望我们的整个立法被摆在我们面前的这个论题无谓地打断,所以我们的立法工作仍旧要坚持到底。确实,由于上苍的仁慈,当整个讨论到达终点时,对我们当前这个问题的回答也许就出来了。

克　先生,你的建议很好。让我们就这么办。

雅　所以,让我们假定,我们对这个悖论取得了一致的意见:我们的歌曲已经转变为"曲调"(古人显然把某些这样的名称给予竖琴的音调——【800】他们也许对我们说的意思有某种预见,因为某些人有直觉,能在梦中或醒着的时候看到异象)。无论情况如何,让我们同意这一点,作为我们的政策:除了经典的公共乐曲、圣乐、青年歌舞队的歌曲和舞蹈以外,不能有其他歌曲和舞蹈——否则他就违反了"曲调"或法律。遵循法律就能畅通无阻,违反法律就要受到惩罚,如我们刚才所说。我们能够接受这条政策吗?

克　【b】我们能够。

雅　那么,人们应当如何把这些规则以恰当的法律形式来表现,而不会遭人嗤笑或嘲讽呢?嗯,有一个新的要点我们应当注意:在这件事情上，最安全的办法是提出一些典型规则。这是一条典型规则：设想献祭已经进行，牺牲已经按照法律的要求焚烧，【c】但就在这个时候，有些崇拜者——儿子或兄弟——突然走上祭坛，又献上一些祭品，这样做是极为亵渎的。他们的话难道不会让他们的父亲或其他族人感到惊愕、沮丧、灰心、不祥吗？这难道是我们期待的吗？

克 当然不是。

雅 确实，在我们这个世界上，几乎所有城邦都有这种情况发生。执政官刚以公众的名义进行献祭，而这时候就有一支歌舞队，或者有许多歌舞队，转了过来，他们不是远离祭坛，而是经常来到祭坛旁，把庄严的仪式变成纯粹的亵渎，【d】用他们的语言、节奏和阴郁的琴声折磨听众的情感，而最成功地使这个刚献祭过的城邦突然流泪的歌舞队还将被判定为胜利者。我们一定不能赞同这种做法。如果我们的公民确实需要在某个历法规定的哀悼日听这样的哀乐，【e】那么更恰当的做法是从国外雇一些人来表演，就好像在举行葬礼时雇一些吟诵诗人来表演卡里亚音乐。我认为，这样的安排也可以用于我们讨论的这种表演，我还可以说——我们还是尽快把这个论题打发了吧——在表演这些哀歌时的恰当打扮不是花冠和金色的服装，而是正好相反。我只想重复一个我们始终在问我们自己的问题：我们乐意采用这一点作为起点，作为我们有关唱歌的典型规矩之一吗？

克 哪一点？

雅 【801】有关使用吉祥语言的规则。这个特点与我们歌曲的种类密切相关。或者说，我只需要制定规则，而不需要重复这个问题？

克 你就制定吧，我们完全批准你的法律，没有反对票。

雅 那么，吉祥语言之后，音乐的第二条法律是什么？肯定是这一条：要向我们对之献祭的众神献上我们的祈祷。

克 当然。

雅 我设想，第三条法律将是这样的：诗人应将祈祷视为向众神提出请求，所以应当十分谨慎，不要漫不经心，【b】心里明明想的是祈福，却发出诅咒的声音。如果对众神献上这样的祈祷那该有多么可笑！

克　当然。

雅　我们在前面①不是指出过，"在我们城邦里，无论是神庙还是我们的居所，都不要有黄金和白银，不要有财神"吗？

克　我们是说过这样的话。

雅　所以，这个说法对我们有什么用意？肯定是这样的：一般说来，【c】作者不能区别善恶。我们得出这样的结论，创作者在他的话语中，甚至在它的音乐中包含着这种错误，那个创作出错误的祷词的人，会使我们的公民遇上重要事务时作出不恰当的祈求——如我们说的那样，很难发现比这更加严重的错误了。所以，我们能把这一条当作我们有关音乐的典型法律之一吗？

克　哪一条？

雅　【d】诗人不得创作与社会的正义、善、美的传统观念相冲突的作品。不得在作品送审并得到批准之前就随意向他人展示（事实上，我们已经任命了审查官——我的意思是，我们已经任命了艺术总监和教育总监）。嗯，好吧，这里再一次提出同样的问题：采用这一条作为我们的第三条原则和第三条典型法律，我们感到满意吗？或者说，你怎么想？

克　当然，我们要采用。

雅　【e】下一个要点是，赞颂众神并向众神祈祷以荣耀众神是恰当的。在众神之后，我们可以赞颂精灵和英雄，也可恰当地分别向他们祈祷。

克　确实。

雅　下一条法规应当无所顾忌地加以接受，其条文如下：凭借身体和人格的力量，取得显著成就，赢得巨大声誉的已逝的公民，以及终生服从法律的公民，应当被视为我们颂扬的恰当对象。

克　当然。

雅　【802】但是，用颂歌荣耀一个仍旧在世的人会带来麻烦；我们必须等待，直到他走向生命的终点，成功地走完一生（但凡有杰出表现的男男女女都有资格获得这些荣誉，而不应有性别歧视）。

---

① 参阅本文 727e 以下，741e 以下。

有关唱歌和跳舞应当作出下列安排。较早时代的音乐在古代诗歌中有非常丰富的内容,古代的形体舞蹈也有很丰富的内容,【b】从中我们可以非常自由地选择与我们正在建构的这个城邦相适应的东西。应当任命一些不小于五十岁的人来进行选择,由他们决定哪些令人满意的古诗可以接受,而那些被认为有缺陷的或完全不适用的诗歌,有些可以完全排除,有些则可以按照诗歌和音乐专家们的建议作某些修改。我们应当充分利用这些专家的诗歌才能,不过,除了少数情况外,我们不能相信他们的嗜好或喜爱,而要抱着立法者的目的使我们自己成为解释者,制定舞蹈、歌曲、【c】歌舞活动的整个规划,使之与我们的目的尽可能吻合。任何未经规范的音乐活动在这种制度下都会得到无限的改进,哪怕没有添加任何音乐的甜食,喜悦则是所有相同类型的音乐都能提供的。如果一个人自幼年起,直到有理智的责任年龄为止,一直熟悉严肃的古代音乐,那么他会排斥与之相反的音乐,【d】斥之为野蛮的声音;但若他从小听着流行音乐长大,亦即令人发腻的那种音乐,那么他会感到与之相反的音乐是僵硬的、令人不快的。因此,如我前述,这两种类型的音乐从人们的喜欢与不喜欢的角度来看,无所谓有利与无利。区别仅在于:一种音乐环境不可避免地产生好的影响,另一种音乐环境不可避免地产生坏的影响。

克 说得好!

雅 此外,我们还有必要进一步粗略地划分两种类型的歌曲:【e】适宜女性的歌曲和适宜男性的歌曲。我们也必须给这两种歌曲提供恰当的音调与节奏。如果一首作品的整个音调或节奏不对头,那么确实是件可怕的事,就好像我们的各种歌曲在这些方面都没有得到恰当的用处。所以,我们必须进一步针对这些要点立法,以一般纲要的方式。现在我们完全有可能对两种歌曲从这两个方面进行规范,但是把什么样的歌曲指定给女性是由天然的性别之差来决定的,因此这种天然的差别应当成为我们区分两种歌曲的基础。据此,我们要把雄伟庄严的歌曲归于勇敢的男性,而我们的法律和理论传统上把整齐和纯洁专门归于女性。这方面的立法就说到这里。下面,【803】我们必须考虑音乐的教育与灌输,比如各个音乐部门的教育如何进行，教给谁，在什么时候进行，等等。你们知道，造船的工作始于"安放龙骨"，显示出整条船的轮廓，我感到自己现在做的工作与此相同，因为我正在恰当地考虑我们的生活方式，试图安放"品性的龙骨"，【b】以此回答人为什么有不同的性格类型。通过具体考虑要凭借什么工具或生活方式来使我们在时间海洋中的航行达到最佳目的，我确实安置了龙骨。当然，人生这件事也许不配过分严肃地对待，但我们不得不认真对待，否则就会有遗憾。还有，由于我们已经在这个世界上，变化无常的世事无疑都表明这种认真的态度是恰当的。而在这个地方，我会碰到这样的问题：你这样说是什么意思？没错，你有权提出这样的问题。

克　确实如此。

雅　【c】我认为，对于严肃的事情应当保持严肃的态度，但不要把时间浪费在一些微不足道的小事上；所有好人应当以神为他们思考的中心；而人，如我们在前面[1]说的那样，只是被造出来作为神的玩偶的被造物；这是神的最大恩惠。所以，每一个男人和每一个女人，都应当很好地发挥这种作用，相应地安排他们的整个生活，尽可能从事最好的娱乐活动——这个说法与当前的理论有很大不同。

克　【d】你什么意思？

雅　我想，当前流行的观点是，严肃活动以闲暇为目的——比如，战争是一项重要的事务，需要以和平为目的而有效地从事。然而，战争的直接后果和后续的影响都没有转变为真正的闲暇或一种配得上这个名称的教育——而教育在我们看来就是最重要的活动。所以，我们每个人应当在和平中度过一生中的大部分时间，这是对时间的最佳使用。【e】那么，我们正确的生活方式是什么呢？一个人应当在"游戏"中度过一生——献祭、唱歌、跳舞——由此获得众神的恩宠，得到神的庇佑，在战争中征服敌人。哪一种歌曲和舞蹈能同时获得这两种效果，在前面的纲要中我们已经提到了一部分。也就是说，道路已经开辟，我们所需要做

---

[1]　参阅本文 644d 以下。

的就是沿着这条道路前进，像那位诗人那样深信不疑。【804】他说："你自己心里仔细考虑，神明也会给你启示；我深信不疑，你出生和长大完全符合神明的意愿。"① 我们抚养的那些孩子也必须本着同样的精神开始。他们必须接受我们的建议，尽管我们的建议相当健全，他们的保护神也会进一步眷顾他们，给他们提建议，【b】比如在他们献祭和跳舞的时候，或者在其他场合，由此赢得众神的善意，过一种他们的本性要求他们过的生活，尽管他们只是玩偶，不可能完全真实。

麦 先生，这种说法把人类看得太低了。

克 别往后退，麦吉卢。你也要允许我这样想。我得说，我的思考是以神为中心的，而且确实有点想入非非。所以，要是你喜欢，让我们把这些说法当作相当重要的，【c】而不要视为微不足道的。

所以，回过头来再说。迄今为止，我们已经在城市中心的三群建筑物里安排公共体育馆和公共学校；同样，在城郊的三个地方也有训练场地，有开阔的骑马场，有练习弓箭和标枪的场地，年轻人在这里可以学习和练习这些技艺。不管怎么说，要是我们以前没有恰当地作过解释，那让我们现在就来做，用法律的形式来表现我们的要求。

【d】在这些科目中要雇用外国教师，让学生能够学到完整的军事和文化课程。如果孩子们的父亲相当任性，那就不要允许这些孩子上学；如谚语所说，教育对"每个男人和男孩"都是强制性的，因为是他们首先属于国家，而他们的父母其次。

让我强调，我的这条法律同样也适用于女孩。【e】女孩也必须接受和男孩一样的训练，我想毫无保留地提出这项建议，无论是骑马，还是适宜男子而不适宜女子的体育项目。你们瞧，尽管我已经相信我听说的那个古代的故事，我确实也知道今天仍有成千上万的妇女生活在黑海周围，【805】她们被称作萨玛提亚人，不仅精通骑术，而且弓箭娴熟，使用起各种武器来绝不亚于她们的丈夫，她们同样是有教养的。如果这样的事情是真的，那么我要说在我们世界的这个部分当前的做法极为愚蠢，因为

---

① 荷马：《奥德赛》3：26—28。

在这里男人和女人并不联合起来以他们的全部精力从事相同的事业。事实上，在我们现有的各种城邦制度中，几乎每个城邦都可以发现自己只是半个城邦，而在探险和处理麻烦时它们要付出的代价是相同的。【b】这对立法者来说是一种多么令人吃惊的景象啊！

克　我敢这样说。但是，先生，这些建议中有许多好像与一般的城邦结构不匹配。不过，你是对的，你说过我们只是在进行论证，而只有到了实际实施的时候才需要下定决心。嗯，是你让我批评了我自己说的话。所以，你就继续吧，想说什么就说什么。

雅　【c】克利尼亚，我的观点和我前面说的观点是同一个，如果事实证明这些建议是不可行的，那么会有某些地方与我们的建议有冲突。不过，既然如此，构成这条法律必须尝试其他的策略。在教育和其他所有事情上，我们不会撤销我们的建议，女性要尽可能与男性合作。事实上，我们还可以从别的角度来看待这个问题：【d】如果绝对不允许女性和男性采用相同的生活方式，那么我们肯定要为女性制定其他纲要，是吗？

克　不可避免。

雅　那么好，要是我们否定我们正在为她们规定的妇女的伙伴权，那么在当今仍在起作用的各种体制中，我们应当采用哪一种体制呢？是色雷斯人和其他许多民族遵循的体制吗？【e】妇女耕种土地，照看牛羊，做各种仆人做的事，完全像奴隶一样。或者说是在这个世界的我们这个部分普遍实行的体制？你们知道我们在这方面的习俗。如俗话所说，我们把所有资源集中在一起，"收藏在一个屋顶下"，让我们的妇女管理库房，负责纺纱织布。或者说，我们应当采用拉栖代蒙人的体制，麦吉卢，这种体制具有协调的特点。【806】你们让女孩参加体育运动，你们强制她们接受艺术教育；等她们长大了，尽管不必去纺织羊毛，但她们不得不进行另外一种"纺织"，过一种相当艰苦的生活，但这种生活决非下贱的或者琐屑的；她们要操持家务，要维持生计，要抚养孩子——但她们不担负军务。这就意味着，如果遇有紧急情况，她们不得不参加保卫城邦和她们的孩子的战斗时，【b】她们就不能像亚马孙人那样娴熟地射箭或投标枪。她们甚至不能模仿我们的女神拿起长枪和盾牌，镇定而又勇猛地捍卫受到蹂躏的祖国，以她们武士的英勇形象令侵略者闻风丧胆。过着这样的生活，她们绝无可能像萨玛提亚妇女那样坚强，与你们的妇女相比，她们更像是男人。【c】任何人若想为这种状态而赞扬你们拉栖代蒙的立法者，那么他最好继续这样做，而我不会因此而改变我的想法。立法者在立法的时候应当完全彻底，不能半心半意，一定不能在为男性立法之后，就把另一种性别的人当作放荡奢侈生活的工具和取乐的对象。这样做的结果必然会使整个城邦的幸福生活只剩下一半。

麦　我们到底该怎么办，克利尼亚？我们还要继续容忍这位客人把拉栖代蒙说成这个样子吗？

克　【d】是的，我们要。我们对他说过，他应当坦率，我们允许他这样做，直到我们对我们的法典的每一部分的考察圆满结束。

麦　很好。

雅　所以，我假定，我应当试着谈论下一个论题吗？

克　当然。

雅　嗯，我们的公民能保证得到生活必需品的适度供给，而其他人去从事那些需要技艺的工作，那么他们的生活方式是什么？假定他们的农庄托付给奴隶耕种，【e】奴隶用土地丰富的出产供给他们，让他们过上舒服的生活；假定他们在不同的食堂进餐，一个食堂供公民们使用，邻近的食堂供他们的家庭使用，包括他们的女儿和他们女儿的母亲；假定这些食堂都有官员管理，也许是男的，也许是女的，他们负责每天检查和监督人们在食堂里的行为；【807】进餐结束的时候，官员要率领众人向该日的神明奠酒，然后再回家。嗯，在这样空闲的环境里，他们没有什么紧迫的工作要做，也不会有什么真正恰当的职业吗？他们每个人都像关在牛厩里的公牛一样度日，把自己养得肥肥胖胖的吗？不，我要说，这样做既不正确又无可能，过着这种生活的人必定会错失他既定的命运，成为一只愚蠢的、懒惰的、肥胖的野兽，【b】这种野兽一般都是其他野兽捕食的猎物，而那些费尽气力、冒着危险去捕捉猎物的野兽是精瘦的。现在，我们若想继续努力寻找完全实现我们已经提出来的纲领的办法，那么我认为，只要还存在属于个人的妻子儿女和房屋家产，我们的纲领就决不可能实现。还有,如果可以确信我们现在描述的这种状况虽然不是最好的,但却是次好的,【c】那么我们确实可以结束了。所以,我们必须坚持,在一种空闲的生活中仍旧有某种工作要去完成,这种工作绝不是微不足道的或者卑贱的,而是迫切需要的。是的,把你们的生命献给在德尔斐或奥林匹亚取得胜利,这样的生活会使你们非常忙碌,不会给你们从事其他工作留下闲暇;【d】而从事身体锻炼和道德修养的生活至少会使你们两倍的忙碌。一定不要让那些不重要的事务阻碍你们恰当地进食和锻炼,或者阻碍你们精神的和道德的修养。遵循这样的养生法,从中获取最大的好处,总会感到整日整夜的时间不够用。

【e】有鉴于此,每个公民都需要有序地安排他的所有时间,必须每天从早晨开始,不间断地一直执行到黄昏和日落。当然了,如果立法者屈尊去对家务管理发布大量琐碎的指令,其中包括睡觉方面的限制,如何始终保持警惕以保障城邦安全,等等,那么立法者会显得缺乏尊严。事实上,如果哪位公民整夜睡大觉,不让他的仆人们看到他始终醒着,或者知道他是整个家中最早起的人,【808】那么这种行为必须被一致认定为是可耻的,是与自由民的高贵品质不相称的,这种规定应当视为法律,或者视为习俗。尤其是,家庭的女主人应当最早醒过来,她的贴身女仆在早晨把她叫醒,而她再去叫醒整座房子里的其他人,只有做到这一点,所有仆人,包括男女仆人和童奴才会感到睡懒觉是可耻的。【b】大部分公共和私人事务肯定应当在晚间到入睡前进行,官员们处理公务,男女主人在家中处理私事。过多的睡眠确实对我们的身体和心灵不利,因为要做的事情实在太多了。事实上,睡着了的人只能算一具尸体。人应当用各种身体和心灵的活动来尽可能保持清醒,【c】只留下保持身体健康所必需的睡眠,如果有良好的习惯,这种必要的睡眠时间并不太多。公共官员们在夜晚保持清醒可以使坏人感到害怕,无论是敌人还是公民。敬畏正义和美德,既能给公民自己带来好处,也能给他们的整个国家带来好处。以这种方式过夜还有一样好处,这就是培养城邦成员的勇敢精神。

【d】黎明破晓,带来新的一天,儿童必须送去上学。儿童不能没有老师,奴隶不能没有主人,羊群或其他畜群不能没有牧人。在一切野生动物中，儿童是最难管理的：他有一个还不能"清澈地流淌"的理智的源泉，他是最狡猾的，他最会惹是生非，他最不服管教。【e】所以我们说，要用不止一条马勒子来加以管束。一离开母亲和保姆的怀抱，就要有人照看他，这个时候他仍旧年幼无助，等他长大一些，就要有许多老师来教育他，让他学习各种科目。到此为止，他被当作一名年轻的绅士来对待。然而，任何路过的绅士要是发现他犯有过错，那么对他，对照料他的人和他的老师，都要给予处罚，在这里，对待这名儿童一定要像对待一名奴隶。

24.任何过路者若不能恰当地处罚这名儿童，那么这首先是他自己的奇耻大辱，【809】而负责管理年轻人的执法官必须严格管束这名儿童，不能疏于管教，或者不能用认可的方式给予恰当的惩罚。

我们目光敏锐、忠于职守的教育总监必须沿着正确的道路指点年轻人走上正道，使他们成为善良、守法的公民。

【b】至于这位执法官本人又如何充分接受法律的指导的呢？尽管在与执法官有关的地方，法律一定会出现，但到目前为止，法律的声音既不清楚，又不充分，而只是说出了一部分内容，法律要把所有的内容传授给执法官，再由执法官向其他人作解释，并加以执行。现在，我们已经处理了歌舞技艺，亦即唱歌和跳舞。我们已经说了应当选择什么类型的歌舞，并加以修改和神圣化，但我还没有来得及告诉你们这些最高贵的教育指导者应该如何对待无音步的作品，哪些应当由你们来管理，管到什么程度。【c】你们确实已经知道他们的军事课程和训练必须是什么样的。但是他们必须首先知道字母，其次是知道七弦琴和音韵，我们说过，所有人都要掌握这些战争、家庭事务、公共管理所需要的东西，以及关于天体——日月星辰——运行的知识，这种知识对上述目的也有用，任何城邦都必须处理这些事务，对吗？【d】你们问是什么事务？把日分成月，把月分成年，使得季节、各季的献祭与节庆，都能适合真正的自然秩序，按时进行庆典，使城邦保持活力和警醒，使众神得享荣耀，使凡人在这些事务上的理智取得进步。我的朋友，这些问题就是立法者还没有给予充分回答的地方。【e】我现在要说的事情，你们要更加注意。

从一开始我们就说过你们关于文学的信息是不充分的。嗯，对于那些给予你们的指示我们有什么抱怨呢？这就是迄今为止尚无人告诉你们，在成为一名体面的公民之前，是否必须全面掌握阅读和书写；七弦琴的问题也一样。嗯，我们认为一定要接受这些学习。从十岁开始，花三年时间学习阅读和书写对孩子来说是很适宜的，如果从十三岁开始学七弦琴，【810】那么再花三年时间也就足够了。无论孩子本人和他们的父母喜欢还是厌恶这些学习，都不能延长或缩短规定的学习时间，延长或缩短学习期限是违法的。

25. 不服从这条法规者必须受到惩罚，要被取消获得学校奖励的资格，我们稍后就会提到这种奖励。

首先，你们自己必须掌握教师肯定要教的内容和学生在那些时期必须学的内容。【b】嗯，孩子们必须学习字母，直到能够阅读和书写，但若在规定的时间内这方面的进步比较缓慢，那么就要促使他们加快学习进程，迅速达到圆满的地步。

现在产生的一个问题是学习作家原先并非用于音乐的成文作品。尽管这些作品中有些是有韵步的，有些则完全没有节奏——它们实际上就用简单的话语写成，没有用节奏或音调来修饰。【c】众多作家给我们留下了许多诸如此类的作品，由此构成了一种危险。嗯，我尊敬的执法官，你们会怎样对待这些作品？立法者要你们去抄写这些作品的指令是正确的吗？我感到这样的指示是错误的。

克　你说的难处是什么，先生？我感到，你面对的是个人问题。

雅　你的假设非常正确，克利尼亚。但是，你们俩是我立法的合作者，要是我预见到有什么难处，我有义务告诉你们。

克　【d】哦？此时此刻，到底是什么让你想起这个方面？你怎么了？

雅　我会告诉你的：我想到要反对成千上万的声音。这绝非易事。

克　嗯,天晓得!你真的以为你的立法建议与世俗的偏见只在一些细节上矛盾吗?

雅　是的,这个评价很公平。我在想,你说的要点是,会有许多人反对我们的立法之路,而认为这条道路很有吸引力的人也许很少,但决不会没有——【e】而你要我参加少数派,并勇敢坚定地沿着我们当前讨论的道路前进,不要退缩。

克　当然。

雅　那么就继续前进。嗯,我要说的是这样的。我们有许多诗人,有些诗人创作六音步诗,有些诗人创作抑扬格三音步诗;这些作者中有些试图严肃一些,有些旨在产生喜剧效果。久而久之,就有人宣称,为了恰当地教育年轻人,我们不得不在他们头脑里灌满这些东西;【811】我们不得不组织诗歌朗诵,使他们不断地聆听诗歌,熟记于心。另外一个学派选录最优秀的诗歌,编辑诗人的文集,声称若是我们的年轻人熟悉这些文献,背诵和牢记这些诗歌,就能使自己成为善良聪明的公民。我设想,你现在正在迫使我坦率地说出这些人在哪些地方是对的,在哪些地方是错的?

克　当然。

雅　【b】嗯,什么样的简略评估能对他们做到公平呢?我在想,情况很有可能是这样的。每一位作者创作了大量优秀的作品,也创作了大量的垃圾——如果是这样的话,我认为这样广泛的学习会使年轻人陷入危险。

克　那么你对我们的执法官会提出什么建议呢?

雅　哪方面的建议?

克　向他推荐一个样本,使他能够决定什么材料所有孩子都可以学,什么材料所有孩子都不能学。【c】说吧,不要犹豫不决。

雅　我亲爱的克利尼亚,我猜想我还是非常幸运的。

克　怎么说?

雅　因为我在寻找样板的时候还没有走得太远。你瞧,回顾一样我们的讨论,从早晨一直进行到现在——这场讨论我认为真的有神明激励——嗯,在我看来,就像一场文学创作。【d】我要大胆地说,回顾由我创作的这一宏伟篇章,如果我可以这样说的话,那么我有如此强烈的快乐感丝毫也不奇怪。事实上,在我曾经阅读或聆听过的所有作品中,我发现它是最令人满意的,也是最适宜年轻人聆听的。所以我确实认为,我不可能向我们的执法官和教育总监提出更好的样板,或者在他指令学校的老师们把它教给学生以后,还要求他做得更好些,【e】或者要求他从我们那些非韵文的文献中去寻找与我们诗人创作的诗歌中相关的和相同的东西,乃至于从那些与我们当前讨论相似的未成文的简单讨论中去寻找,不是放弃它们,而是使之成文。他应当首先强制性地要求那些教师本人学习我的作品,理解它。那些对这篇作品不满意的教师,他一定不能雇来作为他的同事;那些与他自己的理解相一致的教师应当雇佣,把指导和教育年轻人的事情托付给他们。【812】说完这些,关于阅读和理解,以及教这些科目的老师,我可以告一段落了。

克 先生,如果有人要对我们公开声称了的意向作判断,那么我相信,我们已经沿着最初确定的路线进行了讨论。至于我们整个态度是对还是错,那是很难判定的。

雅 克利尼亚,再重复一下我讲过不止一次的话,【b】一旦我们关于立法的考察抵达终点,这个问题自然而然也就比较清楚了。

克 对。

雅 那么我们能否撇下教字母的老师,把我们的讨论转向教竖琴的老师呢?

克 务必如此。

雅 好吧,关于教乐器的老师,我想,如果我们回顾一下我们前面的论断,我们可以恰当地把他们的功能确定为指导员,或者更一般地称他们为这种教育的教练员。

克 请你告诉我,我们在前面说过什么?

雅 我记得我们在前面说过① "狄奥尼修斯的歌舞队",其中那些

_____

① 参阅本文 644b 以下,669b 以下。

六十到六十九岁的人需要对节奏和音调的结构格外敏感,【c】以保证他们有能力辨别灵魂在情感的压迫下对音乐的模仿是好还是坏,也就是说要能区别善的灵魂的模仿和恶的灵魂的模仿,要拒斥第二种,公开地进行第一种灵魂对音乐的模仿,使这些颂歌能吸引年轻人的心灵,使他们都能通过这种方式的模仿追求美德。

克 你说得确实很好。

雅 【d】那么,这就是教师和学生都必须使用七弦琴的音符的目的;他们必须这样做,以便从它的琴弦提供的东西中获益,因此也必须使琴弦发出的音调与那些歌声的音调一致。至于各种各样的复杂乐器——琴弦产生一种音调,歌曲的创作者发出另一种音调,八度音之内的或八度音之外的,音程较长的或音程较短的,短音符或长音符,低音调与高音调,【e】还有各种伴奏乐器的复杂节奏——不能让学生使用,因为学生们想要在短短三年时间的音乐学习中获益。使用如此复杂的乐器会使学习进展缓慢,让我们的年轻人学习简单课程是绝对必要的,我们已经给他们规定的强制性课程已经不少,而且也不容易,就好像我们的讨论一样,要在规定的时间内完成。所以,这些事情就让我们的教育官员按照已经确定的路线去监督执行。至于具体的音调和歌词就由我们歌舞队的教练去教,【813】关于这些歌词的性质,我们也已经充分讨论过了。你可能记得,我们说这些歌词必须神圣化,用于恰当的节庆,为城邦提供快乐,那才是真正的幸运。

克 你说的同样很正确。

雅 是的,绝对正确。所以我们选择的音乐教练会监管这件事,愿命运之神赐福于他! 而我们还要做的事是把我们已经说过的跳舞和一般的身体锻炼进一步具体化。【b】我们通过增添对教师的指导对我们处理音乐作了补充,关于身体方面的教养我们也要做同样的事。当然了,男孩和女孩都必须参加跳舞和身体锻炼,是吗?

克 是的。

雅 所以男孩子跳舞要有男教师,女孩子跳舞要有女教师,这是一种很方便的安排。

克　我没有异议。

雅　那我们要再次向我们工作最繁忙的教育总监提出要求。【c】他对音乐和身体训练的监管会使他非常忙碌。

克　随着年纪增长，他还有可能管那么多事吗？

雅　噢，他还很轻松。法律允许他选择任何男女公民来与他一道完成这些工作，他实际上也已经这样做了。他知道什么样的人适宜做这样的工作，不希望在这些事情上犯错误，他也会忠于职守，【d】明白这项工作的重要性。他一生坚信，只要年轻一代能够不断地健康成长，我们的国家这艘大船就会顺利地航行；如果不是这样的话，那么结果最好就不用提了，在我们建起来的这个城邦里，我们也一定要提防这些凶兆。关于一般的跳舞和身体训练，这个主题我们自己也已经说了许多。我们讲到了体育和各种军事训练，练习射箭、【e】投掷标枪、轻装侦察、步兵战斗、战略战术、野外行军、安营扎寨，以及骑兵的各种训练。事实上，所有这些学习都需要有可以向国家领薪水的公共教师，他们不仅要教男孩子和男人，还要教女孩子和女人，妇女也必须得到所有这些知识。女孩子从小就要充分练习舞蹈和戴盔甲的战斗，长大了要参加军事指挥、集体操练，【814】还要使用各种武器。如果没有别的原因的话，这样做的理由只在于一旦形势要求我们全体公民参加城外作战，那么保卫整座城市的任务就会落到儿童身上，女孩子也要能担当起这个任务。另一方面，如果有大量希腊人或外邦人入侵——这种情况并非绝对不可能——那么必定会有保卫城邦的激烈战斗，【b】如果城邦的妇女没有训练好，乃至于连母鸡面对最危险的野兽或其他任何危险冒死保护小鸡那样的勇气都没有，如果她们只是朝着神庙狂奔，坐在祭坛和神龛前，那么这种表现确实是城邦的奇耻大辱，是人类最卑劣的表现。

克　嗯，先生，这种表现在任何城邦都不可能被视为光荣的，【c】更不要说它是极为可悲的了。

雅　那么，我们可以针对这种情况制定一条法律，我们的妇女不能忽视战争的技艺，所有公民无论男女都必须参加军事训练，是吗？

克　不管有多少人支持你的观点，反正我是支持的。

雅　关于摔跤我们也已经谈过了，尽管不用真实的演示很难对摔跤作出解释，但在我看来它绝不是最重要的。所以我们把这个问题放一放，【d】直到理论与实践的结合使整个主题都已经清楚地得到说明，到那个时候哪一种摔跤与军事战斗有更加紧密的联系也就清楚了。要知道，我们学习摔跤的目的是为了军事，而不是军事以摔跤为目的。

克　你说得对，至少。

雅　所以，让我们把迄今为止关于摔跤能对人起到什么作用的论述当作恰当的来接受。【e】另外一种总体上由身体来实施的运动的恰当名称是"舞蹈"。它有两种：一种是庄严的，用适宜的形体动作来表达某种意思；一种是荒唐的，用不适宜的形体动作来表现。进一步区分，喜剧和那些严肃戏剧中的舞蹈又可分别分成两种。在严肃的戏剧中，一种舞蹈用适宜的形体动作来表现战争，由勇敢、坚韧不拔的灵魂来承担；另一种舞蹈则表现繁荣昌盛的快乐，由有节制的灵魂来承担，【815】后者的恰当名称是"和平舞蹈"。战争舞蹈的性质与和平舞蹈不同，可以恰当地称作"出征舞"。它刻画了各种躲避敌人的打击和躲闪飞矢走石的姿势，扑倒、跃起、下蹲，等等，也刻画了与此相反的各种进攻姿势，再现射箭、投标枪、拳打、脚踢，等等。在这些舞蹈中，直立稳定的姿势代表良好的身体和心灵，【b】四肢在这种姿势中基本上是笔直的，我们称之为正确的姿势；而那些与此相反的姿势则是错误的。在和平舞蹈中，表演者的成功与否这个问题取决于他的舞蹈方式是否优雅，能否通过舞蹈使他成为遵守法律的人。所以，我们首先要在有问题的舞蹈和没问题的舞蹈之间划一条界线。【c】因此，这个区别是什么？这条界线应当划在哪里呢？酒神信徒的舞蹈以及类似的舞蹈被称作"笑剧"，由喝了酒的信徒表演，他们化装成宁妇、潘①、西勒诺斯②，或者萨堤罗斯③，作为某些祭仪和入会仪式的

---

①　潘（Πᾱν），山林畜牧神。

②　西勒诺斯（σιληνύς），森林之神。

③　萨堤罗斯（Σάτυρος），人首羊身的神。在酒神节时，酒神信徒经常扮成它们的形象歌舞。

一部分，很难说这些舞蹈的风格属于战争舞还是和平舞，【d】也很难确定它有什么目的。我想，最正确的办法是把它与上述两种舞蹈区分开来，宣布它不适合公民，把它搁在一边，然后再回过头来讨论无疑与我们相关的战争舞与和平舞。

嗯，非战斗的缪斯怎么样？由她们引导的荣耀众神及众神的子女的舞蹈形成一大类，在表演的时候具有幸福感。这类舞蹈可以分成两部分：【e】一部分表达逃离艰难险阻以后获得好运，其中洋溢着的快乐感比较强烈；另一部分表达保持和增加已经拥有的幸福的愿望，其中包含的快乐感更加平稳。我们知道，处在这种情况下的人身体都会运动，快乐愈强烈，动作愈激烈，快乐愈不强烈，动作愈不激烈。还有，理智愈清醒，受过的艰苦训练愈多，【816】动作愈不激烈；愈是感到害怕，受过的艰苦训练愈少，动作就愈激烈。但是一般说来，凡是使用语言器官的人，无论是唱歌还是讲话，都不能保持身体的绝对静止。因此，借助身体的姿态和姿势可以表达意思，舞蹈艺术的本质就在于此。在各种情况下，有些人的身体姿势与他说话的时间和音调保持一致，另一些人则不能保持一致。【b】因此，我们实际上可以用许多传统名称来高度赞扬这些舞蹈的卓越表现，其中之一就是表现繁荣昌盛的那种舞蹈，人们在快乐中仍旧能够保持分寸。我们应当表扬这些名称的发明者，无论他是谁，他们道出了这些名称的真理和音乐味，哲学的洞见使他们把优秀的舞蹈总体上定义为和平的，然后开始区分两种舞蹈，赋予它们恰当的名称，【c】一种是战争舞，或者称作"出征舞"，另一种是和平舞，或者称作"祝捷舞"。立法者必须以提要的方式处理这些事务，而执法官要使它们成为人们学习的对象。他的考察应当带来舞蹈与其他音乐形式相结合的结果，给每一种献祭庆典规定恰当的尺度，按既定过程把整个安排神圣化。因此，舞蹈和唱歌都不需要任何新花样。不，我们的公民和城邦必须通过享有同样的快乐和过同样的生活来保持同一，【d】他们全都要能说一样的话，享受一样的幸福和快乐。

这就是我们关于歌舞队表演的结论，这种表演要有健美的身体和高尚的心灵。但我们无法不注意到那些丑陋的身体和灵魂的表演，艺人在朗诵、唱歌、舞蹈中的荒唐、滑稽、粗俗的表演所带来的讽刺效果更是我们要加以检查的。一个人要想形成判断，如果不了解虚假就不能更好地理解真诚，二者是相反相成的；但另一方面，【e】想要追求善的人，不可能同时产生虚假和真诚，而求善在任何时候决非小事。人们必须了解这些事情的原因在于不能因为无知而受骗，以至于说出荒唐的话或作出荒唐的事来。我们要下令，这些表演应当留给奴隶或雇来的外国人，也不必当真。任何自由人，无论男女，都不要去学习这种表演，而这种表演总是花样百出。【817】喜剧这个名称一般指的是活动性的娱乐，我们可以按照法律对它作出规定，并伴以必要的解释。

但是，我们"严肃的"诗人怎么样，他们被称作悲剧家？设定他们中有些人前来向我们提问："先生们，我们可以到你们的城邦和国土上来访问吗？我们可以把自己的作品带来吗？或者说，你们在这方面有什么规定？"【b】面对这些受神激励的天才，什么样的回答才是正确的呢？我想，是这样的："尊敬的客人，我们自己就是悲剧家，我们知道如何创作最优秀的悲剧。事实上，我们整个政治制度就创建得相当戏剧化，是一种高尚完美生活的戏剧化，我们认为这是所有悲剧中最真实的一种。你们是诗人，而我们也是同样类型的人，是参加竞赛的艺术家和演员，是一切戏剧中最优秀的戏剧的艺术家和演员，这种戏剧只有通过一部真正的法典才能产生，或者说，这至少是我们的信念。【c】所以你们一定不要指望我们会轻易地允许你们在我们的市场上表演，让你们演员的声音盖过我们自己的声音，让你们在我们的男孩、妇女、所有公众面前公开发表激烈的演说。你们发表的看法所涉及的问题与我们相同，但效果不一样，而且大部分效果是相反的。嗯，在城邦的执政官还没有决定你们的作品是否适宜公演之前，如果我们允许你们这样做，那么我们真是疯子，【d】如果你们能找到一个人允许你们这样做，那么整个城邦也是疯子。所以，你们这些较为弱小的缪斯神的子孙，先去执政官那里，把你们的诗歌表演给他看，让他拿来与我们的诗歌作比较。然后，如果证明你们的情感与我们相同，或者比我们更好，那么我们会给你们配一个歌舞队，如果不是这样，那么，我的朋友，我恐怕我们决不会这样做。"

【e】所以，涉及一般的歌舞表演以及学习其中的一部分的问题，习俗和法律会携手共同处理——分别涉及奴隶和他们的主人，要是你们同意。

克　我们怎么会不同意呢？至少在现在。

雅　对绅士而言，还有三门相关的学科。第一，计算和对数的研究；第二，线段、平面、立体的测量；第三，天体的轨道运动及其相互关系。【818】一般的公众不可能详尽地学习这些课程的每一个细节，只有少数挑选出来的人进行这样的学习。至于如何对这些人进行教育，我们将在论证临近结束时提到，那里才是说明这一点的恰当地方。对大众来说，学习如此之多的必要课程是恰当的，我们确实可以说，一个普通人要是不知道这些内容是可耻的，尽管要学习这些课程非常艰难，或者说实际上不可能研究它的每一个细节。我们所强调的只是不要否定它具有的"必然性"。【b】有句格言说，"甚至连神也决不能违抗必然性"，当格言的作者这样说的时候，他心中想到的实际上也是必然性。无疑，他指的是神的必然性，哪怕你仅从人的必然性出发理解这句话，就像人们对这句话的一般理解那样，也可以明白这句话决非最愚蠢的话。

克　是的，先生。但是另外一种必然性，神的必然性，会在这些学习的什么地方出现呢？

雅　嗯，我假定，有些人忽视或完全不知道，【c】任何人都不可以对我们扮演神祇或精灵的角色，也不能扮演英雄的角色，英雄是人类最严重的迷信。如果受神激励的人连三和二、奇数与偶数都分不清，也不会数数，甚至分不清昼夜，不知日月星辰的轨道，那么这样的人还能算是人吗？【d】所以，若有人以为这些知识对想要"知道"一切学问中最高尚的知识的人来说并非不可或缺的，那么这种想法极端愚蠢。要学习哪些知识部门，学到什么程度，在什么时间开始学，哪些学问要和其他学问一起学，哪些可以单独学，如何使这些学问形成一个整体，这些问题是我们首先要加以确定的。然后我们才可以在这些学问的指导下研究其他学问。这是一种自然的秩序，具有我们所说的必然性，【e】没有任何神会反对或将要反对这种必然性。

克　是的，先生，你刚才表达的观点非常正确，确实如你所说，这种秩序是自然的。

雅 没错，克利尼亚，尽管我们现在难以根据预见对这些问题立法。如果你们同意的话，我们可以推迟到其他场合再对更加具体的细节进行立法。

克 先生，我们的同胞确实不熟悉这个问题，不过我想你对这一点也太在意了，你的多虑其实是没有必要的。请你尽力陈述你对这个问题的看法，【819】不要有任何保留。

雅 我确实在意你提到的这种情况，但更加注意那些已经按照错误方式学习这些知识的学生。完全不熟悉某种学问绝不是一种危险，或者是不可克服的障碍，也不是最大的恶，更大的危害来自对一门学问有广泛深入的学习，但同时经受一种坏的训练。

克 你看得很准。

雅 那么好，我认为自由民应当学习各种课程，【b】就好像在埃及一样，那里有许多孩子要学习字母。埃及人为那些最特别的儿童设计了一些数字游戏，一边学一边获得许多乐趣，比如一开始让他们分配固定数量的苹果或花环，分给若干人；还有，让他们按比赛要求给拳击手和摔跤手分组，分成一系列的"对子"，看有没有人剩下。此外，教师们还让学生做一种游戏，【c】把几套金、银、铜制的茶托混在一起，然后再来分配，有时候用其他金属茶托，有时候全部用一种材料的茶托。以这样的方式，如我所说，他们把数学的基本运用融入儿童游戏，给学生们提供了一种有用的预备性练习，使他们能够进一步学习军事生活中的战斗部署、行进运动，以及进一步学习管理内部事务，使他们更加机敏，并且能够以各种方式更好地从事这些工作。然后，他们继续练习测量长度、【d】面积和体积，以此消除他们的天真无知，而整个人类要是对这些知识无知的话，那真是荒谬的、可耻的。

克 这种天真无知是如何形成的？

雅 我亲爱的克利尼亚，当很迟才有人向我指出这种状况的时候，我像你一样感到非常震惊。这种无知在我看来更应当是像猪一样愚蠢的畜生，而不应当是人，我不仅是在为我自己感到脸红，【e】而且是在为我们整个希腊世界感到脸红。

克　但是，你脸红的原因是什么？先生，让我们听听你的解释，好吗？

雅　嗯，我愿意告诉你，或者说我宁可用提问的方式来作答。请你告诉我一件小事。你知道"线段"是什么意思吗？

克　我知道。

雅　"平面"的意思呢？

克　我当然知道。

雅　你知道线段和平面是两种不同的东西，"立体"是另一种东西，是第三种，是吗？

克　是这样的。

雅　现在，你认为这三种东西相互之间有公度性吗？

克　是的。

雅　也就是说，"线段"具有可用线段来度量的本性，"平面"具有可用平面来度量的本性，【820】"立体"具有可用立体来度量的本性，是吗？

克　确实如此。

雅　但若假定这种情况并非普遍的，而是对有些事例是确定的，对有些事例不那么确定，对有些事例来说是正确的，对有些事例来说是不正确的，而你却相信它是普遍正确的。你认为你在这件事情上的心灵状态如何？

克　确实无法令人满意。

雅　线段、平面和立体有什么样的关系，或者线段和平面之间有什么样的关系？我们所有希腊人都认为它们以这样或那样的方式具有公度性，这难道不是事实吗？

克　【b】嗯，确实是事实。

雅　尽管我说了，我们希腊人全都想象这是可能的，但若这又是完全不可能的，那么我们是否必须告诉他们，尊贵的希腊人，这就是我们所说的无知的一个事例，对这种必要的知识缺乏必要的造诣是可耻的，让他们都感到脸红？

克 我们确实一定要这样说。

雅 此外,还有其他与此密切相关的一些地方,【c】经常会产生与刚才提到的错误相类似的错误,是吗?

克 你可以举个例子吗?

雅 事物相互之间是否具有可公度性与不可公度性这种真正的关系。一个人通过考察一定要能够区分它们,否则就注定是个可怜虫。我们相互之间应当经常提出这样的问题——老年人用这种方法消磨时间比玩跳棋更加优雅——把我们的激情用于一种与我们相配的娱乐,在其中取胜。

克 【d】我要大胆地说,跳棋游戏和这些学习毕竟没有很大差别。

雅 克利尼亚,我也认为这些是我们的年轻人必须学习的课程。学习这些课程确实并不危险,也不困难,如果他们通过娱乐的方式学习这些课程,那么这样做给我们的城邦不仅不会带来伤害,反而会带来好处。

克 是这样的。

雅 还有,如果我们能够对此作出证明,那么我们显然必须把这些课程包括在我们的规划中;但若我们无法对此作出证明,那么我们同样要加以排除。

克 【e】噢,这很清楚,显然如此。

雅 那么好,先生,现在我们暂时把这些游戏列入必修的课程中,不要让我们的法律体系留下一块空白,但要把它们当作与我们的体制可分离的东西——就像许多可赎回的抵押品一样——我们把它们抵押给你们,而你们接受它们,但它们也有可能是无法接受的。

克 用建议这个词也就够了。

雅 接下去你必须考虑天文学。我们要不要把它推荐给年轻人学习呢?

克 嗯,你说下去。

雅 请你注意,就在这个地方,我确实发现了一个奇怪的现象,一个完全不能容忍的悖论。

克 【821】什么样的悖论?

雅　流行的观点确实认为，对最高的神和整个宇宙进行研究，忙于解释它们，这样做不仅是错误的，而且亵渎神明，然而我的看法与此正好相反。

克　你在说什么！

雅　我知道这样说是令人吃惊的，也许会被误认为一个老糊涂说的话，但事实上，我明白这种学习是细致认真的，【b】对城邦有益的，是神完全能够接受的，根本不可能要求人们放弃对这门学问的关注。

克　假定不能，但我们要找到什么样的天文学才能与你的描述相配呢？

雅　嗯，我的朋友，我现在完全可以这样说，我们整个希腊世界都习惯于对较高的众神，太阳和月亮，作出错误的指责。

克　这种错误的指责是什么？

雅　我们说，太阳和月亮，以及某些与它们相关的天体，不能保持相同的运行路径，这就是我们称之为行星的原因。

克　【c】喔唷，先生，确实没错。嗯，在我自己的一生中，我经常看到黎明和傍晚的晨星、晚星，以及其他星星，不是沿着同一轨道运行，而是朝着各个方向偏移。当然了，我看到太阳和月亮的运行还是有规则的。

雅　那么好，麦和克利尼亚，这就是我要坚持让我们的公民和年轻人学习天文学的原因，【d】他们必须对天空中的神明的所有事实有充分的了解，以免亵渎它们，确保我们所有的献祭和祈祷用语具有敬畏的虔诚。

克　这样说是对的，当然了，首先你说的这种知识要有可能。在此前提下，如果我们当前在谈论这些事情时的用语有错误，那么这种学习就可以起到纠正的作用，我也承认必须在一定范围内传授这种学问。现在请你尽力而为吧，把你说的这些事实讲给我们听，我们会尽力跟上你的讲解。

雅　【e】嗯，我心里想到的天文学这门课，当然不是一门很轻松的课程，然而也不是极端困难的，我可以用事实证明，学习这门课程并不需要花费大量的时间。当我在聆听这种真理的时候，我当时还很年轻，而我直到现在仍旧可以清楚地告诉你们，并且不需要花许多时间。如果这个问题确实很复杂，那么像我这把年纪的人绝对不可能向你们的人作解释。

克　完全正确。但是，请你告诉我们这种知识是什么样的——你说这种学说令人惊讶，然而又适合年轻人学习——【822】这样我们就不会表示怀疑了，是吗？你必须尽可能讲得清楚些。

雅　我会尽力而为的。我的朋友们，认为太阳、月亮和其他天体是某种"漫游者"，这种信念实际上是不正确的。与之相反的看法才是对的，每一天体总是沿着相同的轨道前进，而不是有许多条轨道。还有，它们中运动最快捷的天体被人们错误地认为运动得最缓慢，而最缓慢的则被错误地认为最快捷。【b】现在假定这些都是确凿无误的事实，但我们对它们抱有一种不同的看法。再假定我们对参加奥林匹克赛会的赛马或长距离赛跑的选手也有这样的看法，把跑得最快的选手称作最慢的，把跑得最慢的选手称作最快的，对所谓的胜利者大唱赞歌，把失败者当作胜利者来祝贺，嗯，那么我们的赞美既不正确，也不会得到赛手们的喜欢，因为他们毕竟只是凡人。【c】但若我们今天确实对我们的神祇犯下相同的错误，那么我们一定不要认为这种错误像我们在别的场合或赛马场上犯下的错误一样滑稽可笑，而应当看到，这种情况绝不是一件可笑的事情，也不是一种虔诚的观点，因为它意味着对神圣的存在反复说谎，难道不是吗？

克　如果事情确实如你所说，那么没有更正确的说法了。

雅　如果我们可以证明这一点，那么这些天文知识必须在我们建议过的范围内加以学习；如果不能证明，那么我们必须加以搁置。我们能否以此作为我们到目前为止一致表示同意的意见？

克　【d】我完全同意。

雅　那么我们可以说，我们要加以完成的教育立法包括我们对这种学习所作的规定。至于要不要把狩猎包括在学习内容中，我们应当再一次回想在其他同类事例中我们是怎么处理的。看起来，立法者的任务不仅是制定法律，而且还会延伸到其他一些事情上，所以这个论题可以取消。除了制定法律外，立法者还必须做别的事，这些事接近训诫与立法，关于这一点，我们的论证已经不止一次地引导我们注意到了。【e】其中的一个事例就是我们对婴儿抚养问题的处理。我们说，对需要作出规范的事情，我们一定不要留下空白，然而在我们进行规范的时候，要想把它们当作法律一样确定下来是极为愚蠢的。所以，等到法典与整个法律体系都已经具有了书面形式，这个时候也还不适宜对拥有杰出美德的公民发出最后赞扬，说他是一位好公民，说他已经表明自己是法律最好的仆人，完全服从法律；【823】只有等到他终生以执行、批准或谴责的方式，无条件地服从立法者写下来的所有内容以后，才可以说他是最佳公民。这是可以送给公民的最真实的赞扬，一名真正的立法者不会把自己限于制定法规，他会进一步把他的法律条文与他对那些值得赞扬与不值得赞扬的事情所作的解释结合起来，而拥有优秀品德的公民一定会感到这些指示在约束自己，胜过法律的强制。

　　如果可以把我们当前的主题称作一个标志，也就是说它是显而易见的，那么我们可以把我们的意思说得更加清楚一些。【b】狩猎实际上是一种追捕，有各种不同的活动范围，各种意义的追捕实际上都可以置于狩猎这个总的名称之下。捕捉水里的动物有许多种方法，猎取野禽也有许多种方法，捕捉陆上动物更有无数的器械。我指的不仅是追捕野兽，而且还指战争中对人员的捕捉，以及用各种比较温和的方式捕捉猎物，有些是值得赞扬的，有些是不值得赞扬的；匪徒的绑架和在战场上使用武力也是狩猎的形式。【c】立法者在制定他的狩猎法时既无法省略这些解释，也不能制定一套适用于各种狩猎的法规，并威胁要对违反法规的行为进行惩罚。那么在这种情况下他该怎么办呢？他必须——我指的是立法者必须——始终着眼于年轻人的训练和运动，推荐某些狩猎方式，谴责其他的狩猎方式，而比较年轻的人则必须接受这些建议。希望快乐或害怕艰苦都不应该影响他们服从这些建议，他们不是由于害怕受到法律的惩罚才服从这些建议，而是对这些建议有着比较深刻的敬意，【d】当作一种义务来服从。

　　在作了这些预备性的解释之后，法律当然可以对不同狩猎形式提出推荐和禁止，那些有助于改善年轻人的灵魂的狩猎形式要给予推荐，那些起着相反作用的形式要加以禁止。所以，我们现在不要再拖延了，要对年轻人说话，用虔诚、希望的语言表达我们的心意：

"亲爱的朋友，希望你们绝对不要沉迷于捕鱼，热衷于海上捕捞，使用钓鱼术或其他任何猎取水中动物的技艺，【e】或者使用那种懒汉用的渔具，无论醒着还是睡着都能钓到鱼。希望你们千万不要有当海盗的念头——在大海上捉人——成为野蛮的、无法无天的猎人！至于在城内或国内进行小规模的偷猎，你们心中决不要冒出这种念头来！愿年轻人的灵魂不要被偷捕家禽的念头所诱惑，【824】这种滋味绝不是自由人应该去尝试的！这样，我们留给我们的运动员进行的狩猎就只剩下猎取陆上动物。有一种捕猎形式又和睡觉有关——被称作夜猎——这是懒汉用的办法，不值得推荐；这种打猎的形式所花的时间与训练时间一样多，不是依靠充满活力的灵魂去征服猎物的体力和凶猛，而是依靠罗网和陷阱。因此，留下来适合所有人的唯一狩猎形式就是依靠猎人的马匹、猎犬和猎人自己的四肢追捕四足动物，在这种场合，是猎人——也就是那些已经训练得像神一样勇敢的人——自己在打猎，【b】全凭赛跑、搏斗和投掷标枪来取得成功。"

这番话可以当作我们对狩猎事务的一般解释，批准什么和禁止什么。而实际的法律条文可以是这样的：

无人应当禁止这些真正"神圣的"猎人在狩猎中携带他们的猎犬，只要他们乐意，他们就可以这样做；而那些依靠罗网和陷阱的夜间狩猎者，任何人不得允许他们在任何时候去打猎。

捕捉野禽的人可以在没有耕种过的土地上或者在山里面打猎，不受干涉，但若他们进入耕种或没耕种过的圣地，【c】一经发现，任何人都可以把他们赶走。

除了海港、神圣的河流、沼泽、湖泊，渔民可以在任何地方捕鱼，只要他不在水里下毒。

到此为止，可以说我们的教育法规终于完成了。

克 这是个好消息！

第 八 卷

雅　【828】嗯，我们的下一项工作是：在德尔斐神谕的帮助下，制定有关节日的历法，赋予它法律的权威，确定庆祝什么节日和举行什么献祭才是对国家有益的和有利的，决定这些祭祀应当献给哪些神祇。祭祀的次数和时机可能也是我们要确定的问题之一。

克　是的，我敢说，次数问题也取决于我们。

雅　那就让我们先来处理次数问题。【b】这个次数不得少于三百六十五，每次都至少要有一位执政官代表国家参加献祭，确保从事祭祀工作的人和财物不受侵犯。由研究宗教法规的人、男女祭司、先知组成的委员会要先与执法官见面，以明确立法者不可避免会有所省略的任何细节，该委员会也要进一步确定如何补充这种省略。【c】实际上，真正的法律条款将为十二位神祇规定十二个节日，我们的不同部落就是以这些神的名字命名的，要向这些神中的每一位献祭一个月，与此相关的还有歌舞与竞赛，有音乐方面的竞赛，也有体育方面的竞赛，这些活动要注意适合受祭神灵的特点和节日所处的季节，只允许妇女参加的庆祝活动与那些没有必要做出这种规定的庆祝活动要区分开来。还有，对冥府众神及其随从的献祭与对天神的献祭一定不要混淆，我们把神祇分别称作天神与冥神。法律要对两类神作出区别，【d】对冥神的献祭安排在献给普路托①的那个月，

---

① 普路托（Πλούτων），希腊神话中的冥王。

即每年的第十二个月。真正的勇士一定不要厌恶这位死亡之神，而要尊敬他，把他当作人类永恒的保惠师，我要极为真诚地向你们保证，对于灵魂与肉体的统一来说，没有比死亡更好的方式了。

还有，有关当局要能作出令我们感到满意的安排，必须拥有这样坚定的信念：像我们这样的城邦在全世界都找不到，我们有充分的闲暇，也有各种生活必需品的丰富供应，它要做的事情，【829】就像个人一样，是生活得好，而幸福生活不可缺少的前提条件首先就是我们自己不犯罪，同时也不因他人的错误行为而受苦。要满足第一个条件不难，但要同时有力量避免伤害却非常难，确实，只有一个办法可以满足这些前提条件，这就是变成全善。对城邦来说也一样，如果这个城邦变成善的，那么它的生活就是一种和平；如果这个城邦变成恶的，那么就会有内外战争。【b】鉴于这种情况，因此城邦的成员一定要参加训练，准备战争，这种战备不是在战争期间进行的，而是在和平期间进行的。因此，聪明的国家每个月都要进行不少于一天的军事训练，到底进行多少天则由执政官来确定，不管天气如何，是冷还是热。执政官下令以后，男女老幼都会一齐参加集训，而在别的时间则分开进行训练。他们在举行献祭时也必须规定一系列高尚的能够真实地再现战争的运动项目，【c】为庆祝节日提供竞赛活动。在这些场合，总会有一种依照功绩进行的奖励，公民们可以按照人们在这些竞赛中和在自由的生活中的表现创作诗歌，对他们进行颂扬和谴责，对已经证明了自己具有完善品德的人给予褒奖，对那些无法证明自己的人发出谴责。创作这样的诗歌并非每个人都要承担的任务。首先，作者必须不小于五十岁；其次，他一定不能是那些已经在文学和音乐方面有充分才干的人之一，而是一个尚未获得高尚和杰出表现的人。【d】但是，那些人品高尚、拥有公众荣誉的人创作的诗歌是可以歌唱的，哪怕这个作品并不具有真正音乐的性质。选择诗歌作者的权力应当掌握在教育官员及其同事执法官的手中，由他们来把这种特权给予作者。他们的音乐，也只有他们的音乐，可以自由歌唱，不用进行检查。但是这种自由不能再赋予别人，其他公民也不能假定，未经执法官的批准就可以演唱那些未经批准的歌曲，【e】哪怕这些歌曲的音调比萨弥拉斯本人①或奥菲斯本人的音乐还要令人陶醉。只有那些完全献给众神的诗歌，以及由真正高尚的人创作的诗歌，才可以恰当地用来表达赞扬或谴责。上述要求既是一种对未经检查的诗歌的控制，又赋予人们一种唱歌的自由，既适用于男性，也适用于女性。

立法者应当考虑这些事情，并且使用这样的类比："嗯，现在让我们来看，一旦组织了整个城邦，我想要培养哪一种公民？【830】运动员是我想要的人吗？——竞争者，在重大斗争中与上百万的对手对抗。对吗？""确实如此。"有人会这样正确地回答。那么好，假定我们要培养的是拳击手，或者其他相类似的某些比赛的运动员。我们能够直接参赛，而无需任何事先的准备，平时就与对手搏击吗？如果我们是拳击手，那么我们在比赛前的一段时间内就会聚集在一起学习如何搏击，努力提高自己的水平。【b】参加任何真正的比赛，我们都会在比赛前进行练习，而且在训练中尽可能逼真；在练习中，我们会像比赛一样戴上拳击手套，确保训练的最佳效果。要是我们专门寻找优秀的同伴一道练习，我们还会由于害怕愚蠢的嘲笑而去面对无生命的假人进行练习吗？【c】要是没有活的或死的对手，也没有共同练习的同伴，那么我们在练习拳击中岂不是孑然一身，"与自己的影子"为伍吗？这种"徒手"训练，你还能叫它什么呢？

克　不，先生，除了你说的"徒手训练"，我想不出别的名字来。

雅　很好。那么，一旦我们自己、我们的子女和财产，乃至于整个国家的生存面临问题时，【d】我们这个共同体的战士会在比这些拳击手更无准备的情况下，冒险参与各种重要比赛吗？如果我们相互之间进行的练习所引起的某些嘲笑就使立法者停止立法，那岂不是一种巨大的危险吗？如果可能，立法者要规定每天都要进行一次小规模操练，不涉及重武器的使用，分组进行各种身体锻炼。他还要规定每月至少举行一次或大或小的军事演习，在演习中，全体公民都要担任某个军事职位，【e】在树林里埋伏，使用拳击手套和各种非常逼真的武器进行战争演练，是

---

①　萨弥拉斯（Θαμύρους），传说中的色雷斯乐师。

吗？这些武器是有一定危险性的，这种运动不可能完全没有缺陷，但这样做能够起到使国民警醒的作用，也可以用这样的方式区分勇士和懦夫，【831】鉴别公民的可信程度。立法者以此训练每个公民，使他们终生都能参战。如果演练中有了伤亡，那么杀人者应当被视为无意的，但需要按照法律的规定参加涤罪仪，用纯洁的牺牲之血使他洁净。立法者在这个问题上的看法是，如果少数人死去，那么会有其他好人出生取代他们，但若担心人员伤亡而停止演习，那么，假如我可以这样说的话，就没有办法鉴别战场上的勇士和懦夫，这对他的城邦来说，【b】是一种更大的不幸。

克　先生，我的朋友和我同意你的意见，这是法律应当规定的，也是整个国家应当执行的。

雅　我不很确定，是否我们大家都明白在现存的各种城邦里都找不到这样的对抗性演习，但小规模的演习也许还是有的。对此，我们应当责备人类的普遍无知和他们的立法者吗？

克　好像是应该的。

雅　【c】不，我亲爱的克利尼亚，一点也不应该！真正的原因其实有两个，都很重要。

克　什么原因？

雅　一个原因在于人们追求财富的欲望，使人没有片刻闲暇去参加任何与他个人的好运无关的事情。只要公民的整个灵魂都全神贯注于发财致富，那么除了日常琐事，他就不会再去想别的事情。于是，每个人都渴望能参加会产生这种效果的学习和从事这类工作，而其他的学习则受到嘲笑。在此，【d】我们可以说，就是由于这个原因，整个城邦也会把这种事情当作最值得敬重的，而城邦上的每个人都已经做好充分准备，他们渴望得到金银财宝，为此愿意驻足于任何行业，做任何工作，无论这些工作是否高尚，只要能够发财致富就行了；他们也做好了充分准备，像某些野兽一样，只要一有可能就采取任何肮脏的、罪恶的、极端无耻的行动，大吃大喝，放纵性欲。

克　【e】你说得太对了。

雅　那么好，这就是第一个原因，它使得城邦不能进行有效的军事活动或其他高尚的活动；这样一来，当然也就自然而然地使体面的人变成生意人、小贩，或者仅仅是奴仆，【832】也使更多的人变成冒险家、海盗、小偷、盗窃神庙的贼、流氓、暴徒，尽管这些人的不幸多于他们的邪恶。

克　不幸？为什么？

雅　嗯，要是你终生遭受无休止的饥饿所折磨，那么除了"不幸"，我还能找到什么词来说明？

克　很好，就是你说的两个原因之一。你的第二个原因是什么，先生？

雅　啊，是的，谢谢你的提醒。

克　按照我对你的理解，一个原因是这种终生无休止的追求使我们所有人都没有一个钟头的闲暇，【b】使我们无法参加我们本应接受的军事训练。请你让我们知道另一个原因是什么。

雅　你以为我迟迟不提第二个原因是因为我说不出来。

克　不是这么回事，但我们可能会认为你虽然讨厌拖延，但你刚才提到的这种情况正在引导你进行与我们当前论证无关的抨击。

雅　先生，我接受你的恰当批评。你好像希望我开始讲第二个原因。

克　你只能这样做。

雅　我要说的这个原因可以在我们已经频繁涉及了的民主制、寡头制、独裁制中找到，【c】这些制度实际上是"非政制"。它们中间没有一个是真正的政制，它们的恰当名称是"党派统治"。在这些政制中，我们找不到统治者和被统治者都自愿的政制，它们全都由自愿的统治者使用某种暴力控制不自愿的被统治者。而害怕臣民的君主决不会允许他的臣民变成高尚的、富裕的、强大的、勇敢的，也不太会允许他们成为一名好战士。在这个地方我们找到了几乎所有不幸的主要根源，它肯定也是我们现在涉及的这种不幸的主要原因。【d】我们现在正在规划的政制要努力避免这些不幸。这种政制要比其他政制为公民提供更加充分的闲暇，它的公民不存在相互支配的关系。我想，我们的法律不想使公民们变成贪婪地追求财富的人。因此，我们非常自然而又合理地相信，只有按照这样的方法建立起来的体制和城邦，才会实行上述勇士教育，而在我们的讨论中也已经规定了这是公民的运动。

克 非常正确。

雅 下面，我想我们可以对所有体育竞赛做一个总的观察。那些有益于打仗的体育竞赛应当鼓励，【e】胜利者应当奖励，而那些对打仗无用的体育竞赛则可以取消。对于要保留的体育竞赛项目最好从一开始就作出具体解释，制定相应的法规。我想，我们就从规定跑步比赛的奖励开始吧。

克 应当如此。

雅 身手敏捷确实是战士素质的第一要素，脚劲在打仗和追踪中有用，【833】坚韧是近身肉搏所需要的，搏斗特别需要结实的身体。

克 当然。

雅 还有，要是没有武器，光有体力也不行。

克 当然不行。

雅 所以我们的传令官要遵循习俗，宣布我们体育竞赛中的第一项是一"斯塔达"全副武装赛跑。赛手要穿戴盔甲，徒手参赛的选手不能获奖。不，各项比赛的顺序是这样的：第一，一"斯塔达"赛跑，全副武装；【b】第二，两"斯塔达"赛跑；第三，战车比赛；第四，长距离赛跑；第五样比赛非常迷人，一边是被我们称作重装步兵的一名选手，携带全部沉重的装备，一直要跑到阿瑞斯神庙，然后折回，整个距离是六十"斯塔达"，另一边是他比赛的对手，弓箭手，也是全副装备，他必须穿山越岭，一直跑到阿波罗和阿耳忒弥①的神庙，跑一百"斯塔达"。【c】在比赛过程中，我们将在那里等候他们返回，奖品将授予各种比赛的胜利者。

克 这种安排很好。

雅 现在让我们把这些体育比赛分成三类，一类是男孩子的，另一类是青年男子的，还有一类是成年男子的。无论他们作为重装步兵还是作为弓箭手参赛，青年的赛跑距离是全程的三分之二，男孩子的赛跑距

---

① 阿耳忒弥（Ἀρτεμις），希腊月亮和狩猎女神。

离是全程的一半。至于女性，我们将安排一"斯塔达"和两"斯塔达"赛
跑、【d】赛车和长距离跑，参加比赛的妇女如果年龄还没有到青春期，那
么必须裸体参赛，如果已经过了十三岁，正在等着婚配——她们的结婚
年龄最小是十八岁，最大二十岁——那么就必须穿上适当的衣服参赛。
关于男女赛跑就说到这里。

　　膂力方面的竞赛，比如摔跤，以及类似的项目，这些运动当前非常流
行，我们将举行的项目有穿盔甲格斗、【e】单人格斗、双人格斗、集体格
斗，每边人数最多可达十人。至于决定胜负的标准，我们将遵循先前已
有的由权威们制定的格斗规则。以同样的方式，我们将请专家手持武器
来协助纠正比赛中的犯规行为，击中对手必须记分，【834】根据积分多少
来决定胜负。这些规则同样也适用于那些不到结婚年龄的女性。我们将
用一般的投掷比赛取代拳击比赛，包括射箭、投标枪、用手掷石块、用投
石器掷石块，在这些比赛中，我们也必须制定规则，奖励那些严格按照我
们的规则获胜的人。

　　【b】我们下一步当然要制定赛马规则，不过，在克里特这种地方，马
派不上什么大用场，只有少数人使用马匹，因此人们当然就不太有兴趣
养马或举行赛马比赛。至于战车，这里肯定没有人会拥有战车，也不太
可能有人朝着这方面想。因此，我们若是规定举行与习俗不符的战车比
赛，那么人们就会把我们当作傻瓜，而事实上这样做确实很傻。【c】但若
我们只是给骑马比赛提供奖励——或者骑牛，或者骑其他牲畜——那么
我们就是在培育一种与我们的国土性质相一致的运动形式。所以法律
会给不同类别的人规定这些竞争性的比赛，而不会规定其他比赛，任命
副将和主将担任比赛的裁判和领队，参赛选手则必须穿戴盔甲。因此，
就像体育运动一样，【d】如果举行不穿戴盔甲的比赛将是一个法律错误。
还有，克里特人可以担任骑射手或标枪手，所以我们要举行相应的比赛
作为娱乐。至于妇女，我们确实没有必要浪费时间去制定法律，强迫她
们参加竞赛，但若她们在幼年和少年时期的早期训练已经使她们有了这
种习惯和强壮的体力，并且不会带来什么不良后果，那么应当允许她们
参赛，不得加以阻止。

体育比赛这个主题终于结束了，我们所讲的体育，【e】既包括竞赛又包括日常锻炼。我们对音乐的处理也基本上完成了。至于吟诵诗歌以及举行其他类似活动要作哪些规定、节庆时要举行什么样的歌舞竞赛，这些问题我们以后再说。现在我们可以考虑如何把年、月、日指定给众神及其他较小的崇拜对象，【835】也就是说，让我们来决定这些节日每两年举行一次，还是每四年举行一次，或者间隔几年再举行一次。还有，我们一定希望在节日里举行各种音乐比赛，依次轮番举行，就像各种体育比赛由教育官担任主席一样，音乐比赛的主席是执法官，由执法官们组成一个专门的委员会负责音乐比赛。他们必须制定相关的法律，确定举行音乐比赛的时间、参赛的人与团体。最初的立法者已经不止一次解释了需要什么样的音乐作品，包括朗诵和歌曲，伴随着混合的音调、节奏和舞蹈。【b】他的后继者必须遵循这些规定，给不同的比赛指定适当的祭祀时间，并为来城邦参加庆典的客人提供节目。

要发现如何使诸如此类的细节变成法规并不困难，也不难看到若是对它们作出不同的安排将会给城邦带来更多的好处或伤害。但有一件极为重要的事很难令人相信。【c】假如真能从神那里得到命令的话，这件事确实是只有神本身才能决定的事情之一。也许需要有一个勇敢的人，他要能够公开表明他的真实信念，指出什么是国家与公民的真正利益，要能在一个普遍腐败的时代，为整个城邦体系提供所需的法规——他要能够反对人们最强烈的欲望，忠于真理，独立自存，世上无人能够与他比肩而立。

克　【d】这个新的论题是什么，先生？我们看不出你现在进到哪一步。

雅　你这样说我并不感到惊讶。你们注意听，我一定要尽力说得更加清楚些。我们的谈话使我们进到关于教育纲领的讨论，这个时候在我眼前产生了一幅男女青年亲密无间生活在一起的景象。你可以想象，当我问自己该如何管理这样的城邦时，我产生了一种不安的感觉——在这个城邦里，男女青年非常健康，不必做那些奴仆的苦活，而干这些苦活比其他任何事情都要容易抑制欲火，【e】参加献祭、节庆和歌舞队的唱歌似乎就是他们的全部生活。智慧要我们克制情欲，努力奉公守法，那么在这样的城邦里应当如何使他们摆脱情欲？当然了，我们已经制定了的法规能使大多数情欲得到克制，这并不奇怪。【836】我们禁止过度富裕，使之变得节制，这样做带来的好处非同小可，我们的整个训练过程也同样置于健全的法规之下，也能有助于人们的节制。此外，执政官的眼睛被训练得能够专注于他想要实现的目标，而年轻一代也能专心致志，不敢有片刻的转移，这样一来，也就在人力所及的范围内约束了大多数情欲。

【b】但是，青年或成年男女的爱欲该如何满足？我们知道它对个人和整个城邦影响极大，但我们应当采取什么样的预防措施呢？你能找到什么具体办法来保护所有人，使他们不受伤害呢？克利尼亚，在这一点上我们确实有困难。实际上，整个克里特和拉栖代蒙对我们提出来的大部分立法内容都会给予极大的、应有的支持，但在性的问题上他们一定会拼死反对我们——这话在我们中间还是可以说的。【c】如果一个人顺其自然，采用拉伊俄斯①以前的古代法律——我的意思是男人如果与青年男子发生与女性那样的肉体关系是错的——并且从动物的生活中寻找证据，指出男性不能与男性有这样的关系，因为这种行为违背自然，那么他的意见肯定是强有力的，然而在你们的城邦中人们对这种事情的看法很不一致。还有，我们要求立法者始终予以关注的目的与你们的实践不吻合。【d】你知道我们反复提出来的问题是：什么样的法规可以培养善，什么样的法规不能培养善。现在假定我们当前的法律宣布这种行为值得赞扬，而不是可耻的。那么它是如何改进善的呢？它会导致被诱奸者的灵魂增强勇敢的气质吗？或者导致诱奸者增强节制的气质？【e】确实，任何人都不敢相信这一点。与此相反的看法才是真的。每个人都必须谴责那些屈服于他人淫欲的人，他们因为太软弱而不能进行抵抗；也要谴责另一种人，他们模仿女性，使自己的行为与女性相似。那么，这个世上有

---

① 拉伊俄斯（Λαίους），底比斯国王。神预言他的儿子将杀父娶母，于是他派人将他的儿子俄狄甫斯抛弃。俄狄甫斯被人救走，长大了回来寻找父亲，但在无意中杀死拉伊俄斯。

谁将对这些行为立法呢？我说，凡是懂得什么是真正的法律的人，都不会对此进行立法。你问我如何证明自己的观点？【837】若要正确地思考这个问题，我们必须考察情感的真正性质以及与此相关的欲望和所谓的爱欲。事实上，在欲望这个名称下覆盖着两样东西，还有作为二者复合物的第三样东西，由此引起了许多混淆和晦涩难解的地方。

克　怎么会这样呢？

雅　嗯，这你是知道的，我们曾经说过，在德性、地位、贫富程度相当的人之间会产生依恋，在完全相反的人之间也会产生依恋；在这两种情况下，当这种依恋感达到相当强烈的程度时，我们就称之为爱。

克　【b】是的，我们说过。

雅　现在假定两个完全相反的人之间产生了强烈的依恋，但我们从中并非总能看到互惠性，而那些建立在相同或相似基础上的依恋却是平等的，始终具有互惠性。在这两种因素同时存在的地方，那么一方面很难察觉这种"爱"的主体到底在寻求什么；而另一方面这个主体由于受到两种相反力量的推动而感到困惑，无所适从，一种力量邀请他享受对象的美貌，【c】另一种力量禁止他这样做。热爱肉欲和渴求美貌的人就像成熟的果实，他会告诉自己尽力去获得满足，而对自己心灵的奴仆状态不予思考。但若他轻视肉欲，对情欲进行思考，那么他希望得到的就确实是灵魂与灵魂的依恋，他会把肉体享受当作无耻的淫荡。作为一个注重贞洁、勇敢、伟大、智慧的人，一个敬畏与崇拜神的人，【d】他会追求一种在身体和灵魂两方面都始终纯洁的生活。我们已经把包含上述两种因素的爱称作第三种爱。由于爱有这么多种，那么是否要用法律来禁止这些爱，把它们从我们中间排除出去呢？我们希望我们的城邦以善为它的目标，想要尽可能把城邦的年轻人造就为善的，若能做到，我们就要尽可能禁止另外两种爱，这一点不是很清楚吗？麦吉卢，我的朋友，你想要我们怎么说？

麦　【e】先生，到目前为止，对这个问题的看法都非常好。

雅　朋友，我希望能够看到你的意见和我一致，看起来我是对的。你们拉栖代蒙人的法律对这些事情会怎么看，这个问题我不需要提出，我只需要对你同意我们的学说表示欢迎。至于克利尼亚，我必须尽力吸引他接受我们晚些时候将提出来的看法。现在，你们共同的认可已经足够了。我们务必返回我们的立法工作。

麦　【838】这是个正确的提议。

雅　好吧，我们现在来谈一下能使我们的法律保险地建立起来的方法，好吗？我实际上已经有办法了，从一个角度讲这种办法相当容易，从另一个角度讲这种办法极为困难。

麦　你继续说吧。

雅　你要知道，大多数人都是无视法律的，甚至到了今天也一样，他们对美貌的追求虽然受到阻碍，但他们不愿违反自己的意愿，而是竭力想使自己的愿望得到完全满足。

麦　你现在想到的是什么事例？

雅　我想到的是那些有漂亮的兄弟姐妹的人。【b】同样的法律，尽管没有成文，也为儿子或女儿提供了完全的保护——任何人都不得与自己的下一代有公开的或秘密的乱伦关系，或者对他们进行狎昵——让每个人的心里决不要产生诸如此类的念头。

麦　非常正确。

雅　那么好，你知道有一句话能使所有这样的淫欲熄灭。

麦　一句话？什么话？

雅　这句话说，神憎恨这种邪恶无耻的行为。【c】人们对这句话的解释当然也不会有什么不同。我们所有人从很小开始就不断地从各方面听到相同的说法，我们从演出滑稽戏的小丑嘴里听到过这句话，当堤厄斯忒斯①、俄狄甫斯②、玛卡瑞乌③的形象出现在舞台上时，我们也从所谓庄严的悲剧中明白了这句话的意思，这些角色都偷偷地把自己的姐妹当

---

①　堤厄斯忒斯（Θυέστης），人名。

②　俄狄甫斯（Οἰδίπους），底比斯国王拉伊俄斯之子，幼时被抛弃，后被人救走，长大以后寻找父亲，无意中杀死拉伊俄斯。

③　玛卡瑞乌（Μακαρέας），人名。

情妇,而这种罪恶一旦被发现,【d】他们就自杀了。

麦 你在这个问题上的看法完全正确。公共舆论确实有种神奇的力量,没有一颗灵魂胆敢保持一种与已有习俗相反的想法。

雅 你这下子明白我刚才的想法有多么正确了,我刚才说,只要立法者想要克服这种情欲,最严格地约束人性,他就能够轻易地找到解决的办法。他只需要得到公共舆论的批准就行了——这种舆论是普遍的,包括奴隶和自由民、【e】妇女和儿童的看法,以及城邦其他部分的看法——他不用花费更大的气力就能使他的法律得到最可靠的保证。

麦 很对。但是到底为什么在这一点上人们可以得出完全自愿的一致看法……

雅 我很高兴你说到了点子上。这确实就是我的意思,我刚才说要用法律把性行为限制在它的自然功能上,【839】要避免对同性产生爱恋,因为这样做实际上是在对这个种族进行谋杀,把生命的种子播在砂石地里白白浪费,在这样的土壤中,生命的种子决不会扎根,也不会长出自然的果实,也要避免与任何女性发生并不希望有实际收获的性行为。一旦设定这种法律是永久的和有效的——就算如此吧,因为它必须如此,用它来反对其他错误的性行为并不比用它来反对乱伦关系的作用要小——就会产生很好的结果。从自然本身发出的声音开始,这种命令就会引导人们克制疯狂的性行为以及各种不合法的婚姻,【b】也会使人克服各种过量的饮食,让男子忠于自己已婚的妻子。这种法律一旦建立,还会带来其他许多好处。然而,当我们提出这种立法建议时,会有一些性欲极为旺盛的青年偷听到我们的谈话,他们很可能会把我们的立法斥责为极端愚蠢的,并且发出一片反对的喧嚣。这种情况使我说出了刚才那些话,我所知道的这种建立永久性法律的办法,【c】尽管从一个角度看是极为容易的,从另一个角度看是最困难的。要看到这件事是能够做到,要看它这件事如何做到,这是非常容易的。如我所说,这条法律一旦得到恰当的批准,那么所有人的心灵都会受到制约,会对已经建立的法律产生普遍的畏惧,并遵守这些法律。但是事实上,事情发展到今天的地步,甚至在我已经假定的事例中,也并没有产生我们认为可能出现的这种结果。

就像公餐制一样，若要整个城邦在日常生活中采纳这种法律，那么人们就认为它超出了可能性的范围。【d】我们虽然证明这种制度已经是一个存在于你们自己城邦中的一个事实，然而人们认为若将它的实施范围扩展到妇女，那么它也已经超越了人的本性的界限。在此意义上，正是因为看到这种怀疑的分量很重，所以我说要把它既当作一种实践又当作一种永久的法律是极为困难的。

麦　你说得没错。

雅　但是，你希望我能提出一个有力的论证，来表明这个建议非常灵活，并没有超出人的可能性的范围吗？

克　我当然希望你能这样做。

雅　【e】那么请你告诉我，在什么样的情况下一名男子会认为自己比较容易服从这方面的法规，戒除性生活，作为一个体面人，是在他的身体接受身体锻炼，处于良好状态的时候呢，还是在他的身体很不好的时候？

克　当然是他正在锻炼身体的时候，绝对如此。

雅　我们全都听说过在奥林比亚①和其他地方扬名的那位塔壬同的伊克库斯②的故事，不是吗？【840】他满腔热情地追求胜利，并为这种神圣的感召而感到自豪，故事还说，他的性格是坚韧不拔和自我节制的结合，他从来不近女色和娈童，把所有时间用于训练。你知道人们说克里松③、阿司堤路④、狄奥波普⑤也这样做，其他还有为数不少的人。然而，克利尼亚，你我提供的公民心灵教养毕竟要比他们的心灵教养好得多，【b】他们的身体更容易反叛。

克　你说得完全正确，关于这些运动员的传说特别强调了这确实是一个事实。

---

① 奥林比亚（Ὀλυμπία），地名。

② 伊克库斯（Ἴκκος），人名。

③ 克里松（Κρίσων），人名。

④ 阿司堤路（Ἀστυλυς），人名。

⑤ 狄奥波普（Διόπομπος），人名。

雅 嗯,按照一般的解释,为了在运动场或赛马场上赢得胜利,他们放弃了这片"温柔乡",但并不十分费力,而我们的学生想要取得的胜利更加高尚——我们通过讲故事、谈话、唱歌把这种胜利的高尚性质从小灌输给他们——【c】但他们却不能坚韧不拔,在这种情况下,我们还能指望他们被我们的符咒镇住而产生禁欲的结果吗?

克 这是一种什么样的胜利?

雅 征服他们自己的欲望。如果他们做到了,那么我们将对他们说,你们的生活会是幸福美满的;但若他们失败了,那么结果正好相反。此外,对上面说的这种罪孽行为表示畏惧的人完全没有力量在其他人面前,在那些比他更差的人面前保持优势,是这样的吗?

克 我们很难作这样的假定。

雅 如果我们对法律就是这种看法——【d】普遍的罪恶使我们停滞不前——那么我要说法律最简单的义务就是继续前进,告诉我们的公民,他们的行为不能比鸟类更糟,不能比那些大牲畜更糟。在生殖年龄到来之前,这些动物都过着节欲和贞洁的生活;等到了生育年龄,它们就择偶,成双成对,公的与母的相配,母的与公的相配,从那以后生活在虔诚和正义之中,【e】忠于它们最初的爱的契约。我们要对我们的公民说,你们肯定比动物强。然而,他们若是受到其他许多希腊和非希腊的坏榜样的影响而变得非常腐败,他们从自己的所见所闻中知道这种所谓的自由的爱有多么强大的影响力,因此不能赢得这场胜利,那么我就要让我们的执法官成为立法者,规定第二条法律来对付他们。

克 【841】如果我们现在建议的第一条法律从他们的指缝里漏掉了,那么你建议立法者制定一条什么样的法律呢?

雅 次好的,克利尼亚,显然是。

克 什么法律?

雅 我的看法是,有一种办法可以有效地检验性欲发展到何等激烈的程度,以便用艰苦的工作把这种性欲的激流导向其他渠道。如果性放纵能掺上一些羞耻感,【b】那么也有可能达到同样的效果,羞耻感能使性放纵变得不那么频繁,而性放纵的减缓又有助于克制性欲。所以,习俗和不成文法会有这方面的规定，用一种隐秘的方法维护人们的荣誉，而不是公开揭露诸如此类的行为，监察这种行为也不是习俗的唯一任务。这种传统的建立会给我们提供一种次一等的确定光荣与可耻的标准，并有其自身次一等的正确性；【c】而那些被我们说成是"自身之恶之奴仆"的人会受到矫正和约束，在三样东西的影响下，他们会遵守法律。

克　哪三样东西？

雅　对神的敬畏、对荣誉的向往、对心灵美而非肉体美的渴求。我当前的这些建议至多只是为了激发一种虔诚的想象，但我向你保证，任何城邦都会看到这三者的实现也就是一种最高的幸福。然而，【d】在神的帮助下，对性爱作出一些强制性的规定并非不可能。一条规定是，自由民出身的公民除了自己的合法妻子外不得与其他妇女有性关系，播下邪恶的杂种，也不得违反自然与男性有不结果实的肉体关系。如果这条规定不能做到，那么我们仍旧要彻底阻止男子或女子之间的同性恋关系。除了由上苍批准的神圣的婚姻外，如果一名男子有了其他某种性关系——无论是用钱买来的，或是以其他任何形式——【e】那么他的行为一旦被男女公民发现，我们就可以剥夺他作为一名公民的荣誉，因为他已经证明自己完全是个外乡人。所以，无论这些规定是一条还是两条，让我们就把它当作我们在性和爱问题上的法律，当作我们确定在情欲的激发下产生的各种关系正确与否的标准。

麦　【842】先生，确实如此，我衷心欢迎这条法律。当然了，克利尼亚也必须表态。

克　麦吉卢，我会表态的，但我要挑个适当的时机。现在还是让我们的朋友开始制定这方面的法律吧。

麦　那好吧。

雅　【b】请注意听。我们现在所取得的进展已经使我们可以制定公餐方面的法规了。我说过，要做这件事在其他任何地方都很困难，但是在克里特没有人会提出异议。我认为，这个国家的公餐制、拉栖代蒙的公餐制，或者说还有比它们更好的第三种类型的公餐制，要实施起来并不十分困难，但做到了这一点也不能承诺会带来任何巨大的利益。事实上,我相信我们作出的安排已经非常充分了。

【c】按自然的顺序,下一个要提出的问题是军粮供应。这种供给的适当来源是什么呢?当然了,一般的城邦所能得到供应的来源是多样的,巨大的,至少要比那些对我们的公民们公开的来源多两倍,因为作为一个通例,希腊人既从陆上又从海上觅食,而我们国家的食物来源被限制在陆上。但对立法者来说,他在这方面的工作反而比较轻松了。与此相关的必要法律不仅减少了一半,而且还限制在一个较小的范围内,这些仍旧必要的法规也更加适合自由民。【d】我们城邦法典的制定者可以不用去管商业方面的法规,无论是水上贸易还是陆上贸易,是批发还是零售,还有捐税和海关、采矿、利息的支付方式,用单利还是复利,以及其他成千上万个细节。他的法规是为农人、牧人、养蜂人,看管诸如此类动物的人,以及与此相关的工具的使用者制定的。【e】通过制定婚姻、生育、抚养、教育、任命官员方面的法规,他的主要任务已经完成了。现在,他把注意力转向制定食物供应方面的法规,或者说他现在关心粮食的储备问题。

现在,我们要开始提出一系列农业方面的法规。首要的一条涉及神圣的地界。条文是这样写的:任何人不得私自移动邻居的地界,无论他的邻居是同城邦的公民,还是外国人,之所以涉及外国人是考虑到如果某人的土地正好在边境上,这种情况就会发生。【843】私自移动地界这种行为实际上必须理解为"移动了不可移动的东西"。每个人都必须宁可冒险去移动不作地界的沉重的砾石,也不愿去移动被上苍的誓言神圣化了的作为地界的小石头,无论这块地是朋友的还是敌人的。因为,作为各部落共有之神的宙斯见证着这些神圣不可侵犯的石头,当人们的权利意识苏醒,相互之间产生了巨大敌意时,宙斯会成为陌生人的保护者。遵守法律的人不会受到什么惩罚,而无视法律则是有罪的,将会受到来自不止一处的惩罚,首先最主要惩罚来自上苍,其次来自法律。【b】我说,没有任何人可以随心所欲地移动邻居的界石,如果有人这样做了,一经发现就可以把他告上法庭。

26.如果有人受到这样的控告,将会被视为用隐秘的或暴力的手段谋求地产,法庭将确定给被告什么样的惩罚,而被告将接受惩罚或者缴纳罚款。

再往后,我们会遇到邻里之间不断发生的小摩擦。这样的摩擦次数一多就会在邻居之间造成伤害,邻里关系也会变得极为难处。【c】因此必须小心谨慎地对待邻居,不要做任何出格的事情,尤其是不要蚕食邻居的土地,因为帮助邻居并非绝对必要,而伤害邻居却是非常容易的,任何人都会做出这种事情来。

27.若有人越界耕种邻居的土地、打伤邻居,那么他要对他不文明的粗暴行为负责,【d】赔偿受害人医药费,还要缴纳两倍于医药费的罚款。

所有这类案件的调查、取证、处罚都要由乡村巡视员来进行,我们前面①已经说过,重大案件将由该地区的全体官员来会审,较轻的案件则由乡村巡视员来处理。

28.如果有人在邻居的土地上放牧,乡村巡视员同样也要前往调查,依据察看到的损害来确定罚款。

29.如果有人设法把别人的蜂群变成自己的,那么他也要赔偿别人的损失。

30.如果有人在生火时没有采取足够的预防措施,把邻居的树林烧毁了,他也要缴纳由执政官决定的罚金。

31.如果一个人在植树时没有给邻居的土地留下足够的空间,这种

---

① 参阅本文 761d—e。

情况也适用同样的法规。

这些要点有许多立法者都非常恰当地处理过,我们应当使用他们的法规,而不必要求我们城邦这位伟大的立法者为我们城邦里的每一件小事制定法规,因为这些小事是任何立法者都能处理的。【844】举例来说,有关农庄供水,有非常完善的古代法律保留至今。我们没有必要提取这些法规加以讨论,任何想要引水到自己农庄的人都可以从公共水源中引水,只要他在引水过程中不堵塞属于其他私人的泉眼。他若愿意,也可以开挖沟渠引水,只要他避开房屋、神庙和坟墓,在开挖沟渠中不造成什么损害。【b】如果某些地区雨量不足,天然干旱,那么业主可以在自己的土地上打井。如果他打不出水来,那么他的邻居应该为他提供人和家畜的饮水,如果他的邻居也缺水,那么他应当报告乡村巡视员,得到他的许可,【c】从更远的邻居那里得到供水。下暴雨的时候,无论是在城里还是在乡下,居住在高处的人只有在取得城防官或乡村巡视员许可的情况下才能谨慎地排水,以免给低洼地区的土地和房屋造成损害。要是他们不能履行应尽的义务,那么住在城里的受害者可以向城防官提出诉讼,住在乡下的受害者可以向乡村巡视员提出诉讼。【d】任何拒绝遵守这条法规的人必须承受相应的后果。

32.如果发现有罪,他要赔偿两倍于受害者损失的赔款,因为他拒绝执行执政官的指令。

每个人应当粗略地依照下列原则取得他那份丰收果实。丰收女神仁慈地赐给我们两样礼物:一种是能极大地取悦狄奥尼修斯,但不适宜贮存的果实;另一种是生来适宜贮藏的果实。所以,我们有关丰收的法律如下:

33.在阿克图鲁①升起、收获葡萄的季节到来之前,如果有人品尝了

---

① 阿克图鲁(Ἀρκτοῦρως),牧夫座。

果子,【e】无论是葡萄还是无花果,是他自己地里的还是别人地里的,那么为了狄奥尼修斯的荣耀,我们要对他处以罚款,吃他自己地里的果实要罚五十德拉克玛,吃他邻居地里的果实要罚一百德拉克玛,吃他从其他地方采来的果实要罚六十六又三分之一德拉克玛。

如果一个人想采摘"甜食"葡萄或无花果（就像它们今天的名称一样),无论什么时候,只要他愿意,他就可以这样做,只要是从他自己的树上采摘;但是,

34. 但若未经别人同意,他就从其他人的树上采摘,那么他仍旧要受到惩罚,因为这样的行为正好是法律禁止他去做的事,没有耕种,不得收获。【845】如果未经业主许可就这样做的人是一名奴隶,那么他每摘一颗葡萄就要被鞭打一下,每摘一颗无花果就要被鞭打三下。

外国居民可以购买甜食,也可以自己采摘,要是他喜欢。在我们国家旅行的外国人如果在路上想吃果子,那么他,也许还有一名仆从,可以摘果子吃而不必付钱,以此显示我们国家的好客。【b】但是法律必须禁止外国人糟蹋我们的果实。

35. 如果一名外国人,无论是主人还是奴隶,无视法律,碰了这样的果实,那么是奴隶的要受鞭打,是自由民的要在警告后给予释放,要告诉他们,碰这样的果实是不合适的,把这些果实选出来是为了制作葡萄干、酿酒或制作无花果干。

偷拿苹果、梨、石榴,等等,虽然不算什么丢脸的事,但是

36. (a) 如果一名三十岁以下的人做了这种事,【c】那么他应当挨打,被赶走,但他不会受到实际的伤害。

如果受到这样的侮辱，公民在法律上得不到补偿（一名外国人有资格取得一份果实，他可以拿一些甜食，葡萄和无花果）。如果一名三十岁以上的人碰了这样的水果，当场吃掉，不拿走，那么他会像那些外国人一样来分享这些果实，但是

36.（b）如果他违反这条法律，【d】那么他就丧失了在德性方面参加竞赛的资格，当竞赛的奖赏已经确定的时候，他的行为会引起评价者的关注。

水是花园能够拥有的最有营养的食物，但它很容易被污染，而土壤、阳光和风，与水一道，促进着从土中生长出来的植物的成长；水也容易被改道和拦截，从而引起冲突。就事情的本质而言，水资源会受到各种伤害。由于这个原因，需要有法律的保护，【e】其条文如下：
如果有人故意堵塞他人的水源，无论是河水还是湖水，无论是放毒，挖沟，还是偷水，受到伤害的一方必须把损坏的情况记下来，等城防官员来的时候提出诉讼。

37. 往水源中投毒的一方除了缴纳罚款外，还要负责清洁那些受到污染的清泉或水库，法律将对这些清洁行动进行监督。

【846】每个人都可以按照自己的意愿和通常的惯例把庄稼收回家，只要不给其他人带来伤害，或者说他的收益不大于给他的邻居带来的伤害的三倍。审判这种案子的权力由执政官掌握，与那些故意伤害罪相同，一方的人身、不动产或动产未经许可就受到第二方的侵犯。有关情况要向执政官报告，赔偿金额最高可达三明那；如果涉案金额巨大，受害人要向公共法庭起诉，【b】寻求赔偿。

38. 如果判定有官员在确定赔偿方面不公正，那么这名官员要向受损害的一方支付双倍的赔偿。

如果有任何不公正的裁决，原告与被告双方都要被带到公共法庭重审。任何立法都不能缺少法律程序的无数细节——程序的制定、法庭的召集、证人的数量、【c】如何根据需要来确定两名或两名以上的证人——然而，一名年迈的立法者无法注意到全部细节。他的比较年轻的模仿者应当按照他的先驱者和其他更加重要的法规的模式来作出规定。他们还应当在必要之处试验这些法规，直到满意地拥有一套完整的、适当的法律汇编为止。然后，等到这套法规成形，而非在此之前，他们应当把这套法规视为最终的，并按照这套法规生活。

【d】至于一般的技艺，我们的政策应当是这样的。首先，本国人，或本国人的奴仆，都不能把实践某种手艺作为他的职业。因为公民已经有了一种职业，从不断进行的练习和与这种技艺有关的广泛学习来看，从保存和享受城邦公共秩序来看，这种职业完全需要他——这项任务的重要性决不可视作第二位的。我们可以正确地说，人的能力决不适宜同时从事两种职业或手艺。【e】我们没有一个人有这样的才华，在自己从事一种手艺的同时还要去监管第二种手艺。因此，我们必须从一开始就把这一点作为我们城邦的一条原则。没有人可以同时既是铁匠又是木匠，我们也不能允许一名木匠去监管其他铁匠的工作，从而荒废了他自己的技艺，哪怕他借口做一名管事可以挣到更多的钱，他手下那么多雇工可以为他的利益工作，他当然也会小心监管他们，这样一来，他挣的钱远远多于他凭自己的手艺挣到的钱。【847】在这个城邦里，每一名艺人和工匠都只能有一种技艺，他们必须依靠这种技艺谋生，而不能依靠其他技艺。城防官必须竭尽全力执行这条法律。

39. 如果有本国人走上歧途，为了追求钱财而从事别的行业或职业，那么城防官要通过申斥和降级的办法来对他进行矫正，使他返回正道。

40. 如果一名外国人同时从事两种手艺，那么对他进行矫正的方法有监禁、罚款和驱逐出境，这样一来，【b】他就只能起一种作用而不是起几种作用。

至于工匠们的报酬，或者他们拒绝工作，或者他们抱怨受到不公平的对待，或者其他事情，如果涉及的金额不多于五十德拉克玛，那么就由城防官来断案，但若涉案金额更大，就由公共法庭来依法处理。

在我们的城邦里，进出口货物都不用纳税。不能进口乳香或其他用于宗教仪式的外国香料，【c】也不能进口本国不生产的紫色颜料或其他染料，更不能进口那些非必需的外国出产的原料。本国生产的生活必需品一定不能出口，必须留在国内。有关的法律事务和监督由十二名执法官负责，当五名元老缺席的时候，他们就是这个委员会的首领。【d】至于各种战争武器和军事装备，如果出于军事目的需要进口某种植物、矿物、制作战袍的衣料、动物，那么应当由骑兵指挥官和将军们来控制这样的进出口，由国家来担任卖方和买方，立法官要对此制定恰当而又充分的法规。在我们的国境内或在我们的公民间，不能零售这些东西，【e】也不能为了赢利而进行这些物资的买卖。

在供应和分配这些自然产品时，我们也许可以采用克里特遵循的一条规定。所有人都必须把土地的总收成分为十二份，实际上，也就是划分消费品。【848】例如，小麦、大麦以及其他各季的农产品。当然了，各地区可供出售的各种家畜也必须是同一法律规定的划分对象。这些产品的每十二分之一还必须恰当地再分为三份，一份归自由民，另一份归他们的奴仆，而第三份归工匠和其他不是公民的人，无论是永久居民所需要的生活必需品，还是因公或因私来到我国的临时访问者所需要的生活必需品，第三份生活必需品是唯一要强制送往市场出售的产品，而其他两份产品则没有这种强制性。【b】现在我们要问的是，这种划分的正确方式是什么？因为这种划分从一个角度看显然是公平的，但从另一个角度看则不公平。

克 你这是什么意思？

雅 嗯，有些土地长出好庄稼，有些土地长出坏庄稼。我想，这是不可避免的。

克 当然。

雅 从这个角度看，三份农产品的获得者，无论是主人、奴仆，还是外国人，都没有什么特别的好处，在分配时要确保各份农产品质量相当。每个公民将得到其产品的三分之二，【c】并负责将它们分配给家中的奴仆和自由民，只要他愿意，他可以按照这样的数量和质量进行分配。剩余的农产品将按照下述方式分配，从计算家畜的数量开始，因为这些家畜也要吃粮食。

下面，我们必须为我们的人提供个人住宅，他们要恰当地组合在一起，下列安排对于实现这一目的是适当的。要建设十二个村庄，分别位于我们十二个地区的中心位置。在每个村庄里，我们要做的第一件事情就是为众神和超人的神灵确定神庙的位置，【d】附近还要有一个市场，这样就可以使玛格奈昔亚①的任何地方神祇，或者那些给人们留下深刻印象的神明的圣地，得到照料，使它们得到与以往时代相同的荣耀。在这十二个地区中的每一个，我们将为赫斯提、宙斯、雅典娜建立神庙，还有这个地区的保护神，无论他是谁。然后，我们开始在高地上建造住宅供卫士居住，【e】就在这些神庙附近，这些兵营也是我们最坚固的据点。工匠们分散居住在境内各地，被分成十三个部分。属于京城的那部分工匠再分成十二个部分，就像京城本身也分成十二个城区一样，分别居住在郊外。同时我们还要从一些村庄召集一些有用的农夫。对这些人的监管由乡村巡视员负责，由他们决定每个地区需要什么样的劳力，需要多少人手，【849】这些农夫可以很舒服地居住在郊区，并得到最大的好处。以同样的方式，属于京城的工匠由城防官们组成的委员会监管。

市场上的产品细节当然取决于市场专员。这些官员在勇敢地护卫了位于市场区的神庙，使之不受任何暴力侵犯以后，他们第二位的职责就是管理交通。他们将详细地记录人们体面的或不体面的行为，在需要的时候处理各种冲突。他们首先要注意那些法律规定要出售给外国人的生活必需品是否有货可供。【b】这些产品由公民们指定一些外邦人或奴隶生产，法律要求在开市的第一个月就有足够的供应，每个月提供谷物的

---

① 玛格奈昔亚（Μαγνησια），地名，是柏拉图在本篇中建构的这个理想城邦的所在地。

十二分之一，一名外国人要能在开市后买到够吃一个月的粮食以及其他必需品。到了第十个月，【c】买卖双方要能分别提供和购买充足的饮料，够一个月饮用。在第二十个月，会有第三次集市进行畜产品买卖，要有充足的货物满足买卖双方的需要，农夫生产的其他用于出售的产品也在这时候出售，外国人只能通过购买来获得这些东西，例如皮革、纺织品、毡制品，等等。这些商品，例如小麦粉、大麦粉，或者其他任何粮食，只零售给外国人、工匠及其仆人，【d】尽管这种所谓的零售业可以推动酒类和谷物的买卖，但绝对不能以这种方式出售给公民或他们的奴隶。屠夫也可以在市场上把肉卖给外国人、工匠及其仆人。至于木柴，只要外国人愿意，他每天都可以向所在区的生产者大批购买，也可以将其零星转售给其他外国人。

【e】至于各种人需要的其他一些物品，都可以放到一个总的市场上来买卖，每种商品集中在一个恰当的地方，方便运输，由市场官员和城防官员对其作适当的隔拦。这种贸易完全是真正的钱货交易，以钱购货和售货换钱，买卖双方都要有等价交换的凭据。【850】一方以赊欠的方式购货，无论他购买时有无讨价还价，不算犯法。如果卖方的商品质量或数量有问题，其程度超过了法律的规定，那么这样的行为就是违法的，要遭到禁止，这样的事情还要马上在执法官的法庭上记录下来，或者取消买方的债务。同样的法规也将适用于外国人的货物。

外国人愿意的话可以成为这个国家的居民，只要他们能满足某些特殊的条件。这条规定应当理解为，【b】对那些愿意并能够与我们一道生活外国人，我们要为他们提供一个家，但他必须要有一门技艺。他的居住期从他登记那天算起最多不得超过二十年。作为一名外国人他不必缴纳所得税，他从事的生意也不必缴税，只要他品行端正。居住期一满，他就应当带上他的财产离开。他在居留期间要是为这个国家提供了某些重要的服务而变得非常出名，那么他可以提出继续居留的申请，并要能说服议事会和公民大会，如果他运气好，【c】甚至可以得到终生居留的许可。这种外国人的子女若是已经有了一门手艺并已达到十五岁也可以居留，但他们的居住期要从他们十五岁开始算起。他们的居住期若是满了二十年还想继续居留，那么他们也一定要按照我们讲过的条件取得许可。【d】一名外国人离开这个国家时，执政官那里原先的登记要取消。

第　九　卷

雅　【853】按照我们法典的自然排列，下面要提到的是从我们迄今为止提到过的所有职业中产生出来的法律程序。我们确实已经在一定范围内对必须采取的法律行动作了解释，例如，在处理农庄事务以及与此相关的贸易问题，但我们还没有把法律程序问题作为主题提出来。因此，处理这方面的细节，说明犯下一种过失必须接受什么样的惩罚，要在什么样的法庭接受惩罚，【b】就是我们下面要考虑的主题。

克　这样做没错。

雅　当然了，从一个角度讲，制定这样的法规是我们的耻辱，因为我们心中想的是这样一个城邦，我们希望这个城邦拥有各种优点，能够很好地实践美德。嗯，假定在这个城邦中出生的人会被其他城邦更大的腐败所玷污，【c】因此我们需要设置并执行这种威胁性的法规，对他们进行警告，并惩罚那些有可能在我们中间出现的坏人，那么我说了，这种可能性仅仅是一种想象，在我们的城邦里出现这种人是我们的耻辱。然而，我们并非处于较早的立法者的位置，他们的法典是在英雄时代制定的。假定流行的故事是可信的，他们是众神之子，他们的法律是为那些同样以天神为祖先的人制定的，然而我们只是普通的凡人，我们制定法律只是为了纠正凡人的过失。【d】所以我们可以对我们某些公民的天生愚拙表示遗憾，他们好像生来就长着某种"坚硬的外壳"，不愿接受软化的方式，这样的性格会抵抗我们法律所起的软化作用，法律对他们来说就像烈火碰上坚硬的豆子。由于他们具有这种粗野的性格，所以我要开始制定有关盗窃神庙罪的法律，因为他们有可能犯下这种滔天大罪。这当然不是我们所希望的，也很难想象任何受过良好教养的人会做这种事，但是想做这种事的奴隶或外国人及其奴仆并不少。尽管这种情况与我们普遍的人性弱点有关，【854】但为了他们的利益，我首先要对我所制定的反盗窃神庙的法律作一些解释，还有惩治其他铤而走险者的亡命之徒的法律。

但在此之前，我还必须按照我们已经接受了的原则，对整个一类法律作一个最简单的开场白。对那些在某种不幸的情欲之声的驱使下日夜不安，进而在夜晚醒来，想要去抢劫神庙的人，【b】我们可以对他作出下列合理的劝告。我们要对他说：

"你这可怜的家伙，现在邪恶地催促你去抢劫神庙的动力既非来自人，又非来自神，而是来自你的内心，你很久以前犯下的罪恶在你心中滋生出来的迷恋久久不能得到根除，因此要走完它的命定过程。你必须高度警惕，使自己不受其害。那么你该怎么办呢，我现在就来告诉你。当这样的念头在向你进攻时，你要赶紧去参加能够阻挡厄运的祭仪，要赶紧去那能够把你从迷惑中解救出来的众神的祭坛，要赶紧去与那些有美德名声的人为伴。【c】你要聆听他们的教诲，尽力在心中加以重温，并在各种行为中表现出对善与真理的敬畏。你要逃离邪恶，决不要再回头。如果这样的行为可以把你从疾病中解救出来，那么万事大吉；如果这样的行为还不能使你得到拯救，那么你要想一种比较好的死法，趁早结束你的生命。"

以这样的口吻，这段开场白表明了我们的目的是消除这些在一个城邦中尚未发生的、该诅咒的行为。那些听从我们话语的人，真正的法律用不着对他们说任何话，而那些不愿聆听法律之声的人，必须听从我们以正确的语调表达的开场白。

41.（a）如果在神庙中盗窃圣物被抓的是外国人或奴隶，【d】须在其双手和前额打上烙记，处以鞭笞，由他的法官决定打多少下。然后，要剥去他们的衣裳，赤身裸体扔到国境以外。

（这样的惩罚也许能使他变好，使他成为一个好人；法律实施惩罚的目的不是邪恶的，而主要产生两种效果：【e】使接受惩罚的人变得比较有道德，或者变得不那么邪恶。）

（b）如果要对这样的罪行负责的是一位公民——也就是说，他冒犯了众神、父母、城邦，这一罪行重大，无法言说，所以相关的惩罚是死刑。

法官应当考虑到他已经无可救药；尽管他从小就接受教育和抚养，但仍旧犯下如此重罪。如果判他死刑，那么这对他来说是最轻的处罚，【855】因为这样一来他可以起到一个示范作用，使其他人不会学他的坏样。他的尸体要埋到国境之外，并且没有人给他送葬。但他的孩子和家庭如果弃绝这位父亲的道路，勇敢地弃恶从善，那么他们仍旧能够得到荣誉和好名声，就像其他行为端正的人一样。

在一个农庄的大小和数量保持不变的城邦里，剥夺这种罪犯的财产是不恰当的。当一个罪犯被判处罚款时，如果有祖传的遗产，那么他可以恰当地缴纳，【b】不管缴纳罚款后还能剩余多少财产，但他不可能比所有遗产交得更多。执法官应当根据登记的情况，按特定程序向法庭报告他们的财产，不能隐瞒任何财产。如果一个人被判处的罚款比他的财产还要多，再加上没有朋友可以代他支付，或愿意免除他的债务，那么对他的惩罚将采取长期监禁、戴颈手枷①、降低公民等级这样一些惩罚形式。【c】无论何种冒犯都是违法的，哪怕逃到外国去。我们的惩罚将是死刑、监禁、鞭笞、不体面姿势的罚坐或罚站、捆绑在圣地前面示众和罚款，罚款这种方式仅仅用于我们已经说过的那些案子，是对某些人的恰当处罚。涉及生死的大案应当由执法官们会同法庭一起审判，这些执法官由于上一年担任执政官的功绩而被选为执法官。【d】按照程序对罪犯提起诉讼，发出

———————
① 用来将罪犯示众的刑具。

传票，以及完成其他一些类似的细节，是资历较浅的执法官的事。我们作为立法者必须规定投票方式。投票应当公开进行，在举行投票之前，法官们要按照他们的资历依次出场就座，面对检察官和被告，有闲暇的所有公民都将出席并聆听整个审判过程。【e】检察官将陈述案情，被告要对指控作出回应，每人只有一次讲话机会。陈述完毕后，资格最老的法官将第一个说明他对案子的看法，详细而又充分地讨论检察官与被告的陈述。他说完以后，其他法官按次序发言，指出双方发言中忽略的地方或错误的地方，如果有法官认为自己没有什么可补充的，那就让下一名法官发言。与案子相关的所有发言都要记录下来，所有法官都将在记录上盖印，然后送往赫斯提的祭坛。【856】第二天，法官们将在同一地方聚会继续讨论案子，并再次在相关记录上盖印。当同样的事做完第三遍以后，面对确凿的证据和证人，法官们将投下庄严的一票，并在祭坛边发誓这是凭自己的能力所能做出的最佳审判，由此结束一桩案子的审判工作。

　　【b】有关宗教事务的审判就说到这里，我们现在转向叛国案。无论谁试图把法律和国家置于党派控制之下，使之服从个人的支配，并进一步为了实现这些目的而用革命的暴力挑起剧烈的内战，那么这种人一定要被当作整个国家不共戴天的敌人。担任高级职位的公民，即使他本人没有参与这样的叛乱，但若忽视为他的国家向这种叛乱者复仇，无论他有没有发现叛乱者，【c】或是确实发现了叛乱者，但由于怯懦而没有采取坚决的措施，那么其他公民一定会把这种人看作罪人，只是比叛乱者的罪略轻一些罢了。任何高尚的人，无论其地位多么卑微，都必须向执政官告发叛乱，把叛乱者送上法庭，指控他们造反和使用不合法的暴力。审判这类案子的法官与审判宗教事务的法官相同，审判程序也相同，判处死刑要由法官投票决定。但是有一点必须说明，【d】在任何案件中，父亲的耻辱或判刑不得株连子女，除非父亲、祖父、曾祖父全都涉案。在这种情况下，国家会把他们全部递解出境，送他们回老家，让他们带上自己的全部财产，而他们继承来的遗产则除外。然后根据抽签选出十个公民家庭，这些家庭要有一个超过十岁的儿子，再由这些家庭的父亲或祖父提名，最后选出一名青年做候选人，【e】送往德尔斐。这名青年在得到这位神的欢心以后将有权继承那个犯罪家庭的房子。让我们祈祷吧，他会有着更加光明的前景！

克　好极了！

雅　我们还要用一条法律来规定这些法官还要审判第三类案件，这就是与敌人进行贸易的案子。我们建议的法律会以同样的方式保留他们子女的居住权，【857】或者把祖孙三代全部驱逐出境。这种处罚同时适用于三种人：交通敌国的罪犯、盗窃神庙的罪犯、用暴力推翻国家法律的罪犯。

还有，关于盗窃也要有一条法律，无论案情大小，规定一种适用于所有盗窃案的惩罚。

42. (a) 如果确认他犯了盗窃罪，他必须支付两倍于所窃物品价值的罚款，只要他有足够的财产支付罚款。

(b) 如果他没有足够的财产支付罚款，那么他将被监禁，直到全部罚款付清，或者得到原告的赦免。

43. 如果确认一个人盗窃了公物，【b】他若能说服城邦赦免他，或者缴纳两倍于涉案金额的罚款，那么他可以不用坐牢。

克　先生，请你回答我的问题。盗窃的东西有多有少，被盗物品的价值有大有小，有些盗自圣地，有些盗自其他地方，盗窃犯的处境也各有不同，我们怎么能够制定一条没有什么差别的法规来处理所有的盗窃案呢？

雅　这是个好问题，克利尼亚。我好像在梦中行走，而你的撞击使我清醒，但我担心醒来以后会不知所向。【c】你的话使我想起自己前不久说过的话，如果我不加思索地说话，那么我们的立法事务就绝不可能完全按照正确路线前进。你会问，我这样说是什么意思？如果我们像一名奴隶医生① 对待奴隶病人一样对待现有的各种立法，那么就会有愉快

---

① 　参阅本文 719e—720e。

的微笑了。你可以肯定他是一名有实际治疗经验的人,【d】尽管他对医学理论一无所知,但却可以像一名身为自由民的医生那样对身为自由民的病人谈话。他讲起话来就像一名哲学家,兴高采烈,眉飞色舞,追溯疾病的根源,回顾人类医学的整个历史。他的话就像我们现在大部分被称作医生的人那样,滔滔不绝地从嘴里说出来。这其实不是在治疗那个傻瓜病人,而是在教育他,就好像他的目的是要造就一名医生,【e】而不是恢复病人的健康,难道不是吗?

克　那么他讲得到底对不对呢?

雅　如果他认为可以用我们当前所采用的方式对待法律,亦即目的在于教育同胞而非为他们制定法律,那么他讲得也许对。这个看法和我们当前的论题也有关系,是吗?

克　也许是的。

雅　我们当前所处的位置是多么幸运啊!

克　为什么说是幸运的?

雅　【858】因为我们并非有制定法律的义不容辞的责任。我们可以对政治理论的各个要点进行自由的思考,去发现怎样才能取得最佳效果,或者不可缺少的最低限度的法律是什么。举例来说,在当前的讨论中,我们可以根据自己的意愿自由地追问最理想的立法是什么,或者最低限度的不可缺少的法律是什么。所以,我们必须作出选择。

克　先生,你提出了两种选择,而我们应当站在一名政治家的立场上马上制定法律,就好像有某种紧迫的需要在推动他,【b】拖到明天可能就太迟了。如果幸运的话,我们所做的工作就像一名石匠或其他匠人刚刚开始的工作。对于摆在我们面前的大量材料,我们可以自由地选择,把那些适用于我们建筑的材料挑出来,这种选择可以在闲暇时进行。所以我们可以设想自己正在建造一幢大厦,不是出于某种压力,而是在利用我们的闲暇时间摆弄我们的材料,以便在开始建造时把它们用上。这样一来,我们就可以正确地认为我们的法律是真正制定法律的一部分,【c】是真正立法的部分材料。

雅　不管怎么说,克利尼亚,我们的立法纲要会更加科学。因为,这里有一个要点,我希望能够与立法者联系起来考察。

克 什么要点?

雅 我们可以说,在我们的城邦里存在着大量的由各式各样的作者写出来的文献,而立法者的文献仅仅是其中的一部分。

克 没错。

雅 那么好,我们认真的注意过其他作家的作品,【d】诗人和其他一些作者在他们的作品中用散文或韵文留下了他们对生活行为的建议,但是立法者却没有,不是吗? 这些建议难道不应该最先引起我们的注意吗?

克 完全应该。

雅 我们可以假定在众多作者中只有立法者才能就美德、善行、正义向我们提建议,告诉我们它们是什么,为什么必须养成这些品质才能拥有幸福的生活,是吗?

克 立法者当然必须告诉我们。

雅 【e】如果荷马、堤泰乌斯或其他诗人在他们的诗歌中对生活行为作出了一些坏的规定是一件丢脸的事,那么莱喀古斯、梭伦①或其他任何立法者制定了坏的法规就不那么丢脸吗? 当我们打开一本某个城邦的法律书时,它应当是正确的、合理的,要证明自己是所有文献中最优秀的;而其他人的作品应当与它相一致,【859】如果表现出不一致,就会引起我们的轻蔑。我们应当如何设定一部成文法在城邦中的正确地位? 它的法规应当消除那种聪明的和充满亲情的父母般的特征,还是应当带上专制暴君的面貌——发布一道严峻的命令,贴在城墙上,坚决执行? 这就立刻向我们提出了一个问题:我们应当尝试着以这种方式道出我们的法律思想吗,【b】或者为了获得立法的成功,竭尽全力朝着这个方向前进? 如果在这条道路上有危险,我们要去冒险吗? 但这样做也许万事大吉,如果情况许可的话!

克 你确实说得好。我们必须照你说的去做。

---

① 梭伦（Σόλωνος），人名。

雅　那么我们首先应当继续已经开始了的考察。我们必须密切关注有关盗窃圣物和一般盗窃的法律，还要关注有关伤害罪的法律。我们一定不要因为看到在我们尚未完成的立法过程中有些事情得到处理，【c】有些事情还需要进一步思考就表示泄气。在变成立法者的道路上，我们仍旧在前进，但我们还没有达到目的地，时候一到，我们也许就能到达终点。现在，如果你同意，我们将讨论我在建议中已经指出过的那些要点。

克　我完全同意。

雅　这里有一个问题我们必须在努力沌清所有关于善与公正的看法以后再来讨论。【d】在我们中间，我们可以找到多大程度的一致和分歧——你知道，我们这些人至少要能够拥有比普通人更大的抱负——还有，在整个人类中间，我们又能发现多大程度的一致和分歧？

克　你认为我们中间有什么分歧？

雅　让我试着解释一下。当我们思考一般的公正，或思考公正的人、公正的行为时，我们一般都会认为它们是一样的，都是美好的。然而，人们也应当坚持这样一个看法，公正之人即使相貌丑陋，他们杰出的公正性格也仍旧是美好的，他的言语也绝不会出格。

克　【e】当然了，确实不会。

雅　无疑如此。但我想要提请你的注意，即使所有被称作公正的东西都是美好的，这里讲的"所有"必定包括"他人对我们的所作所为"，而这一方的行为绝不亚于"我们自己的所作所为"。

克　那又怎样？

雅　我们所做的公正的事情，正如它分有公正一样，同样也分有美好。

克　当然了。

雅　那么好，如果我们的语言仍旧要保持前后一致，【860】那么我们必定也要承认，只要分有公正，他人对我们的所作所为也是美好的。

克　完全正确。

雅　但若我们承认，我们所遭遇的某些事情尽管是公正的，但却是不恰当的，因此公正和美好之间有不一致的地方，那么我们将会宣布公正的事情是丢脸的。

克 你这样说是什么意思？

雅 很简单。我们刚才制定的法律看起来就像是与我们当前的理论直接对立的一篇宣言书。

克 对立在什么地方？

雅 嗯，你知道，我们刚才制定了一条优秀的法律来惩治盗窃神庙的罪犯和挑起战争的人，【b】把他们处死。我们还制定了一套严厉的惩罚措施，并且要执行这些法规，而这些处罚立刻就成为既是最公正的又是最丢脸的。如此看来，我们似乎先肯定了公正和美好之间是绝对等同的，然后又持有一种完全相反的意见。

克 这样做看起来是危险的。

雅 【c】这就是"美好"和"公正"这些流行术语给人们带来不一致和令他们感到困惑的地方。

克 好像是这样的，先生。

雅 那么好吧，克利尼亚，让我们再回过头来。在什么范围内，"我们"谈论这些事情可以保持用语的前后一致呢？

克 一致？与什么一致？

雅 我想我已经指出过了，或者说如果我没有，那么你可以认为我现在的意思是……

克 是什么？

雅 【d】坏人总是坏人，坏人的行为总是与他们自己的意愿相违背。根据这个前提，不可避免地会得出进一步的推论。

克 什么推论？

雅 嗯，你会承认作恶者是一个坏人，而坏人做的事都是违背自己心愿的。如果有人说有这么一个自愿者在做不自愿的事，那纯粹是胡说八道。因此，声称无意中做了一件错事的人一定会把这个行为说成是违背自己心愿的，尤其是我，当前必须接受这种立场。我实际上承认，那些做了错事的人总是在违背他们自己的心愿。由于爱好争论，或在争论的欲望引导下，有些人说存在着某些无意的作恶者，【e】也存在着许多有意的作恶者，而在我看来，我会接受第一种说法，拒绝第二种说法。现在我来问你，我应该如何与自己的声明相一致呢？假定你们，克和麦吉卢，向我提出问题：先生，如果情况如你所说，那么你会建议我们如何为我们的玛格奈昔亚国制定法典呢？我们要不要制定一部法典？我会回答说：你们必须制定一部法典。那么这部法典要区分故意的犯罪与非故意的犯罪吗？有意的过失或罪行要受到较重的惩罚，而无意的过失或罪行所受的惩罚较轻，这样做对吗？【861】如果说根本就没有故意犯罪这种事，那么我们要对所有罪行一视同仁吗？

克　先生，你说得确实很对。我们该怎么说呢？

雅　问得好。我们首先要做一件事。

克　什么事？

雅　我们要提醒自己，我们刚才对引起困惑和矛盾的有关公正的看法是怎么说的。记住了这一点，我们才可以继续提出进一步的问题。我们从来没能摆脱在这个问题上的困惑，【b】从来没有获得过一条清楚的界线来划分故意和无意这两种类型的过错，而二者之间的区别是在任何城邦中存在过的每一位立法者都承认的，一切法律也都认为二者有区别。但我们刚才就像发布神谕一样武断地宣布这件事已经结束了，不是吗？因此可以说，我们是在用同一条法规处理不同的过错，【c】没有丝毫公正可言，对吗？这样做确实不公正。在立法前，我们必须说明这些案件之间是有区别的、不同的，而不是像我们设想的那样是相同的，这样我们才能针对两种性质的过失制定相应的处罚，遵循我们的推论，每个人或多或少都能判断这些处罚的适当程度。

克　先生，我们愿意作你的听众。我们只有两种选择，要么否定一切错误的行为都是无意的这个命题，【d】要么就在我们肯定这个命题之前，通过一些辨析，使这个命题完善起来。

雅　你的两种选择之一，亦即否定这个命题，我必须加以坚决地拒绝。我坚信它是真理，予以否定是不合法的，不虔诚的。但若两种情况的差别不在于有意和无意，它们的区别又在哪里呢？我们当然要去寻找其他的区别原则。

克　没错，先生，我们没有别的办法，只能这样做。

雅　【e】嗯，我们可以试试看。请你们这样想，公民经常会破坏相互之间的各种联系或关系，这种破坏经常是有意的，也经常是无意的。

克　没错。

雅　我们不应当把所有这些引起破坏的情况当作"过错"，并由此推论，在这样的行为中犯下的"过错"可以有两种，一种是有意的，一种是无意的，而无意的破坏作为破坏的一种形式，与有意的破坏一样普遍和严重。【862】你现在必须考虑我下面说的话是否包含着一定的真理，或者说是完全错误的。克和麦吉卢，我坚持的看法并不是认为，当一个人并不想伤害别人，但却在无意中对别人造成了伤害的时候，他虽然犯了过错，但却是一种无意的伤害，因此我建议从法律上把这种行为当作无意的过错，无论这种引起伤害的行为是严重的还是轻微的，我根本不把它当作"过错"。还有，如果人们接受我的看法，那么那些福利的创造者要是没能公正地分配福利，他就会经常被说成是犯了"过错"。【b】我的朋友，总的说来，当一个人给了别人某些东西，如果不作进一步的界定，我们就无法称之为公正的行为，当一个人从别人那里拿了某些东西，如果不作进一步的界定，我们同样无法视之为过错。立法者必须向他自己提出的一个问题是，有益的或有害的行为的行动者是否以一种公正的精神和公正的方式在行事。因此他必须记住两点，"过错"已经犯下，"伤害"已经造成。他必须用他的法律尽力使这些破坏的得以恢复，使迷失的得以重现，使毁坏的得以重建，用健全的东西取代残缺的或受伤的东西。【c】他的目的必须是通过立法使各种形式伤害的行动者和受害者达到心灵上的和解，通过一种补偿使他们之间的对立转变成友好。

克　到现在为止，你的话还是挺令人敬佩的。

雅　至于错误的伤害或错误的获益——所谓错误的获益即通过一种错误的行为使他人获益——我们知道，这样的事情是灵魂的悲哀，只要灵魂还有救，我们就要加以治疗。我认为，我们对过错的治疗必须遵循这样的路线。

克　什么路线？

雅　【d】法律将遵循这条路线对过失者进行教育和约束，无论过错大小，使他不再冒险重复这种错误行为，或者少犯过错，此外，他必须对伤害作出弥补。因此，我们要通过我们的行为和言辞使人快乐或痛苦，给人荣誉或耻辱，使人达到痛恨不平等、热爱公正，甚至默认公正的境界。总而言之，无论采用什么方式，我们这样做了，也只有这样做，我们的法律才是一种有效的、完善的法律。【e】但若我们的立法者发现某人的疾病是用这样的治疗方法无法治愈的，那么立法者或者法律该如何审判这种人呢？我认为他会这样审判：让这样的罪犯继续活着对罪犯本人来说并不是一种恩惠，但若处死他则会给他的邻居带来双倍的幸福。【863】他的邻居会从中吸取教训，而整个城邦也少了一个恶人。正是由于这些原因，立法者必须为这些穷凶极恶的无赖制定死刑，而且也只对他们使用死刑。

克　你说的都很好，非常有理。但有一个要点若能进一步清楚地得到解释，我们会感激不尽。在这些事例中，过失与伤害之间的差别为什么会和有意与无意之间的差别纠缠在一起？

雅　嗯，我必须尽力按你的要求作解释。【b】我敢肯定，当你们在一起讨论灵魂的时候，发言者和听众都有一个相同的假定，认为灵魂有一种天然的性格，或者，要是你喜欢的话，认为灵魂的一个组成部分是欲望，这是一种经常固执地用暴力不断引起毁灭的竞争性的或斗争性的成分。

克　是的，当然了。

雅　你们必须进一步观察我们在欲望和快乐之间所作的区分。我们说，快乐的王国建立在一个包含着对立成分的基础上，实现快乐通常要通过诱惑与狡诈相结合的方法。

克　确实如此。

雅　【c】如果我们把"无知"当作错误行为的第三个源泉，那么肯定没错。尽管你们会注意到立法者会很好地把它分成两类，纯粹的无知和单纯，认为它是一种可以得到宽恕的过失的原因，然而人的愚蠢情况更加复杂，它意味着愚蠢者不仅只受无知之苦，而且也受他本人的智慧的欺骗，设定他自己知道所有他其实并不知道的事情。当这样的无知伴随着出众的能力或权力，立法者会视之为一种滔天大罪源泉；【d】但若这种无知伴随着无能，是由于行为者的幼稚或老年痴呆而犯下的过错，那么立法者会把它当作一种过失来处理，他会制定法规来处罚这种人，但相关条款是最温和的，在整部法典中也是最宽容的。

克 没有比这更聪明、更合理的了。

雅 我们全都说，有的人是他自己的快乐或欲望的主人，有的人是他自己的快乐或欲望的奴隶，这种说法确实道出了真相。

克 确实如此。

雅 但我们从来没有听人这样说过，某些人是他自己的无知的主人，有些人是他自己的无知的奴隶。

克 【e】肯定没有。

雅 然而我们说过三者① 全都频繁地推动着人朝一个方向前进，而此时他自己的意愿却在敦促他朝着相反的方面前进。

克 是的，我们说过不知多少次了。

雅 现在，我终于可以准确地解释我说的正确与错误是什么意思了，而不会再纠缠不清了。所谓"错误"，我用这个名词指称受欲望、恐惧、快乐或痛苦、【864】妒忌或愚蠢主宰的灵魂，无论有无造成毁灭的结果。然而，在任何信奉至善的地方——无论城邦或个人都可以依赖的至善——如果这种信念在灵魂中占上风，支配着一个人的行为，即使有不幸的后果产生，但人们的一切作为均依据和服从这样的原则，那么我们必须把这些行为称作正确的，认定这些行为的目的是为了获得人生的最高的善，由此引起的伤害则通常被称作非自愿的过错。【b】我们当前的讨论不是语词之争，而是首先想要更加准确地把握我们已经指出过的三类错误。你记得，我们认为这三类错误中的某一类蕴涵着一个被我们称作欲望和恐惧的主要源泉。

克 是这样的。

雅 第二类错误的根源在于快乐和愚蠢，第三类错误是很不同的，

---

① 指上面提到的快乐、欲望、无知。

其根源在于对善缺乏健全的预见和信念。最后一类错误本身又可再分为三类,这样一来我们可以看到,错误的种类一共有五种,【c】我们现在针对这五种错误制定法律,而相关的法律共有两大类。

克　哪两大类?

雅　一类针对所有公开使用暴力的行为;另一类针对那些隐蔽的、狡诈的争斗。也还有一些情况既包含公开的暴力又包含隐秘的争斗,当然了,如果法律有其恰当效力的话,对这种行为的处罚是最严厉的。

克　当然。

雅　【d】现在,让我们返回刚才开始说离题话的地方,继续我们的立法。如果我没弄错的话,我们已经针对那些城邦公敌制定了有关盗窃和里通外国罪的法律,也还制定了法律,用来惩处用窜改法律的手段颠覆已有体制。犯下这些罪行的人,有可能是因为精神错乱,有可能是得了精神病,有可能是因为衰老,有可能是因为年幼。

44. (a) 如果在法庭审判时有清楚的证据表明嫌疑人在犯罪时处于上述状态,【e】那么他必须对他造成的任何伤害作出赔偿,而对他的其他处罚则可赦免。

(b) 如果他已经杀害了某人,他的双手已经沾满了鲜血,那么在这种情况下,他必须迁往别国去居住,流放一年。

45. 如果流放期未满他就返回,哪怕是他有一只脚踏上了祖国的土地,那么执法官会把他关进监狱,监禁两年,然后再释放。

【865】我们已经朝着这个方向前进,但是关于杀人罪,我们不需要撰写一套详尽的、包罗所有细节的法规。我们首先应当处理的是无意的暴力行为。

46. (a) 如果任何人无意中杀了不是敌人的人,在竞赛或公共赛会中——无论是当场死亡,还是受伤后死亡,或者是在战争中,还是在军事训练中，无论是标枪训练，没有盔甲的保护，还是携带武器，就像实战一样，如果杀人者已经按照德尔斐的相关法律进行了涤罪仪式，【b】那么杀人者无罪。所有医生，如果无意中治死了病人，那么按照法律医生无罪。

（b）如果一个人的行为使他人致死，但他是无意的，无论他用手还是用武器，是在吃饭的时候还是在喝酒的时候，是由于太热还是由于太冷，或是由于窒息，只用了他自己的体力还是借用了其他人的体力，【c】在所有这些情况下，上述行为均被视为他个人的行为，他必须支付罚款。如果被杀的是一名奴隶，那么他要赔偿这名奴隶的主人，就好像自己损失了一名奴隶。

（c）如果杀人者不能没有赔偿死者主人的损失，那么他要加倍赔偿，这名奴隶值多少钱要由法庭来估价，而且他也要参加涤罪仪式，比那些在体育运动中造成死亡者的涤罪仪式更加麻烦、更加烦琐；涤罪仪式由根据神谕选定的解释者主持。【d】如果被杀的是他自己的奴隶，那么他要履行法律规定的涤罪仪式来消除罪孽。如果他杀死一名自由人，那么与杀死奴隶一样，他也要履行涤罪仪式来消除罪孽。

他不应当轻视来自我们汇编的这个老故事。它是这样说的：尊贵的自由民被杀人者用暴力杀死之后，他的灵魂马上就会燃起复仇的怒火，【e】而杀人者对自己的血腥命运在心中充满恐怖和畏惧，他会看到自己非常熟悉的死者身影在跟踪自己，会被吓得手足无措，乃至于精神错乱。这是因为死者的灵魂牢记凶手，它会想尽一切办法使凶手心烦意乱，乃至于疯狂。因此，

（d）杀人者在杀人后的第一年里必须躲避死者的鬼魂，远离死者的祖国；如果死者是个外国人，【866】那么杀人者应当在同样的时间里远离死者的国家。如果杀人者自觉自愿地遵守这条法律，那么死者的亲属要记下他对法律的服从，要宽恕他的行为，除了与他保持和平外不能再对他做别的事。

（e）但若杀人者不遵守这条法律，双手沾满血迹地冒险进入圣地献

祭,【b】或者拒绝在规定的时间里离境,那么死者的亲属可以对他的杀人罪提出指控,如果证据确凿,那么所有的惩罚都将加倍。

(f) 如果死者的亲属没有提出指控,可以认为这种污染已经到了这位亲属的门口,而死者已经提出偿还血债的要求,所以任何人都可以对杀人者提起诉讼,按照法律,判他流放五年。

(g) 如果一名外国人杀了居住在这个城邦里的一名外国人,任何人只要愿意,都可以按照同一法律对他提出指控。【c】如果杀人者是一位在城邦里定居的外国人,那么要判他流放一年。如果杀人者是一位没有在城邦里定居的外国人,那么无论被杀者是非定居的外国人,还是定居的外国人,还是本国公民,他都要离开制定了这些法律的国家,此外还要履行涤罪仪式。

(h) 如果他非法返回,那么执法官必须将他处死,如果他有财产,就把他的财产判给死者的近亲。如果他的返回并非出于自愿,【d】比如遇上海难而漂流到我们的海岸边,那么他可以在海边逗留,等着有船来把他带走;如果他被"不可抗拒的力量"劫持,从陆地上被带回来,那么第一个抓住他的官员可以释放他,让他平安离境。

如果某人自己动手杀了一名自由人,而他的行为是欲望推动的结果,那么首先要区分两种不同情况。一种情况是行为者一时冲动打了人,【e】或突如其来地作出别的举动,但事先没有想要杀人的目的,而杀了人后随即产生悔恨与自责。另一种情况也是欲望推动的结果,由于受到语言或污辱性的手势的攻击,他想要报复,最后把骚扰者给杀了,并且不感到后恨。我想,我们不能把这些行为当作两种不同杀人的形式,但可以公正地说二者的动因都是欲望,两种行为都是部分自愿,【867】部分不自愿。这两种情况与其他自愿或不自愿的杀人都有一些相同之处。控制自己的欲望,不马上进行报复,而是后来才抱着既定目标作出报复,这样做与那些蓄意谋杀相同。不能控制自己的愤怒,马上爆发出来,但没有预谋,这就好像不是蓄意杀人;我们甚至不能说他的行为完全是无意的,尽管看上去有点像无意。【b】因此,很难决定法律应当把这些欲望推动下的杀人当作蓄意杀人还是无意杀人。然而,我们最完善的办法是按各种杀人的相似性归类,以有没有预谋为界,对那些有预谋的、穷凶极恶的杀人犯给予最严厉的惩罚,对那些没有预谋的、因一时冲动而杀人的罪犯的处罚则比较温和。【c】重罪判重刑,轻罪判轻刑,这是一个通例。我们自己的法律当然会遵循这样的原则。

克 确实如此。

雅 让我们回到我们的法典上来,继续立法:

47. (a) 如果某人亲手杀死一名自由人,该行为是由于愤怒而为,没有事先的预谋,那么对他的处罚一般说来相当于处罚那些并不愤怒的杀人者,此外要判他流放两年,让他学会克制自己的坏脾气。

(b) 如果一个人在愤怒中杀人,且有预谋,【d】对他的处罚一般说来与前例相同,但流放时间是三年,而不是两年,他的流放时间更长,乃是因为他的情欲更加强烈。

在这样的案例中,有关流放后返回的法规是这样的(要想很快地制定法规不是一件易事。因为在野蛮地犯下杀人罪以后,比较危险的罪犯有时候却是比较容易管理的,比较温顺的罪犯有时候反而很难管理;与此相反,前者只是看起来比较野蛮,【e】后者看起来比较人道。然而,我的解释确实描述了你会发现比较典型的案例)。

这两种罪犯的刑期满后,执法官们要派他们中的十二人去边境处理这些到期的犯人。这十二人原来就主管流放事务和负责监视流放者,此时也就由他们来决定是否给予流放者恩惠,是否允许他们回国——这是官方法令最后必须要有的内容。

(c)【868】如果这两种罪犯在期满回国后又由于愤怒而重犯以前的罪行,那么他将被永远放逐,再也不能回国;如果他再次返回,那么他会被处死,就像被驱逐的外国人偷跑回来一样。

(d) 在愤怒中杀死自己奴隶的主人要洗涤他的罪过,如果被杀的是别人的奴隶,那么他要向奴隶的主人加倍赔偿损失。

(e) 任何种类的杀人犯如果蔑视法律,在尚未洗涤罪行之前就出现在市场和体育竞赛中,或者出现在其他公共集会中,因而玷污了这些地方,【b】那么知情者可以举报,起诉作为涤罪仪式执行者的死者亲属和这名杀人犯,迫使他们缴纳两倍以上的罚款,法律将用他们缴纳的所有罚金奖励举报人。

(f) 如果奴隶在愤怒中杀了他的主人,死者的亲属可以根据自己的意愿处置杀人犯,【c】不算有罪——只有在这种情况下他们不能宽恕那个奴隶,让他继续活命。如果自由人被其他人的奴隶所杀,这名奴隶的主人要把肇事的奴隶送交死者亲属,他们必须处死这名奴隶,方式由他们自选。

(g) 有一种情况不常见,但确实会发生,如果父母在盛怒下用鞭笞或其他方式杀死了儿子或女儿,那么他们的涤罪仪式与其他杀人案件相同,流放期为整整三年。【d】等杀人者回国后,杀人者的妻子或丈夫要离婚,他们之间的生育必须停止;家庭中一定不能再有这样的成员,更不能崇敬他,因为他杀死了家中的儿子或兄弟。

(h) 拒绝执行这条法令的人是不虔诚的,只要愿意,任何人都可以起诉他。

(i) 如果有人在盛怒中杀死了他的妻子,【e】或者妻子对她的丈夫做了同样的事情,那么也要有同样的涤罪仪式,判处三年流放。罪犯回国后,永远不能再与他的子女一道崇拜神灵,或与他们同桌吃饭。

(j) 如果父亲或子女蔑视这条法律,一旦被发现,任何人都可以指控他们犯了亵渎罪。

(k) 如果兄弟姐妹在愤怒中发生了凶杀,他们的涤罪仪式和流放与前面对父母子女之间的凶杀的处罚相同,无人可以再与他同桌共餐,共同崇拜众神,因为他从这个家庭中剥夺了兄弟或子女。

(l) 任何人违反了这条法令,【869】将受到前面所说的那条惩治不虔诚罪的法律的公正惩罚。

(m) 如果某个本来应当约束自己欲望的人没有这样做,而是在愤怒中疯狂地杀害了生他养他的父母，如果死者在临终前自愿宽恕了这名罪人，那么只要他履行了与无意杀人罪相同的涤罪仪式，以及其他处罚，他的罪行就洁净了。但若没有得到这样的宽恕，法律给这些在某种欲望推动下杀死父母的人规定的惩罚是死刑。

【b】这样的罪犯要接受多项法律的处罚。对他的处罚是暴力、不虔诚、渎圣一类罪行中最重的，因为他的所作所为亵渎了父母灵魂的神庙，如果一个人可以死好几次，那么把这些杀父母的忤逆者判处无数次死刑是完全公正的。一个人的生命有时会受到来自父母的威胁，但没有法律会允许在这种独特的情况下杀人，也就是杀死生育他的父母，【c】哪怕是自卫也不行。法律给他的指令是必须忍受最坏的待遇，而不是去杀死父母。那么法律给这种罪犯什么样的惩处才是合适的呢？我们认为，

(n) 兄弟之间发生争吵闹出了人命，或者在类似的情况下，如果动手杀人是为了自卫，而死者是挑衅者，那么杀人者无罪，【d】死者就好比是手持武器的敌人；公民之间或外国人之间发生争执也照样处理。如果公民在自卫中杀了其他公民，那么杀人者无罪；如果奴隶在自卫中杀了其他奴隶，那么杀人者也无罪。

(o) 但若奴隶在自卫中杀死了自由人，那么他犯了和杀父母一样的罪行。

(p) 父亲可以宽恕儿子杀害自己的罪行，这也同样适用于其他各种罪行的宽恕；【e】如果受害者自愿宽恕杀人者的罪行，视之为无意的，那么法律将判处这些罪犯履行杀父母罪的涤罪仪式以及一年流放。

如何合理地处置激烈的、无意的、突发的凶杀，我们在上面已经作了充分的说明。下面我们要处理的是蓄意杀人，这种行为的发生是有预谋的、精心策划的、极端邪恶的，是灵魂在快乐、愚蠢和妒忌的支配下发生的。

克　对。

雅　那就让我们再一次列举它们的根源。【870】首要的一点是欲念主宰了灵魂，驱使灵魂寻求欲望的满足而变得凶狠残酷。我们在大多数人的期盼中可以看到这个特点非常持久和鲜明，财富的力量，再加上天然的偏见和有害的错误教育，在灵魂中培育出无限的渴望和占有欲。这种错误教育的根源在于相信了希腊人和非希腊人对财富的错误赞扬。他们把财富提升，列为诸善物之首，而实际上它只占据第三的位置。【b】这样一来，他们不仅在剥夺他们自己，而且在剥夺他们的子孙。富裕确实是一切城邦最真实的善和荣耀，但财富是为身体服务的，就好像身体本身是为灵魂服务的一样。由于财富对实现这些善物来说只是一种手段，因此它必定在身体之善和灵魂之善的后面占据第三的位置。从这个学说中我们应当明白，人应当以幸福生活为目的，【c】而不应以获得财富为目的，但以正确的方式获得财富并将财富置于自己的控制之下则是允许的。明白了这一点，城邦就不会希望看到用进一步的杀人来作为凶杀的抵偿，而当前，我们一开始就说过，这种对财富的贪婪是凶杀的一个主要根源，大多数故意杀人都是由于这个原因。第二个根源是与妒忌相伴的竞争精神，这对于妒忌者来说是最危险的，其次对他最优秀的同胞来说也是非常危险的。许多杀人案的第三个原因可以在怯懦和罪感的恐怖中找到。【d】一个人希望别人的行为都公开，而他自己现在或过去的行为都处于秘密状态，在这种情况下，如果其他方法都失败了，那么只有用谋杀才能消除告密者。

所有这些内容都将在我们的开场白中加以处理。它们也道出了一个为许多人坚信的真理，而这个真理是从那些醉心于秘仪的人那里学来的。【e】他们说，对这些犯罪进行复仇是罪人进入坟墓以后的事，当罪人再一次返回我们这个世界，他一定会丝毫不差地受到上苍的处罚——前世犯下的罪恶到今世来偿还——遭受同样的暴力，死在别人的拳打脚踢之下。

对那些服从审判，对审判抱有恰当恐惧心的人来说，我们的开场白不需要变成正式的法令，【871】而对那些不服从审判的人来说，我们就应当让它成为书面的法令。

48. (a) 如果一个人有预谋地杀害了一名同胞公民，那么首先要把他从各种合法的公共集会中驱逐出去，禁止他玷污神庙、市场、港口，或其他任何公共场所，无论有没有给杀人凶犯出一个公共告示，法律本身已经代表整个国家发出了这个告示，在任何时候都有效。

(b) 如果死者的父母两系在叔侄堂兄范围以内的近亲放弃了监督凶手的义务，【b】或者宣布了驱逐凶手，那么杀人罪孽带来的污染和上苍的愤怒首先会落在他自己头上，因为法律的驱逐也会带来凶兆。其次，任何想为死者复仇的人都会起诉他。【c】他们都会监视杀人者，要他按神谕的规定洗涤罪行并遵守其他规定，他们也会正式对他宣布放逐，然后开始强迫杀人犯执行法律的规定。

这个过程还应伴有祈祷和向众神献祭，众神的功能之一就是使城邦能在凶杀中保存下来，而立法者本人也可免去麻烦。接受这种献祭的众神应当有哪些，这样的审判应当以什么样的方式进行才最适合宗教，【d】这些问题要有执法官来决定。他们在规定审判方式前，要听从宗教法规专家、预言家和神谕的意见。这种案子的法庭组成与我们所说的审判盗窃圣物案的法庭相同。

48. (续) 证据确凿的罪犯要处死，尸体不能埋在他杀人的那个国家，如果这样做的话，又会增添不虔诚的罪过。

(c) 如果杀人犯逃跑，拒绝接受审判，那么对他的惩罚将一直延续下去。流放的罪犯若是踏上死者的国土，第一个碰到他的死者亲属或同胞可以杀死罪犯，这是法律允许的，【e】或者把他捆绑起来，送交相关法庭的官员。

(d) 被起诉的疑犯可以请求担保，担保人的资格由法官决定，三位主要的担保人要作出承诺，开庭时被告一定会到场接受审判。如果拒绝承诺或找不到这样的担保，法庭要逮捕疑犯，将他关在监狱里候审。

(e) 如果一个人不是真正动手杀人的凶犯，【872】但却有预谋地用诡计使其他人死亡，而他自己带着一颗由于杀人而玷污了的灵魂继续居住在这个国家里，对这种人的审判与审判杀人罪相同，只是不需要考虑安全方面的问题，这种罪犯也能在他的祖国找到葬身之处。

(f) 其他方面的处置与真正的杀人凶手完全相同。凶杀案的双方都是外国人，或者一方是本国公民，一方是外国人，或者双方都是奴隶，或者是有预谋的杀人，在上述各种情况下审判凶杀案的程序都是相同的，【b】只有在安全方面的考虑不同；而在安全方面，控方在提出指控时也同时要求被告作出担保，这和我们已经说过的对杀人犯的担保完全一样。

(g) 如果奴隶故意杀死自由人，无论他是真正动手杀人，还是用计谋杀人，行刑者都将把他带到死者的葬身之处，在可以看见死者坟墓的地方给予鞭笞，【c】行刑者愿意打多少下就打多少下，如果打完后杀人的奴隶仍旧还活着的话，那么就处死他。

(h) 如果有人杀了一名并没有犯罪的奴隶，他的杀人动机只是由于担心那名奴隶会揭发自己的可耻丑行，或出于其他类似的动机，那么这个人要被当作杀人犯受审，就好像死者是公民一样。

某些罪行，哪怕是在立法中提到，都会令人感到厌恶，但我们不可予以漠视，我指的是那些同胞之间的故意的、邪恶的凶杀，不管是直接动手杀人，还是用诡计。【d】这种情况在那些生活方式或训练体制腐败了的国家中最常发现。这种事情甚至在我们认为最不会发生的地方也会出现。嗯，我们只能重复一下我们刚才讲过的那个学说，使听众能够作好准备，以便在面对这种最可恶的凶杀时谨慎地作出自己的自由选择。这个故事或学说，【e】你可以随意怎么叫它，是从古代祭司那里传下来的。

有一种正义在监视着血亲仇杀，我们刚才讲过的内容无非就是要遵循这种公正的法律，它规定犯有这种罪行的人一定会受到同等的对待。如果有人杀害了他的父亲，那么终有一天他自己也会受到同样对待，在他的子女手中丧命；如果有人杀害了他的母亲，那么他在经历了死后的审判以后会在来世变成一名女子，会被他所生的子女杀死。如果这种罪孽已经渗入共同的血缘关系，那么没有其他办法可以涤清这种罪孽，【873】只有用那颗罪恶的灵魂以命抵命、血债血偿，否则被玷污的痕迹是不会褪色的,只有这样的赎罪祭才能使整个世系的怒火平息。这样一来,由于恐惧这种来自上苍的复仇,人们就不会动手杀人。

(i) 但若他们胆敢蓄意杀害父母、兄弟或子女,立法者要针对这种情况制定法规,【b】对他们实行监控和驱逐,对他们的处罚与前面那些案件相同。如果发现有人犯了这种杀人罪,也就是说杀害了我们前面说过的这些人,法官和执政官将一道判处他死刑,把他的尸体剥去衣服,扔到城外的三岔路口。在那里,执政官将以国家的名义拿一块石头扔在尸体的头上,象征凶手已经对国家抵偿的罪行。然后按照法律的审判,凶手的尸体将被运到边境上抛弃,【c】不予埋葬。

人们常说生命是最亲近的东西,但对于那些夺走自己生命的人又该如何处置? 我指的是那些用自杀来强烈地抗拒命运,使既定命运落空的人,尽管国家并没有对他进行审判,也没有残忍的、不可避免的灾难在驱使他作出这种举动,他并没有陷入令人绝望的、无法忍受的耻辱,仅仅由于缺乏男子汉气概的怯懦和胆小,他才对自己采取了不公正的审判。【d】在这种情况下,只有上苍才知道人们在涤罪和葬仪方面必须遵守什么样的规定,他的近亲应当向官方的宗教法规专家以及这方面的法律专家谘询,按他们的指示去做。

49.以这种方式死去的人必须个别埋葬,无人与他共享坟墓。应当把他们埋在十二个地区交界的荒郊野地里,【e】他们的坟墓没有墓石,也不能留名。

50.如果有牲畜或其他动物发生事故使人致死,或者在体育竞赛中使人致死,那么死者的亲属可以起诉这种凶杀。死者的亲属可以请若干名乡村巡视员来断案,如果得到确证,那么杀人的牲畜将被处死,扔到国境之外。如果无生命的东西造成人的非命——这方面的例子有闪电或其他神灵的临在——东西掉下来砸死人,【874】或者人摔倒时撞在东西上,都要由死者的近邻来审判，在死者近亲的邀请下，这位邻居将对死者的整个家庭履行这种义务，在确证了某样东西有罪后，要把这样东西扔到国境以外去，就像牲畜杀人一样。

51.如果发现有人死了，并且显然是谋杀，而不知道凶手是谁，或者在仔细侦察后仍旧无法发现，那么应当像其他案子一样发出追查的告示，负责追查的人要像对着"杀人犯"说话那样宣读通告，【b】以便确立自己追查此案的权力，他要在市场上发出警告，要"杀人犯"不得踏入圣地或死者所属国家的任何土地，在这样的恐吓下，如果杀人犯现身或被认了出来，要把他判处死刑，抛尸境外，不得安葬。

上述有关杀人罪的法规构成我们整部法律的一章。这些问题就谈到这里。在杀人案中，杀人者将被正确地判定为无罪的情况如下：

52.夜间杀死有意入室偷盗的窃贼无罪；【c】在自卫中杀死徒步的拦路盗贼无罪；任何人均可杀死对自由民的妇女或儿童施暴的人，不论杀人者是被奸污者还是她的父亲、兄弟或儿子；如果有人用暴力逼迫他人的妻子就范，那么做丈夫的可以杀死他而被法律视为无罪；如果有人为了保护父亲的生命，而此时他的父亲并没有从事犯罪活动，或者为了保护孩子、兄弟，或者为了保护他的子女的母亲而杀人，【d】在这些情况下，杀人者完全无罪。

让我们假定，我们已经完成了我们的立法，涉及当人在世的时候灵魂需要的训练和教育，以及适用于凶杀案的处罚（如果这些需要得到满足，那么这种生活是值得活的，如果不能得到满足，那么这种生活是不值得活的）。我们也讨论了身体的训练和教育，以及相关的论题，包括使用暴力、自愿与非自愿、一个人与另一个人，等等。在可能的情况下，我们必须区分各种类型，看有多少种惩罚与各种案例相适应。【e】看起来，这个方面可以恰当地构成我们立法的下一个主题。

在自称的立法者中，你们能够发现最笨拙的人，他把伤害和致残案直接置于杀人案之后。伤害也应当像凶杀一样作一些区分：有些伤害是无意的，有些是在愤怒中作出的，有些是在恐惧中作出的，而其他一些伤害是有意的，是有预谋的。在处理所有这些类型的伤害之前，我们先要做一个导言性的说明。

人们为自己制定法律，并且以此规范自己的生活，这是至关重要的；【875】否则的话，他们与最野蛮的野兽无异。其原因如下：无人拥有充足的天赋，既能察觉对处于社会关系中的人们有益的事情，又能够在实践中最佳地运用这种知识。第一条困难是，真正的政治技艺的恰当对象不是个人的私人利益，而是共善，要明白这一点很难。共同的利益使城邦组合在一起，而个人则是城邦的破坏因素，因此，公共的幸福生活应当优先于私人的幸福生活加以考虑，【b】这样想既有益于共同体又有益于个人。

第二条困难是，即使有人对这个原则有了清楚的认识，视之为科学理论的基本要点，但若他处于不负责任的独裁君主的地位，那么他决不会忠于他的信念，或竭尽全力终生改善国家的公共利益，他不会以此为首要目的，将个人利益放在第二位。他那意志薄弱的人性总是在引诱他扩大自己的权力，寻求自己的利益，他必然会尽力避苦求乐，把这些东西作为目标置于公正和善良之前，【c】这种源于他自身的盲目必将使他沉沦，使他的国家也和他一道堕落在毁灭的深渊中。我向你们保证，如果有人在神的怜悯下生来就有能力获得这种认识，那么他并不需要法律来统治自己。没有任何法律或法规有权统治真正的知识。让理智成为任何生灵的附属物或仆人是一种罪恶，【d】它的地位是一切事物的统治者，只要理智确实是真正的、自由的，它也必须是真正的和自由的。然而，除了某些已经衰退了的遗迹，这种洞见在任何地方都找不到，因此我们只好退而求其次，诉诸法规和法律。人们现在可以考虑他们碰到的大部分案子了，但不是全部案子，这就是我要说这么一番开场白的原因。你我现在就来确定对这些伤害罪的处罚。当然了，人们此时会问："伤害罪？噢，没错，【e】但是伤害谁，在什么地点、什么时间、怎样伤害？"案子多得不计其数，它们的情况是很不一样的。把一切都留给法庭酌情处理或完全不由法庭来处理，这两种办法同样是不可能的。在所有案子中，有一件事我们确实无法由法庭决定，这就是案子的发生或不发生。【876】而立法者如果不让法庭酌情决定伤害罪的罚款数额或相应的惩罚，而是由他自己来依照法规处理大大小小的案件，这也是不可能的。

克　那么我们该怎么办呢？

雅　嗯，这样吧。有些事情必须留给法庭去酌情处理，但不是一切；有些事情必须用法律本身来加以规范。

克　哪些问题要由法律来规范，哪些问题要由法庭来酌情处理？

雅　如果我们迈出的下一步要适当，那么就要指出，倘若在一个国家里，法庭精神低靡、断案不清，【b】其成员信奉用秘密投票的方式作判决，最糟糕的是，他们甚至不愿听取案子的审理，只根据听众对法庭发言的掌声或赞同来断案，就像在剧场里一样，那么这个国家会发现自己处在一个艰难的地步。如果法庭的构成是这个样子的，那么立法者的双手肯定会被一种不幸的但却又非常真实的必然性所逼迫；如果一位立法者不幸地成为这个国家的立法者，【c】那么他就要被迫在大部分案子中限制法庭酌情决定惩罚的权力，他要通过制定详尽的法规来做到这一点。但是在一个法庭组织健全、法官们接受过许多考试、训练有素的国家里，允许法庭酌情决定大量案子中的处罚完全是适宜的，正确的。【d】所以，我们当前完全有理由不去制定大量的法规和无数重要的规则，而是让法官依据他们的明智对那些伤害罪进行审理，决定相应具体的处罚。就像我们相信法官们能够按照我们为之制定的法律审理案件一样，我们确实也要相信他们中的大多数人能够酌情决定案件的处罚问题。否则我们反复陈述并在我们自己立法的前言部分加以贯彻的那个学说就不是完全正确的了。【e】我们要把一部附有某些惩罚实例的法律纲领摆在法官面前，使他们有据可循，使他们不至于逾越正确的尺度。事实上，我在当前讨论的这类案子中应当继续这样做，这就使我再一次回到立法工作上来。

我们的法律有关伤害罪的条款如下：

53. (a) 如果有人蓄意杀害朋友，但没有杀死，【877】而是使他的朋友受了伤，这位朋友当时并没有违反法律手持凶器，那么这种谋杀不能得到宽恕，要毫不犹豫地以谋杀罪起诉凶手，让他接受审判，就好像他把人杀死了一样。

但我们也应当对谋杀者的运气不佳以及监护权表现出一定程度的尊重，既怜悯伤人者又怜悯被伤者，因为其中的一方避免了死于非命的厄运，另一方避免了一种诅咒和一场灾难；法律对这种神奇的力量要表示感恩和顺从。

53. (续) 犯有伤害罪的人可以免除死罪，【b】但必须判他终身放逐，让他在最近的邻国度过余生。他必须赔偿受害者遭受的一切损失，数额由审理案子的法庭决定，这种法庭的组成与审理杀人致死罪的法庭相同。

(b) 如果做儿子的谋杀父母，或者做奴隶的谋杀他的主人，使他们受了伤，那么要判处谋杀者死刑。

(c) 兄弟姐妹之间的伤害也一样，如果是谋杀未遂而致伤，相应的处罚也是死刑。

(d) 夫妻之间的伤害，【c】如果是谋杀未遂而致伤，相应的处罚是永远放逐。至于他们的地产，如果有子女尚未成年，那么应当把地产交给监护人，由监护人负责照料他们未成年的子女；如果家庭成员均已成年，那么地产就归他们，但他们并没有义务供养流放者。如果造成这场灾难的罪犯无子女，【d】那么父母两系侄子一辈的流放者的亲属将聚在一起，指定一人继承罪犯的地产，亦即继承国家地产的五千零四十分之一，他们做了决定以后还要征求执法官和祭司的意见。

(对这件事他们应当这样看：这五千零四十个农庄从所有权来说没有一个真正属于它的居住者及其家庭，它不仅是一件公共财产，而且它的所有者也是国家；【e】因此，国家应当尽力使它自己的地产尽可能保持神圣和繁荣。）然而，

54. 如果一处房产发生了这样的罪恶和不幸,而所有者由于没有结婚或婚后没有生育,因此没有儿子可以继承房产,或者说一所房子里发生了故意杀人罪,以及其他违背天意或违抗人类城邦的罪行,因此屋主被永久流放,但没有儿子可以继承房产,那么这所房子本身首先要按照法律的指示加以清洁和祓除。然后所有亲属将与执法官会面,【878】甚至就像现在通行的那样,在一起考虑整个国家哪个家庭的名声最好,最受好运的青睐,同时又有不止一个儿子。他们要从这样的家庭中过继一个儿子和继承人,以延续死者的香火,用这个家庭的这位父亲的名字给他改名,并同声祈祷,以表示他们这样做是为了帮这个家庭找一个真正的继承者,他可以比他的继父更好地处理世俗事务和神圣事务。【b】然后,他们会确定这位过继的儿子为财产的合法继承人,他们会让那名罪犯躺在坟墓里,没有名字,没有子女,没有遗产。

我们可以看到,一条边界并非在所有情况下马上与另一条边界相连,有时候会有一个边缘地带连接两个区域,并成为这两个区域的共同基础。尤其是对我们已经说过的在欲望推动下发生的行为来说,有意识的与无意识的行为之间有这样一个边缘地带。因此针对那些在愤怒中造成的伤害罪,我们应当制定如下法规:

55. (a) 如果证明伤害是可治愈的,【c】那么伤害者应当双倍赔偿受害人的损失;如果证明伤害是不可治愈的,那么伤害者应当赔偿受害人损失的四倍。如果伤害虽然可以治愈,但却使受害人重大残废,那么伤害者应当赔偿受害人损失的三倍。

(b) 在有些情况下,伤害者不仅对受害人造成伤害,而且对国家也造成伤害,使受害人不能担负保卫国家的任务,因此在这种情况下,伤害者还要接受其他各种惩罚,以补偿国家的损失。【d】也就是说,除了伤害者本人应服的兵役外,他还要代受害人服兵役。

(c) 如果他做不到这一点,就要受到法律的追究,任何人只要愿意都可以用逃避兵役的罪名起诉他。只要证据确凿,赔偿的数额,无论是两倍还是三倍,甚至是四倍,都将由法庭来决定。

(d) 如果是亲属之间以前面说过的方式相残,【e】那么双方的父母和侄子一辈的亲属要聚集在一起,商议并对双方的父母执行一项处罚。如果对伤害的评估有问题,那么男性家长有权作出决定;如果双方不能达成一致意见,那么他们可以要求执法官的裁决。

(e) 父母受到子女伤害的案子需要有法官审理,这样的法官年纪要在六十岁以上,还要有子女,并且要是亲生子女,而不能是过继来的。对伤害者处以死刑还是给予其他处罚,是重一些还是轻一些,我们确信这样的事情要由法庭来决定。【879】罪犯的亲属不可充任法庭的成员,哪怕他达到了法律规定的年龄。

(f) 如果奴隶在愤怒时打伤了自由民,那么这名奴隶的主人要将他交给受伤者随意处置,如果不交,那么就由主人自己来赔偿受害者的损失。如果为被告辩护的人发誓,这个发生在奴隶和受伤者之间的案子是一个阴谋,那么他必须坚持自己的看法。如果他打输了官司,那么他将赔偿损失的三倍;如果他打赢了官司,那么他可以采取行动对付使用奴隶进行谋反的那些人。

56. 无意中伤害了别人,【b】肇事者要赔偿损失,但没有一名立法者能够对这种事情做出具体规定。处理这种案子的法官与处理子女伤害父母案的法官是相同的,要由他们来确定赔偿的数额。

各种形式的打架和斗殴也是一种暴力侵犯,对这种行为我们已经处理过了。任何人,男人、妇女、儿童,都决不要忘了尊重长者,众神和想要永久幸福的人都应当这样想。【c】因此,年轻人公开殴打长者是一种可耻的行为,是上苍讨厌看到的景象。如果年轻人被年长者殴打,那么年轻人的合理态度应当是克制愤怒,保持温和,这样一来,这位年轻人自己到了老的时候也不会殴打年轻人。

所以,我们的法规如下:所有人都应当在言语和行动中对长者表示尊重。任何人面对一位比自己年长二十岁的人,无论是男是女,必须住手,就像面对自己的父母一样；【d】他必须宽待一切年纪足以生下他来的人，这是对生育女神的一项义务。他同样也不能动手殴打外国人，无论是长期居住于此地的侨民还是新近才来的；既不要主动侵犯外国人，也不要在自卫中动手殴打外国人。

57. (a) 如果被外国人打了，而这些外国人的行为需要矫正，那么他可以抓住外国人，把他们送交由市政官组成的法庭，而不是自己动手打回来，这样做可以让这些外国人明白不可以随意殴打本国人。【e】市政官必须审理这种案件，但一定要尊重监护外国人的神的意愿。如果判定那名外国人错误地殴打了本国居民，那么要对他处以鞭笞，他动手打了本国居民几下，就鞭打这名外国人几下，因为他滥用自己的地位。如果外国人并没有做错什么事，那么法官可以给予警告并批评揭发者，然后把双方解散。

(b) 如果某人被他的同龄人打了，【880】或者一名无子女的长者被年轻人打了，当事人无论年老还是年轻，都要赤手空拳地自卫。如果四十岁以上的人参加斗殴，无论是他动手打别人，还是别人动手打他，由此得到了一个坏名声，被当作流氓无赖，那么他是罪有应得。

我们不难看到，他有义务接受这种劝告；对我们的开场白不予理睬的顽固分子将会看到一条适用于他们这种情况的法律。

(c) 如果有人动手殴打一位比他大二十岁以上的长者，【b】那么首先，任何与凶手同龄或比他年轻的目击者应当指责凶手为懦夫；如果目击者与凶手同龄或比凶手年轻，那么他要保护被殴打的人，就好像被殴打的是他自己的兄弟、父亲，或更加年长的亲属。

(d) 殴打长者的人要受审判，如果他的罪行得到确证，【c】那么他至少要在监狱里待一整年，如果法庭对他的判决时间更长，那么这个决定必须执行。

(e) 如果一名外国人或侨民殴打一位比他年长二十岁以上的人，目击者可以提供同样的法律援助,谴责斗殴者,如果肇事者是外国人和非公民,那么要判处两年监禁方能使他们涤清罪恶;如果肇事者是本国居民,那么他要被监禁三年,【d】因为他违反了我们的法律,除非法庭判处一个更长的刑期。

(f) 如果目击者没有提供法律所要求的援手,那么要对他处以罚款,第一财产等级的要罚一百德拉克玛,第二等级的要罚五十德拉克玛,第三等级的要罚三十德拉克玛,第四等级的要罚二十德拉克玛。审理这种案子的法庭由将军、副将、部落首领、骑兵指挥官组成。

有些法律似乎是为最诚实的人制定的,【e】如果他们愿意和平善良地生活,那么法律可以教会他们在与他人的交往中所要遵循的准则;法律也有一部分是为那些不接受教诲的人制定的,这些人顽固不化,没有任何办法能使他们摆脱罪恶。我现在要说的话实际上是针对他们说的,面对这些人,立法者被迫执行一些法律,而就其本意而言,他希望这些法律根本就没有制定的必要。假定有人自认为有知识而实际上一无所知,竟然忘记了上苍的愤怒和人们所说的来世报应,【881】嘲笑这些值得敬佩的、普遍流传的说法,乃至于在实际行动中违反这种告诫,对父母和其他长辈动粗,那么就需要对这种人进行威慑和制止。这种最后的惩罚不是死刑,因为死刑尽管比其他任何刑罚更加具有威慑力,但它对这个世界上的罪犯所造成的痛苦并不能在他们的灵魂上产生威慑效果;否则的话,我们就不会听到虐待母亲、殴打长辈一类的事情了。因此,如果能够做到的话,要在今生惩罚这样的罪犯,【b】不亚于来世对他们的惩罚。

我们进一步的法规如下:

(g) 如果精神正常的人动手殴打父母,那么目击者首先要制止这种行为,就像在我们已经解释过的例子中一样。我们要给制止了这种行为的外国侨民提供一个观看体育运动的前排席位;而没有履行这一义务的外国侨民,我们要把他们永远驱逐出我们的国土。一位非永久居留的外国人提供了这样的帮助,【c】将受到公众的赞扬,没有这样做的外国人则要受到批评。这样做了的奴隶将获得自由，不这样做的奴隶将被鞭笞一百下，如果这种殴打父母的行为是在市场上发生的，那么对这种奴隶的惩罚要由市场官来执行；如果这种行为发生在市场以外的其他地方，那么这种矫正行为就要由事件发生地的市政官来执行；如果这种行为发生在乡下，那么就由乡村巡视员来执行。每一位目击这种殴打父母行为的本国人，【d】无论男女老幼，都要参加救援，制止这种行为，要像驱逐魔鬼野兽一样对打人者大声怒吼，不参加救援的人将受到法律的处罚和家族神的诅咒。

（h）如果有人被确证冒犯了父母，那么首先要把他永远逐出京城，迁居到乡下去，并且禁止他去任何圣地。如果他不服从放逐，那么乡村巡视员要用鞭打或其他方法对他进行矫正。

（i）如果他私自返回原住地，那么他将被判处死刑。

（j）如果有自由人与罪犯一起吃喝玩乐，【e】或一起做事，或有任何往来，比如与他握手相会，那么自由人在没有履行涤罪仪式之前既不能进入崇拜地和市场，又不能去城市的任何地方，就好像他被可怕的瘟疫传染了一样。

（k）如果他违反禁令，污染了圣地和城市，那么任何执政官在得知事件之后要立刻对他进行审判。

（l）如果一名奴隶打了自由人，【882】无论他是外国人还是本地公民，目击者都要加以制止，否则就要受到罚款的处罚，罚款的数额按其地位不同而有所差别。

（m）目击者要协助被打的一方把这名奴隶捆绑起来，由被打的一方处置，【b】他们会用脚镣把奴隶捆绑起来，用皮鞭抽打他，愿意打几下就打几下，只要不损害奴隶主的利益，然后把他交给他的合法主人。奴隶打了自由民，除非有执政官的命令，这名奴隶的主人要从被打的人那里接受被捆绑的奴隶，【c】在被打的一方没有感到满意之前，不能释放他。上述法规也适用于双方都是妇女或有一方是妇女的情况。

第 十 卷

　　雅　【884】有关伤害问题已经讲完了，现在我们可以清晰地阐述一条关于暴力案件的法律原则：无人可以拿走他人的物品和家畜，未经业主许可也不能擅自动用邻居的财产，这种行为是上述一切伤害的开端，过去、现在和将来的伤害都是此类行为的结果。年轻人的放荡与蛮横逞凶是最重要的伤害案件，【885】如果被当众冒犯的对象是神圣的，那么这种伤害就是最大的，如果被冒犯的对象不仅是神圣的，而且对某个部落或某些相同的群体来说是公共的，或部分公共的，那么这种伤害就尤其巨大。按秩序和程度来说，次一等的伤害是冒犯私人的神龛和坟墓；列在第三位的伤害是已经说过的那些罪行以外的对父母不孝；伤害的第四种形式是偷窃他人财物和家畜，未经别人许可就动用别人的东西，以此表现出对执政官的蔑视；第五部分伤害则是需要作出法律赔偿的那些侵犯公民权利的行为。因此，我们必须提供一部同时适用于各种伤害形式的法律。关于公开或秘密地使用暴力抢劫神庙，【b】我们已经作出了具体的规定。我们现在要决定对用言语或行动侮辱神灵的人应当给予什么样的惩罚。但首先我们的立法者必须向他们提出如下忠告：凡是服从法律而相信神的人，决不会故意作出渎神的行为或发表不法的言论。凡是有这种行为发生，必定出于下列原因之一：要么他们不相信神存在；要么他们相信神存在，但认为神不关心人类的事务；要么他们认为，即使这些神灵关心人事，人们也很容易用牺牲和祈祷来哄骗他们。

克 【c】我们该如何对待这种人,或者说,我们对他们该说些什么?

雅 哎,我亲爱的先生,让我们先来听听他们是怎样嘲笑我们的。

克 他们会怎样嘲笑我们?

雅 嗯,他们会这样说:来自雅典、拉栖代蒙和克诺索斯的先生们,你们说得对。实际上,我们中有些人认为任何神灵都不存在,还有一些人对众神的看法就像你们所说的一样。所以我们对你们的要求也像你们对法律的要求一样。【d】在你们亮出严厉的恐吓之前,最好先试着说服我们。请你们提供充分的证据,说明众神确实是存在的,众神也不会受到祭礼的诱惑,乃至于违反正义之路,让我们信服。我们确实已经从那些享有崇高名声的第一流诗人、演说家、先知、祭司,以及其他成千上万的人那里听到了许多教诲,但正因为如此,我们中的大多数人遵循的道路不是拒绝作恶,而是努力去作恶并且试图掩盖恶行。【e】所以我们期待着你们马上能够说服我们,作为立法者,你们具有一种职业的仁慈而非严峻。你们认为众神是存在的,但这种看法并不比另一种说法好到哪里去,你们如果能够告诉我们只有你们的看法才是真理,那么也许能够令我们信服。所以,如果你们认为我们的挑战是公平的,那么你们必须试着给予回答。

克 嗯,先生,要说明众神的存在似乎很容易。

雅 【886】为什么?

克 嗯,只要想想大地,想想太阳、星辰和一切事物就可以了!还有奇妙的季节更替和年月!此外,全人类,希腊人和非希腊人,事实上全都相信众神是存在的。

雅 我亲爱的朋友,我有点害怕这些恶人,但我不想称之为恐惧,我担心他们会蔑视我们。你,以及我们的朋友,事实上并不明白他们与我们的分歧在哪里。你们认为沉迷于快乐与欲望使他们的灵魂不虔诚,【b】其他就没有别的原因了。

克 嗯,先生,其他还有什么原因?

雅 你和你的朋友们都不可能知道这个原因。之所以如此,乃是因为这个原因与你们的生活无关。

克　我不知道你又能想出什么名堂来。

雅　嗯，愚蠢的傻瓜也可以认为自己拥有最高的智慧。

克　你这样说是什么意思？

雅　有人告诉我，你们优越的国家制度在妨碍着你们认识众神的形象，而我们国家的文献中讲述过众神的故事，【c】这些文献有些是用韵文写的，有些则用散文。这些文献中最古老的故事说，天是最原始的真正的存在，等等。以此为起点，这个故事稍后讲到了众神的诞生，以及他们相互之间的品行。由于这些故事非常古老，我们现在很难决定这些故事对于听众来说到底是好还是不好，有没有其他方面的作用，至于这些故事能否在听众中培养出尊敬父母的品格，我敢肯定人们决不会把这些故事赞扬为有益于身心健康的，【d】也不会说这些故事是真实的。我们可以不再谈论这些古老的故事，而其他人要是愿意谈，则随他们的便。但我们必须用现代人的理论来解释由众神造成的不幸。这两方面一结合就产生了这样一种效果。当你我提出关于众神存在的证据，并且确信日月星辰是神或具有神性时，反对这些故事的人就会提出反驳说，【e】无论你们如何雄辩地使用那些空洞的言辞，它们都只不过是土石罢了，不可能关心人事。

克　先生，你提到的这种理论真可怕，哪怕只有这一种。如果这种理论盛行，那么在我们这些老年人看来就更可怕了。

雅　那么我们该如何答复？我们该怎么办呢？也就是说，我们是否必须面对这种无神的观点，从根本上反驳那种认为你们无权设定众神存在的指责，【887】从而保护我们那些与此相关的法律呢？或者说，我们是否必须搁置这个主题，回到立法上来，因为我们担心要是不这样做的话，关于这个主题的讨论会比相关的立法更冗长。如果我们首先针对他们要我们必须回答的问题提供大量充分的证据，使我们的对手感到害怕，在实际上表达了对这种无神观点的厌恶后再来制定相关的法律，那么我们的讨论一定会非常漫长。

克　【b】先生，从我们聚在一起讨论问题开始，我们有好几次机会看到我们没有理由对简洁明了的偏爱胜过冗长，谚语中所说的"追踪者"并非与我们同道，所以我们若是选择了一条比较短的道路，而不是选择一条最佳道路，那么我们只能表示遗憾，并认为这样的选择是荒谬的。坚持众神存在，坚持众神是善良的，尽力说服人们相信和敬重众神，这是我们头等重要的大事。事实上，以此为我们的开场白是对我们整个立法的最高尚、最优秀的辩护。【c】我们既不要犹豫不决，又不要显露出不耐心，而要无保留地使用我们拥有的说服的才能，竭尽全力去完成这个任务。

雅　我感到你的这番祈求充满恳切与热情，使我无法再作推诿。那么好吧，我们又该如何平心静气地为众神的存在辩护呢？当然了，像过去一样，无人能够抑制对那些派别的不满和厌恶，【d】他们相信这些故事，但却把论证的重担强加于我们。他们从小就开始听这些故事，还在母亲或保姆怀抱中的时候他们就不断地在听——你可以说，这些故事就像催眠曲，就像游戏和娱乐中的咒语——以后又在献祭时的祈祷中听，再往后戏剧又使儿童们的眼睛和耳朵受到强烈刺激，就像在献祭中一样。我们的父母对着他们的神灵说话，坚定地相信众神的存在，为他们自己和子女虔诚地祈祷和求援。【e】还有，当太阳、月亮升起和降落时，他们已经听到或看到人类普世的崇拜和虔诚，无论是希腊人还是非希腊人，在所有各种充满好运和厄运的环境中，他们崇拜的众神不是虚构的，决非遥远的影子，而是最确定、最真实的实在者。【888】那些强迫我们进行当前这些论证的人用轻浮的态度处理这些证据，而当我们看到这些证据时，任何一个有理智的人都会加以承认，但却没有完善的理由。我要问的是，一个人该如何找到温和的语言能够把责备与有关众神的真相结合起来，以此说明有关众神存在的真相？还有，我们面临着这样一个任务。我们决不允许我们中的一个派别从追求快乐转变为疯狂，而其他人则从出于对他们的愤怒而同样变得疯狂。所以我们对心灵的平心静气的预备性的告诫应当达到这样的效果——我们要克制我们的激情，使用温和的语言。请你们想象我们自己现在就在对这种类型的某个人讲话。

"我的孩子，你还年轻，随着时间的推移，【b】岁月就会引导你完全扭转当前的许多信念。所以，在对最高事物进行判断之前，你要等待未来的降临，其中最重大的事情就是正确地思考众神，良好地生活，或者正好相反,尽管你现在会把这件事情看得微不足道。我要向你提出重大告诫,你会看到这个告诫是完全正确的。你自己和你的朋友并非第一个,亦非唯一的一个接受这种看法的人,以此作为你们的关于众神的学说,不,在每个时代,或多或少都有一些人受到这种疾病的危害。因此,作为一个过来人,我要向你保证,【c】没有一个人在早年采用了这种众神不存在学说而到了老年仍旧坚持这种信念,尽管有些人——不是很多,但确实有一些——坚持我们说过的另外两种态度,相信众神存在,但众神对人类的行为无动于衷,或者说众神尽管关心人事,但很容易被献祭和祈祷所安抚。如果你接受我的指导,那么你应当等待一个有关这些事情的完全清晰的充满可信度的判断,你要问自己真理究竟在哪一方,【d】要向各种人寻求指导,尤其是向立法者请教。同时,你要警惕各种对众神不虔诚的行为。为你们制定法律的人必定会以此为自己的事务,从今以后会把这件事的真相告诉你们。"

克　到此为止,先生,你说得好极了。

雅　不过如此,麦吉卢和克利尼亚,但是我们已经在无意中卷入了与一种自命不凡的理论的争论。

克　这是一种什么理论?

雅　【e】一种被人们广泛地当作终极真理的理论。

克　你必须说得更加清楚一些。

雅　你知道,有人告诉我们,一切有生成的事物都会变成或将要变成某种产物,要么是自然的产物,要么是技艺的产物,要么是命运的产物。

克　这样说有什么不对吗?

雅　嗯,当然了,这位哲人告诉我们的这个设定是对的。【889】但假定我们追随他们的踪迹,问一问我们自己这一派的发言人的真实含义是什么。

克　我完全赞同。

雅　所以他们说,一切伟大而又美好的事物显然都是自然和命运的产物,只有技艺的产物是微不足道的。技艺从自然的手中取来已经创造出来的伟大的原始作品,然后对之进行一些微不足道的塑造,就是由于这个原因，我们称这些作品为人造的。

　　克　这样说有什么意义？

　　雅　【b】让我说得更加清楚些。他们说，火、水、土、气的存在全都
可以归结为自然和命运，而没有一样可以归结为技艺；它们反过来又成
为动因，一种绝对的、无灵魂的动因，再进一步产生出下一层次的物体，
亦即大地、太阳、月亮、星星。它们各自本着它们自身的若干倾向任意漂
流。它们以某种适宜和方便的配置在一起——热与冷、干与湿、软与硬，
【c】以及从对立面的混合中产生的各种不可避免的偶然的结合——以这
种方式，整个天宇以及其中的一切都产生了，一切动植物也按特定的过
程产生出来，一年四季的产生也出于相同的原因。他们说，这些东西的
诞生不是由于心灵的作用，也不是由于神的作用，更不是由于技艺的作
用，而是由于自然和命运。【d】技艺本身也是这些动因的后续的、晚近的
产物，像它的创造者一样是可灭的。技艺的开端始于用一些真实的物体
来制造某些玩具，技艺的产物就像技艺本身一样是一些幻影，这就是绘
画、音乐以及其他一些类似技艺的作品。如果说有某些技艺能产生真正
有价值的作品，那么这就是那些对自然起着辅助作用的技艺，比如医疗、
农业、体育。尤其是政治家的技艺，他们说，与自然没有什么共同之处，
这种技艺是一种纯粹的技艺；同样，立法完全是一件非自然的事情，是技
艺，【e】它的地位是不真实的。

　　克　不真实，为什么会这样？

　　雅　嗯，我亲爱的先生，让我这样说吧，这一派断言众神并无真正
的、自然的存在，而只有人造的存在，他们称之为一种合法的发明，因此
不同的地方有不同的神，人们在立法的时候，每个不同的群体发明与自
己的习俗相吻合的神。然后他们宣布，真实的和天然可敬的事物是一回
事，按习俗可敬的事物是另一回事，至于正义，根本不存在绝对真实和自
然的正义，人类不断地就正义问题进行争论，并且改变着对正义的看法，
【890】尽管这种存在是人造的和立法的，而非你们所说的那种自然的存
在，但每当人们对正义的看法作出了某种改变，那么从那一刻起它就是
有效的。我的朋友，所有这些观点都来自那些给年轻人留下了深刻印象

的聪明人,散文作家和诗人,他们承认不可取消的正义也就是人们高举双手表示赞同的东西。因此,我们的年轻人中间流行着不虔诚的时尚——尽管法律要求我们相信的这种神并不存在——那些派别也依据这样的理由产生出来,试图吸引人们追求一种"真正的、自然的、公正的生活",正义在他们看来就是一种对他人的真正支配,而非按照习俗对他人进行一种事奉。

克 【b】先生,你描述的这个诫条太可怕了!城邦与家庭中的青年已经败坏到了何等地步!

雅 克利尼亚,你说得太对了!但在一个长期处于这种状况的地方,你想要立法者如何立法呢?他要对公众保持高度警惕,要吓唬他们,直到他们全都承认众神的存在,在内心认可立法者的法律所规定的信念,使他们的行动全都与法律条文所规定的信念一致,就像对待那些所谓可尊敬的东西、正义的东西、【c】一切最高尚的东西、一切能造就美德或邪恶的东西一样,是吗?我要说的是,他要吓唬那些不愿听从法律的人,对其中的某些人要处以死刑、禁闭、鞭笞、剥夺公民权和财产,对他的民众也不加以说服,并用法律来使他们变得驯服吗?

克 【d】先生,远非如此,远非如此!如果在这种事情上也要有说服,无论多么微弱,那么没有一位值得我们敬佩的立法者会作出这种软弱的表示。按他们的说法,立法者应当一心一意地支持古老的传统信仰,相信众神的存在以及你刚才提到的那些东西。他尤其要坚持法律本身和技艺是自然的,并不比自然的东西不真实,因为它们都是心灵的产物,之所以这样说乃是因为我有一个健全的论证,我同意这个论证,也要你作出解释。

雅 【e】嗯,克利尼亚,你的确充满热情!但请你回答,我认为面对公众作出的论断很难用论证来加以支持,因为他们不会有耐心面对一个漫无止境的论证,对吗?

克 嗯,先生,那又怎样?我们生来就在宴饮和音乐中听过那些漫长的谈话,难道现在提起众神和相关的论题就会显得缺乏耐心吗?你要注意,这样的论证对理智的立法来说是一种最有价值的帮助,因为在立法中，【891】一旦成文，法律就要保留在记录中，当然，各种挑战性的问题也会随着时间的推移而出现。因此，如果在第一次听到法律时感到困难，那么我们不需要沮丧，因为即使连最愚蠢的学生也可以借助这些讨论对法律进行反复的考察。只要讨论是有益的，那么谈话的长短不会使它变得不合理，至少在我看来是这样的，只有不虔诚才会使人拒绝这样的讨论。

麦　先生，我完全支持克利尼亚的意见。

雅　【b】麦吉卢，我也支持他的意见，我们必须按他的要求去做。当然了，我们可以公正地说，如果这样的学说没有广泛流传，没有弄得全人类都知道，那么用论证来捍卫众神的存在就没有必要；但由于这些观点已经广泛流传，那么就显得有必要了。最高的法律在恶人手中面临危险，这种时候，除了立法者自己，又能由谁来拯救法律呢？

麦　嗯，没有别的人了。

雅　那么好吧，克利尼亚，让我再来听一听"你的"意见，【c】因为在论证中你必须成为我的合伙人。假定有人在进行推论，把火、水、土、气看成一切事物的根源，"自然"只是他给这些东西的名称，而灵魂也是后来才从这些东西中派生出来的。或者更有可能，这种说法不是一个设定，而就是他们实实在在地讲出来的。

克　的确如此。

雅　嗯，以神的名义起誓，我们不是已经对所有忙于研究自然的人提出来的这些不合理的错误看法作了追溯，找到了可以称作错误根源的东西了吗？　【d】请你仔细考虑一下他们的各种立场，如果我们能够说明这些人不仅接受这种不虔诚的学说，而且还把那些追随他们的人引向谬误，那么你的看法就会有很大不同。

克　你说得很好，但你必须解释一下他们错在哪里。

雅　我担心自己不得不谈论一些不熟悉的事情。

克　先生，不要再犹豫了。我知道你担心讨论这些事情会使你超越立法的范围。【e】但若这是一种唯一的与众神真相相符合的方式，就像在我们的法律中所说的那样，嗯，那么我的好先生，我们必须这样论证。

雅　既然如此，我好像必须解释这些我不太熟悉的观点。这种学说认为不虔诚者的灵魂是一种产物，使一切事物产生和消灭的最初原因不是最初的，而是第二位的，而那第二位的原因反倒是最初的。于是他们就在众神的真正存在这个问题上陷入了谬误。

克　【892】我还是两眼一抹黑。

雅　灵魂，我的朋友，灵魂是一切事物的本性和力量，但大多数人对此一无所知；在这种普遍无知中，他们尤其不知道灵魂的起源，不知道灵魂在那些最初的事物中是头生的，先于一切形体和使形体发生变化和变异的最初根源。假如确实是这种情况，【b】那么一切与灵魂同类的东西岂不是也必定先于形体一类的东西，因为灵魂本身先于身体，是吗？

克　嗯，必定如此。

雅　所以判断和预见、智慧、技艺和法律，一定先于硬和软、重与轻。是的，可以证明那些伟大的最初的作品是技艺的产物，有理由被称作原初的作品；而那些自然的产物，还有自然本身——这样的称呼实际上是错的——是第二位的，是从技艺和心灵中产生出来的。

克　【c】错误的称呼？错在哪里？

雅　嗯，"自然"这个词的意思是位于开端的东西，但若我们可以说明灵魂先于自然出现，灵魂既不是火也不是气，而是位于开端的东西，那么我们完全可以正确地说，灵魂的存在是最"自然的"。

克　这样说确实有理。

雅　那么我们下一步必定要为这个观点提供证据。

克　【d】没错，当然应该这样做。

雅　好。现在让我们提高警惕，小心提防这个极端精细的论证。我们已经年迈，而这个论证就像一个精力充沛的小伙子，可以使障眼法从我们的指缝中溜过去，如果是这样的话，我们就会落下笑柄，人们会把我们对这一宏伟目标的热忱追求视为一大失败。所以，我们要仔细想一想。假定我们三人要渡过一条水流湍急的河，三个人中间我最年轻，又有着丰富的渡河经验。我说，【e】我必须独自先游过河去，再来看你们这两位年长者能否承受激流。如果我成功地过了河，我会回过头来召唤你们，用我的经验帮助你们过河；但若证明你们这样岁数的人无法渡过这道激流，那么所有危险都由我一人来承担。你们会认为这是一个合理的建议。好吧，我们现在也好像面对着论证的激流，水流湍急，凭你们的能力可能游不过去。所以，为了不让你们在一大堆不熟悉的问题面前目瞪口呆，【893】不知所措，陷入窘迫的境地，自尊心受到损害，我提议就让我用现在的方式来进行讨论。我首先对自己提出某些问题，而你们就安心地注意听，然后由我自己来回答。这种方式要贯穿整个论证，直到我们关于灵魂的讨论结束，它对身体的优先性得到证明。

克　先生，这是一项令人敬佩的建议，就按你说的办吧。

雅　【b】行，我们开始。如果说我们一直在请求神的帮助，但愿神现在就显灵。当然了，我们可以认为神已经按照我们的请求，在热情地帮助我们证明他们的存在，在我们潜入面前的论证激流时，我们的祈祷可以成为一根能够安全地把我们引向彼岸的绳索。要想对这样一个主题提出论证，我认为，最安全的办法是先作出下列问答：

有人说，先生，一切事物都是静止的，无物运动，是吗？或者说相反的说法才是正确的？或者说有些事物运动，【c】有些事物静止，是吗？

我回答说，当然是有些事物运动，有些事物静止。

处于运动中的动者和处于静止中的静者一样，都位于某一空间吗？

当然。

有些事物在一个位置上运动，有些事物在不止一个位置上运动，你承认吗？

我答道，当你讲到在一个位置上运动时，你指的是那些中心不动的运动着的事物，就好比陀螺的旋转。

是的。

我们看到，在这种旋转中，运动的物体会同时呈现出最大的圆圈和最小的圆圈，【d】把它自身合乎比例地划分，呈现出较大的和较小的部分。实际上，这就是各种奇迹产生的根源，因为它用较高或较低的速率回应着同时产生的大大小小的圆圈。这种结果可以被人们想象为不可能的。

是这样的。

在几个位置上运动的事物，我想你指的是位移，物体每一刻都在改变位置，有些时候运动中的物体有一个支撑点，【e】有些时候，在滚动的情况下，有不止一个支撑点。在运动中物体会相互发生碰撞，静止物体受到运动物体的撞击，形成新的结合，那些最初的成分之间也就是这样形成复合物的，是吗？

是的，我承认你说的是事实。

还有，结合使复合物增大，而分离则使复合物变小，除非原先的物体仍旧保持着它的构成。如果物体不能保持它的构成，那么结合与分离都会引起化解。

普遍发生的生成现象又是在什么情况下产生的，什么是生成？

【894】生成显然是从某个起点开始获得增长，然后进入第二步，然后又进入下一步，通过这三步生成就可以被感知者察觉了。事物的生成，靠的就是这样的运动变化和变形，只要这种情况在持续，它就拥有真实的存在。当事物的构成发生了改变，变得和原来不一样了，那么原来那个事物也就完全毁灭了。我的朋友，【b】我们也许已经区分和列举了所有的运动类型，如果运动只有这两种类型的话。

克　哪两类？

雅　嗯，两种类型，我的好先生，看起来我们的整个讨论正在取得进展。

克　我必须要求你说得更清楚些。

雅　我们的讨论始于一种关于灵魂的观点，不是吗？

克　当然是的。

雅　那么让我们先来看第一种运动形式，这种形式通常使别的事物运动，但它自身并不运动。作为一般运动的第二种形式，我们说这种形式通常使自己运动也使其他事物运动，就好像结合与分离的过程中发生的运动一样，这样的运动通过增长及其对立面，亦即减少，【c】或者通过生成或灭亡来进行，灭亡亦即失去存在。

克　我们可以这样说。

雅　然后，我们可以把通常既能使其他物体运动，而它本身也被其他物体推动的这种运动形式列为我们运动形式中的第九种。还有的物体自身运动，也使其他物体运动——在一切物体主动和被动的运动形式中都可以看到这种运动，称之为一切存在的变化与运动是正确的——这种形式可以列为第十种。

克　对，确实如此。

雅　现在，我们完全可以正确地宣布，这十种运动是一切事物中最强大的，【d】最有功效的，可以这样说吗？

克　嗯，当然可以，我们必须说可以使自身运动的东西是最有功效的，其他东西地位都要比它低。

雅　好极了。那么我们也许能够在已经说过的话中间找到一两处错误。

克　有什么错？

雅　我想，我们在使用"第十"这个词时犯了错误。

克　为什么错了？

雅　我们刚才按照秩序有力地证明了第一种运动形式，接下去要证明的是"第二种"运动形式，【e】然而我们却奇怪地称之为第九种运动形式。

克　我该如何理解你的意思？

雅　嗯，要这样理解。当我们说一个事物改变为第二个事物，第二个事物又改变为第三个事物，等等，在这样的系列中，会有一个变化的最初源泉吗？嗯，一个被除了它自身之外的其他事物推动的事物如何能够成为这种变化的最初原因？这种事是不可能的。当某样能使自身运动的事物取代了第二样事物时，这个第二样事物仍旧是第三者，【895】这样的运动可以传递给成千上万的事物，那么，除了由最初的动者所引起的变化外，还会有一切运动的最初起点吗？

克　你说得非常好，这个观点必须承认。

雅　此外，让我们用另一种方式来表述这个观点，再一次回答我们自己的问题。假定一切事物都聚集在一起，保持静止，就像这个派别中的大多数人所坚决主张的那样。我们具体指出过的这些运动形式中的哪一种会在事物中最先产生呢？【b】嗯，当然了，能够自己运动的事物最先开始运动，此外不可能有其他变化的源泉，因为按照这个设定的前提，变化不可能预先存在于这个系统中。进一步推论，无论什么东西作为一切运动的源泉，乃是在一切静止和运动的东西中最初出现的东西，我们要宣布这种"自动"是一切变化中最先的和最有力的，而被其他事物替代或在别的事物推动下发生的运动是第二等的。

克　无疑如此。

雅　我们的讨论已经进到这一步，【c】现在可以回答下一个问题了。

克　什么问题？

雅　当我们看到这种运动在一个由土、水、火组成的事物中——分离的或结合的——显示自身时，我们该如何描述居于这种事物中的性质？

克　你问的是，当某个事物自己运动时，我们是否称之为"活的"，我猜得对吗？

雅　没错。

克　活的？噢，它当然是活的。

雅　很好，我们来看某个事物中的灵魂，情况也是一样的，不是吗？我们必须说这个事物是活的。

克　完全正确。

雅　【d】那么，我以上苍的名义起誓，你听着。我猜想你会承认对任何事物都有三点值得注意的地方。

克　你的意思是……？

雅　我的意思是：第一，事物的真实存在；第二，对这个真实存在的"定义"；第三，它的"名称"。这样说你就明白了，我们对任何存在的事物都可以问两个问题。

克　哪两个？

雅　一个人有时候只提出名称，要求别人提供定义；有时候只提出定义，要求别人提供相应的名称。换言之，我们指的是要能达到这种效果，不是吗？

克 达到什么效果？

雅 【e】你知道，数字也像其他事物一样有类别。以数为例，这个事物的名称是"偶数"，它的定义是"能够被二整除的数"。

克 没错。

雅 我心里想的就是这种情况。无论我们问的是定义，答的是名称，还是问的是名称，答的是定义，在两种情况下我们指的都是同一事物，难道不是吗？无论是用"偶数"这个名称，还是用"能够被二整除的数"这个定义，我们描述的都是同一事物，没有差别，对吗？

克 完全相同。

雅 那么，以"灵魂"为名称的这个事物的定义是什么呢？【896】除了我们刚才用过的"能使之自动"这个短语，我们还能找到其他定义吗？

克 你的意思是，这个自身同一的真实存在在我们所有人的词汇中有一个"灵魂"的名称，以"自动"作为它的定义？

雅 我是这个意思。但若确实是这种情况，那么除了进一步证明灵魂就是过去、现在和将来的一切存在的最初变化与运动及其对立面，因为它已经显示自己是一切变化与运动的最普遍的原因，我们还能希望得到别的什么东西来作为运动与变化的根本原因吗？

克 【b】不能，确实不能。我们发现灵魂是运动的源泉，是一切事物中最先出现的，我们的证明是绝对完善的。

雅 那么与自动无关，由某些其他事物引起的运动无论在什么地方产生，都属于第二等的，或者你愿意把它放在什么低级的位置上就怎么放，实际上，这就是那些无灵魂的物体的变化，是吗？

克 你论证得对。

雅 因此我们可以得出一个正确的、决定性的、真实的、【c】最终的论断，灵魂先于物体，物体是第二位的，是派生出来的，灵魂支配着事物的真正秩序，物体则服从这种统治。

克 确实如此。

雅 但是我想,我们并没有忘记前面达成的一致意见,如果能够证明灵魂先于物体,那么灵魂的性质必定也先于物体的性质。

克 没错。

雅 所以心灵的气质和习惯、希望、计算、【d】真正的判断、目的、记忆,全都先于物体的长、宽、高,因为灵魂本身先于物体。

克 无疑如此。

雅 因此我们被迫同意一个推论:要是我们想把灵魂说成是一个普遍的原因,那么灵魂就是善与恶、聪明与愚蠢、正确与错误,乃至于所有对立面的原因,不是吗?

克 确实如此。

雅 那么好,如果内在的灵魂就这样控制着在宇宙中运动着的一切事物,【e】那么我们也一定要说灵魂控制着宇宙本身,是吗?

克 是的,当然。

雅 有一个灵魂在控制,还是不止一个灵魂在控制?让我来代你们俩回答。不止一个灵魂。我们必须设定,有至少不少于两个灵魂,一个灵魂起着有益的作用,另一个能够起相反的作用。

克 你无疑是正确的。

雅 到目前为止,一切顺利。那么灵魂靠着它自身的运动推动着天空、大地、海洋中的一切事物——它的这些运动的名称是希望、【897】思考、预见、建议、判断、真或假、快乐、痛苦、希望、恐惧、仇恨、热爱——我说的是,灵魂用这些运动以及与此相类似的或原初的运动推动着一切事物。接下去,它们又带来了第二类运动,即物体的运动,以及与这些物体相伴随的性质,热与冷、重与轻、硬与软、白与黑、干与湿,等等,以此指引着一切事物的增加和减少,分离与结合。智慧是灵魂的助手,借助这些工具和它的所有工具,【b】灵魂使一切事物达到正确与快乐的境地,但若愚蠢成为灵魂的伴侣,那么结果就完全相反了。我们是相信这种情况的发生,还是怀疑可能还有其他情况呢?

克 情况就是这样,没什么可怀疑的。

雅 那么我们必须说灵魂的哪一种性质在控制着天穹、大地,以及它们的运行呢？是深谋远虑和充满善良的性质，还是不具有这两种美德的性质？【c】如果你愿意的话，我们要回答这个问题吗？

克　怎么回答？

雅　嗯，我的朋友，如果整个天穹的路径和运动，以及其中的所有天体，也像智慧一样具有运动、旋转、计算的性质，并且是在灵魂之后开始运动的，那么我们显然可以说，为宇宙作预见并指导着宇宙沿着这条道路运动的是至善的灵魂。

克　对。

雅　【d】但若这个运行过程狂乱无序，那么指导着宇宙前进的是邪恶的灵魂。

克　这样说也对。

雅　那么请告诉我，智慧的运动具有什么本性？我的朋友，在这里我们碰到了一个用理智很难回答的问题。所以让我在你回答时帮你一把，这样做也挺公平。

克　这个建议值得欢迎。

雅　让我们小心，别因为在中午凝视某个对象而弄得两眼漆黑，也就是说，我们回答这个问题就好像用眼睛直视太阳，尽管我们可以用肉眼获得适宜的视觉和智慧的知觉。如果把视线转向我们正在寻求的这个对象的影像，【e】那我们就安全了。

克　你的意思是……？

雅　让我们把前面列为第十种的运动形式当作影像，智慧的运动与这种运动形式相似。等我们一道回答问题时，我们再来回忆它。

克　这个建议非常好。

雅　我们还能记得起我们说过的话吗，我们确定有些事物运动，有些事物静止？

克　我们记得。

雅　有些事物在一处运动，【898】有些事物在不止一处运动？

克　当然。

雅　在这两种运动类型中，限制在一处运动的类型必定在各种情况下都围绕一个中心，就像一个运转良好的车轮，这种运动必定与理智的旋转最接近，最相似。

克　你的意思是……？

雅　嗯，当然了，如果我们说理智和在一处进行的运动都像一个造得很好的球那样旋转，【b】围绕一个中心在一个范围内有序一致地运动，在某种意义上也就是按照一个单一的法则和计划运动，那么我们就不需要担心自己是在像一个笨拙的艺术家那样想象了。

克　非常正确。

雅　还有，不规则或不一致的运动、不限制在某个范围内的运动、没有同一中心的运动、不在一处进行的运动、没有秩序和计划的运动，这些运动与各种愚蠢相似。

克　确实如此。

雅　【c】现在要提出肯定性的论断我们已经没有什么障碍了，因为我们发现灵魂在指引一切事物旋转，我们也一定要说使宇宙得以有预见地、有序地运行的灵魂要么是至善，要么是至善的对立面……

克　不对，先生，如果前面已经说过的话是正确的，那么只能把宇宙的运行归于一个灵魂或几个至善的灵魂，把它归于其他事物是一种亵渎。

雅　克利尼亚，你确实满怀善意紧随论证，【d】但我要使你更进一步。

克　怎么个进法？

雅　进到太阳、月亮和其他天体。

克　嗯，当然了。

雅　我们可以把某个具体的天体作为论证的主题，所得出的结论对其他天体都适用。

克　我们应该以哪个天体为主题呢？

雅　太阳，任何人都能看到太阳的身体，但没有人能够看到太阳的灵魂，而其他任何生灵的身体都可以被看见，在它活着的时候，或者在它死的时候。我们有各种理由相信，【e】用身体的各种感官都无法感知灵魂，只有依靠理智才能察觉。因此，我们有一番相关的考虑，对此必须依靠纯粹的理智和思想来领悟。

克 什么考虑？

雅 由于灵魂指引着太阳的运动，因此我们说灵魂必定以下列三种方式之一行事，这样说不会有错。

克 哪三种方式？

雅 灵魂要么居住在这个可见的圆的物体中，如同带着我们到处运动的灵魂一样带着太阳运动；要么像有些人认为的那样，这个灵魂自己有一个身体，【899】由火或气组成，灵魂用自己的身体猛烈推动那个物体①；要么这个灵魂是赤裸裸的，是没有身体包裹的，它用其他某种神奇的力量做着这项工作。

克 是的，灵魂的确只能以这三种方式之一行事。这一点可以肯定。

雅 这个灵魂，不管它是以太阳为车，坐在车上赶着车前进，给世界带来光明，还是从外部作用于太阳，或者是以别的什么方式运作，我们每个人都应当把它当作神来敬重，是吗？

克 【b】是的，如果他还没有坠落在愚蠢的深渊中。

雅 关于星辰、月亮、年月、季节，我们还需要一一讲述吗？它们全都一样，因为我们已经证明灵魂或灵魂们，和那些至善的好灵魂，是一切事物的原因，我们把这些灵魂当作神，无论它们居住在身体中指引宇宙，使它像一个有生命的物体一样，还是以其他方式行事。任何拥有信念的人听了这些话，还会说一切事物不"充满神"吗？②

克 【c】先生，没有人会说这种胡话。

雅 我亲爱的麦吉卢和克利尼亚，现在可以把我们的看法告诉那个迄今为止拒绝承认众神存在的人，让他去选择吧！

克 什么看法？

雅 他要么必须向我们指出，相信灵魂是一切事物的最初源泉以及

---

① 即太阳。

② 希腊早期哲学家泰勒斯语，参见亚里士多德：《论灵魂》411a7。

由此推出的进一步的结论是错误的,要么如果他不能说出什么更好的理由来,那就必须向我们屈服,【d】从今以后相信众神存在。现在让我们考虑一下,我们反对那些不信神的人,为众神的存在所作的辩护是完成了还是仍有缺陷。

克 还有什么缺陷,先生?该说的都说了。

雅 那么,关于这个不信神的派别我们就谈到这里。现在,让我们来告诫那些虽然承认众神存在,但却否认众神干预人间事务的人。我们会对他说,"先生,你相信众神的存在,这也许是因为某些与神相关的事情在吸引着你和你们的家庭崇拜众神,因此承认众神的存在。另外,私人事务和公共事务中都有恶运和恶人,【e】而幸运却降临到这些恶人头上,使他们享有崇高的名望,当你听到诗歌和各种文学作品这样讲以后,就被引导着走向不虔诚。或者你注意到有些不敬神的人得享高寿,【900】子孙满堂,高官厚禄,他们的昌盛使你的信仰发生动摇,因为你曾经知道或亲眼看到许多骇人听闻的不敬神的事,并且看到许多人用这种犯罪行为作手段,从低下的地位爬上高位,乃至登上王座。这些事情都历历在目,而你对众神的信仰却阻碍着你去指责神,【b】于是,错误的推理与无法责备神的心情结合在一起,使你达到现在这个地步,你相信众神尽管存在,但却认为它们漠视和不关心人事。为了使你们这种有害的看法不至于滋长到更大的不敬神的地步,在这种邪恶还没有表现出来以前就尽可能用论证把它祛除掉,我们一定要把还没有说的话与前面对那些对彻底的无神论者说的话联系起来,从中获益。"【c】所以,你,克利尼亚,还有你,麦吉卢,必须像从前一样扮演年轻人的角色,对我的话作出反应。如果这个论证不小心流产了,我会再一次解除你们的职责,让你们自己去过河。

克 这个建议很好。就这么办,我们也会尽力。

雅 要想说明这一点也许并不难,无论事情大小,众神都是关心的。【d】你知道,我们要告诉参加讨论的人,神是善的,拥有完整的善性,我们要把关心一切事物视为它们恰当的和特有的功能。

克 肯定有人会对他们这样说。

雅　然后,让他们和我们一起来问自己,我们说众神是善的,那么这个善是什么意思呢?我们可不可以说审慎和理智就属于善,而它们的对立面属于恶?

克　可以。

雅　【e】还有,勇敢是善的一部分,而怯懦是恶的一部分,是吗?

克　肯定是。

雅　我们把后一种性质称作可耻的,把前一种性质称作高尚的,是吗?

克　我们无疑必须这样说。

雅　我们要说,如果一切卑贱的性质都有所属,那么这些性质属于我们自己,而众神在这些性质上是没份的,无论份额大小。

克　这一点也是人们普遍承认的。

雅　那么我们能够设想疏忽、懒惰、奢侈这些性质是灵魂之善吗?你怎么看?

克　不,我们不能这样想。

雅　那么这些性质是灵魂之善的对立面吗?

克　是的。

雅　【901】这些性质的对立面才和灵魂之善有关,是吗?

克　是的。

雅　很好,那么我们必须像诗人那样,宣布任何人的奢侈、疏忽、懒惰的性格都是"无刺的雄蜂"。①

克　这是一个很好的比喻。

雅　因此我们决不能说神具有这样的性质,神自己也厌恶这种性质,如果有人胆敢这样说,那么我们一定要加以禁止。

克　我们确实应当这样做。我们怎么会不加以禁止呢?

雅　【b】如果一个人有某种职责,他的心灵尽管考虑大事,但却忽略了小事,那么我们该如何找到正确赞美他的理由呢?我们可以这样看,

---

① 赫西奥德:《工作与时日》303。

无论是神还是人，凡有这种情况的都会采取下列两种形式之一，是吗？

克　哪两种形式？

雅　要么认为忽略小事对于整个结果来说无关紧要；【c】要么认为被忽略的事情对整个结果有影响，但仍旧表现出疏忽与懒惰。除此之外，我们还能把他的忽略归结为其他原因吗？当然了，在与整个结果有关的地方不可能有什么对大事或小事的忽略，无论是众神还是凡人，都不可能在力不能及的时候做什么预备工作，而忽略这些对整个结果有影响的事正是他不可能做的事。

克　当然不能。

雅　很好。现在来回答向我们三个人提出的问题，这些问题来自另外两个人，【d】他们俩都承认众神存在，但一个认为众神是可以收买的，另一个认为众神忽略小事。我要对他们说：你们俩在开始的时候都承认众神全察、全视、全听，感觉或知识范围内的东西没有一样能够逃出它们的认知，这就是你们的立场，是吗？

克　是的。

雅　进一步说，凡人或不朽者可以做到一切能够做的事，对吗？

克　嗯，当然了，他们也会承认这一点。

雅　【e】另外，我们五个人全都已经同意，众神是善的，是至善。

克　无疑如此。

雅　那么只要承认它们具有这样的性质，我们就一定不能承认众神的行为会有任何疏忽和懒惰。要知道，在我们凡人中间，缺乏勇敢会产生懒惰，而懒惰和疏忽则产生忽略。

克　确实如此。

雅　那么神不会由于懒惰而产生疏忽，因为我们可以假定神不缺乏勇敢。

克　你的论证确实是正确的。

雅　【902】如果它们确实忽略了一些微不足道的小事和宇宙中的一些细节，那么我们必须得出结论，要么它们知道事无巨细都加以关心是没有必要的，要么……噢，对了，除了知道的反面，还有什么其他可能吗？

克　没有了。

雅　那么我的好先生，我们要你接受哪一种观点好呢？在必须加以关注的地方，众神由于无知而盲目行事或由于无知而产生忽略；或者说它们知道哪些事需要关注，然而在行动中却还是像那些最可悲的人一样行事——【b】这些人的认知总是好于他们的实际行动，遇到某些低等的快乐或痛苦，他们就把知识置之脑后了。

克　这两种观点都不可能。

雅　人的生命是有生命的自然的一部分，人本身在一切生灵中最敬畏神，是吗？

克　嗯，是的，看起来是这样的。

雅　我们确实认为一切生灵是众神的牲畜，而整个宇宙也是属于神的，是吗？

克　是的。

雅　既然如此，那么不管人们认为这些事情对神来说是大事还是小事，【c】我们知天命的、全善的主人都不会忽略这些事情。此外，还有一个要点应当加以考虑。

克　哪一点？

雅　感觉和力量，就其难易程度来说，二者成反比关系。

克　以什么样的方式成反比？

雅　嗯，我的意思是，看见或听见较小的东西比看见或听见较大的东西更加困难，但是谁都知道，推动、控制和管理较小的和较不重要的东西却比推动、控制和管理较大的和较为重要的东西更加容易。

克　【d】显然如此。

雅　假定一名医生负有医治整个身体的任务，愿意并且能够把注意力放在大的方面而忽略较小的方面、肢体或部分，那么他能把整个人治好吗？

克　不可能。

雅　舵手、将军、管家还有政治家，以及其他诸如此类负有责任的人，如果他们只注意大事而忽略小事，他们的结果也不会好到哪里去。嗯，甚至连建筑师也会告诉你,没有小石头,【e】大石头就不能安稳地躺在那里。

克　当然不能。

雅　既然如此,我们一定不要把神想象的连匠人都不如。无论任务大小,【903】使用同一种技艺,工作越努力,他们的任务就越能很好地完成。我们一定不要把最有智慧而且愿意和能够关心人事的神看成一个懒惰不中用的人,说它不考虑小事和容易的事,只考虑大事,或者说它像懦夫一样躲避工作。

克　对,先生,我们绝不要有这种想法,这种想法是不虔诚的,完全错误的。

雅　现在我想,我们已经与这个轻率地指责众神忽略小事的人进行了相当充分的争论。

克　是的。

雅　我的意思是,我们已经运用论证的力量迫使他承认错误。【b】我相信,我们还要用某种在他看来比较迷人的方式说一些话。

克　我的朋友,你还有什么话要说?

雅　嗯,我们的谈话必须要说服青年,使他们明白这个世界的创造者也安排了世上的一切,把它作为一个整体来保存,使之完善,而每一事物也会在力所能及的情况下行事,并承受与其相遇的事物对它的所作所为。在各种情况下,这个世界的主宰已经给每一事物指定了它要做的所有事情和要承受的所有事情,确定了每个细节,这个世界上的每个局部细节都是完善的。【c】你自己的存在也一样,每个人都是这个世界的某个局部,一切微不足道的事物也一样,它们的全部努力就是趋向于这个整体。但你可能忘了我们已经说过的话,一切事物行事的目的就是为了获得整体的幸福生活,这个整体不是为你而造的,而是你为这个整体而造。任何医生或各种匠人的所有工作都是为了某种整体的原因,他们创造出来的部分也是为了这个整体,要对这个普遍的善作出贡献,而不是整体为了部分而存在。【d】然而,你会喃喃自语,因为你看到对自己最好的东西并不一定也是对整体最好的东西,尽管个别与整体有着共同的起源。灵魂首先与一个身体结合，然后又与另一个身体结合，通过这个灵魂自身的运动或其他灵魂的运动产生一连串的变化。被推动的事物并不费力，但它们的性质发生变化，好的变得更好，坏的变得更坏，各自遵循某种定规，【e】最后走向终结。

克　你说到事物的性质变化，怎么个变法？

雅　嗯，我想我们可以告诉你掌管宇宙万物对众神来说是一件易事。实际上，神始终关注着整体，就像一名工匠通过新的变形——比如说，把炽热的火变成冰冷的水——塑造万物，【904】从一中产生多，从多中产生一，随着时间的步伐，从第一代到第二代、第三代，各种变化形式不计其数。就这样，这位关注宇宙的神所承担的任务既是可敬的，又是轻松的。

克　请再说一遍，你的意思是……？

雅　我的意思是这样的。由于我们的君王① 明白我们的一切行为都是灵魂在起作用，灵魂既包含许多美德，又包含许多邪恶。一旦与身体相结合，灵魂尽管不是永恒的，但却像法律认可的众神那样是不灭的，【b】因为灵魂与身体的结合并不像动物那样生育出有死的新的后代。我们的君王知道拥有善性的灵魂产生幸福，拥有恶性的灵魂产生伤害，我的意思是，他预见到一切，因此他制定了一些最根本的办法，使美德在整体中获得胜利，使邪恶在整体中遭到失败。为了实现这一宇宙目的，他创造了某个场所或区域接受各种各样的灵魂，让灵魂成为这个区域的居民，【c】而想要成为何种类型的灵魂他却任由我们个人按自己的意愿进行选择。正是由于这种意愿，正是由于灵魂在我们身上的作用，我们每个人才成为现在这个样子。

克　这是一个很好的设定。

雅　就这样，一切有灵魂的事物都在发生变化，变化的原因就在于它们自身中，它们在变化中按照命运的法则运动着。如果它们性质变化是不重要的，微小的，那么它们只是在大地的表面行走，【d】如果它们朝着罪大恶极的方向发生变化，那么它们就会坠入深渊或所谓的地狱，人

____

① 指神。

们把这个地下世界称作哈得斯①或其他类似的名称，那里充满着我们在做恶梦时可以见到的可怕景象。如果某个灵魂出于自愿或者受到其他灵魂的潜在影响而接受了更多的美德或邪恶，神圣的善使它本身变得更加像神，【e】那么它一定会去一个完全神圣的地方，那是另一个更好的世界，或者相反，去一个完全相反的世界。我的孩子，我的年轻人，你好像已经忘了"这就是居住在奥林波斯的众神掌管的事"。②成长得较好的灵魂会走一条较好的道路，成长得较差的灵魂会走一条较差的道路，灵魂在这样的生活中做它要做的事，经过一系列的死亡承受它要承受的事。【905】上苍规定的这种命运是你无法逃避的，任何走上邪路的人也无法躲避厄运。创造主在创造其他一切事物之前已经对命运作了安排，我们应当抱着敬畏之心躲避厄运。你可千万别忘了，尽管你不能使自己变得极为渺小，坠入大地的深渊，也不能使自己变得极为高尚，抵达天庭，但你要向众神交付罚金，无论是当你还在这个世界上与我们在一起的时候，还是已经离开这个世界去了哈得斯的时候，或者，你也许会去某个更加可怖的地方。【b】你必须知道，有些人借助献祭或类似的行为从卑微变得伟大，从不幸转为幸福，以他们的命运为镜，知道了他们如何在一个整体中发挥作用，你还会认为众神完全忽略人事吗？然而，你这个最顽固的人又怎么会怀疑自己也需要这种知识呢？【c】一个人如果没有这种知识，他就决不会得到这种真理的痕迹，也无法谈论生活的幸福或灾难。如果我们的朋友克和其他老人聚集在这里能够令你信服，那么你就会说自己不知道这些神了。嗯，这完全是由于神的恩典！但若你还要求有进一步的论证，【d】那么你就听着，就好像你是有理智的，而我们在与我们的第三位反对者争论。我要坚持说，我们已经用不可轻视的证据证明了众神存在，它们也关心人类。至于说众神可以被恶人的礼物所收买，这种说法也要坚决予以否认，要尽力加以驳斥。

克 说得好。那我们就这么办。

---

① 哈得斯（Ἅιδης），地狱，冥神。

② 荷马：《奥德赛》19：43。

雅　嗯，以众神的名义起誓，我来问你，如果众神确实可以被收买，
【e】那么会以什么样的方式？它们又会是一种什么样的存在？如果说它
们能够有效地控制整个宇宙，那么我们必须把众神视为统治者。

克　没错。

雅　但它们是什么样的统治者呢？用什么样的比喻可以正确地说明
它们的性质呢？驾驭同一辆车的所有马匹的驭手，或者指挥所有水手的
船长，是一个恰当的比喻吗？或者说我们也许可以把众神比作战场上的
军队指挥官，【906】或者说它们像给身体治病的医生，或者说它们像关心
着季节变化会给农作物带来危害的农夫，或者说它们像看管畜群的牧人。
我们已经取得过一致意见，这个宇宙充满着好事物，但也不缺乏它们的
对立面，而位于善恶之间的事物更是多得不计其数。我们要坚持说，我
们心中想到的斗争是不会止息的，需要有一种神奇的力量来监管，众神
和精灵在这场战争中是我们的同盟者，而我们又是这些神灵的财产。【b】
谬误、固执、愚蠢是我们的祸根，公义、节制、智慧是我们得到拯救的保证，
这些东西的根源存在于众神的活生生的力量之中，尽管在我们中间也可
以看到一些褪色的遗迹。然而，似乎也有一些被玷污的灵魂居住在我们
的大地上，在作为我们守护者的灵魂面前，它们无疑会卑躬屈膝地匍匐，
而我们的守护者也可以称作看管我们的牧人、牧犬和万物之主。【c】这
些恶灵会被求援者的奉承和咒语说服，它们对人类的侵犯在它们看来也
是合法的，不会带来可悲的后果，这些故事实际上是恶人说出来的。而
我们的论点是，刚才被我们称作侵犯的这种恶，发生在有血有肉的身体
中就是所谓的"疾病"，发生在季节和年份中就是"瘟疫"，而发生在城邦
和政治中它的名称变了，叫作"不公正"。

克　没错。

雅　有些人老是说众神纵容不义之人和作恶者，【d】分享恶人的掠
夺物，如此说来，众神就像豺狼一样，把猎物丢一部分给牧羊犬，而牧羊
犬在接受贿赂之后，就容忍豺狼把羊吃掉。这就是认为众神可以被收买
的人的看法，难道不是吗？

克　没错。

雅　一个人怎样才能正确无误地把众神比作上面所列举的监护者呢？可以把它们比作嗅到"奠酒、牺牲的香气"①就转变航向，【e】以至于弄得船翻人亡的水手吗？

克　绝对不能这样说。

雅　我们肯定也不能把众神比作受了贿赂而在赛车比赛中把胜利拱手让给其他对手的驭手，对吗？

克　如果你用这样的比喻，那可真是骇人听闻。

雅　我们也一定不能把众神比作将军、医生、农夫，也不能把它们比作牧人或牧羊犬，一听到豺狼的咒语就不出声了，是吗？

克　【907】这样说完全是对众神的亵渎！绝对不能这样说！

雅　众神，某一位或全体，是我们最主要的监护者，保护着我们的主要利益，是吗？

克　是的，没错。

雅　我们能说那些有着最高技艺、保护最高事物的保护者比牧羊犬和拥有中等德性的人还要低劣吗？因为连这样的人也不会接受贿赂而放弃公义。

克　【b】肯定不能，这种念头绝对不能让它出现。凡是为这种想法辩护的人都可以视为一切渎神者中最坏的大不敬的人，要给予严厉的谴责。

雅　现在我可以假定三个命题已经得到充分的证明：众神是存在的；众神关心我们人类；众神绝对不会听从人的怂恿而偏离正道。

克　你可以这样说，我的朋友，我完全同意你的论证。

雅　我们还要在取得胜利之后，热情地把这些命题告诉那些坏人。【c】但是这种热情的根源，我的朋友，在于认识到我们的论证虽然胜利了，但那些恶人还会自行其是，因为他们对众神有着许多千奇百怪的念头。这种认识推动着我更加勇敢的说话。即使我无法促使这些人变得自责或改变自己的性格类型，变成好人，但仍旧可以说明我们这篇反对不

---

① 荷马：《伊利亚特》9：500。

虔敬的法律序言是抱着善意说出来的。①

克　【d】但愿如此，即使不行，至少也不会有损立法者的信誉。

雅　所以在讲完序言以后，我们还要作出告诫，我们的法律希望这些不敬神的人改变他们的道路，与敬神的人走到一起来。对于那些不服从告诫的人，我们要制定下列有关不敬神的法律：

【e】凡有人说了不虔敬的话或做了不虔敬的事，任何在场的人都可以向执政官告发，接到告发的第一位执政官要向法庭起诉，由法庭依法审理。

58.如果有官员接到告发后没有及时采取行动，那么他人也犯了不虔敬罪，人们只要愿意就可以起诉他。

在案情得到确证以后，法庭要确定对各种不虔敬罪的处罚。监禁适用于所有案子。【908】国家要建立三座监狱。一座建在市场附近，称作"普通监狱"，普通的案犯关在这里。第二座监狱建在夜间议事会旁边，称作"感化所"。第三座监狱要建在国土中心区的某个偏僻荒凉的地方，要用某个表示"惩罚"的名字来称呼它。我们已经具体指出不虔敬的原因有三种，【b】而每一种原因都会产生两种类型的冒犯，这样加在一起共有六种反宗教的冒犯者要予以严惩，处理方式各有不同。因为，一个人尽管可以完全不相信众神的存在，但若他仍旧具有天生公义的气质，那么他会憎恨恶人，这种憎恨使他拒绝做错事，会躲避不义而走向正义。【c】但是那些深信这个世界没有众神的人，再加上不能节制快乐与痛苦，而又拥有活生生的记忆和敏锐的理智，分享着其他各种无神论的疯狂，那么这样的人对同胞的毒害更甚，而前一类人的危害要小得多。第一个人也许会不受约束地谈论众神、献祭、誓言，【d】但若他没有受到惩罚，那么他的批评也许会使其他人的信仰发生转变。而拥有相同观点的第二个人通常被称作"狡诈之徒"，一个极为精明而又诡计多端的家伙，就是这种类

---

① 柏拉图把对各种无神论的驳斥视为序言，而把制定惩治这些人的法律当作主题。

型为我们提供了众多的占卜者和热衷于使用各种诡计的术士,在某些时候,它也会产生独裁者、政治煽动者、将军、秘仪的发明者,以及所谓智者的技艺和诡计。【e】因此,无神论者有无数的类型,但有两种无神论者是立法必须加以考虑的:一种是伪君子,他们的罪行应当处以死刑,乃至于处死两次;而另一种无神论者应当给予告诫和拘禁。同样,相信众神漠不关心人事的观点会产生两种类型的无神论者;而相信众神懒惰的观点又会产生另外两种类型的无神论者。

59.那些仅仅由于愚蠢而不信神的人和那些品性不坏的无神论者,【909】应当送往感化所,不少于五年,在监禁期内,除了夜间议事会的成员,他们不能与任何公民交谈,而这些夜间议事会成员对他们的探视着眼于对他们进行告诫,使他们的灵魂得到拯救。监禁期满后,如果他们的思想已经回到正确的观念上来,那么他们可以恢复正常生活,但若仍旧不思悔改,那么就要再次定罪,处以死刑。

【b】然而,还有其他一些人,他们不相信众神的存在,或者相信神存在,但不关心人事,或者相信神可以被收买。他们把其他人都当作傻瓜,说他们自己能够用献祭、祈祷、符咒影响众神,以此他们邪恶地毁灭个人,破坏家庭,乃至于颠覆国家。

60.如果发现这样的人有罪,法庭要把他监禁在国土中心区的监狱里,【c】任何自由民都不能与他接触,仅由监狱看守给他一份法官规定的口粮。他死了以后,要把他的尸体扔到国境以外去,不予掩埋。

61.如果有公民掩埋它,只要有人告发,就应当治以不敬神之罪。

但若这名罪犯留下的子女仍旧符合公民的条件,【d】那么这些子女的监护人要从他入狱时开始负责供养他们,不得虐待。
我们还必须制定一条适用于所有罪犯的法律,通过禁止不合法的仪式来减少那些反宗教的言行，更不必说那些由于愚蠢而犯下的这种罪行了。事实上，下列这条法律应当无一例外地在所有案件中执行。无人可以在自己家中设置神龛，当人们想要献祭时，应当去公共庙宇，【e】把供品交给男女祭司，他们的职责是把供品献给神。在祈祷时，献祭者可以与其他希望和他在一起的人一道祈祷。采用这条规则的理由如下：圣地或祭仪的建立不是一件易事，要废除它们需要慎重考虑。献祭是一种普遍的行为，尤其是妇女、病人、处于困顿或危难中的人，【910】还有那些交了好运的人，都希望把一些物品献给众神、精灵和神的儿子，白天遇到的不吉祥之兆或晚上做梦得到的征兆都会推动他们这样做。还有，无数的异象或某种特殊要求都会驱使他们在家庭或村庄的洁净之处建起神龛，竖起祭坛，或者建在他们认为应当建的地方。由于这些原因，我们现在制定的法律是适宜的，可以起到一种预防的作用。它禁止人们利用这种事进行欺诈，【b】禁止人们在自己家中设置神龛和祭坛，以免造成假象，使他人以为他们能够用献祭和祈祷赢得上苍的欢心。否则的话，他们的罪恶会越来越大，直接呈现在神面前，而好人却又在宽容他们的行为，直到整个国家品尝他们的不虔诚带来的恶果，而这在某种意义上又是国家应得的报应。在任何情况下，我们的立法者在神面前是洁净的，因为他制定了这样的法规：

【c】没有任何公民可以在他的私人住宅中拥有神龛；除了公共神庙以外，如果还有其他神庙和崇拜活动，那么当事人无论男女都犯了严重的不虔敬之罪；发现这种事情的人要向执法官告发，执法官在得到报告以后要指挥人们把私人神龛迁入公共神庙。

62. 如果有人不服从这条法规，就要对他们采取惩罚措施，直到搬迁生效为止。【d】不虔敬是一种成年人的罪行，而不是儿童的微小过失，任何人犯了这种罪行，无论是在家中建神龛，还是在公共场合把不洁的东西献给神灵，都要处以死刑。

这样的行为是否出于无知和幼稚，要由执法官来决定，他们要在法庭上审问冒犯者，并给予相应的处罚。

第 十 一 卷

　　雅　【913】下面,我们要为人们相互之间的商贸关系制定专门法范。一条最普遍的规则可以这样表述:未经我的许可,无人可以动用我的财产或把它分给别人;如果我是通情达理的,那么我也要用同样的方式对待别人的财产。①

　　埋在地下的宝藏可以拿来作为第一个实例,某人的祖先把为自己和后代积聚的财宝埋入地下,但我一定不能祈求神灵让我找到这些财宝。【b】如果碰巧发现了财宝,我一定不能动用,也不能把这件事告诉占卜者,因为他们一定会建议我去动用这些埋藏在地下的财宝。如果动用了,那么我得到的好处肯定会与我的德性增长形成更加尖锐的对立,而不去动用那些宝藏才是对的。如果我选择了保持灵魂公正而非增加口袋中的财富,要是这也算是一种交易的话,那么我在讨价还价中作了较好的选择。

　　"不得碰不可移动之物"②,这句格言有广泛的适用性,我们现在说的就是一个适用的例子。【c】此外,人们应当相信流行的传说,这样的财宝并不能给子孙后代带来幸福。如果不关心后代,不愿聆听立法者的声音,未经埋藏者的许可就私自动用了既不属于他自己又不属于他自己的祖先

---

① 这个表述有伦理学"金规则"的含义。

② 参阅本文842e。

埋在地下的财宝,那就违反了我们最重要的法律之一,而某个著名人物①的说法是"别捡你没有扔下的东西"。如果有人藐视这两位立法者②,【d】拿走了不是他自己埋藏的东西,不是一点点,而是一笔巨大的财富,那么这种人会有什么样的后果呢?

当然了,上苍会怎样对待他是神要关注的事,但第一个发现这一事实的人要告发他,如果事情发生在京城,就向市政官告发,如果发生在市场区,就向市场官员告发,如果发生在京城之外,【914】就向乡村巡视员和他们的首领报告。接到告发以后,国家要派一个代表团去德尔斐。神会对这笔财富和挖到财富的人发出神谕,国家将执行神谕中的指令。如果告发者是一名自由民,那么他的德行将受到赞扬。

63. (a) 如果自由民知情不报,就要受到谴责,被视为作恶。

如果告发者是一名奴隶,那么将由国家向他的主人支付身价,使他获得自由,这是国家对他的优待,是他用自己的行动挣来的;

(b) 但若他知情不报,那么他将被处死。

【b】事情无论大小,我们都要遵循这个原则。如果有人把自己的物品留在路边某个地方,无论他是有意的还是无意的,见到这样物品的人都不能动它;要把这样的物品当作有野外精灵保护的东西,在法律中,这样的物品被视为神圣不可侵犯的。

64. 任何人动用这样的物品,把它拿回家,那么他就违反了法律。如果动用这种物品的人是一名奴隶,而物品又不值钱,那么任何不小于三十岁的人看见了,都可以狠狠地打他一顿。【c】如果动用这种物品的

---

① 指梭伦。
② 指梭伦和玛格奈昔亚城邦的立法者。

是一名自由人，那么要指责他是不遵守法律的财迷，还要他向物品所有者支付十倍于物品价钱的罚金。

如果有人指控别人动用了他的财产，无论大小，而被指控者承认这是事实，但对财产的所有权有争议，在这种情况下，如果这样财产在执政官那里有记录，被告就要召集一些人去见执政官，把动用的物品呈给执政官。如果发现这样物品确有记录，【d】并属于某位当事人，那么执政官就要把物品判给物主，然后让他们解散。如果发现这样物品属于不在法庭上的第三者，那么诉讼双方在支付了足够的保证金之后，法庭可以代表不在场的物主没收这样东西，然后送还给他。如果有争议的物品没有记录，那么在诉讼期间物品要由三位执政官保管，直到作出裁决。如果受监管的物品是一头家畜，那么败诉者要向法庭支付相关的饲养费用。【e】执政官要在三天内对这种案子作出裁决。

任何人，只要心智健全，都有权以自己喜欢的合法的方式对自己的奴隶动武，同样也有权抓获任何同胞或朋友的逃亡奴隶，为的是保障他的财产安全。如果某个人被人当作奴隶抓了起来，而那人进行抵抗，声称自己是自由人，或有人声称他是自由人，那么捕捉者应当释放他，如果他自己没有声称他是自由人，而有人说他是自由人，要求释放他，那么这些人要为被扣留的人提供三份基本的保证金，满足了这些条件，就可以释放他。

65.如果一个人不是在上述情况下获释，那么一旦确证他的攻击行为，【915】他必须支付两倍于被毁物品价值的罚金，物品的价值由法庭核准。

人们也有权捕捉那些已经获得自由但对给予他们自由的主人不忠诚或不够忠诚的奴隶。忠诚的意思在这里可以这样看，获得自由的奴隶要灶神月三次为给予他自由的主人修补炉灶，并尽力为他原来的主人尽可能提供这样的服务，甚至在他结婚的时候也要得到他原先主人的批准。

自由民拥有的财富多于他原先的主人是不合法的,超出的部分要归于这位原先的主人。【b】获得自由的奴隶不应期望能在这里居住二十年以上,而应当像其他外国人一样,带着他的财产离开这个国家,除非能够获得执政官和原先给予他自由的主人的许可。如果自由民或其他外国人的财产超过了第三等级的标准,那么他要在超过那日起的三十天内带着他的财产离开这个国家,在这种情况下,【c】当局没有权力延长他的居住期。

66. 如果自由民违反这些法规,被送上法庭,一旦定罪,他要被处以死刑,他的财产将被没收充公。

如果由邻居或由诉讼双方自己指定的法官无法处理这样的案子,那么就由部落法庭来审判。

【d】如果有人声称某人得到的牲畜或财物是自己的,那么要是原物主是公民或外国侨民,物主应当在三十天内把东西交还给原物主,这样东西也许是卖给他的,也许是送给他的,或者以某种方式给他的,要是原物主是外国人,那么应当在五个月内归还,从夏至开始算起。在所有买卖中,各种不同的商品要送到市场上的指定摊位去出售,【e】根据不同时间定价;禁止在其他地方进行交易,不许赊购赊销。如果有公民在其他地点以其他方式做买卖,因为相信与他交易的人,那么他必须明白,除了法律规定的交易地点和方式外,其他任何买卖都是法律所不允许的。至于订购,任何人愿意这样做都可以把它当作朋友间的行为,但若由此引起纠纷,那么当事人必须明白法律并不保护这样的行为。【916】如果某批货物的卖主得到五十德拉克玛或更高的报价,他必须把货物保留在境内十天以上,买主在此期间有权得知货物的存放地点,也可以像通常那样对货物质量提出疑问,直到对相关的赔偿规则满意为止。这方面的具体法律如下:一名购买来的奴隶如果生了肺结核、胆结石、尿急痛,或者得了所谓“神圣的疯狂”,或都得了其他身体和心灵的疾病,但却不易从外表看出来,或者无法治愈,在这种情况下,如果这名奴隶是用来当医生或教练的,那么买主无权将他退还给卖主;【b】如果卖主在出售时已经把奴隶的病情作了清楚的说明,那么买主也不能退还已经购买的奴隶。但若某位专业人士把这样的奴隶卖给非专业人士,那么买主有权在六个月之内退货,如果这名奴隶得了"神圣的疯狂",那么退货期限是一年。在退货时要根据当事双方的一致意见,指定或选择医生来检查病情,如果病情得到确证,那么卖主要赔偿双倍售价给买主。【c】如果双方都不是专业人士,那么退货的权利和案子的审理就像前一类案子一样,不过确证以后卖方只需退赔原价即可。如果有人出售的奴隶是杀人犯,而买卖双方对这个事实是清楚的,那么买方无权退还。如果买方不清楚,那么买方在知情以后有权退还,而对此案件的审理要由五名低级执法官来进行。被证实故意出售这种奴隶的卖主必须按宗教法规专家的要求为买主的住宅举行涤罪仪式,【d】还要赔偿三倍于原价的损失。

法律要求兑换银钱的人或用银钱交换其他物品的人,无论是活物还是死物,在各种情况下都要使用足价的银钱,成色要一致。我们还要在这部法典的其他地方留下一些篇幅制定对该类欺诈行为的制裁方法。每个人都要明白,以次充好,欺骗对方,【e】全都属于同一类,总是一件不好的事,但在流行说法中人们却认为欺诈"如果用在恰当的地方",就是一件大好事。而什么时候或什么地方才是恰当的,人们的说法却模糊不清,不确定。因此,这句格言对相信它的人和城邦里的其他人所起的作用是不可忽视的。立法者不能允许这种不确定的观点流传。他需要画出或宽或窄的确定的界线,就像我们现在要做的一样。任何人都不能把神的名字挂在嘴上骗人或进行欺诈活动,但仍有人会违抗神的告诫,【917】比如有人撒谎、假誓、藐视上苍,还有程度较轻的对优位者撒谎。好人是坏人的优位者,一般说来年长者是年轻人的优位者,还有,父母是子女的优位者,丈夫是妻子和孩子的优位者,执政官是其下属的优位者。一般的尊敬无非就是对所有处于权威地位的人所尽的义务,尤其是对国家的权威,我们现在讨论的就是国家的权威。【b】在市场上实施欺诈的人撒谎、欺骗、当着法律和市场官员的面要上苍为他的誓言作证,这样的人既不尊敬他人,也不敬畏神。决不能以神的名义发空誓,这无疑应成为人们的一种习惯,我们中的大部分人在参加涤罪和洁净的崇拜仪式时通常也要对神的名字表示尊敬，但若还有人违反，那么我们的法律就要起作用了。在市场上无论出售什么货物，不能给同一样东西制定两种价格。【c】卖方可以出一个价，如果买方不愿意买，卖方就应把货物取回，并且不能在同一天以更高或更低的价格出售这样的货物。还有，卖方不能为了促销而赠送，也不能用誓言来保证货物的质量。

67. 如果有人违反这条法规，任何过路人，不小于三十岁，都应当痛打发誓者，而无需负法律责任。

68. 如果有过路人对这种事情置之不理，这样的人应当受到谴责，被视为法律的叛徒。

【d】对于那些不能被我们当前的讨论所说服，继续出售假货的人，任何有辨别真假商品知识的人一旦发现，就要向当局告发，卖假货的人如果是奴隶或外国侨民，那么假货就归告发者所有。

69. 如果公民没有告发这种欺诈行为，那么就要宣布他是一名无赖，因为他欺骗了众神。

70. 发现任何人出售假货，【e】除了没收货物以外，必须在市场上鞭打他（他的货物定价多少德拉克玛，就鞭打几下），由一名传令官在市场上宣布他的罪行。

为了制止商家的欺诈行为，市场官员和执法官要向不同行业的专家咨询，制定具体规则，告诉商人哪些事能做，哪些事不能做；要把这些规则刻在柱石上，竖在市场官的衙门前面，使在市场上做生意的人更加有据可循。【918】市政委员会的功能我们已经作过充分描述。如果要作进一步的规定，市政官员们应当与执法官会商，起草和通过必要的补充条例，这些先后作出的规定都要公布在市政委员会衙门前的石柱上。

考察商业欺诈行为会直接把我们引向对零售问题的思考。首先让我们从整体上考虑这个主题，提出合理的建议，然后作出具体的法规。【b】当我们考虑到零售的基本功能时，国内的零售不是一件坏事，而是有益的。如果有人能使原先天然分布不平衡、不合比例的各种物品平衡而又合乎比例地分布到各处，供人们使用，那他岂不是大恩人吗？我们应当提醒自己，借助于货币可以达到这种结果，我们应当承认，这就是商人的功能。同样，挣工钱的人、开小旅馆的人，还有从事其他各种名声的职业的人，全都具有相同的功能，【c】这就是适合人们的各种需要，使商品分布得更加平衡。那么，为什么这些职业没有很好的信誉或名声呢？为什么人们一般总是对他们颇有微词呢？若要借助立法提出一个部分的治疗方法——完全的治疗会超越我们的能力——那么我们必须对这些问题进行考察。

克 怎么会这样呢？

雅 嗯，克利尼亚，我的朋友，全人类只有一小部分人受过圆满的训练，【d】能约束自己的天然倾向，当他们发现自己处在需求和欲望的洪流中时，只有这些人才能下定决心节制自己。在我们有机会发财的时候，我们中能保持清醒头脑的人并不多，或者说宁愿节制富裕的人并不多。大多数人的性情完全相反，在追求欲望的满足时，他们完全超过了一切限度。一有机会赢利，他们就会设法牟取暴利。这就是各种商人和小贩名声不好，被城邦轻视的原因。我们现在只能假定在命运的驱使下，会有某些人从事这种职业，去储存和出售货物。我知道这种设定是非常荒唐可笑的，【e】但我知道，若是假定最优秀的人也会受到诱惑而这样做，那就更加不可能了，所以我必须这样说。我们应当发现这些职业都是对人有益的。如果能够按照严格的原则办事，那么我们应当敬重这些职业，因为它们起到类似母亲和保姆的作用。但是看看实际生活中的事吧！出于商业的目的，【919】有人在遥远的偏僻之处设立旅舍，款待饥饿的旅行者，给他们提供挡风避寒的住所。但接下去又怎么样呢？在那里，店主本来可以像对待朋友一样设宴招待客人，但实际上他的态度就像对待战败了的敌俘，要客人付出最苛刻的、最不公平的、最难以忍受的代价。【b】

这样的不法行为在各种行当中都能看到，所以这些人尽管为陷入困顿者提供了帮助，但得到恶名也理所当然。这就是他们的问题所在，而法律必须针对这种情况制定具体的法规。有句古谚说得好，"不能同时与两个敌人作战"，尤其是在腹背受敌的情况下。在医学中和在其他地方，我们都看到这句话的真理性。在我们打击这些行业的罪恶时，我们面对两个敌人：贫困与富足。富足使灵魂在奢侈中腐败，【c】贫困使灵魂陷入困顿，使它们变得不知羞耻。那么在一个理智的城邦中，有什么办法治疗这些疾病呢？第一个治疗方法是，从事商业的人要尽可能少；第二，让那些即使腐败也不会给城邦造成大害的人去从事这些工作；第三，必须制定某些具体措施来防止从事这些工作的人把邪恶传给别人。

【d】所以我们的开场白马上引出了一条具体的法律，这真是上苍的赐福！在上苍使之复兴的玛格奈昔亚城邦里，五千零四十个家庭的家长都不得从事商业，无论是自愿的还是被迫的，甚至不能与商业活动有关联；他不能受人雇佣去做奴仆的事，因为那名雇主并不为他做事，【e】为父母、祖父母或其他长者做的事则除外，为他们做事不会有损高贵的血统。法律难以精确地说明可以对自己的长辈做哪些侍奉性的工作，具体可由那些已经能够明确区分邪恶与高尚的人来确定。如果有公民在任何情况下从事卑贱的商业，那么他要为玷污高贵的血统而受到审判，任何人发现了都可以去法官那里告发；

71.如果发现被告的行为已经玷污了祖宗的灶神，那么要判处他一年监禁，使他接受教训不再重犯；

72.如果他再犯，【920】就要判处两年监禁。总而言之，每次重犯都要加倍惩罚。

第二条法律是，让外国侨民或外国人经商。此外还要有第三条法律来保证商业道德，尽可能减少商业中的恶行。在这个城邦里，出身高贵、受过良好的教育和训练的人构成了一个阶层，但执法官一定不能仅仅起到保护这个阶层，使之不陷入罪恶或邪恶的作用。【b】他还要细心保护那些并不拥有这些有利条件而又从事了这种极易犯罪的行业的人。零售商业有许多部门，包括许多低贱的雇佣关系在内。我认为应当允许这些行业在我们的城邦中存在，因为我们发现它们是城邦生活不可缺少的。在这种情况下，执法官需要向这个行业的各个部门的专家学习，【c】像其他行业一样，防止各种欺骗行为。通过学习，他们要懂得从事某种行业的成本是多少，有多少赢利才是合理的，这种赢利标准应当公布，由市场官员和城乡官员在他们的辖地内强制执行。有了这样的规定，我们可以期望我们的商业给全城邦各阶层带来利益，而对从事商业的这个阶层带来的伤害则是最小的。

【d】违反合同或不履行契约的情况应当由部落法庭审判，除非能在由邻居组成的法庭中得到调解，或者说这份合同或契约是法律或公民大会的规定禁止的，或者说是出于强迫或不知情的情况下缔结的。工匠阶层用他们的技艺满足我们的日常生活需要，他们受到赫淮斯托斯① 和雅典娜的保佑，【e】卫士阶层用另一种技艺为我们提供安全，他们受到阿瑞斯和雅典娜的保佑。我们有很好的理由说明第二种情况下的神的保佑与第一种情况是一样的。他们都在为国家和民众连续提供服务，后一种人的服务形式是打仗，前一种人的服务形式是生产各种工具和生活用品供人们使用。对保护神的敬畏使他们不会违反合同。

73. 但若一名工匠由于疏忽而没有在预定时间内完成任务，【921】忘记了敬畏使他得以为生的神，并愚蠢地把神想象为一名会允许他这样做的伙伴，那么他首先要面对神的责问，其次要有法律来对他进行制裁。如果有人没有遵守与雇主商定的合约，在规定时间内完成某项工作，那么他就欠下雇主一笔等于这项工作价钱的债务，要从头开始在商定的时间内重新做这项工作。法律对订立合同的人提出的建议与对卖方提出的建议一样。

---

① 赫淮斯托斯（Ηφαιστος），希腊工匠神，冶炼神。

【b】法律建议卖方不能索要很高的价钱，而要根据货物的真实价值定价；法律也要向订立合同的人提出同样的建议，作为一名工匠，他当然知道自己工作的真实价值。在一个自由民的城邦里，工匠决不能利用他的专业知识欺骗那些不懂专门知识的人，从他们那里捞取好处，尽管知识本身应当说是一件诚实、公义的东西，受到这种伤害的人必须得到法律的补偿。另一方面，【c】与工匠订立合同的人如果没有严格按照具有法律效力的合约支付工匠的工资，那么也要有相应的法律来制裁这种违法行为，因为这是对宙斯，我们国家的保护神，还有对雅典娜的羞辱，两位神在我们城邦中是合伙人，这是一种为了蝇头小利而破坏城邦最高联系的行为。

74. 如果雇主没有在约定的时间内支付工钱，那么雇主要支付双倍的工钱。如果雇主在一年内都没有支付工钱，那么他除了支付工钱外还要支付利息，【d】而我们说过其他贷款都没有利息，拖欠的工钱每个德拉克玛每月要支付一个小银币的利息。

这样的惩罚要由部落法庭来审理。

由于我们已经提出了有关工匠的主题，所以我们只需简略提到从事战争的工匠，包括将军和其他军事专家。他们在一定意义上也是工匠，尽管是不同类别的工匠。如果他们中有人为公家从事某项工作，【e】无论是作为志愿者还是根据命令，并且完成得很好，那么法律会高度赞扬向他支付工资的公民，亦即给他荣誉，但若公民们一方面接受了他完成得很好的工作，另一方面却又拒绝给他荣誉，那么法律要对这样的公民进行申斥。我们对这些英雄要进行赞扬，与此相配我们还要执行下述法律，不过这些法律更具有建议性质而非强制性的。【922】用他的勇敢行为或军事技艺为保卫我们整个城邦作出贡献的勇士应当得到第二等级的荣誉。而我们的最高荣誉则必须授予那些拥有最优秀品德的人，那些完全遵守我们的优秀立法者制定的法律的人。

现在可以说，我们已经完成了对人与人之间的商业关系的更加重要的立法,只有监护人对孤儿的供养和监管问题还没有涉及。这是我们下一步要尽力加以规范的领域。【b】提出这个问题的依据在于人们不知如何处置死者的财产,在有些情况下,死者并没有作过这样的安排。克利尼亚,我为什么要说"尽力加以规范"呢?因为这个问题太复杂,牵涉到许多方面。这种事情我们肯定要制定法规。人们在生命将要终结时立下遗嘱,但有些遗嘱与法律有抵触,【c】也有人会立下前后不一致的遗嘱,要么与亲属的意愿不符,要么与他自己较早的遗嘱不符。你要知道,我们中的大多数人在濒临死亡时已经神智不清了,我想我可以这样说。

克　是的,先生,那又怎样?

雅　克利尼亚,垂死之人很难对付,他的想法会给立法者带来很大的困惑。

克　怎么会这样呢?请你解释一下。

雅　【d】他想要自行其是,所以他的语言充满情感色彩。

克　语言,什么语言?

雅　他会说,天哪!如果我不能完全自由地把我的财产留给某人,或者随自己的意愿,根据我生病、年迈和其他各种生活状况给这个人较多财产,给那个人较少财产,那么真是一种耻辱。

克　他说得很对呀,先生,难道你不这样想?

雅　【e】嗯,克利尼亚,我认为我们的立法者过去太软弱了,他们的法典立足于对生活的当前看法,而他们对人生的理解则是不完善的。

克　为什么不完善?

雅　嗯,我亲爱的先生,他们害怕受到抱怨,这就是他们允许立遗嘱者可以随意处理财产的原因。你我必须以一种更加合适的方法对这个城邦中的老人作出回答。

【923】假定这些人事实上只有一天好活了,那么我们要对他们说:朋友们,从当前的情况来看,你们很难明白什么是你自己的财产,更难像德尔斐神庙的铭文说的那样,"认识你自己"。所以,作为一名立法者,我要向你们宣布,你们的人和你们的财产都不是你们自己的,而是属于你的整个世系,过去的和未来的,【b】再进一步说,世系和财产属于国家。正

因为如此，所以我不能允许你在年迈体衰、神智不清时听了那些阿谀奉承的话就错误地安排遗产。我的法律着眼于整个城邦和你的整个家族的最大利益，而具体某个人或某个人的事务，则是不重要的。安宁地离开我们吧，祝你一路上交好运，这是所有人都要经历的事情。你留下的东西应当由我们来考虑，【c】我们一定会本着公心，细心地加以安排。

诸如此类对将死之人的劝告构成了我们的序言，克利尼亚。而我们的法规是：凡有人立下书面遗嘱，那么首先应当以他的儿子作为他的遗产的合法继承人。如果他有另外一个儿子，但已被其他公民收养，那么这个儿子的名字也应该写上。【d】但若他还有一个儿子，没有被其他家庭收养，而是按照法律的规定要去海外定居，那么他有权按自己的意愿把他认为适当的财产留给这样的儿子，家庭房产及其所有设备除外。如果这样的儿子不止一个，那么这位父亲可以把他的财产分给他们，家庭房产除外，怎么分配由他自己定。但若有一个儿子已经拥有一所房屋，那就不应再把浮财分给他。如果有女儿，也要按照相同的情况处理，没有订婚的女儿可以得到一份遗产，【e】但若已经订婚就不能再得遗产。如果后来发现有这样的儿子或女儿根据死者的遗愿得到了一份土地，那么应当把这份土地交到继承人手中。如果立遗嘱者的遗属都是女的，那么他应当按自己的意愿选择一个已经结婚生子的女儿，以她的丈夫为财产继承人。如果某人的儿子，不管是自己生的还是过继的，在未成年之前就已经死去，【924】那么立遗嘱者应当再过继一名儿童，以图吉祥。如果立遗嘱人完全没有子女，那么他可以把自己全部财产的十分之一留给任何人，其余部分则要留给过继来的继承人，这样的事要经过法律的批准，一方要情愿，另一方要感谢。当这样的儿童需要监护人时，如果死者表达过自己的意愿，说过要有几个监护人，或者说过他们是谁，【b】那么被提名的监护人就要执行死者的意愿，以这种方式得到提名的监护人是不可改变的。如果某人完全没有留下遗嘱或指定监护人，那么他的父母两系的亲属将是合法的监护人，两位来自父系，两位来自母系，再加上一名死者的朋友，由执法官指定他们担任死者过继的儿子的监护人。【c】负责监护收养事务的机构要由十五名执法官领导，他们是执法官中老资格的成员,通常分成三组,按照年资,每个组负责一年,直到五年任期满了为止,这样的轮换秩序不能打乱。

如果死者没有留下遗嘱,而他的儿女需要有监护人的照料,那么相关的法律也适用于他们。【d】公民如果考虑到自己会因某种无法预料的事情而丧生,留下女儿没人照顾,那么他必须按照立法者的建议,为女儿指定两名近亲做监护人。第三位监护人,这是做父亲的人需要注意的,实际上是从全体公民中选择一名品性最适宜做他的儿子,并且可以做他女儿新郎的人,【e】但是立法者可以忽略这件事,因为这几乎是不可能的。对这种情况我们可以制定的最好法律是:如果无遗嘱的人留下了女儿,死者父系方面的一名没有继承遗产的兄弟或母系方面的一名没有继承遗产的兄弟应该得到死者的女儿,继承死者的遗产。如果不是兄弟而是兄弟的儿子,只要年龄适当,这条法律也适用。如果都没有,那么死者姐妹的儿子也适用。父亲的兄弟将是第四继承人,父亲的兄弟的儿子是第五继承人,父亲的姐妹的儿子是第六继承人。在各种情况下,女性都不能作为继承人,家庭中的继承要按照这样的顺序通过兄弟姐妹及其后代来尽可能保持血缘关系,在同辈人中,【925】男性对女性具有优先权。这样的婚配是否适宜,要在适当的时候进行检查,检查者要亲眼看到男子全裸,女子裸到肚脐。如果这个家庭的近亲到了兄弟的孙子一辈,乃至于曾孙一辈都没有了,那么这位姑娘就自由了,经监护人的同意,她可以在公民中选择自己的配偶,如果对方同意,【b】那么这位公民就可以成为死者的继承人,成为死者女儿的丈夫。还有,生活中充满各种偶发事件,尽管我们想得很周到,但仍旧会有某些时候在整个国家里都找不到继承人。如果某位姑娘找不到丈夫,但却在某个殖民地有她的意中人,想要他成为自己父亲的继承人,如果这位意中人是她的亲属,那么这位被派往殖民地的亲属可以在法律的允许下前来继承财产,如果这位意中人不是亲属,那么只有在国内没有亲属的情况下,【c】并在死者的女儿及其监护人同意的情况下,才能允许他回国结婚,继承遗产。

如果某个人没有子女,死去时也没有留下遗嘱,那么上述法律仍适用于这种情况,但如我们所说,要从他的家族中选出一男一女,结成配偶,让他们去接续死者的香火，死者的遗产也就合法地归他们所有。继承的顺序是：死者的姐妹、死者兄弟的女儿、【d】死者姐妹的女儿、死者父亲的兄弟的女儿、死者父亲的姐妹的女儿。这种安排的依据是上述法律的要求，是为了保持宗教所要求的亲缘关系。当然了，我们一定不要忘了这样的法律可以是一种沉重的负担，有时候很难要求一名和死者有血缘关系的人与他的女亲属结婚，还有，有些人患有身体和精神上的疾病，【e】要服从法律的要求与这样的人结婚也有许多障碍。因此人们会认为立法者对此无动于衷，但这是一种误解。所以你必须把我的这些看法当作以立法者的名义对那些不留遗嘱的人提出来的，立法者关心的是公共利益，很难花同样的力气去控制私人的命运，【926】因此不能将这样的法律视作对不留遗嘱者和接受法律者的宽容，只是有时候他们会发现自己无法漠视事实而执行这些法令。

克　那么让我来问你，先生，处理这种情况的最好方法是什么？

雅　在这样的情况下，克利尼亚，我们必须在法律和民众之间指定一名仲裁者。

克　请你解释一下。

雅　有时候，富裕的父亲很难让自己的儿子去与他贫穷的表姐妹结婚，【b】因为他还有更高的期望，想要有一门更好的亲事。有时候，一个人不得不违抗法律的旨意，因为立法者要他做的事情是灾难性的，比如法律要他去入赘的那个家庭有疯子，或正受着身体和精神方面的折磨，从而使得他在那个家庭中的生活变得无法忍受。所以，关于这个问题我还要加上一些法规。如果有人抱怨现行的法律，【c】遗产法或其他法，尤其是婚姻法，并且当众发誓不能按立法者的要求去做，不能与对方结婚，而当事人及其亲属或监护人的意见又和他相左，那么立法者会要求十五名执法官作为仲裁者来处理这个案子。他们将召集当事人以及相关人员，【d】听取他们的争辩，作出最后的裁决。如果有人认为赋予执法官们的这种权力太大了，那么他可以要求由其他法庭来审判。

75.如果他输掉了官司，那么立法者要对他进行申斥和羞辱，对任何有理智的人来说,这样的惩罚远远大于一笔巨大的罚款。

这样一来,我们的孤儿就好像经历了一番重生。【e】他们第一次出生后该如何抚养和训练我们已经说过了。而在这番无父无母的重生中,我们必须要做的事情就是制订一个计划,使他们能够克服各种不幸和困顿。首先,关于他们的行为我们要制定法律,要指定最好的执法官做他们的父母,就像他们的亲生父母一样。其次,我们每年都要专门指定三位执法官来照料这些孤儿,对待他们就像对待自己的亲生儿女一样,【927】我们一致同意让这些官员来负责抚养孤儿的事务,就像所有监护人一样。事实上,我确实相信在这些事情中有某种真正的机遇,人死后离去的灵魂还会重新拥有人的生命。表达这一寓意的故事可以很长,但它们是真的,考虑到关于这一主题的传说内容有多么丰富,有多么值得敬畏时,我们必须相信这些传说,尤其是立法者必须相信,因为他们已经批准了这种信仰,除非我们把立法者当作毫无理智的人。如果这些都是真的,那么首先就要对众天神表示敬畏,【b】它们从天上关注着这些孤儿;其次是要敬畏那些亡灵,天性使它们特别关注自己的遗孤,敬重它们就是向它们示好,而轻视它们则是向它们示恶。最后,要敬畏那些仍旧还活着的人的灵魂,尤其是那些年迈的和德高望重的人。一个拥有良好法律的国家会得到神明的保佑,儿童们会对这样的人表示热情,信任照顾他们的人。他们对这种事情的视觉和听觉是敏锐的。对在他们中间公正行事的人,他们抱有善意,【c】对践踏无依无靠的孤儿的人,他们满怀仇恨。监护人和执政官如果有理智,无论如何怠慢,也应当敬畏神灵,关心孤儿的抚养与教育,尽力为他们做好事,就像对待自己和自己的儿子一样。

所以,聆听我们的序言,【d】不伤害这些孤儿的人不会引起立法者的愤怒。

76. 如果有人不听劝诫,伤害无父母的孤儿,他必须支付罚金作出赔偿,两倍于对父母健在的儿童造成同等伤害作出的赔偿。

我们在上面只是一般地谈论了孤儿的监护人，或者负责监护事务的执政官，但他们还没有现成的如何抚养孤儿和管理遗产的模式，或者说还没有一条具体的法规告诉他们如何处理这些事务，【e】在孤儿的监护方面也还没有具体的监护法，而现有的各种具体法规会使孤儿的生活与其他孩子有明显差别。情况就是这样，在我们的城邦里有关孤儿的抚养与其他在亲生父母照料下成长的孩子应该没有很大的差别，尽管两类孩子的公共地位和所受到的照料有所不同。正是因为存在着差别，因此我们的法律非常热忱地提出告诫，并制定有关孤儿的各种法规。【928】我们还可以进一步提出最合理的处理方法。由执法官指派的男女婴儿的监护人，对待自己的孩子不得优于对待这些丧失了亲人的孤儿，要像对待自己的财产一样对待由他管理的遗产，甚至比对待自己的财产更加精心。应当把这一条定为法律，【b】而且是唯一的法律，依此执行对孤儿的监护。

77. 如果这条法律受到违反，监护人要受到执政官的处罚；执政官应受到特别法庭的审判，接受双倍的处罚，罚金由法庭裁定。

如果有家庭或公民指控监护人对孤儿漠不关心或不诚心，那么这样的案子也要在相同的法庭审理，

78. 违法事件一经证实，监护人需要支付的赔偿金高达被他挪用的财产的四倍，【c】一半归孤儿，一半归原告。

如果孤儿使多数人相信他的监护人有违法行为，那么任何时候都可以解除监护人原有的长达五年的监护权。

79. 如果发现监护人有罪，将由法庭来决定给予什么样的惩罚或罚款；【d】如果发现执政官疏于职守，也要由法庭来决定他应当缴纳多少罚款。

如果发现执法官有营私舞弊的行为,那么他不仅要缴纳罚款,还要被撤职,由新的执法官来取代他的职位。

父子之间有时会出现很大的纠纷,比人们通常想象的还要大。做父亲的老是认为立法者应当授权给自己,如果自己认为适当,就可以公开宣布与儿子脱离父子关系,并具有法律效力,【e】而做儿子的总是期待当局能启动法律程序来反对因年迈或疾病而变得疯狂暴虐的父亲。这种纠纷的根源一般可以在当事人邪恶的品性中找到,在有些情况下只有一方是邪恶的,比如说儿子是邪恶的,而父亲不是,或者正好相反,这样的不和一般说来不会带来灾难性的后果。在任何城邦中,我们的城邦除外,没有继承权的儿子不一定失去公民权,但在实施我们这些法律的城邦里,被父亲抛弃的人只能移居远方,【929】因为我们允诺不增加我们的居民总数,即五千零四十个家庭。因此,从法律上说,这个儿子不仅被他的父亲所抛弃,而且被所有亲属抛弃。因此,我们的法律还要提供一些具体规定来处理这种情况。无论有没有正当的理由,当一个人想要驱逐他的亲生儿子时,必须履行相应的法律程序,不能自行其是。【b】他首先要召集他和他的妻子的亲属,到侄儿一辈,当着他们的面宣布他的决定,取得他们的谅解,并且保证给这个儿子与其他儿子相同的动产。如果他能够取得半数以上亲属的同意——这里讲的过半数包括当事人、当事人的父母,【c】以及其他男女亲属,甚至也包括那些尚未成年的人——那么这位父亲就可以驱逐儿子了,当然了,他要遵守已经讲过的这些条件。如果有公民想要过继这位被驱逐的儿子,那么从法律上来说没有什么障碍,生活通常会使年轻人的脾气发生改变;但若在十年内都没有公民想要过继他,【d】那么就要由那些负责处理多余人口的官员来处理这件事,这些多余的儿童命中注定要移居到外国去,但要保证他们能找到定居的地方。如果疾病、年纪、怪癖,或者这些原因加在一起,使某人的心灵变得极为暴虐,而这一事实除了与他每日生活在一起的人没有别人知道,尽管他是一家之主,但实际上却在浪费家庭的财产,而他的儿子又不知如何改变这种状况,想要把他告上法庭,在这种情况下,【e】法律要求这个儿子首先去见年纪最大的执法官,向他们报告父亲的情况。执法官们会进行详细的调查，然后再来与他商量要不要起诉。如果他们的建议是起诉，那么就可进入法律程序，发出抱怨的儿子既是证人又是原告。

80. 如果案子查实，这位父亲从今以后要失去处置他的财产的权利，哪怕是最小的物品，他的余生都要被当作一名儿童来对待。

如果丈夫和妻子之间由于坏脾气而想要离婚，这样的案子在各种情况下都要由十名年龄不同的男执法官和十名负责监护事务的妇女来处理。【930】如果他们能够成功地使夫妻复和，那么万事大吉；如果无法调解冲突，反而使夫妻之间的对立更加剧烈，那么就要由他们来为当事的双方寻找最佳配偶。想要离婚的人脾气都不会好到哪里去，因此我们要尽可能寻找好脾气的人来做他们的新配偶。如果离婚者没有子女，或子女很少，那么在给他们寻找新配偶时还要考虑到生育问题。如果他们已经有了足够的子女，【b】那么在判决他们离婚或给他们重新寻找配偶时，主要的考虑就应是年纪和相互照顾的问题。如果一名妇女去世时留下了男孩或女孩，那么我们的法律要建议，但不是强迫，出她的丈夫抚养孩子，不能再给他们找一个后母；如果没有子女，那么鳏夫可以再娶，直到他有了自己的孩子，而对家庭和国家来说，【c】他的子女的数量又足够多为止。如果做丈夫的死了，留下了足够多的孩子，那么做妻子的应当留在家庭中抚养他们长大。但若她还太年轻，没有男人对她的健康不利，那么她的亲属可以与负责监护的人联系，作出妥善的安排。如果她缺少子女，那么这个因素也要加以考虑，【d】从法律上讲，拥有足够的子女意味着至少有一儿一女。

父母关系一旦确定，下一步就要决定所生育的子女的地位问题。如果一名女奴与奴隶、自由民或获得自由的奴隶生育，那么所生的后代全部属于女奴的主人；如果身为自由民的妇女与男奴隶生育，那么所生的后代属于男奴隶的主人；如果男奴隶主与他自己的女奴生育，或者女奴隶主与她的男奴隶生育，这种事情当然是臭名昭著的，那么女奴隶主的孩子要与他的父亲一道，男奴隶主的孩子要与他的母亲一道被遣送到外国去，【e】前者由管理妇女的官员来执行，后者由执法官来执行。

神灵或理智健全的人都不会对忤逆父母的问题提什么建议。聪明人应当明白我们现在所说的有关崇拜神明的法律序言也都适用于对父母尊敬与否的问题。全世界关于崇拜的原始规则都有两重性。我们崇拜的众神中有些显然是可见的，还有一些神是不可见的，因此我们建立了它们的偶像，相信当我们崇拜这些无生命的偶像时，【931】我们就能赢得它们所代表的活神的充分青睐和恩典。所以当人们有年老体弱、生命将要终结的父母在家时，应当记住有这样的人在家里会使家中的炉灶变得神圣，如果能够正确地崇拜它，没有任何偶像能比它起到更好的作用。

克　【b】你说的这种正确崇拜是什么意思？

雅　嗯，我会告诉你的。我的朋友，这确实是一个值得我们注意的主题。

克　你继续说吧。

雅　我们常说，俄狄甫斯的儿子对他不尊重，于是他就诅咒他们，这是一个人们熟悉的故事，你知道上苍最后如何满足了他的祈求？还有，福尼克斯①受到他的父亲阿弥托耳②的愤怒地诅咒，希波吕特③被他的父亲忒修斯诅咒，以及其他一些相似的故事，它们都起着同样的效果，【c】清楚地证明了上苍会应父母的祈求惩罚子女。父母祈求上苍惩罚子女比其他的祈求更有效，而且只有这样做才是对的。如果说，当子女忤逆父母时，神明会应父母的祈求对子女作出惩罚，这才符合事物的秩序，那么应当明白，当子女孝敬父母时，他们会非常快乐，转而热切地为子女祈福，【d】而我们也必须这样想，上苍会聆听这一类祈求，并不亚于聆听另一类祈求，给子女降福。如果情况不是这样的话，那么神的赐福就不公平了，而这种念头我们连想都不应该想。

克　这种念头确实不对。

---

① 福尼克斯（Φοίνικος），人名。

② 阿弥托耳（Ἀμύντωρ），人名。

③ 希波吕特（Ἱππόλυτος），人名。

雅　所以，如我刚才所说，我们必须相信，在上苍眼中，没有比一位年迈的父亲或祖父，或者年迈的母亲或祖母更宝贵的形象了。如果人们崇拜他们，尊敬他们，那么连上苍也会感到快乐，或者说上苍就不会听到他们的祈求了。实际上，作为祖先的人是神的影像，他们胜过任何无生命的雕像。【e】当我们崇拜这些活的影像时，他们将一直支持我们为自己所做的祈祷①，如果我们对他们不孝，那么他们就会作出相反的祈祷，而做子女的既不能进行这样的祈祷，也不能进行相反的祈祷。所以，对父亲、祖父和其他祖先尽孝的找不到其他更加有效的影像可以保证为他得到上苍的青睐。

克　你说得好极了！

雅　一切理智正常的人都会敬畏父母的祈祷，他们知道这些祈求会在什么时候起作用。这是一种符合自然的安排，好人看到自己年迈的长者吐出生命的最后一丝气息，【932】长者的死对年轻人来说是一种最沉重的打击，而对坏人来说，长者的死对他们是一种最真实的、最深刻的警告。因此，我希望所有人都能听从我们当前的劝告，孝敬父母。如果还有人对此置若罔闻，那么下述法规就是针对他们的。在我们的国家里，如果有人怠慢他的父母，【b】没有精心满足父母的愿望，而对自己的子女和对自己的照顾超过对父母的照料，那么知情者都可以到三位年长的执法官和三位负责赡养事务的妇女那里去告发他，他们可以亲自去告发，或者让别人代表自己去。这些官员将审理案件，如果不孝者是男的，还很年轻，不足三十岁，那么要用鞭笞和监禁来处罚他；如果不孝者是女的，那么要把她当作四十岁的妇女来处罚。【c】如果有人过了这个年龄仍旧不孝顺父母，或者虐待父母，那么要由一个一百零一名最年长的公民组成的法庭来审判。

81.如果他的罪行得到确认，那么法庭要决定罚款或给予其他惩罚，不得赦免。

———————

① 指父母为子女祈祷。

如果有人受到虐待而又不能上诉,【d】那么任何知情的自由民都可以向当局告发。

82.如果他知情不报,那么必须视他为懦夫,也要受到相应的惩罚。

如果告发者是一名奴隶,那么他可以因此而获得自由。如果他的主人就是那个虐待父母的人,那么执政官会宣布他获得自由;如果他的主人是另一位公民,那么他的身价由公家支付。当局还有义务保障他的安全,以免他因告发而受到报复。

【e】现在来谈谈投毒造成伤害的问题,我们已经整个儿地处理了伤害致死的问题,但还没有涉及那些故意地、有目的地使用食物、饮料、油膏造成伤害的案子。使我们在此处停顿的原因是人类以两种不同方式使用毒物。【933】我们刚才已经指出的这种形式是通过他人的行为以普通办法对人体造成伤害。还有一种形式是通过技艺、巫术、符咒、咒语起作用,施行这些技艺的人使人们相信他们拥有这种为害的能力,而那些受害者则相信施行这些技艺的人能使自己着魔。这些事情的真相很难弄清,要是这些技艺很容易学,那么令他人信服倒是一件易事了。要想在心中清除各种疑点,比如弄清他们是否能在门口、十字路口、坟墓边看到蜡制的小人,那确实是在白费气力,【b】对这些问题不可能有什么确定的答案。因此,我们将按照使用毒物的方式把关于毒物的法律分成两章。但首先我们要声明,我们不希望、不要求、不建议使用毒物,我们不能在人类中制造恐怖,【c】因为大部分人都像婴儿一样容易受到惊吓,也不能要求立法者或法官找到治疗这些恐怖的方法。我们要说,投毒的人首先不知道自己在做什么,除非他是医学专家或健身专家,或者是懂巫术的预言家或先知。所以,【d】关于毒物的法律应当这样写:

83.任何人投毒,或利用别人投毒,没有造成人员死亡,但对牲畜和蜂群造成了死亡,那么在罪行得到确证以后,如果投毒者是一名医生,就要判死刑,如果投毒者不是毒物专家,那么就要判处罚款,金额由法庭决定。

84.任何人涉嫌利用巫术、【e】咒语或其他妖术造成伤害，罪行得到确证以后，如果他是先知或占卜师，那么就要判处死刑，如果他不是巫师，那么就按照前面的情况来处理，由法庭来决定对他的处罚或罚款。

在各种盗窃和抢劫中使用暴力而造成伤害的案子，罪犯要按照伤害程度向受害者作出相应的赔偿，在每个案子中赔偿都要充分。【934】除了赔偿之外，罪犯还要缴纳罚款，以起到矫正的目的。如果罪犯是在别人的唆使下而走上邪路的，而当别人引诱他时，他进行过反抗，那么在这样的情况下对罪犯的处罚要轻一些；如果犯罪的原因是由于他自己的愚蠢，是因为他自己不能抗拒快乐或痛苦，或者迫于情欲、妒忌、愤怒的压力，那么对罪犯的处罚要重一些。惩罚的目的不是为了取消罪恶——【b】已经做过的事情是不可能消除的——而是为了使罪犯以及所有看到他受惩罚的人在将来可以不再犯罪，或者至少使大部分人不再陷入如此可怕的状况。出于上述理由和目的，法律必须小心行事以实现自己的目的，对具体的罪行要精确量刑，赔偿的金额也要准确计量。法官也有同样的任务，他要为法律服务，法律把矫正罪犯的工作留给法官，由法官来确定罚款或处罚，【c】在这种情况下，立法者就好像一名设计师，把与整部法典相应的一些蓝图设计出来。事实上，麦吉卢和克利尼亚，这就是你们和我现在正在尽全力做的事，我们必须在众神和众神之子允许我们立法的范围内，具体规定对各种偷窃和抢劫的处罚。

这个国家不允许精神病人自由活动，病人的亲属要把他们平安地关在家里，无论用什么办法都行，违者罚款。

85.如果他们不能这样做，无论是奴隶还是自由民，【d】那么他们必须支付罚款，属于最高财产等级的人罚款一百德拉克玛，属于第二财产等级的人罚款八十德拉克玛，属于第三财产等级的人罚款六十德拉克玛，属于第四财产等级的人罚款四十德拉克玛。

有几种疯狂，是由几种原因引起的。我们刚才提到的这种疯狂的根源是生病，但还有另一种疯狂的根源在于有一种不良的愤怒天性，再加上错误的训练而使这种天性得到加强。这种人稍微遇到一点不顺心的小事就要勃然大怒，【e】辱骂别人，这样的行为在一个秩序井然的城邦里是完全出格的。因此我们要制定一条关于骂人的法律来处理这些人，条文如下：无人可以谩骂他人。参加辩论的任何人都应当听取对方的意见，也应该当着对方的面提出自己的看法，但不能谩骂对方。当争论者像饶舌的泼妇一样开始用粗俗难听的话语辱骂对方的时候，【935】这样的话语产生的最初结果就是播下仇恨的种子，尽管这些话语本身就像空气一样轻薄。激情是一种有着邪恶倾向的东西，说话人的愤怒毒害着他的激情，使他原来所受的合乎人性的教育和教养又一次转变为兽性，心中压抑着的积怨使他成为一头野兽，这就是他追求的激情回归给他带来的悲哀。【b】此外，这样的争论经常转变为嘲笑对方，而这样做对自己绝无帮助，因为在嘲笑对手的时候他自己的尊严中最重要的性质也失去了。由于这些原因，人们在任何神庙或公共献祭中都不能使用嘲笑的语言，在公共体育活动、市场、法庭，或其他公共场所都不能用。

86. 如果有人不能这样做，【c】那就要取消他参加竞赛获奖的资格，作为一名无视法律的人，他也不能履行立法者赋予他的各种义务。

87. 如果在其他场合，有人不能约束自己骂人的习惯，无论是他自己讲话，还是在回答问题，路过者，只要比冒犯者年长，都可以为了维护法律的尊严而动手打他，使他的坏脾气变好。

88. 如果路过者不能这样做，他也要受到相应的处罚。

现在请你们注意听我的想法。当人们在相互挖苦对方的时候，有些人会黔驴技穷，在这种情况下，【d】勃然大怒也就势在必行了，而这种愤怒的激情正是我所要谴责的。但是接下去又会怎么样呢？喜剧家们为了实现他们的目的，讥笑他们的同胞，但不发火，我们难道也要像他们一样努力去嘲笑人类吗？我们要不要在玩笑和真实之间划一条界线，允许人们可以相互开玩笑，但不要生气，【e】但要绝对禁止我们已经说过的这种嘲笑，亦即愤怒地谩骂对方？这种限制性的条款一定不能取消，但法律一定要具体明确什么人可以这样做，什么人不能这样做。使公民发笑的喜剧作家、讽刺诗或抒情诗都要禁止，不管是借助语词还是借助姿势，也不管是带着激情还是不带激情；在节庆中如果有人不服从庆典主持人的规定，那么主持人有权把他从这个国家赶出去，在一段时间内不得返回。

89. 如果后者没有采取这个行动，【936】他们必须支付罚款三百德拉克玛，献给这些节庆荣耀的神灵。

那些早先已经得到许可创作针对个人的讽刺作品的人可以相互讽刺，但不能认真，不能发火。这条界线实际上该怎么划，应当由主管儿童教育的官员来决定。如果得到他的批准，那么这样作品就可以公开演出；如果没得到他的批准，那么创作者既不能上诉，也不能训练任何人，【b】奴隶或自由民，上演他的作品，

90. 如果他这样做了，他就得到无赖的名声，成为法律的敌人。

真正值得遗憾的对象不是饥饿或有其他类似紧迫需要的人，而是那些有着清醒灵魂的人，或拥有其他美德的人，或分有这些美德的人，遇上了不幸。甚至在一个体制和公民都处于中等状态的国家里，要找到完全被遗弃乃至于要成为乞丐的人，奴隶或自由民，也是很奇怪的现象。如果立法者制定下述法律，那么这些人不会有危险。【c】我们的国家不能有乞丐。如果有人想当乞丐，以乞讨为生，那么市场官员要把他赶出市场，市政官员要把他赶出城市，乡村巡视员要把他赶出国境，这样一来我们的国土上就不会有这样的人了。

如果一个人的财产被别人的男女奴隶侵犯，【d】而他自己又不是因

为胆小而不保护自己的财产或管理不善，那么造成财产损失的这些奴隶的主人要全额赔偿，还要交出罪犯。如果这位主人声称这种伤害是由双方冲突而引起的，而那个奴隶只是在制止冲突中造成了不幸，说这些话的目的在于包庇他的奴隶，那么这位主人可以向法庭起诉。【e】如果官司打赢了，他可以获得由法庭确定的这名奴隶双倍价钱的赔款，

91.如果他官司打输了，那么他必须赔偿损失并交出这名奴隶。

92.如果邻居家的财产被马、狗或其他家畜毁坏，那么这些家畜的主人要负责赔偿损失。

如果有人在接到传票时拒绝出庭作证，那么他要因此而受到审判。如果他知道事情真相并打算作证，那么他可以在法庭上作证；如果他说自己对事实真相一无所知，那么他要以三位神的名义起誓，宙斯、阿波罗、塞米司①，然后方可离开法庭。【937】任何接到传讯但拒绝提供证据的人都要负法律责任。法官审理案件需要证据时可以要求人们提供证据，采取这样的行动并不需要投票。身为自由民的妇女如果年满四十，那么她有权提供证据；如果她没有丈夫，那么她还有权充当原告，但若她的丈夫还活着，那么她只能当证人。男女奴隶和小孩也可以当证人，【b】但只适用于杀人案，法庭要为他们提供充分的安全措施。但若有人提出抗辩，证明他们的证词虚假，那么宣誓作证的证人就要等候对他的审判。发伪誓的原告或辩护人可以在判决之前听取有异议者对证词的全部或部分抗辩，有异议者的抗辩要得到双方的同意，由官员记录在案，以便最后确定有无作伪。【c】两次作伪证的人今后不再负有出庭作证的法律义务，三次作伪证的人就更加没有资格作证人了。执政官要逮捕那些三次作伪证的人，送交某个法庭，

① 塞米司（Θέμις），掌管法律和正义的女神，乌拉诺斯和该亚的女儿。

93.如果发现他有罪，必须判处他死刑。

无论什么时候要是发现某个诉讼当事人赢得官司所依靠的证据是虚假的，如果虚假的证据超过所有证据的半数或半数以上，【d】原来的判决就要废除，案件要重新进行调查，确定原判是否主要依据这些虚假的证据，根据调查的结果最后确定原判是否成立。

生活中充满着美好的事物，但是大部分美好的事物都受到那些肮脏的寄生虫的玷污。比如说，正义对人类来说是一种不可否认的恩惠，【e】它使得整个人类的生活得以可能。但若说正义是这样一种幸福，那么为什么还会有对非正义的拥护呢？我们看到，邪恶把自己包裹在某种专门技艺中，以这种技艺的名字出现，从而给幸福带来恶名。它一开始承认有某种管理人的法律事务的方法——实际上它本身就是人管理自己这方面事务的方法和帮助别人管理这类事务的方法——说这种方法可以保证人们在法律诉讼中获胜，无论当事人的行为是否正确。【938】它还说这种技艺本身和它教导的雄辩术是一种礼物，任何人都可以用它来挣钱。现在，要是能做到的话，我们一定不能让这种方法，无论它是技艺还是无技艺的经验性的技巧，在我们的城邦中扎根。立法者要号召人们服从正义，对于服从正义的人法律并没有什么要说，而对那些不服从正义的人，法律将说出这样一番话来：任何人被怀疑试图歪曲和改变法官心中的正义标准，【b】错误地扩大法律诉讼的数量，或错误地增加诉讼，都要受到法律的制裁，他们的罪名在不同情况下是歪曲正义，或是煽动这样的歪曲。这种罪行要由挑选出来的法官组成的法庭审理，如果罪行得到确证，那么法庭将在审理中确定当事人的这种行为是出于政治上的野心，还是出于对金钱的贪婪。

94.如果法庭相信他的动机是好斗，那么法庭将规定一个期限，在此期间他无权上法庭控告任何人，也不能帮助任何人打官司。【c】如果他的动机是对钱财的贪婪，那么如果他是外国人，就要把他驱逐出境，私自返回的要处死，如果他是本邦公民，就要判处他死刑，免得他终生爱慕金钱。

95. 如果确证一个人由于好斗而再次重犯这样的罪行,必须判处他死刑。

第 十 二 卷

雅 【941】如果一名派驻外国的大使或公使对国家不忠诚,无论误传信件,还是歪曲信息,出于善意或敌意,这样的人作为使节或公使,都要受到渎神罪的指控,因为他们的行为违抗了赫耳墨斯[①]和宙斯的派遣和旨意。

96.如果他被确认有罪,【b】他必须接受惩罚或罚款,相应的金额由法庭确定。

偷窃是一种肮脏的行为,公开抢劫更是罪大恶极。宙斯的儿子既不会偷,也不会抢,更不会对同类实施欺骗和暴力。我们中间如果有人犯下这样的罪行,那么他受到惩罚是应该的,因为他竟然相信诗人和寓言家的谎言,以为偷窃与抢劫不是一种可耻的行为,众神自己也这样干。这种故事绝不是真理,也不像真理,犯有这种过失的既不是神,也不是任何神的儿子。【c】在这些事情上,立法者比诗人知道得更多。所以,如果有人接受我们的建议,那么对他们来说是件好事,而且是一件大好事!但若不服从,嗯,那么他们将面临法律的制裁。盗窃公物者,无论物品大小,都同样要受到审判。因为偷小东西的人不是因为他偷窃的欲望较小,

---

① 赫耳墨斯（Ἑρμῆς）,希腊神灵。

而是因为他的手没什么力气，而那些偷大东西的罪犯，只要偷了也就是在犯罪。由于这些原因，【d】法律对盗窃和抢劫这两种罪犯的处罚有轻有重，但这样做的原因不是因为被偷或被抢的物品有大小，而是因为一种罪犯也许还能挽救，而另一种罪犯已经不可救药了。

97. 如果有人在法庭上成功地指控一名外国人或奴隶犯有盗窃公物罪，应当视罪犯是否可以挽救来确定对他的罚款或处罚。【942】如果罪犯是一位公民，尽管他受过教育，但被确定犯了抢劫罪或攻打他自己的祖国，那么无论他有没有杀人，必须把他当作不可救药之人处以死刑。

关于我们的军队组织需要按照它的本性提出许多建议，制定许多规则，但总的原则是：男女武士都不能没有上级的监管，任何武士无论在游戏中还是在正式场合都不能按自己的意愿自行其是，【b】他们无论在战时还是平时都要与长官住在一起，接受他的领导，立定、前进、操练、洗澡、吃饭、站岗、巡逻、放哨，一举一动都要按长官的命令办事，在长官的指挥下战斗、【c】追击、撤退，总而言之一句话，要使全体武士习惯共同生活，共同战斗，成为一个坚不可摧的团体。人们既没有也不可能发现比这更好的规则和保证军队取胜的军事技艺了。在和平时期，我们从小开始就要接受这种训练，掌握这种指挥和被指挥的技艺。无政府主义——缺乏指挥员——【d】应当从人类生活中根除，而一切兽类处在人的支配之下。尤其是，我们的民众在歌舞队的舞蹈中已经学会了怎样勇敢地表现自己，接受其他一切训练也有着同样的目的，为的是使他们能够身手敏捷，忍饥耐渴，风餐露宿，不怕酷暑严寒。最重要的是，出于同样的目的，他们一定不要用人造的衣物鞋帽把头和脚严严实实地包裹起来，削弱这些机体的能力，【e】白白糟蹋大自然为我们的头和脚提供的防护设备。头和脚是人体的两端，照顾好头和脚对整个身体都好，忽视对头和脚的照顾对整个身体都不好；脚是整个身体的仆人，头是身体的主人，【943】生来就包含所有感觉器官。

　　关于武士的生活我们已经作了许多赞扬，就好像有年轻人在聆听，现在我们就来讲一下相关的法律。已经应征或已被指派到某个军种的人都要按时服役。如果一名军人在没有得到指挥官同意的情况下，由于胆小而擅自逃避参战，那么当军队从战场上返回时，就要对这些人进行起诉，由他原来所属的那个兵种的军官来审判——步兵、骑兵，或其他兵种——按不同的审判程序进行。就这样，步兵归步兵审判，【b】骑兵归骑兵审判，其他兵种也一样，逃避参战者都要在他的战友面前受审。

　　98.如果发现被告有罪，他要被剥夺今后得到提拔的资格，他也无权指控其他人拒绝履行军务，法庭必须决定给他什么样的处罚或者他要支付的罚款。

　　其后，这种对逃兵的判决要通报全军，等大家都知道以后，指挥官要考察所有战士的表现，宣布对有杰出表现者的奖励，【c】得奖的依据就是战士们在刚刚结束的那场战役中的表现，而不是以前的战役。每个单位颁发的奖品是一个橄榄枝编的花环，获奖者要把花环献给他所喜欢的那位战神，作为今后获得一、二、三等终身成就奖的依据。
　　【d】没有得到指挥官的撤退命令就逃跑的士兵也要受到和逃避参战同样的指控。

　　99.如果发现他有罪，那么他将得到与前面那些逃兵相同的惩罚。

当然了，指控某人逃避参战或在战场上逃跑要小心区分有意和无意，【e】不要造成冤案。正义，确实如人们所说的那样，是良心的贞洁女儿，良心和正义都十分痛恨误判。我要说，人们必须避免诬告和其他对正义的冒犯，尤其要小心对待在战场上丢失武器的案子，不要冤枉人，【944】不要把被迫失去武器当作可耻地抛弃武器来加以谴责。要在两类情况中划一条界线很难，但法律应当作明确的区分。有一介传说可能有助于我们的理解。诗人说，帕特洛克罗① 被抬回帐篷，但他的武器丢了，他身上原来穿戴着武士的盔甲，按诗人的说法这副盔甲是众神送给珀琉斯② 和忒提斯③ 的结婚礼物，落到了赫克托耳④ 的手里——我们知道这类事情频繁的发生——因此人们就嘲笑墨诺提俄斯⑤ 的这个勇敢的儿子把武器丢了。丢失武器的情况是多种多样的，比如从高处坠下、在海中、【b】由于天气的原因突然滑倒，或者由于水流的漩涡。总而言之，有无数的原因可以解释这种不幸，也可以用它们做借口来掩饰故意丢失武器，所以我们要尽力加以区分。在提出这类谴责的时候，用语要正确。在各种情况下，把丢了盾牌的人当作丢失武器来谴责是不公平的，【c】尽管确实可以说他"丢失"了武器。在强力作用下丢了盾牌的人和自己把盾牌丢掉的人不能相提并论。谈论这些情况要有不同的用语。所以我们的法律要这样说：如果某人被敌人围困，而当时他有武器在手，在这种情况下他不去努力抗敌，而是有意放下武器，或扔掉武器，用这种可耻的行为来换取活命，而不是勇敢地光荣牺牲，对这种人，【d】可以说他丢弃武器，而对上面提到的另一类例子，法官要做仔细调查。矫正总是针对恶人，要使他们变好，而不要针对不幸的人，这样做是浪费时间。

对那种丢弃武器，不做抵抗的胆小鬼，适当的惩罚是什么呢？人间的法官确实没法把男人变成女人，据说帖撒利的凯涅乌斯⑥ 以前是个女人，后来神把他变成了男人。如果能倒过来以某种方式把男人变成女人，【e】那么这就是对那些扔掉武器的胆小鬼最恰当的惩罚。与此最相近的处置胆小鬼的办法是，让他没有生命危险地度过余生，但使他终生打上

---

① 帕特洛克罗（Πατρόκλος），荷马史诗中的人物，希腊联军的勇士、阿喀琉斯的朋友，身穿阿喀琉斯的盔甲冲到特洛伊城下，被特洛伊勇士赫克托耳杀死。参阅荷马：《伊利亚特》17：125 以下。

② 珀琉斯（Πηλέως），希腊英雄，阿喀琉斯之父。

③ 忒提斯（Θέτις），海洋女神，阿喀琉斯之母。

④ 赫克托耳（Ἕκτωρ），荷马史诗中的人物，特洛伊勇士。

⑤ 墨诺提俄斯（Μενοιτιύς），荷马史诗中的人物，帕特洛克勒之父。

⑥ 凯涅乌斯（Καινεύς），人名。

可耻的烙印，处理这类案子的法律是这样的：

100. 如果一个人被确证在战场上可耻地抛弃武器，【945】那么将军或其他军官不得再雇佣他当兵，或任命他担任其他军职；无视这条禁令雇佣胆小鬼的军官一旦被监察官发现，就要处以罚款，如果属于最富裕的那个财产等级，罚款一千德拉克玛，如果属于第二等级，罚款五百德拉克玛，如果属于第三等级，罚款三百德拉克玛，如果属于第四等级，罚款一百德拉克玛。

101. 如果一名军官违反规定，再次雇佣了胆小鬼，监察官要判处他缴纳相同的罚款：属于最富裕财产等级的，罚款一千德拉克玛，【b】属于第二等级的，罚款五百德拉克玛，属于第三等级的，罚款三百德拉克玛，属于第四等级的，罚款一百德拉克玛。

监察官由执政官任命，有些任期一年，用抽签的方法决定，有些任期几年，用选举的方法选出。我们该如何恰当安排监察官呢？如果某个监察官自己都不能公正地行事，有损这个职位的尊严，那么又有谁能去矫正他呢？要找到一位拥有杰出才能的官员去监督我们的官员确实不是一件易事，【c】但我们还是要努力寻找某些具有超过常人能力的监察官。这个问题实际上是这么一回事。一种政制就像一条船或一个有机体，使其机体产生瓦解的实际上是某种有着多种表现形式的性格，这种性格在不同情况下有不同的名称，就好比支撑着有机体的肌、腱、韧带，我们现在要考虑的就是在政制中起着这样一种关键作用的东西，【d】关系到它的保存和瓦解。如果我们的监察官比我们的行政官更优秀，能够公正完善地完成他们的工作，那么我们整个民族和国家都会繁荣昌盛，会享有真正的幸福；但若我们的行政监察也有问题，那么联系在一起的我们这个城邦有机体的每个部分都会削弱，每一种职能都会被另一种职能削弱，【e】各个部门无法通力协作，整个国家将不再是一个国家，而是多个国家，内部充满争斗，最后导致灭亡。所以我们必须看到，行政监察是至关重要的,担任监察官的人必须在各方面都出类拔萃。因此选拔监察官要有某种新方式。全体公民每年在夏至后的那一天,要在祭拜太阳神和阿波罗神的圣地里集会,当着神的面选举三名监察官,【946】每个公民要提名一个在他看来各方面都是最优秀的人,他的年龄要超过五十岁,不能提名自己。根据这些提名进行第一轮选举,如果被提名的人数是偶数,那么得票多的那一半当选,如果被提名的人数是奇数,那么还要略去得票最少的那一位。如果有几个人得到相同的票数,使得当选者超过半数,那么就把最年轻的当选者去掉。【b】以后再以相同的方式多次投票,最后只剩下得票最多的三个人。如果这三人得票相同,或其中两人得票相同,那么就要根据天意用抽签的办法来决定排名次序。人们要把象征胜利的橄榄枝献给第一名、第二名、第三名,然后公开宣布选举结果:奉天承运,玛格奈昔亚国现在昭告天下,向太阳神献上三名最高贵的公民,【c】用古代的话来说,把他们作为精选的第一批果实献给阿波罗神和太阳神,他们将就任监察官之职。

在第一年里要用这样的方法产生十二位监察官,任职期到七十五岁为止,然后每年产生三位新的监察官。他们要把所有行政官员分成十二组,分别对他们进行监督。鉴于他们的工作职责,【d】监察官的衙门就设在阿波罗神和太阳神的圣地里,也就是选举监察官的地方。监察官将独立调查有出格行为的政府官员,有些案子也可由几位监察官共同负责,对官员的处罚要成文,公布在市场边上的那个广场上,这些处罚要经过监察委员会的审查和批准。任何官员声称对他的处罚不公平,都可以向某个由若干法官组成的上诉法庭申诉,如果申诉成功,那么只要这位官员愿意,可以给予那位监察官同样的处罚。

102.如果确认他有罪,【e】监察官判处他死刑,那么他必须死(这种处罚已经无法再增加了);但若对他的处罚可以加倍,那就让他支付双倍的罚金。

下面我要告诉你该如何任命一名监察官来监督监察官本身,如何实施这种监督。

【947】当监察官们还活着的时候，由于整个国家已经宣布他们是最优秀、最高尚的人，因此在各种庆典中都应当让他们居于首位，还要让他们担任各种派往希腊各地参加献祭、宗教集会和各种国际活动的代表团的领队。只有他们才能佩戴月桂花冠。他们还将担任阿波罗神和太阳神的祭司，当年的首席监察官担任祭司长，【b】该年的名称要以他的名字命名，作为我们这个国家纪年的方式。他们逝世以后要隆重安葬，他们的坟墓要造的比其他公民好。葬礼中所用的布料都应是白色的，不要有挽歌，也不要有哭嚎，但在他的棺材周围要有十五名青年女子和十五名青年男子组成的歌舞队为他唱颂歌，就像祭司们所唱的赞美诗一样，【c】这种颂歌要唱一整天。第二天黄昏的时候，棺木下葬，送葬的行列包括由死者亲属从体育场上选来的一百名青年。走在送葬队伍最前面的是未婚青年，全部身着戎装，骑兵手持马鞭，步兵手持兵器，其他人也一样。棺木由男青年们抬着前进，边走边唱国家的圣歌，【d】女青年紧随其后，再后面是那些已经过了生育期的已婚妇女。男女祭司走在送葬队伍的最后，尽管他们不能参加其他葬礼，但若庇提亚的女祭司批准我们的建议，那么他们可以参加这种葬礼而不会受到玷污。墓室应当开挖成椭圆形，上面覆盖岩石的拱顶，这是一种最坚固的建筑形式，用大石块砌成。棺木放入墓室以后，【e】送葬者要用泥土掩埋墓室，并在周围植树，但要留下一个出口，作为以后举行祭祀的地方。安葬完毕之后，要举行音乐、体育、赛马的年度竞赛以荣耀死者。然后由死去的监察官的亲属向那些参加葬礼的人致谢。但若有监察官在任职期间太软弱或有腐败行为，【948】那么任何人都可以弹劾他。审理这种案子的法庭组成如下：执法官、仍旧活着的监察委员会的成员、上诉法庭的成员。弹劾的书面形式应当是，某某人在任职期间有与其崇高名声不符的行为。

103. 如果确认被弹劾者有罪，那么必须剥夺他的职位，剥夺他原来可以享有的公葬和其他荣誉。

104.如果原告未能得到五分之一的赞同票,那么他必须支付罚金,属于最富裕等级的罚一千二百德拉克玛,【b】第二等级的罚八百德拉克玛,第三等级的罚六百德拉克玛,最低等级的罚二百德拉克玛。

拉达曼堤斯①的断案方式令我们敬佩,按照故事中的说法,他那个时代的人坚信众神的存在,因为包括拉达曼堤斯在内的那个时代的大多数人都相信他们的父母所相信的神。拉达曼堤斯显然认为法官的工作不应当托付给任何凡人,而只能相信众神,这就是他为什么能够简洁迅速地断案的原因。【c】他要那些原告对神发誓,所以他能很快地断案。而在我们这个时代,我们说过,有些人根本不相信众神存在,有些人认为它们根本不关心我们,最糟糕的是,大多数人相信只要在献祭中给众神一些好处,奉承它们,众神就会帮助他们作恶,使他们免遭各种天谴,当然了,在当今时代,拉达曼堤斯的断案方法已不复存在。【d】人们关于众神的信仰改变了,所以法律也必须改变。精明的立法者取消了诉讼双方在审理中的发誓。原告要把他的控告写成状纸,但却不必发誓说自己说的都是真的;同样,被告也要把他对罪状的否认写成书面的东西呈给官员,但却不用发誓。在一个城邦里诉讼盛行,【e】有一半或接近一半的公民发伪誓,但却没有诸如公餐制一类的公共或私人之间的联系,那么这种情况实在太可怕了。

所以,我们的法律将要求原告在法官面前宣誓,任何有投票权的公民在涉及各种案子或选举时都要宣誓。【949】同样,合唱比赛和其他音乐表演、体育和马术竞赛的主席和裁判,以及处在类似地位的人也要发誓,在这些场合下,人们一般认为发伪誓不能带来什么好处。但在明显具有重大好处的地方,人们会违反事实真相发伪誓,在各种场合对竞争双方作出错误的裁决,【b】由此必然引发不要求发誓的法律诉讼。更加一般地说来,法庭的当值法官既不要求原告在法庭上当众宣誓他的指控是真实的,又不要求原告发誓,如果撒谎就遭天谴,当然也不会出于怜悯

---

① 拉达曼堤斯（Ῥαδάμανθυς）,希腊神话中的冥府三判官之一。

而纵容罪犯。法官们只要求他完全依据自己拥有的权力，用体面的、庄重的语言说清他的意思，同时也认真听取被告的辩解。如果有人违反了这一规则，当值的法官会认为他出格，要求他只谈有关的事情。然而，如果一桩官司发生在两个外国人之间，【c】法官应当允许一方向另一方发誓，或接受对方的发誓，他们的意愿应当得到尊重。要记住，按照规定他们不会在我们中间一直住到老，也不会使他们自己的家变成一个巢穴，其他那些像他们一样的人在他们家中会归化我们的国家。我们要决定该如何让这样的人按相同的原则进行有关个人事务的诉讼。

至于自由公民违反国家法律的案子——我指的是那些还够不上处以鞭笞、监禁、死刑的案子——比如说没有出席歌舞队的集会，没有参加游行等国家举行的公共仪式，在和平时期没有献祭，【d】在战争时期没有缴纳特别税，等等，我的意思就是说，在所有这些事情中，最重要的是国家利益，违反法律的人要向由国家法律赋予权力的官员作出保证和抵押。如果在作了保证并进行财产抵押以后仍旧继续违反法律，那么抵押的物品将被出售，收入归国家所有。而且还要有进一步的惩罚，受权处理这种事务的官员会在法庭上宣布他们的错误，【e】直到他们同意服从法令为止。

除了那些从自己的土地上派生出来的税收外，一个没有关税、没有商业的国家必须决定如何处理它的公民去外国旅行以及接受外国人到它自己的领土上来的问题。所以立法者必须考虑这个问题，并对公民提出这方面的建议。不同国家之间不能有自由往来，因为这样做会产生各种混合性格，【950】就像由于互相访问而造成疥疮的传染一样。对一个公共生活健全、受到正确法律控制的城邦来说，这样的自由往来会产生有害的后果，然而大部分国家的法律都还没有制定相应的措施，没有说明本国居民要不要欢迎外国人来访，并与他们混居在一起，或者当本国的老老少少产生旅行念头时要不要批准他们出国旅行。另一方面，拒绝一切外国人入境和不允许任何本国居民去外国旅行，并非总是可能的，如果这样做的话，【b】也许会使其他国家认为我们这个国家是野蛮的、缺乏人情味的；我们的公民也会被认为采取了错误的拒斥外国人的政策，具有不相容和不易接近的性格。但是，一个国家在外部世界的名声，无论是好名声还是坏名声，决不能忽视。整个人类远非拥有完善的美德，但决不能说他们在判断其他人的美德或恶行的能力上也同样缺乏。在恶人中间有一种神奇的洞察力，借助这种洞察力，【c】最恶的人常常能够以他们自己的思想和语言鉴别好人与坏人。因此如果有人提出建议，要一个国家在世界上取得好名声，那么这个建议是合理的。实际上，有一条绝对正确的最高规则是：首先成为好的，然后寻求好的名声，而不仅仅是为了好名声而去寻求好名声，如果我们的好意味着完善的话。所以，我们在克里特建立的这个国家要像其他国家一样从它的邻居那里赢得美德方面的最崇高、【d】最杰出的好名声，这样做是非常合适的，我们完全有理由希望我们的计划能够顺利执行，我们的国家将成为世上少有的几个统治良好的国家之一，享受着太阳神和其他众神的光芒。

因此，我们国家关于出境旅行和接受外国人入境的法律是这样的：第一，任何四十岁以下的人在任何情况下不得邀请和允许外国人来访；第二，这样的旅行不能出于私人目的，而只能是公务旅行，包括派遣大使、公使、参加各种宗教仪式的代表团，等等。逃避兵役者或战场上的逃兵不能参加这样的活动。【e】派遣代表去朝觐庇提亚的阿波罗、奥林比亚的宙斯以及奈梅亚①和伊斯弥亚②的众神，参加在那里举行的献祭和荣耀众神的赛会，这是我们的责任。我们一定要尽力派遣较多的人去参加，要选拔优秀、高尚、杰出的人当代表。他们一定要在宗教与和平的集会中为我们的城邦增光添彩，使我们的国家扬名世界，【951】在胜利回国时他们要向年轻人解释，与我们的国家相比，其他国家在哪些方面不如我们。

还有其他一些使者应当派往国外，由执法官批准。如果我们的公民有充分的闲暇研究其他民族的事情，那么没有法律会阻碍他们成行。【b】一个对其他国家的民众不熟悉的国家，无论这些国家是好是坏，在孤立

---

① 奈梅亚（Νεμέα），地名。

② 伊斯弥亚（Ἴσθμια），地名。

之中决不会达到适当的文明水平，也不会成熟，如果它的法律仅仅依靠习惯而不依据理智，那么它也不可能成功地永久保存它自己的法律，事实上，在大量的民众中，总有某些人，尽管很少，拥有超出常人的品质。在法律有缺陷的国家里找到的这种人并不比法律良好的国家少，而这样的城邦则是无价的。生活在统治良好的国家里的居民本身的【c】性格就是一个明证，他们走到哪里，他们的性格都可以用来反对各种腐败，都可以证明他自己的国家是健全的，可以用来弥补各种缺陷。确实，没有这种观察，没有这种调查研究，或者说调查研究得不够，没有一种政治体制会完全稳固。

克　那么你如何才能保证取得这两方面的结果呢？

雅　嗯，这样吧。首先，从事这些观察的人年龄应在五十岁或五十岁以上。其次，如果我们的执法官允许某人去国外考察，【d】那么他必须是在军事或其他方面具有很高声望的人，他在国外考察的时间不得延长到六十岁以外。他可以利用这十年左右的时间进行考察，回国以后，他要在法律的监督下向议事会报告。这个议事会的成员有比较年轻的，也有比较年长的，报告时间长达一天，从天明破晓到黄昏日落。这个议事会的成员包括：第一，最高级的祭司；第二，十名现任执法官；【e】第三，最新选出来的教育长和其他曾经执掌这个部门的负责官员。这些人不仅本人参加，还要带上他认为最优秀的、年纪在三十到四十之间的年轻人。【952】报告会上讨论的问题是我们自己国家的法律，但他们也可以提出一些有可能从其他地方得到的相关建议，尤其是他们认为比较先进的各种学问和研究成果，借助于这些学习和研究可以有助于法律的执行，如果忽视这些学习，那么法律将会处于黑暗和困惑之中。议事会的年轻成员要勤奋地学习经过这些长辈们批准了的知识，如果有某些知识被他们鉴定为低劣的，那么整个议事会将谴责把这种知识带回来的人。【b】享有良好声望的人可以派往国外进行考察，他们会得到特别的照顾和尊重，如果立下汗马功劳，他们会得到格外的荣誉，如果行迹低劣，他们会得到特别的羞辱。这些观察员在周游列国之后要立刻向这个议事会报告。如果他能遇上立法、教育、儿童管理方面的专家，得到这些方面的经验，或者有了自己的想法,那也是常有的事,他需要把这些成果向整个议事会报告。【c】如果议事会判断这些成果没有什么用处,他仍旧会得到表扬,因为他辛苦了。如果他的研究成果被证明是非常有用的,如果他还活着,他会受到更加热烈的赞扬,如果他已经死了,这个议事会也会给予他很大的荣耀。但若他在旅行回国后已经腐败,也没有带回来什么智慧供年轻人或老年人参考,那么他应当服从法令,从今以后闭门不出。

105.如果确认他犯有扰乱教育或立法事务的罪行,【d】那么必须判他死刑。

106.如果当局没有把这样的人送交法庭审判,那么这件事将记录在案,表明他们在这方面有缺陷。

关于公民出国旅行和相关的条件就说到这里,下面要说的是应该如何欢迎国外来访的客人。必须接待的外国人有四种:

第一种是那些经常来访的外国人,他们大部分在夏季来,就像候鸟一样,【e】他们实际上就是长翅膀的候鸟,在适当的季节从海外飞来,从事有利可图的商业。考虑到他们的利益,我们处理这类事务的官员要接受他们,让他们进入市场、港口,以及某些建在城墙外邻近城市的公共建筑。这些官员要注意防止这些人把一些新奇的东西带到我们国家来,【953】既要对他们公正,又要保证他们交易的货品严格限制在生活必需品的范围之内。

第二种人是字面意义上的观光者,他们到这里来是为了使他们的眼睛能看到美妙的景象,耳朵能听到美妙的音乐。要在神庙中为所有这样的观光客提供住宿,款待他们,我们的祭司和神庙看管者要负责关心照顾他们。他们可以在那里居住一段合理的时间,但等他们想看的和想听的都已经满足以后,就应该离开。他们既不要伤害别人,也不要受到别人的伤害。【b】如果他们做了错事或别人对他们做了错事,如果案值不超过五十德拉克玛,就由祭司们审理;如果案值更高,就由市场官审理。

　　第三种人必须当作国家的客人来接待，他们是来处理国事的。要由将军、骑兵指挥官、步兵指挥官接待这种客人，其他人不能擅自接待，具体落实到某位指挥官，【c】他的家中要有客房，由一位轮值官具体负责。

　　第四种人不常见，但确实是我们要接待的，他们来我们国家考察。这种人至少要有五十岁或五十岁以上，他的公开目的是来学习我们的长处，把我们的优点告诉他们自己国家的人。对这样的访问者不要禁止他们进入我们"富裕和智慧"的人家，【d】因为他自己就具有相同的品质。我的意思是，他可以去负责教育事务的官员家中，因为他自信适宜拜访这样的主人，或者去其他一些拥有美德声誉的人家。他可以在这样的人家住一段时间，与他们讨论学问，等他要离开的时候他们已经成了朋友，主人会用适当的礼物给他送行。我要说，这些就是我们的法律，我们的公民应当依此处理所有外国来客的接待工作，无论是男是女，还有本国公民去国外旅行的问题。【e】他们应当敬畏宙斯，旅行者的保护神，不要把肉食和献祭当作驱逐外国人的手段，或者用野蛮的法令驱逐他们，就像我们今天所见到的那样。

　　押送银钱应当格外小心，押运者要写下法律文书，如果总值超过一千德拉克玛，至少要有三名证人在场，【954】如果总值更高，至少要五名证人在场。贸易中的代理商对那些不能及时供货或送货的商人起着一种保险的作用，但对代理商也要像对商人一样制定必要的法律。

　　要求在他人家中搜查被盗物品的人应当脱去上衣，袒露肚腹，并以众神的名义起誓，这是法律的要求，以表明他诚实地希望找到他的东西。被搜查的人家应当接受搜查，搜查的范围可以有所不同，包括贴了封条和没贴封条的地方。【b】如果一方要求搜查，而另一方拒绝搜查，那么要求搜查的人可以具体开列被盗物品的数量和价值。

　　107. 如果确认被告有罪，他必须支付双倍于毁损物价值的罚金。

如果屋主不在家，那么家里的其他人应当允许搜查那些没贴封条的地方，而贴了封条的地方可以在搜查者的看守下留待主人归来再查。如果五天以后主人还没有回来,搜查者可以请市政官到场,开封搜查,【c】但搜查完以后仍旧要在有家人和官员在场的时候重新像原来那样封好。

处理有争议的物品要遵循下列时限,超过时限有争议的东西就不能再算是有争议的了。在这个克里特城邦里,地产和房产都不会成为有争议的东西。至于人们可以占有的其他财产已经被占有者在市镇、市场、神庙公开使用,而在一段时间内并没有人声称自己是物主的时候,【d】或者说占有者显然并没有隐藏这样物品,而物主在一年中又在不断地寻找这样东西,那么期限到后,物主将失去取回物品的权利。如果某样物品在乡村中使用,而不是在城镇或市场上使用,五年内都没有人来找,那么不再有人可以索回这样物品。如果某样物品在城市里使用,并且在室内使用,那么期限是三年;【e】如果某样物品被秘密地占有在乡间,那么期限是十年。如果某样物品被弄到别的国家去了,那么无论什么时间发现,物主都有权索回,没有时间限制。如果有人用暴力妨碍原告及其证人出庭,如果被妨碍者是一名奴隶,是原告自己的奴隶或者是他人的奴隶,那么这场审判将宣布无效。

108.如果他妨碍了一位自由民,【955】那么必须监禁他一年,罪名是绑架。

如果有人用暴力妨碍其他竞争者出席体育、音乐竞赛,或者其他类型的竞赛,任何人只要愿意都可以向竞赛主席告发,并帮助受妨碍的竞赛者参加比赛。在不可能做到这一点的情况下,如果被妨碍的参赛者显然是竞赛的胜利者,竞赛主席可以把奖励授给受到妨碍的参赛者,【b】把他的名字当作胜利者铭刻在神庙里。

109.妨碍他人参赛的人要被记录在案,并负法律责任,无论他在实际比赛中是胜利者还是失败者。

110.如果有人明知故犯,接受被盗物品,那么他要受到与窃贼相同的处罚。

111. 对接待流放犯的人的惩罚是死刑。

112. (a) 如果没有城邦的支持,【c】一个人私下里与其他人媾和或开战,都要被处以死刑。

如果国家的某个部分出于自身的考虑与他国媾和或作战,那么将由将军们把这一事件的主谋告上法庭。

(b) 如果确认被告有罪,将对他处以死刑。

国家公仆在履行公务时不能接受贿赂,他们既不能掩饰这种行为,也不能接受"无功不受禄,有功可受礼"的原则。【d】公仆们要形成清醒的判断并遵守这条法律并非易事,但是"不要为了礼物才提供服务",这是法律的要求,公仆们必须服从。

113. 如果有人违反这条法律,其罪行在法庭上得到确认,唯一适用的处罚是死刑。

关于向国库交税的问题,每人都要给自己的财产估价,这样做有很多理由,而每个部落的成员也要向乡村巡视员提交每年出产物品的书面记录,【e】由国库官员来选定缴税办法,可供选择的两种办法是:按照年产物品的总值抽取一定比例的税收;或者按照年总收入确定一定比例的税收,公餐的开支除外。

有节制地向众神奉献礼物的人本身也应当有节制。在我们的普遍信仰中,土地和家中的炉石对存在的众神来说是神圣的。没有人可以把已经奉献了的东西再神圣化。你们在其他城邦中可以在神庙和私人家中看到金银,但是拥有金银会使拥有者犯病。【956】象牙不是一种清洁的奉献物，而是一种被灵魂遗弃的物体；铜和铁是制造武器用的。但任何人只要乐意，都可以在我们的公共神庙里奉献一尊木雕的神像，或石雕的神像，或者奉献一件纺织品，但这件纺织品耗费的人工不要超过一名妇女一个月的劳动。对众神最适宜的颜色是白色，可以用在挂毯或其他地方；【b】除了军用品，不要使用染料。我们能献给众神的最虔诚的礼物是鸟类，也可以奉献鸟的图画，我们的艺术家用一天时间就能画完；我们奉献的其他物品都要这样做。

我们现在来谈谈整个城邦必须分成哪些部分，它们的数量和性质，并为它们主要的商业和贸易制定法律。不过，我们的司法机构还有待建立。第一种法庭由若干名法官组成，【c】称他们为仲裁也许更加合适，由原告和被告共同选择。第二种法庭由若干村民和同部落的人组成，每个部落要再分为十二个部分。如果第一阶段不能解决问题，那么当事人还将继续在这些法官面前解决他们的争执，但是利害关系也会加大；被告如果在第二阶段的诉讼中输了，那么除了第一阶段裁决要他作出的赔偿外，还要再加五分之一。如果对裁决不服，想要进行第三阶段的上诉，那么他应当在这些法官面前申诉，如果又输了，那么除了原先裁决他要作出的赔偿外，【d】还要再加一半。不愿承认初审失败的原告可以第二次起诉，如果官司打赢了，那么他可以多得五分之一；如果官司打输了，他就要额外缴纳罚金。如果当事人不服从原判，上诉到第三法庭，如果被告再次打输官司，那么他要多付一半的赔偿，如果是原告输了，【e】那么他只要缴纳一半的罚款。

关于选举法官、填补空缺、为不同法庭提供办事员、确定各次审判的间隙、确定选举方式、法庭的休庭，以及其他一些涉及法庭管理事务的必要细节，比如关于审案程序的确定、被告在法庭上必须回答提问的规则，等等，这些事情我们虽然已经处理过了，但是总的再说一遍，甚至再说第三遍都没有什么不可以。总而言之一句话，【957】我们年长的立法者可以把所有这些法律程序的细节都留给他的年轻的继承人去填补。所以，我们已经有了一个组织法庭处理私人争执的公平模式。由于处理普通和公共事务的裁判所和法庭在履行它们的功能时都从属于执政官，许多社团已经拥有各种正常的机构，所以我们的执法官必须使之适应正在诞生的体制。【b】他们会运用自己的个人经验对这些机构进行比较和修补，直到他们认为这些机构完善了为止；然后他们会迈出最后一步，认定它们是行之有效的，并使之一直运作下去。法官们在法庭上会看到冷静而得体的语言，或看到与此相反的现象，在不同城邦中，人们对正义、善良、荣耀的看法大相径庭，这方面我们已经说过一些，但我们还要再说一下。【c】法官们要想作出公正的审判，必须设法弄到相关的书籍，努力学习。如果法律确实是法律，能使较好的人成为法律的学生，那么实际上没有任何一种学习能像学习法律一样有用，否则的话，激起我们崇拜和惊讶并与理智同缘的法律就没有什么用了。进一步说，考虑到所有其他类型的谈话，【d】包括颂歌和讽刺诗在内的诗歌，或各种散文，无论文学作品还是日常生活谈话，都会有不同意见和争执，也会出现许多含义不清的地方。立法者的文本可以用来作为试金石检验一切。优秀的法官要把法律书紧紧地抱在胸前作为解毒药，对付其他谈话，这样做他才能成为国家的保存者，也能使他自己得到保存。他将使好人得到保障，正气上升，【e】他也要尽可能使那些仍旧有药可救的恶人得到矫正，摆脱愚昧、放荡、怯懦，总而言之，摆脱一切形式的恶。至于那些完全追随邪恶原则的恶人，如果法官和他们的长者已经采用死刑作为治疗这种灵魂状态的办法，【958】那么就像我们不止一次说过的那样，这些法官的行为值得受到国家的赞扬。

　　诉讼一结束，法律判决就要执行，这方面的法律如下：首先，除了必须推迟执行的案子外，执政官要当着法官的面布置执行判决的工作，并将执行通知送交诉讼的双方，到达后立即执行。【b】案子审完以后一个月，如果胜诉者还没有得到赔偿，那么就要由行政官员强制执行，使他得到赔偿。如果败诉者的财产不足以充分赔偿，差额达一德拉克玛或一德拉克玛以上，那么败诉者打官司的权利就要被剥夺，【c】直到他付清赔偿为止，而其他人则持有起诉他的权利。任何对法庭执法设置障碍的人都将受到谴责，将由执政官对这种人进行起诉，由执法官组成的法庭审判。

114.如果他受到的指控得到确认,必须判处他死刑,

因为他的行为是对整个城邦和法律的颠覆。

再说另一个问题,一个人生到这个世界上来,长大成人,再生育他自己的子女,抚养他们长大。他在经商的时候【d】对被他伤害的人作出赔偿,也接受他人对自己的赔偿,到了受法律尊重的老年无疾而终。对于死者,无论男女,我们的政府要指定一个部门专门处理死者安葬的问题,要敬畏地下世界的神灵和生活在我们这个世界上的神灵,这方面的职责属于宗教法律的解释者。【e】但是在适宜耕种的地方,一定不能建造坟墓,无论大小。坟墓只能建造在一些只适宜埋葬尸体的地方,不要给活人带来不便。大地是我们的真正母亲,她在意我们的生计,对此任何人都不能加以损害,活人也好,死人也罢。坟地里的墓丘不能堆得太高,不能超过五个人五天的工夫,墓碑也不能太大,习惯上能刻上四句六韵步诗纪念死者的生平也就行了。【959】关于在家中停尸的问题,首先,停尸的时间只限于能够区别假死和真死;这方面的一般规矩是人死后第三天方可安葬。我们要相信立法者在这方面的看法,他告诉过我们,灵魂绝对优于身体,赋予我们存在的是灵魂而不是其他什么东西,而身体只不过是伴随我们的影子。【b】所以有人在谈论死亡时说得好,尸体只是一个鬼,而真正的人——它的不死的成分叫作灵魂——会去另一个世界向众神报到,甚至我们祖先的故事也是这样讲的,好人面临死亡并不悲伤,而恶人则充满沮丧。所以,立法者还会说,对于死者我们几乎无能为力。对死者帮助应该是在他还活着的时候由他周围所有与他有联系的人进行,【c】帮助他正义、纯洁地生活,以免犯下大罪而在那个将要去的世界里受到报复。事实真相就是这样,所以我们决不要浪费气力去想象将要被埋入坟墓的这堆肉就是与我们有许多联系的那个人,我们想象自己正在埋葬的人是我们的子女、兄弟或其他亲属,然而这个离开我们的并非真正的人,真正的人仍在继续应验他的命运。我们必须这样想,我们的责任倒不如说就是尽力安葬死者,但要有节制,【d】要明白死者的祭坛上并没有精灵在盘旋,有一条神谕可以很好地向人们宣布:节制是立法者

的声音。因此,我们这方面的法律是:安葬死者要有节制,整个葬礼的开销,属于最富裕等级的每位死者不超过五百德拉克玛,第二等级的不超过三百德拉克玛,第三等级的不超过二百德拉克玛,第四等级的不超过一百德拉克玛。

这样说决不意味着执法官众多不可推卸的责任是最轻的,【e】他们要负责监护儿童、成年人、各种年纪的人。尤其是,当人死了以后,死者亲属要向执法官报告,执法官要亲临死者家中对葬礼进行具体指导,保证葬礼既得体,又节俭,凡有不得体的地方都要给予指正。习俗规定了停尸一类的事情,但在我现在具体指出的这些事情上,习俗必须向法律低头。下令在出殡的时候不准流泪看起来做不到,但要禁止对死者唱挽歌,【960】死者家中的号哭声也不能传到室外。我们还要禁止出殡的队伍哭喊着穿越大街,送葬的队伍在天亮前就要离开城里。这方面的规定就是这些。

115. 如果一个人违反一名执法官的要求,他必须受到全体执法官的审判和处罚。

【b】安葬死者的其他方法,不得安葬的罪犯,比如杀人犯、盗贼圣物犯,等等,我们在这部法典里都已经有了具体的条文。这就意味着,我设定,我们的立法已经走向终结。

然而,仅靠执行法令、审理案件或为城邦建立基础,不可能使这项事业达到终点,在我们能为保存我们的工作提供一个完整的、永久的保证之前,我们决不要亲自去做所有的事情。即使到了那个时候,【c】我们仍旧要把我们的整个成就视为尚未完成的。

克　说得好,先生,不过你在这样说的时候,心里想的是什么? 你能说得清楚些吗?

雅　嗯,你要知道,克利尼亚,有许多出色的古老的谚语。我在想的是命运女神的名字。

克　什么名字?

雅 第一位叫拉刻西斯①, 第二位叫克罗托②, 第三位叫阿特洛波斯③——第三位之所以叫这个名字, 乃是因为她的形象是一位手拿纺锤的妇女。【d】这确实就是我们希望看到的我们的城邦和它的公民们的情况——不仅是身体的健康和健全, 而且是在他们的灵魂中的法律的统治,(更为重要的是) 以及法律本身的保存。事实上, 我们至今尚未向法律提供的一项服务是, 如何把法律建设得无法逆转。

克 如果无法做到这一点, 那么这确实是一个严重的缺陷。

雅 【e】不过, 要做到这一点还是有可能的, 我现在看得很清楚。

克 那么在没有给我们提出的法典提供相应保障措施的时候, 我们决不能放弃, 你知道, 浪费时间去打造一个不稳固的基础总是荒唐可笑的。

雅 你提醒得对。在这一点上我完全同意你的意见。

克 你能这样说我很高兴。那么好吧, 让我来问你, 我们的体制和法律的保障是什么? 你认为它会如何起作用?

雅 【961】嗯, 我们不是已经说过了吗, 我们的国家要有一个按照下述方法构成的议事会? 十名老资格的执法官和其他所有拥有最高名望的人在议事会里集中开会, 听取从国外考察回来的人的报告。他们可以提出一些如何保全法律方面的建议, 经过这个议事会讨论批准, 然后再公布实施, 这是一种很好的联系方式。还有, 每个议事会成员都可以带一名年龄不低于三十岁的、比较年轻的人出席会议,【b】把他介绍给其他正式成员, 但在这个时期他们不能发表意见, 而只是旁听, 直到整个议事会都认可他的高贵品质和良好教育为止。如果得到整个议事会的同意, 那么他可以成为正式成员; 如果不同意, 那么对他的提名要保守秘密, 尤其不要让他本人知道。议事会在拂晓前开会, 因为这个时间是人们最空闲

---

① 拉刻西斯 (Λάχεσίς), 希腊命运三女神之一, 手执生死簿和纺锤, 决定生命之线的长短, 人寿尽时, 纺线就断了。

② 克罗托 (Κλωθώ), 希腊命运三女神之一, 负责纺织生命线。

③ 阿特洛波斯 (Ατροπος), 希腊命运三女神之一, 手执无情剪刀, 负责切断生命之线。

的时候，没有其他公事或私事的打扰。【c】我想，这就是我们已经说过的这件事情的本质。

克　你说得对，是这样的。

雅　所以我要再次回到议事会这个问题上来，并加以确认。也就是说，如果把议事会当作一个国家的备用大锚，给它装上所有合适的附属配件，然后抛掷出去，那么它就能够为我们的所有希望提供保障。

克　怎么会呢？

雅　啊，这是一个关键问题，你我都必须尽力提出正确的建议。

克　说得倒不错，但还是请你说说怎么执行吧。

雅　【d】是的，克利尼亚，我们必须去发现某样事物在它的所有活动中如何能有一个适当的保障者。举例来说，能对一个生命有机体起保障作用的是灵魂和头脑，它们被设计出来就是要起这种保障作用的。

克　再问一次，怎么会这样呢？

雅　嗯，你要知道，完善的灵魂和头脑就是整个有机体得以生存的保障。

克　怎么会这样？

雅　这里靠的是理智在灵魂中的发展，视觉和听觉在头脑中的发展，要知道，理智是灵魂的最高能力，视力和听力是头脑的最高能力。我们可以正确地说，当理智与这些最高尚的感觉合成一个整体的时候，它就可以使生灵得到拯救。

克　这样说肯定是真理。

雅　【e】确实是。混合在一起的理智和感觉是一艘船在暴风雨中获得拯救的保障，那么由这种合在一起的理智和感觉所设计的特殊目的又是什么呢？在这艘船的例子中，船长和其他水手的敏锐感觉与船长的理智混合在一起，使这艘船和船上的人得以保全，难道不是吗？

克　没错。

雅　要说明这一点其实并不需要太多的例子。以军事远征为例，我们必须问自己，这支军队的指挥员确定的目标是什么；或者再以医疗为例，如果医疗以"拯救"为目标，【962】那么医疗活动的目标实际上也必须是治病救人。我认为，第一个例子中的目标是取得胜利和征服敌人，而在医生和他们的助手的例子中，他们的目标是为了保全身体健康，不是吗？

克　嗯，当然是。

雅　好，但若一名医生对身体健康的性质一无所知，或者一名指挥官对胜利和我们提到的其他结果的性质一无所知，那么他们显然对他的目标缺乏理解。

克　嗯，是的。

雅　好吧，再来看国家的例子，如果某人对政治家必须确定的目标一无所知，【b】那么他还有什么权利去谈论执政官的风格，或者说他还有什么能力保全他对其一无所知的东西吗？

克　绝无可能。

雅　嗯，请注意我下面的推论。如果我们已经完成了对这个国家的安排，那么就要为它提供某些懂行的人。首先，他们要懂得这种政治目标的性质，其次他们要知道用什么方法可以实现这些目标，还要能够为它提供某些建议，这些建议主要来自法律本身，其余来自个人，无论他们赞成这个国家还是反对这个国家。如果一个国家不给这样的人留下位置，那么我们看到在这样的国家里会有诸多不明智的举动，【c】人们会任由环境摆布，也就不奇怪了。

克　是这样的。

雅　那么在我们的城邦中，在我们已经作过具体规定的各个部分或部门，我们已经为它们提供适当的保障了吗？这方面能具体化吗？

克　没有，先生，我们确实还没有提出什么确定的保障。但我要是可以猜测一下的话，你的看法似乎是让那个你刚才提到的那个委员会在凌晨时分会面。

雅　【d】克利尼亚，你完全理解我的意思了。这个组织，作为我们当前考察的预想对象，确实需要具备各种美德。它的首要美德就是不要动摇不定，不要转移目标，它必须确定一个单一的目标，以此为一切行动的指南。

克　确实如此，它必须这样做。

雅　我们现在已经进到这一步，我们明白各种城邦的法律多如牛毛，诸多立法者的目标是相互冲突的，这一事实并不奇怪。一般说来，某些人的正义标准是对某些群体权力的约束，【e】而无论在实际中这些群体比其他群体好或差，某些人的正义标准是获得财富，而无论是否要以奴役为代价，还有一些人则以"自由"为他们的努力目标，对此我们一定不要感到惊讶。还有，一些人在立法中把自由和征服其他城邦这两个目标结合在一起，关注二者的实现，还有人同时追求所有这些目标，他们以为这样做是最聪明的，而不去确定某个适当的、具体的、可以为之献身的、可以作为其他一切追求目标的目标。

克　【963】确实如此，先生，我们很久以前采取的立场是健全的。我们说过，在我们的一切法律中有一个目标，我相信，我们同意作为这个目标的这样东西的名称是"美德"。

雅　我们是这样说过。

克　我记得，我们说过美德有四部分。

雅　没错。

克　但四种美德中最主要的是理智，它应当成为其他三部分美德的目标，以及其他一切事物的目标。

雅　克利尼亚，你完全跟上了我的论证，请跟我继续进到下一步。关于这个单一目标的问题，我们已经具体指出水手、【b】医生、军队指挥官应当关注的理智的目标，现在来考察政治家要关注的理智的目标。如果我们喜欢把他的智慧人格化，那么我们可以对它这样说：以一切神圣的名字起誓，你怎么想？你的单一目标是什么？医生的智慧可以给我们确定的回答。而你，一切聪明人中最聪明的人，按你自己的说法，难道回答不了吗？

麦吉卢和克利尼亚，你们可以作它的代言人，在你们之间进行问答吗？你们能够给出一个政治家的目标的定义，【c】就像我通常作为其他人的代言人所给出的定义一样吗？

克　不行，先生，我们感到有点困惑。

雅　我们急于发现的到底是什么，是这样东西本身，还是它的各种显现？

克　你说的显现是什么意思，举些例子好吗？

雅　以我们的语言为例来。如果美德有四种类型，那么我们显然要承认每一类型本身都是一。

克　显然如此。

雅　然而我们把四种类型全都称作美德。事实上，我们把勇敢称作美德，把智慧也称作美德，【d】同样也把另外两种类型称作美德，这就表明它们实际上并非几样东西，而只是一样东西——美德。

克　没错。

雅　要指出这两种美德或另外两种美德在什么地方不同，为什么要有两个不同的名字是很容易的，但要说明我们为什么给这两种美德或另外两种美德一个共同的名称——美德——就不容易了。

克　你的看法是什么？

雅　我已经有了一个解释。假定我们之间分成提问者和回答者。

克　再说一遍，我要听你的看法。

雅　【e】你向我提问，为什么我们要用"美德"这一个名字称呼两样东西，然后又把它们分别称作"勇敢"和"智慧"。让我来把理由告诉你。这两样东西之一，勇敢，与害怕有关，在野兽和婴儿那里都能看到这种情况。事实上，灵魂无需理智的推论而无需天性就可以获得勇敢，但若无这样的推论，灵魂就不会有理智或智慧，这两种情况是完全不同的。

克　你说得非常对。

雅　【964】很好。我的看法已经告诉你这些东西在什么地方不同，为什么它们是两样东西，现在轮到你告诉我它们在什么方面是一，是相同的。记住，你也要向我解释，四样东西以什么方式可以是一，你在作出了你的解释以后可以再次问我以什么方式它们是四。还有一个要点也要考察。如果对任何一样事物拥有足够的知识意味着不仅知道它的名字，而且知道它的定义，那么一个人只知道它的名字而不明白它的定义就够了吗？如果我们讲的这样东西极为重要和尊严，而某人却对它如此无知，

【b】那不是很丢脸吗？

克　是很丢脸。

雅　在一位法律的制定者或监护者的眼中，一个相信自己拥有最杰出的美德，并且具有我们正在谈论的这些品质的人，能比勇敢、纯洁、正义、智慧这些品质本身更加重要吗？

克　肯定不能。

雅　那么这个问题的症结在哪里呢？我们要对我们的解释者、教师、立法者表示信任吗？这些人支配着我们，我想要说的是，当有人需要学习知识，【c】有缺点需要接受矫正和申斥时，能指望这些自身并不拥有这些杰出品质的人作为教师去教导他们吗？我们能假定某些到我们城邦里来的诗人或所谓的“青年导师”得到那个标志着全善的最高声誉的棕榈枝吗？在这样的国家里，尽管监护人完全熟悉美德，但他们却不能采取有力的行动。我问你，【d】如果一个没有什么保障的国家像我们的国家一样非常幸运，你会感到惊讶吗？

克　嗯，不会，我认为不值得惊讶。

雅　接下去该怎么办呢？像我们现在假定的那样，我们该怎么办？要不要使我们的卫士比他们的邻居更好地掌握美德的理论和实践？此外还有什么办法使我们自己的城邦更像一个有理智的人的头脑，有着各种感官，能够保护自己？

克　先生，请你告诉我该如何理解你的这个比较？它们有什么相同之处？

雅　【e】嗯，整个城邦显然像一个有机体的躯干。比较年轻的卫士——我们选这部分人作为比较优秀的部分，因为他们的各种官能都比较敏捷——可以说是位于它的顶端，他们的视野遍及整个国家，能记住他们所看到的事情，并且作为各个事务部门的守望员侍奉他们的长者。【965】这些长者——我们可以把他们比作理智，在许多重要事务上他们的特殊智慧在起作用——坐在议事会里，在那里接受年轻人的侍奉，并提出各种建议，就这样，依靠他们之间的联合行动，这就是能使整个国家获得拯救的真正保障。这就是我们的设计，或者说我们还要寻找其他安排? 我们要使所有公民接受同一水平的训练和教育,而不需要他们中间有一个阶层孜孜不倦地接受训练吗?

克 我亲爱的先生,我们不可能接受这样的训练?

雅 那么我们必须开始一种比我们至今思考过的教育更加准确的教育。

克 【b】我大胆地说,我们要这样做。

雅 我们刚才涉及的那种教育也许正是我们所需要的?

克 确实有可能。

雅 我相信我们说过,一名完善的匠人或卫士在许多方面不仅需要具备在多种事物中确定他的目标的能力,而且还要进一步达到对多中之一的认识,并用这种认识统摄其他一切细节,是吗?

克 是的,这是一条真理。

雅 【c】他能从不同的杂多中看到一,那么还有谁的印象或看法比他更真切?

克 你也许是对的。

雅 你不应该说"也许",而应当说神保佑你! 对人来说,没有比这更加确定的途径了,不会有了。

克 行,先生,我接受你的保证。所以,我们可以把论证朝着这个方面进行下去。

雅 那么,尽管我们神授的体制的卫士们也必须受到约束,但首先最重要的是准确地看到渗透在四者之间的同一之处,【d】我们认为,在勇敢、纯洁、正义、智慧中都能找到这种统一性,并用一个名字来称呼它们——这就是美德。我的朋友们,如果你们愿意的话,这就是我们现在必须紧紧加以把握的内容,直到我们对真正的目标作出满意的解释为止,这个目标是我们要加以凝视的,无论最后证明它是一还是全,或者既是一又是全,或者是用你所喜欢的说法。如果我们让这一点从我们的手指缝中滑过去,那么我们还能设定自己被一种美德所武装,【e】而这种美德我们无法说出它到底是多种东西,还是四种东西,还是一种东西? 不,如果我们要坚持自己的建议,必须在我们的城邦中寻找某些其他能确保这种结果的方式。当然,我们也可以考虑是否我们的整个主题就到此结束。

克　不,先生,以旅行者的保护神的名义起誓,你不能扔下如此重要的事情,我们发现你的观点充满真理。但如何才能使这件事情圆满呢?

雅　【966】啊,这个问题问的还不是时候。我们首先必须决定做这件事有无必要。

克　只要能做到,绝对有必要。

雅　那么你对这个问题怎么看?当我们讲到"优秀的东西"或"好东西"的时候,我们是否也要这样想?我们的卫士只需知道它们各自是多就行了,或者说他们也必须进一步知道它们各自以什么方式是一,为什么?

克　嗯,我们好像必须说,卫士们确实也要理解它们的统一性。

雅　【b】假定他们能够察觉这一点,但不能提出任何理由来证明它,那又该怎么办呢?

克　这样说毫无道理!只有奴隶才会这样!

雅　好吧,还有,我们对各种事物都要这样说吗?法律的真正卫士需要关于它们的真正知识,一定要能够用语言说明这种知识,并在实践中加以运用,把握善与恶的内在界限吗?

克　必须如此。

雅　【c】在这些极为重要的事情中间,我们曾经热烈讨论过的神性问题难道不是最突出的吗?我们要让所有人都明确知道众神的存在以及它们的表现,这对我们来说极为重要,不是吗?在我们的民众中间,我们只好容忍与包含在法律中的传统相一致的人,但我们要尽力拒绝让这种传统接近我们的卫士群体,接近任何没有严肃地掌握众神存在的各种证明的人。所谓拒绝接近,我的意思是任何人都拥有神授的天资,【d】或者说不具有神性的人就不会被选为执法官,也不会成为具有杰出美德的人。

克　如你所说,在这些事务上懒惰或无能的人没有希望获得高位,这样做是唯一正确的。

雅　那么我们可以说,我们知道人们相信神有两种动机,这些问题我们已经讲过了,是吗?

克　哪两种动机?

雅　有一种动机源于我们的灵魂理论,我们说过,【e】运动一旦有了一个起点,那么任何事物都从这种运动中获得它们持久的存在,我们还说,行星和其他天体在心灵的推动下有序的运动,心灵对事物作了安排,确立了整个框架。曾经仔细关注过这幅图景的人都不会在内心亵渎神灵,也不会拥有现在流行的那种与此相反的看法。【967】这是那些整天忙于自身事务的人依据他们的天文学以及其他姐妹学科得出来的一般信仰,认为这个世界上的事件发生依据严格的必然性,而非出于一种趋向于善的意愿和目的。

克　事实真相又如何呢?

雅　让我来告诉过你,自从那些观察者认为天体没有灵魂,【b】他们的看法就确实被颠倒了。甚至在这种时候,天体的神奇仍在一些研究天体的学者胸中产生疑惑,然后相信一种已有的学说①,认为如果天体没有灵魂,因此也没有理智,那么它们绝不可能如此精确地运动,即使在那些日子里,也有人大胆地猜测天体的真实情况,断言使整个宇宙有序排列的是心灵。但这些思想家在灵魂问题上误入了歧途,他们认为身体在灵魂之先,而非灵魂在身体之先,【c】我可以说他们的错误就在于把整幅图景弄颠倒了,或者说得更准确些,把他们自己弄翻了。因为,用一种近视的眼光看,所有运动着的天体好像都是石头、土块和其他无灵魂的物体,尽管它们是宇宙秩序的源泉! 正因如此,那个时代的思想家受到过许多指责,说他们不信仰宗教,他们的看法也不为民众所知,以后那些天才的诗人们谴责哲学家,把他们比作狂犬吠月,【d】胡言乱语,但是我说了,今天的情况已经颠倒过来了。

克　怎么个颠倒法?

雅　没有任何一个凡人的儿子能平息对神的恐惧,除非他已经掌握了我们现在肯定的两条真理:灵魂无限地先于一切有生成的事物,灵魂不朽并支配着这个物体的世界;【e】还有,我们已经讲过多次的心灵支配

---

①　可能指阿那克萨戈拉的学说,参阅《斐多篇》97b 以下。

着一切天体。他也还要拥有预备性的科学知识，以音乐为桥梁联结这些科学知识，并且把他的知识运用到他的道德和法律行为中去；他也还要能对自己接受的观点作出合理的解释。【968】不具备这些才能，只拥有通常的美德，就绝不可能成为一个国家的合格的执政官，而只能成为执政官的走卒。现在是时候了，麦和克利尼亚，我们必须问自己要不要在迄今为止已经立下的法律上再加一条：要建立一个在夜间开会的执政官议事会，这些执政官全都受过我们已经讲过的这些教育，【b】以此作为国家的监护人和保存者。你认为我们该怎么办？

　　克　我亲爱的朋友，如果我们有能力，无论多么低，除了添加这条法律，我们还能做什么呢？

　　雅　那就让我们把力量用于这个高尚的举动。依据我对这类事务的丰富经验和思考，它至少是我竭力想要提供帮助的一件事，我也有可能找到其他合作者。

　　克　完全没有问题，先生，【c】我们必须沿着神本身清楚地指引的道路前进。但我们从哪里出发呢？这是我们当前讨论所要发现的。

　　雅　麦吉卢和克利尼亚，在整个制度还没有规划出来之前，不可能确定所有的法律，等到这个国家建起来了会有时间再作补充。当前我们所能做的就是通过反复的讨论，正确地塑造这个国家的形体。

　　克　怎么会这样呢？你这样说是什么意思？

　　雅　嗯，我们显然一开始就要编制一个适宜担任卫士之职的人的名单，【d】要考虑到他们的年纪、理智能力、性格和习惯。下一步我们要考虑他们该学习哪些科目，这可不是一件易事，我们也不能凭空捏造，更不能向那些凭空捏造的人学习。再说，花大量时间考虑学什么科目或按什么顺序学，制定这方面的规定是无益的，【e】在这些科目的科学知识在学生的灵魂中安身之前，学生本人也不会发现哪一个科目才是相关的。因此你要明白，认为这些不同的科目不能"描述"是错误的，认为它们不能"规定"才是正确的，因为规定不会影响它们的内容。

　　克　嗯，先生，如果情况是这样的话，那么我问你，我们该怎么办？

　　雅　我的朋友，像人们常说的那样，我们已经有了公平的比赛条件，如果确实如此,那么我们已经准备好把我们整个政制的未来都寄托在掷骰子上,【969】我们,我是其中之一,必须准备分担风险。我要做的是说明和解释我自己对整个教育和训练大纲的看法,这样我们的谈话又进入了新的一轮。但我要提醒你们,我们遇到的危险不算小,能与之相比的更大的危险也不多。克利尼亚,我尤其要向你建议,把这个疑惑深深地埋藏在心中吧。对你来说还有另一种选择,这就是按照正确的路线去建设玛格奈昔亚国——或者不管什么神以后会用来称呼它的名字——使你自己得到荣耀,【b】或者享有后世无法与之相比的永久名声。但若我们马上能够把这个值得敬重的议事会建立起来,那么,我的好朋友,好同事,我们必须把国家交给它来掌管,现代的立法者也几乎不会与我们有不同看法。在我们的谈话中,刚才我们在谈到心灵和头脑的合作关系时涉及过这个梦想,仅当我们审慎地选择了我们的人,对他们进行了彻底的教育,【c】让他们居住在这个国家的中心城堡里,让他们担任国家的卫士,成为我们从来没有见过的完人,这个时候我们的理想才能真正实现。

麦　我亲爱的克利尼亚,依据我们听到的这番话来判断,我们要么不得不放弃创建这个城邦,要么拒绝让我们的这位客人离开我们,竭尽全力,恳求和吸引他与我们合作,共同建设这个城邦。

克　【d】你说得很对,麦吉卢。这就是我要做的事。你可以帮助我吗?

麦　确实可以,没问题。

索　引

[篇名缩略符号：L.《法篇》]

A

Achaeans: Ἀχαιοι 阿该亚人 L. 3.682d+,
3.685e, 3.706d+

acropolis of the model city: ἀκρό–πολις
卫城 (理想城市的) L. 5.745, 6.778c

adoption: εἰσποίσις 收养、领养 L. 9.878a+,
11.923c+, 11.929c

adultery: μοιχεία 通奸 L. 6.784e, 8.841d+

Aegina/Aeginetan (place): Αἰγίνη 伊齐那
(地名) L. 4.708a

Agamemnon: Ἀγαμέμνον 阿伽门农 L. 4.706d

agora of the model city: ἀγορά 市场 (理想
城市的) L. 6.778c, 8.849, 11.917

agriculture: γεωργία 农业 L. 3.681a, 8.842e+,
8.843+, 8.844c, 8.844d+, 8.845d+

Amazons: Ἀμαξόνων 亚马孙人 L.7.806b

ambition: φιλοτιμία 雄心、野心 L.9.870

Ammon: Ἄμμων 阿蒙 L.5.738c

Amphion: Ἀμφίον 安菲翁 L. 3.677d

Amycus: Ἄμυκος 阿密科斯 L. 7.796a

Amyntor: Ἀμύντωρ 阿弥托耳 L. 11.931b

anarchy: ἀναρχία 无政府状态 L. 3.701a+,
12.942d

Androtion: Ἀνδροτίων 安德罗提翁 L.
11.935a

animal(s): ξῷον 动物 L. 3.677e, 5.735b+,
6.782a+, 7.807b, 8.840e, 9.873e, 11.914d,
11.915d, 11.936e, 12.963e

Antaeus: Ἀνταῖός 安泰俄斯 L. 7.796a

Apollo: Ἀπολλον 阿波罗 L. 1.624a, 1.632d,
2.653d, 2.654a, 2.662c, 2.664c, 2.665a,
2.672d, 3.686a, 6.766b, 7.796a, 8.833b,
11.936e, 12.945e, 12.946c+, 12.947a, 12.950e

apparitions: φάντασμα 幽灵 L. 5.738c,
10.910a

appetite(s): ἐπιθῡμία 欲望，胃口 L.3.687+,
3.689a+

archers/archery: τοξευτής, τοξική 弓箭手
L. 1.625d, 7.805a, 7.804c, 7.813d, 8.833b+

Arcturus: Ἀρκτούρως 阿克图鲁 (地名) L.
8.844e

Ares: Ἄρης 阿瑞斯 L. 8.833b, 11.920e

Argive/Argos: Ἀργεῖοι 阿耳戈斯人 L.3.683c+,

—— 350 ——

change(s): μεταλλᾰγή 变化、变易 L.7.797d+, 10.893c+, 10.903d+, 10.904c+, 11.929c

character(s): τρόπος 品性 L. 2.669b+, 5.747d, 7.791b+, 7.798d+, 8.831e, 10.904c, 11. 929c

chastity: ἀγνεία 贞洁 L. 8.835d+

children: παῖδες 儿童 / 孩子 L. 1.643b+, 2.653a+, 2.658d, 2.659e, 2.664b, 2.666a, 2.674b, 4.717b+, 4.721c, 5.729a 6.766a, 6.773d+, 6.774a, 6.775b+, 6.776b, 6.783b+, 6.785a, 7.788, 7.791b+, 7.792b+, 7.793e+, 7.794a, 7.797b+, 7.804d, 7.808d+, 7.819b+, 8.829b, 9.855a, 9.856d, 9.869b, 11.928d+, 11.930d, 11. 930e+, 12.963

chorus(es): χορός 歌舞队 L. 2.654b, 2.665+, 2.666d, 2.672e

Cinyras: Κινύρας 昔尼拉斯 L. 2.660e

citizen(s): πολίτης 公民 L. 1.643e, 2.666e, 3.689, 5.730d, 5.737a+, 5.738d+, 5.742b, 5.743c+, 5.744c, 6.754d, 6.759b, 6.770b+, 6.771a+, 6.771e, 7.801e+, 7.807a+, 7.816e, 7.822e+, 8.830a+, 8.832d, 8.840+, 8.842d, 8.846d, 8.847d, 9.877d, 11.919d+, 11.929a

city/cities: πόλις, πολίτεία 城、城邦 L. 3.680e+, 4.704a, 4.705a, 4.712e+, 6.758a, 8.829a

city class(es) (social/political/econo-mic): τάξις 等级 (城邦的) L. 5.744c, 6.754d

climate: ἀήρ 天气 L. 5.747d, 6.782a

Clotho: Κλωθὼ 克罗托 L. 12.960c

Cnossus: Κνωσοῦς 克诺索斯 (地名) L. 1.625b, 1.629c, 3.702c, 4.707e, 4.712e, 6.752d+, 6.753a, 6.754b+

colonization/colony: οἴκισις 殖民 L.3.702c, 4.707e, 4.708c+, 5.736a, 5.740e, 6.752d+, 6.754b+, 11.923d, 11.925b, 11.929a, 12.950a, 12.969

comedy: κωμῳδία 喜剧 L. 2.658d, 7.816e+, 11.935d+

commerce: χρηματισμός 挣钱, 经商 L. 8.842d, 8.847d, 8.849+, 11.915d+, 11.919d+

common meals: συσσίτια κοινη 公餐 L. 1.625c+, 1.633a, 1. 636b+, 6.762, 6.780b+, 6.781c+, 6.783b, 7.806e, 8.839d, 8.842b

community of property: κοινωνία 共同体 (财产的) L. 5.739c+, 7.807b

community of women and children: κοινωνία 共同体 (妇女儿童的) L. 5.739c, 7.807b

conceit: φρόνημα 自负 L. 3.701a

confidence: πίστις 信心、相信 L. 1.644d, 1. 647a+

conscience: συνειδέναι 良心 L. 3.699c

constitution(s): πολιτεία 政治制度 L.3.676b+, 3.681d, 3.693d, 4.712e+, 4.715b, 5.739, 6.782a, 7.807b

contests: ᾱγώνια, μάχη, ᾱθλος 竞赛、比赛 L. 1.646c, 2.657d+, 5.731a+, 6.764d+, 7.807c, 8.828c+, 8.833e+, 8.839e+, 8.865a, 12.947e, 12.949a, 12.955a+

contract(s): ὁμολογέω/ ὁμολογία 协议 / 契约 L. 5.729e, 8.847b, 11. 920d+

contrary/contraries/contrariety: ἐναντίως 对立、相反 L. 7.816d, 10.889c, 10.896d

convention: σύλλογος 习俗, 惯例 L.10.889e

Corybantes: Κορυβαντες 科里班忒 L. 7.790d+

council, in model city: συνέδριον 议事会 (理想城邦的) L. 6.756b+, 6.758b+, 6.766b, 10.908a, 10.909a, 12.951d+, 12.961a+, 12.968a, 12.969b

courage(ous): ἀνδρεία 勇敢 L. 1.630a+, 1.634a+, 3.696b, 5.733e, 10.901e, 12.963c+, 12.963e

cowardice: δειλία, πονηρία 胆怯 L.10.900e+, 12.944e+

craft(s): τέχνη 技艺 L. 3.677b+, 8.846d+

craftsman/craftsmen: δημιουργός 匠人、艺人 L. 11.920+

creation: δημιουργία, ἔκγονα 创造、产生 L. 10.888e+, 10.893c+

creator of world: δημιουργός 世界的创造者 L. 10.886—899b

credit: πιστίς 信任、信誉 L. 8.849e, 11.915d+

Cresphontes: Κρεσφόντης 克瑞司丰特 L. 3.683d, 3.692b

Cretan(s)/Crete: Κρής, Κρήτη 克里特人 / 克里特 L. 1.624a—626b+, 1.629b, 1.631b, 1.633a, 1.635b+, 1.636b+, 1.641e, 2.660b+, 2.662b, 2.662c, 2.666e, 2.673b+, 2.674a, 3.680c, 3.683a, 3.693e, 3.702c, 4.704d, 4.705d, 4.707b, 4.707e+, 4.712e, 6.752d+, 6.754b+, 6.780b+, 7.796b, 8.834d, 8.836b, 8.842b, 8.847e, 12.950c

crime(s): ἀδίκημα 罪恶、罪行 L. 9.854b, 9.860d+, 9.864d+, 9.870a+, 10.908c+

criminal(s): κᾰκοῦργος 罪犯 L. 9.853b+

Crison: Κρίσων 克里松 L. 8.840a

criticism: ἐξέτασις 批评 L. 1.635a

Cronus: Κρόνος 克洛诺斯 L. 4.713b+

Curetes: Κουρήτης 库里特 L. 7.796b

currency: νόμισμα 现钱 L. 5.742a, 5.746d, 11.918b

custom: ἔθος, νόμος 习俗、习惯 L.1. 37d, 3.680a, 3.681b, 6.782, 8.841b, 12.959e

cycles in nature: κύκλος φύσις 事物的循环 L. 3.677a

Cyclopes: Κυκλώπης 库克罗普斯 L. 3.680b, 3.682a

Cyprus: Κύπρος 塞浦路斯（地名）L.5.738c

Cyrnus: Κύρνως 库尔努斯 L. 1.630a

Cyrus: Κῦρος 居鲁士 L. 3.694c+, 3.695b+

D

Daedalus: Δαιδάλος 代达罗斯 L. 3.677d

daemon(s) (spirits): δαίμων 精灵 L. 4.713d, 4.717b, 5.727a, 5.738b, 5.738d, 5.740a,

7.801e, 8.848d, 10.906a, 10.910a

dance(s)/dancing: χορεία, ὀρχησῦς 跳舞、舞蹈 L. 2.654a+, 2.656e, 2.660b, 2.672e+, 6.771e+, 7.791a, 7.795d+, 7.796b+, 7.798e+, 7.802a+, 7.804b, 7.809b, 7.813a+, 7.814d+, 7.816c, 12.942d

Dardania: Δαρδανία 达尔达尼亚 L. 3.681e, 3.702a

Dardanus: Δαρδάνους 达耳达诺斯 L. 3.702a

Darius: Δαρεῖος 大流士 L. 3.695c+, 3.698c+

Datis: Δᾶτις 达提斯 L. 3.698c

day(s): ἡμέρα 日子、天 L. 7.800e, 8.828a, 8.834e, 8.849a+

death: θνήσκω 死亡 L. 8.828d, 12.944d+

defilement, incurred by presence at a burial: μίασμα 污染、玷污（葬仪上的）L. 12.947d

definition: λόγος 定义、理智、理性、说法、言词 L. 10.895d+

Delphi/Delphic oracle/god of Delphi: Δελφοί 德尔斐（地名）L. 3.686a, 5.738b+, 6.759c+, 8.828a, 9.856e, 9.865b, 11.914a, 11.923a, 12.947d

deluge(s): κατακλυσμός 暴雨、洪水 L. 3.702a

demagogues: δημήγορος 蛊惑人心的政客 L. 10.908d

Demeter: Δημήτηρ 得墨忒耳 L. 6.782b

democracy/democratic: δημοκρατία, δημοκρατικός 民主、民主政制 L.3.693d, 4.710e

desire(s): ἐπίθῡμία 欲望、期望 L.3.689a+, 6.782d+, 11.918d

Destinies/destiny: μοῖρα 命运 L. 7.799b, 10.904c

destructions, of human life in past: διαφθορά 毁灭 L. 3.677a

dialectic(al)/dialectician(s): διαλέγω, διαλετικός 辩证的 / 辩证法家 L. 10.891d;

12.959b

girl(s): παρθένος 姑娘, 少女 L.7.794c+,
7.804e+, 7.813e+, 8.833d, 8.834d

god(s): Θεός, θεῖον 神 L. 1. 641d, 1.643a,
2.653d, 2.665a, 2.672b, 3.682a, 4.709b,
4.716a+, 4.719c, 5.726+, 5.729c, 5.729e+,
5.738b+, 5.741a, 5.745d, 6.771d, 6.783a,
7.792d, 7.807a, 7.818b, 7.821a+, 8.828c,
8.848d, 9.854b, 9.871c, 9.879d, 9.881d,
10.885b—910, 11.916e+, 11.917d, 11. 920d+,
11.927b, 11.930e+, 12.941b, 12.948c,
12.955e+, 12.958d, 12.966c+

gold(en): χρῦσός 金 / 金的 L.3.679b, 4.713b+,
5.742a, 5.743d, 5.746a, 12.955e

good(ness/s): ἀγαθὸν 好 (善) L. 3.696b,
4.705e, 5.728a, 6.782e+, 10.896e, 10.900d,
12.966a

Gortyn, in Crete: Γόρτυνος 戈提那 (地名,
克里特的) L. 4.708a

Gortyn, in Peloponnesus: Γόρτυνος 戈提那
(地名, 伯罗奔尼撒的) L. 4.708a

government(s): πολιτεία, πράγμασι 政府
L. 3.676c+, 3.683e, 3.694a+, 3.698b+,
4.710e+, 5.739, 7.807b, 8.832c, 12.962d+

grace/Graces: κάρις 优雅 L. 3.682a

Greece/Greek(s): Ἑλλάς 希腊 / 希腊人 L.
1.635b, 3.685b+, 9.870a+, 10.887e

greed: φιλοχρηματια, γαστριμαργία 贪
财, 贪婪 L. 5.736e

grief: λῦπή, πένθος 悲痛, 忧伤 L. 5.732c

guardians of model city: κηδεμών 卫士 (理
想城邦的) L. 12.964e+

gymnasiums: γυμνάσιον 体育场, 摔跤学
校 L. 6.761c, 6.764c

gymnastics: γυμναστικός 体育锻炼 L.
1.636b+, 2.653d+, 2.672c, 2.673a, 2.673d,
5.743e, 7.789, 7.795d+, 7.807c, 8.830a+,
8.833a+, 8.839e+, 12.949a

H

Hades: Ἅιδης 哈得斯 L. 10.904d; Phd. 80d+,
108, 114, 115a

hair: κόμη 头发 L. 12.942d

happiness: εὐδαίμων 快乐 / 幸福 L. 1.631b,
2.660e+, 2.662b+, 5.742e+, 8.828d+, 9.870a+,
10.899e+, 10.905b

hatred: μῖσος 憎恨 L. 3.697d+

health: ὑγίεια 健康 L. 5.733e+

hearing: ἀκοή 听 L. 12.961d

heaven(s): οὐρανός 天空, 苍穹 L. 11.931c,
12.966e+

Hector: Ἕκτωρ 赫克托耳 L. 12.944a

heirs, and heiresses: κληρονόμος 后裔 L.
5.740b+, 11.923c—926d

Hellas/Hellenes/Hellenic: Ἑλλάς, Ἕλληνις,
Ἑλληνική 希腊 / 希腊人 / 希腊式的 L.
1.635b, 3.682d+, 3.692d+, 3.698d, 7.819d+,
7.821b+

Hellespont: Ἑλλήσποντ 赫勒斯旁 (地名)L.
3.699a

helots: ἥλοτς 希洛人 (音译 "黑劳士") L.
6.776c

Hephaestus: Ἥφαίστος 赫淮斯托斯 L.
11. 920e

Hera: Ἥραν 赫拉 L. 2.672b, 6.774b+

Heraclea: Ἡράκλεία 赫拉克利亚 (地名) L.
6.776d

Heracles: Ἡρακλῆς 赫拉克勒斯 L. 3.685d

Heraclidae: Ἡρακλείδαις 赫拉克勒斯的子
孙 L. 3.683c+, 3.685d+, 5.736c

Hermes: Ἑρμῆς 赫耳墨斯 L.12.941a

hero(es): ἥρως 英雄 L. 4.717b, 5.738d,
7.801e, 9.853c, 10.910a

Hesiod: Ἡσίοδος 赫西奥德 L. 3.677e

Hestia: Ἑστία 赫斯提 L. 5.745b, 8.848d,
9.855e+

intelligence/intelligible: γνώμη 智力、理智、知识 L. 1.632c, 3.688a, 12.961d+

interest: κέρδος 利益 L. 5.742c, 11.921d

intoxication: μέθη 醉酒 sL. 1.637b+, 1.645d+, 2.666b+

involuntary: ἀκούσιος 不自愿 L. 5.730c, 9.860d+

Ionian(s): Ἰόνια 伊奥尼亚 (地名) L. 3.680a

iron: σίδηρος 铁 L. 3.679a, 12.956a

Isis: Ἴσιδος 伊西斯 L. 2.657b

Isthmian/Isthmus: Ἴσθμια 伊斯弥亚 (地名) L. 12.950e

Italy: Ἰταλία 意大利 (地名) L. 2.659b, 6.777c

ivory: ἐλέφας 象牙 L. 12.956a

J

jealousy: ἐπίφθονος 妒忌 L. 5.731a+

joy: ἡδονη, τέρψις 快乐、高兴 L. 5.732c

judge(s): δἴκαστής 审判官、法官 L. 2.659a, 2.669a+, 6.761e, 6.765b+, 6.766d+, 8.833e, 8.834c, 9.855c—857b, 9.866c, 9.867e, 9.871d, 9.877b, 9.878d, 9.879a, 9.879d+, 9.880d, 11.916c, 11.926d, 11.928b, 11.932c, 11.934b, 11.938b, 12.946d, 12.948a, 12.949a, 12.949b, 12.956d, 12.957b+, 12.958c

judgment(s): κρίσις 审判 L. 1.644d+, 5.728b+, 12.959b+

judiciary, in model city: δἴκανικός 法官 (理想城邦的) L. 12.956b+

juries/jury/jurymen: δικαστής 审判官 L. 2.674b, 12.956e

just(ice): δίκη 正义、公正 L. 2.660e+, 2.662c+, 3.690b, 4.714c, 4.716c, 5.730d, 6.757e, 6.777d+, 10.890a, 11.937e, 12.943e, 12.945d

K

king(s/ship): βασιλεύς 国王 L. 3.680e+, 3.690d+, 3.691d+, 3.694a+, 3.696a, 10.904a

'Know thyself': Γνῶθι σαυτόν 认识你自己 L. 11.923a; Phdr. 230a; Phlb. 48c; Prt. 343b; Riv. 138a

know(ing)/knowledge: ἐπιστήμη 知道、知识 L. 3.689c+, 3.701a, 5.727b, 5.732a+, 9.875c, 10.895d, 11.921b, 11.923a, 12.965d+

L

labor, division of: πόνος 劳动分工 L. 8.846d+

Lachesis: Λάχεσίς 拉刻西斯 L. 12.960c

Laius: Λαίους 拉伊俄斯 L. 8.836c

land: γῆ 土地 L. 3.684d+, 5.736c+, 5.741b+, 5.745b+

language: γλῶσσα 语言 L. 12.944b+

laughter: γέλως 笑话 L. 5.732c

law(s)/legislation: νόμος 法 / 立法 L. 1.625+, 1.628c+, 1.630e+, 1.633e+, 1.634d+, 1.636e, 1.644d, 1.645a, 1.647a+, 2.656d+, 2.659d+, 2.662b+, 2.671c+, 2.673e+, 3.680a+, 3.684c+, 3.690b, 3.693b+, 3.695c+, 3.697a, 3.700a, 4.705d, 4.709d+, 4.711c, 4.714c, 4.714e, 4.715c+, 4.718b+, 4.719d+, 4.720e+, 4.721a, 4.722d+, 5.729d, 6.751b+, 6.762e, 6.769c+, 6.769d, 6.770b+, 6.772a+, 6.772e, 7.788b+, 7.793a+, 7.797d+, 7.799e+, 7.807e, 8.841b, 8.843e+, 8.846c, 9.853c, 9.857c, 9.858c+, 9.859a, 9.862d, 9.870d, 9.875a+, 9.875c, 9.875e+, 9.880a, 9.880d+, 10.887a+, 10.889d+, 10.890a+, 10.890e, 11.917e+, 12.951b, 12.951d+, 12.957c+, 12.963a

lawgiver(s): νομοθέτης 立法者 L. 1.631d+, 1.634+, 2.657b

lawlessness: αναρχία 无法无天 L. 3.701a+

lawsuits: δἴκη, αγών 诉讼、官司 L. 5.743c, 6.761d+, 6.766d+, 9.853a, 11.938b, 12.954e+, 12.956c+, 12.958a+

learn(ing): μανθάνειν 学习 L. 2.667c

M

necessity: ἀνάγκη 必然性 L. 5.741a, 7.818b

Nemea: Νεμέα 奈梅亚（地名）L. 12.950e

Nemesis: Νέμεσις 涅墨西斯 L. 4.717d

Nestor: Νέστωρ 涅斯托耳 L. 4.711e

Nile: Νεῖλ 尼罗河 L. 12.953e

Nineveh: Νίνενή 尼尼微（地名）L. 3.685c

nocturnal council: νυκτερῖνός ἐκκλησία 午夜议事会 L. 10.908a, 10.909a, 12.951d+, 12.961a+, 12.968a

number(s): ἄριθμος 数（数目）L. 4.717a+, 5.737c+, 5.740b+, 5.746d+, 6.771a+, 9.877d

nymphs: Νυμφῶν 女仙、宁妇 L. 7.815c

O

oaths: ὅρκιον 咒语 L. 3.683e+, 3.692b, 11.916e+, 12.948c, 12.948e+

obedience: πειθαρχία 服从 L. 4.715c, 4.716a, 5.729d, 11.919e

Odysseus: Ὀδυσσεύς 奥德修斯 L. 4.706d

Odyssey: Ὀδυσσεί 奥德赛 L. 2.658d

Oedipus: Οἰδίπους 俄狄甫斯 L. 8.838c, 11.931b

office/officials: ἀρχή/κύριος 职司、官员、官邸 L. 4.715b+, 6.761e, 6.766c, 6.785a, 7.808c

old age: γῆρας 老年 L. 1.634e+, 2.658d, 2.665b+, 2.666b+, 2.670+, 3.685a, 4.715e, 5.729b, 5.730d, 5.746a, 7.799d, 7.820c, 11.927b+, 12.965a

oligarchic/oligarchy: ὀλιγαρχια 寡头制 L. 4.710e

Olympia(n)/Olympic: Ὀλυμπία 奥林比亚 L. 4.717a, 5.729d, 7.807c, 7.822b, 8.839e+, 12.950e

Olympus (legendary musician): Ὀλύμπους 奥林普斯 L. 3.677d

omniscience: πάνσοφος 全知 L. 5.727b, 5.732a+, 9.863c, 10.886b

orphans: ὀρφᾶνός 孤儿 L. 10.909c, 11.922a, 11.924c—928d

Orpheus/Orphic: Ὀρφεύς 奥菲斯 L. 2.669d, 3.677d, 6.782c, 8.829e

P

Paeans: Παιᾶν 帕安人 L. 3.700b

pain: λυπέω/λύπη 痛苦 L. 1.633d—635d, 3.689a

painter(s)/painting: πάνθηρ, δίσπνοια 画家/绘画 L. 2.656e, 6.769a+, 10.889d

Palamedes: Παλαμήδης 帕拉墨得斯 L. 3.637d

Pan: Πᾶν 潘 L. 7.815c

pancratium: παγκρατίατιον 搏击比赛（拳击和摔跤）L. 7.795b, 8.834a

parents: γεννητής 父母，双亲 L. 3.680e+, 3.690a, 3.701b, 4.714e, 4.717b+, 5.729a, 6.773d+, 9.868c+, 9.869a+, 11.917a, 11.928d+, 11.929d+, 11.930e+, 11.931b+

parricide: πατροφονος 弑父者 L. 9.869a+, 9.872d+

passion(ate/s): πάθος, ἀκραχολος 激情、愤怒 L.1.645d, 8.835c+, 9.863b, 9.866e+, 9.878b, 11.935a

patient(s): ποιοῦντος 承受者、病人 L. 4.720c+, 9.857c+, 9.865b

Patroclus: Πατρόκλος 帕特洛克罗 L. 12.944a

pattern(s): δεῖγμα 类型 L. 5.739e

payment: χρήματα 付费、工钱 L. 7.804d, 11.921b+

peace: εἰρήνη 和平 L. 1.626a, 1.628c+, 7.803d+, 7.814e+, 8.829a+, 12.955b+

Peleus: Πηλέως 珀琉斯 L. 12.944a

Pelopidae: Πέλοπεδαις 珀罗普斯的子孙 L. 3.685d

Peloponnesus: Πελοποννησύς 伯罗奔尼撒（地名）L. 3.685b

primitive man: ἀρχαῖος ἀνθρπος 原初的人 L. 3.677b+, 3.680+

prisoners/prisons: δεσμώτης/εἰρκτή 囚犯/监狱 L. 10.908a

private: ἴδιος, οἰκεῖος 私人的 L. 6.780a, 7.788+, 7.790b, 10.909d+

prize(s): ἄθλον 奖励、奖赏 L. 4.715c, 5.729d, 5.730e, 8.829c, 8.845d, 11.919e, 11.935c, 12.943c, 12.946b, 12.948a, 12.952d, 12.961a, 12.964b+

Procles: Προκλῆς 普罗克列斯 L. 3.683d

procreation: παιδοποιία 繁殖、生育 L. 6.775c+, 6.784

professional(s)/profession(s): δεινος, ἐπιτήδευμα 专业、行家 L. 4.709d

profligacy: ἀκολασία 肆意挥霍 L. 5.733e+, 5.734b

promiscuity: σύμμικτος, συμμῑγής 淫乱 L. 6.782e+, 8.835d+

property: χρήμᾰτα 财产、所有物 L. 5.739e+, 5.744b+, 5.745a, 6.754d+, 8.850a, 9.855b, 11.913a, 11.914b—916d, 11.923b+, 12.955d+

prophecy/prophets: μαντεία 预言 L. 11.933c+

proportion: ἀναλογία 比例 L. 3.691c+, 3.693b

prose: ψιλοι, λόγοι, ἴδιοι 散文 L. 7.810b, 12.957d

prosperity: εὐπραξία 繁荣、旺盛 L. 12.945d

Protagoras: Πρωταγόρας 普罗泰戈拉、《普罗泰戈拉篇》对话人 L. 4.716c

proverbs: λεγόμενον/ λόγος 谚语 L. 1.641c, 1.646a, 3.689d, 3.701d, 4.723d, 5.731e, 5.739c, 5.741a, 5.741d, 6.751d, 6.753e, 6.757a, 6.780c, 7.818b, 8.837a, 8.843a, 11.913b, 11.919b, 11.923a, 12.953d, 12.968e, 12.969a

public: κοινός 公共的 L. 2.670b, 6.767e, 7.808c, 12.950e

punishment: τίνω/ τίσις 惩罚 L. 5.735d+, 6.777e, 7.793e, 9.854e, 9.855a, 9.856d, 9.860e+, 9.862e+, 9.870e, 9.881a, 10.905a+, 11.934a+, 12.944d, 12.959b+, 12.964b

puppet(s): κόρη 木偶、傀儡 R. 7.514b; L. 1.644d+, 2.658c, 7.803c+

purgation: κάθαρμός 净化 L. 5.735b+; R. 3.399c, 8.567b+, 9.573b

purification: κάθαρσις 涤罪 L. 9.865+, 9.868+, 9.881e, 11.916c

purity: καθαρτικος 纯洁 L. 8.835d+

purple: ἁλουργός 紫色 L. 8.847c

Pyrrhic dance: Πυρρίκη ὀρχησῦς 战争舞蹈 L. 7.815+

Pythian: Πυθώ 庇提亚 L. 7.807c, 12.947d, 12.950e

Q

quantity: πλῆθος 量、数量 L. 6.757b+

quarrels: ἔρις 争吵 L. 5.737a+

R

rape: ἁρπᾰγή 强奸、蹂躏 L. 9.874c

read(ing): ἀνάγνωσις 读、阅读 L. 7.809e+

realities/reality: τὸ ὄν 实在/真在/实体/本体 L. 10.895d+

reckoners/reckoning: λογιστής/λογισ-μός 计算、推测、估计 L. 6.785b

rectitude: χρηστότης 正直 L. 11.913b

regimen: δίαιτα 养生之道 L. 7.797e+

religion: Τά θεῖαα θεῶν θεραπεία 宗教、崇拜 L. 3.701b, 4.716d+, 5.738b+, 6.759c+, 7.800c+, 7.801e, 8.828a, 10.886e, 10.887d+, 10.889e, 10.909e

reputation: τῑμή 名望、名声 L. 12.950b+

respect: αἰδεῖσθαι 尊敬 L. 11.930e+

rest: στάσεως 静止 L. 10.893b+

retaliation: ἀντικακουργέω 报复/反击 L.

T

责任编辑：张伟珍
装帧设计：肖　辉　王欢欢

图书在版编目（CIP）数据

法篇／［古希腊］柏拉图 著；王晓朝 译 . —北京：人民出版社，2021.11
（人民文库 . 第二辑）
ISBN 978 − 7 − 01 − 023093 − 1

I. ①法… 　 II. ①柏…②王… 　 III. ①法的理论 　 IV. ① D90

中国版本图书馆 CIP 数据核字（2021）第 015632 号

法　篇
FA PIAN

柏拉图　著　王晓朝　译

人民出版社 出版发行
（100706　北京市东城区隆福寺街 99 号）

北京新华印刷有限公司　新华书店经销

2021 年 11 月第 1 版　2021 年 11 月北京第 1 次印刷
开本：710 毫米 ×1000 毫米 1/16　印张：24.25
字数：340 千字

ISBN 978 − 7 − 01 − 023093 − 1　定价：72.00 元

邮购地址 100706　北京市东城区隆福寺街 99 号
人民东方图书销售中心　电话（010）65250042　65289539